新金融実務手引選書

債権回収の手引

佐々木宏之［著］

一般社団法人 金融財政事情研究会

はじめに

　昨今の債権管理回収業務は、①経営者保証に関するガイドライン（以下「経営者保証ガイドライン」という）や中小企業の事業再生等に関するガイドライン（廃業型）をはじめとする準則型私的整理手続の普及等により、金融機関の個別権利行使（担保処分を除く、以下同じ）を行う機会が減少しつつある、②融資先の倒産後の早い段階でバルクセールを行う金融機関が増加している（原則として初期対応を除く個別権利行使自体を行わない方針とする金融機関も出現し、極端な例では担保からの回収に注力すべき先を除き延滞・倒産発生から原則半年〜1年で機械的にバルク処理を行っている金融機関もあると仄聞している）、③いわゆる金融円滑化法の施行後（特にコロナ禍の時期）は窮境に陥った融資先の延命に力点が置かれたため債権回収のノウハウを有する職員の高齢化が進み、担い手不足が顕在化しているという傾向が顕著となっており、金融機関の債権管理回収に係る態勢の弱体化が懸念されている。さらに、2023年11月27日に公表された金融庁改正監督指針において早期再生・早期清算の支援が主要施策とされていることから、今後ますます個別権利行使の機会が減少すると考えられ、従来の債権管理回収の手引書・参考書等の主力部分である「個別権利行使」の対象は、主に不誠実または悪質な融資先等への対抗措置に限定されつつある。

　しかし、倒産した融資先やその保証人が準則型私的整理手続により債務整理を行う場合や、融資先の倒産後の早い段階でバルクセールを行う場合であっても融資先の倒産発生時の初期対応の重要性は変わるものではなく、適切な初期対応を行うためには、（実際に行うことはないとしても）金融機関として延滞・倒産債権の最終処理までに行うべき手続を理解しておく必要がある。また、不誠実または悪質な融資先等が今後激減することも考えがたいので、個別権利行使のノウハウを維持する重要性も軽視できない。加えて、コロナ禍後において企業倒産の大量発生が懸念されることに対する備えとしての債権管理回収スキルの向上も必要である。

このような問題意識のもと、本書はまず序章で延滞と倒産、不良債権処理と債権管理回収を整理したうえで、融資先が倒産するとどのようなことが起こるかを疑似体験し、第1章で近時の債権管理回収業務の大宗を占める延滞・倒産発生時の初期対応について解説している。特に初期対応において最も重要でありながら最も悩ましい論点である預金拘束（第2節）について意を尽くしたつもりである。そのうえで、第2章では最終処理まで債権管理回収業務を遂行していくための具体的な方法を解説している。さらに、第3章では、債権管理回収業務を取り巻く各種論点について解説している。ここでは、現在の保証実務において最も重要な手法となっている経営者保証ガイドラインに基づく保証債務整理（第4節）に重点を置くとともに、第2章で解説した個別権利行使が必要となる局面の到来前に事業再生支援・廃業支援に注力すべきという観点から金融機関主導による廃業支援に関する解説（第6節）に重点を置いている（事業再生支援については、本シリーズ（新金融実務手引選書）の『貸出先支援の手引』（黒木正人著、2025年3月刊行予定）で解説されているので、本書の射程外とした）。また、経営者保証ガイドラインの全容（融資取組時から保証債務整理手続まで）については、本シリーズの『保証の手引』（拙著、共著、2025年3月刊行予定）で詳述している。

　融資取引が終了する形態は、大まかにいえば、①借入金が不要となり無借金経営になる、②他行に取引を奪取される、③延滞・倒産発生により貸倒れとなるという三つである。残念なことに長い目でみれば、③による取引終了が最も多いと思われ、平時の取引振りが貸倒リスクの大小に直結する（序章2参照）ことから「平時においても、延滞・倒産に関する知識なくして、まともな融資判断はできない」といえる。したがって、現在債権管理回収業務に携わっていない読者にも平時の融資判断の際、本書を参考としていただきたい。本書は、延滞・倒産発生時の初期対応について、現役銀行員の視点で論点を抽出し、実際の案件処理に即した対応を解説するという類書にはない特色を有しているので、延滞・倒産発生時の初期対応はもちろん、平時の融資判断にも大いに参考になるものと自負している。

　なお、本書は、筆者の実際の案件処理によって積み上げたノウハウをベー

スとして執筆しているが、意見にわたる部分については、筆者の執筆時点での解釈に基づく私見であり、所属する組織の見解等とはいっさい関係がないことをお断りしておく。

　本書が、日夜第一線で債権管理回収業務に取り組んでおられる方々に、確実・効率的かつ適切に実務を進めるうえで多少なりとも役立てていただければ幸いである。最後に、本書の刊行にあたって多大な助言・援助をいただいた一般社団法人金融財政事情研究会の平野正樹氏に心からお礼を申し上げたい。

　2024年12月

佐々木　宏之

【著者略歴】

佐々木　宏之（ささき　ひろゆき）

北海道銀行　融資部　上席融資役

1985年、学習院大学法学部法学科卒業、北海道銀行入行。2002年、同行審査管理グループ（現：融資部事業性管理回収担当）審査役。2005年、審査管理グループ上席融資役（現：融資部上席融資役）。2022年から現在にかけて融資業務全般に関する助言業務、特殊な融資案件、再生案件、管理回収案件のサポートを担当。

2010～2019年、一般社団法人全国地方銀行協会地方銀行研修所「債権管理保全指導者講座（回収専門コース）」実務家アドバイザー、「金融法務講座」講師。

2016～2023年、北海道金融法務実務研究会幹事。

著作として『金融機関の法務対策6000講』（共著、金融財政事情研究会、2022年2月）、『弁護士と銀行員による経営者保証ガイドラインの基本と実務―融資・事業承継・債務整理のすべて』（共著、日本加除出版、2024年7月）、『保証の手引』（共著、金融財政事情研究会、2025年3月予定）、「金融機関から見た「経営者保証ガイドライン」出口対応のポイント（全4回）」事業再生と債権管理163号～166号、「事例から学ぶ債権管理回収のポイント（全13回）」銀行法務21・867号～881号、「「銀行員から見た」経営者保証に関する新規融資先、既存融資先への対応法」銀行法務21・895号ほか多数。

目　次

序　章　　債権管理回収総論

1　債権管理回収の基礎知識……………………………………………2

　(1)　「延滞」と「倒産」……………………………………………3

　(2)　「不良債権処理」と「債権管理回収」………………………7

　(3)　債権管理回収業務に求められるもの…………………………9

2　融資先が倒産するとどのようなことが起こるか……………11

　(1)　倒産による貸借対照表の変貌…………………………………11

　(2)　平時の取引のあり方で債権回収の成否が決まる……………14

第1章　　延滞・倒産発生時の初期対応

第1節　延滞・倒産が発生したら何を行うべきか……………………20

1　倒産、支払不能、支払の停止、期限の利益喪失の認定………20

　(1)　倒産の認定………………………………………………………20

　(2)　支払不能の認定…………………………………………………22

　(3)　支払の停止の認定………………………………………………26

　(4)　期限の利益喪失の認定…………………………………………28

2　融資担当者に求められる初期対応………………………………33

　(1)　店内での周知……………………………………………………35

　(2)　実態把握・取引状況の確認・情報収集………………………35

第2節　預金拘束………………………………………………………38

1　有事発生時の預金拘束のあり方…………………………………38

　(1)　問題の所在（預金拘束は銀行の「特権」か？）……………38

(2) 預金拘束に必要とされるプロセス‥‥‥‥‥‥‥‥‥‥‥‥‥40

(3) 債権保全相当事由の判定方法‥‥‥‥‥‥‥‥‥‥‥‥‥‥42

(4) 預金の種類により拘束の要件は異なるか‥‥‥‥‥‥‥‥‥43

(5) 支払禁止コード設定は預金拘束に当たるか‥‥‥‥‥‥‥‥45

(6) 預金拘束実務における留意点‥‥‥‥‥‥‥‥‥‥‥‥‥‥46

(7) 融資先に「債権保全相当事由」が認められない場合の対応‥‥‥‥47

(8) 顧客説明‥‥‥‥‥‥‥‥‥‥‥‥‥‥‥‥‥‥‥‥‥‥‥48

2 債務者・保証人預金が差押えされた場合の対応‥‥‥‥‥‥‥‥‥50

(1) 「預金差押え」への対応‥‥‥‥‥‥‥‥‥‥‥‥‥‥‥‥50

(2) 陳述書提出時の留意点‥‥‥‥‥‥‥‥‥‥‥‥‥‥‥‥‥54

(3) 差押えが取下げとなった場合の対応‥‥‥‥‥‥‥‥‥‥‥56

3 拘束預金解放の判断基準‥‥‥‥‥‥‥‥‥‥‥‥‥‥‥‥‥‥59

(1) 問題の所在‥‥‥‥‥‥‥‥‥‥‥‥‥‥‥‥‥‥‥‥‥‥59

(2) 個別の預金払戻請求に応じる基準‥‥‥‥‥‥‥‥‥‥‥‥60

(3) 預金拘束の解除基準‥‥‥‥‥‥‥‥‥‥‥‥‥‥‥‥‥‥62

(4) 特殊な預金解放基準‥‥‥‥‥‥‥‥‥‥‥‥‥‥‥‥‥‥63

第3節 請求する相手方の確認‥‥‥‥‥‥‥‥‥‥‥‥‥‥‥‥65

1 債務の返済を請求する相手方はだれか‥‥‥‥‥‥‥‥‥‥‥‥65

(1) 債権回収の相手方‥‥‥‥‥‥‥‥‥‥‥‥‥‥‥‥‥‥‥65

(2) 初期対応段階で回収のために必要な調査‥‥‥‥‥‥‥‥‥66

2 融資取引・手形取引の当事者‥‥‥‥‥‥‥‥‥‥‥‥‥‥‥‥67

(1) 主債務者‥‥‥‥‥‥‥‥‥‥‥‥‥‥‥‥‥‥‥‥‥‥‥67

(2) 保 証 人‥‥‥‥‥‥‥‥‥‥‥‥‥‥‥‥‥‥‥‥‥‥‥67

(3) 手形取引の当事者‥‥‥‥‥‥‥‥‥‥‥‥‥‥‥‥‥‥‥68

3 当事者以外の者への追及の可否（会社役員の個人責任、関係会社
への追及）‥‥‥‥‥‥‥‥‥‥‥‥‥‥‥‥‥‥‥‥‥‥‥‥‥69

(1) 取締役、会計参与、監査役、執行役、会計監査人等‥‥‥‥69

(2) 理 事‥‥‥‥‥‥‥‥‥‥‥‥‥‥‥‥‥‥‥‥‥‥‥73

(3) 関係会社、その他‥‥‥‥‥‥‥‥‥‥‥‥‥‥‥‥‥‥‥73

4　競合債権者等への対抗策……………………………………………………77

第4節　担保の確認……………………………………………………………80

1　担保の種類………………………………………………………………80

　⑴　法定担保権……………………………………………………………80

　⑵　約定担保権……………………………………………………………83

　⑶　担保的機能を有するもの……………………………………………86

2　担保・保証契約は有効に成立しているか……………………………86

　⑴　意思の確認……………………………………………………………87

　⑵　行為能力の確認………………………………………………………88

　⑶　権利能力の確認………………………………………………………90

　⑷　権限の確認……………………………………………………………90

　⑸　権原の確認……………………………………………………………92

3　担保物件等の確認………………………………………………………93

　⑴　不動産担保に対する実地調査の重要性……………………………93

　⑵　不動産担保に対する実地調査の手法………………………………98

　⑶　動産担保の調査・確認事項…………………………………………100

　⑷　債権担保の調査・確認事項…………………………………………103

　⑸　電子記録債権、「でんさい」の確認事項…………………………111

　⑹　預金担保の確認事項…………………………………………………114

　⑺　担保手形等の確認事項………………………………………………116

　⑻　その他の担保の確認事項……………………………………………117

　⑼　信用保証協会保証付融資の免責事由の有無の確認………………119

　⑽　保証人の調査・確認事項……………………………………………122

4　対抗要件具備状況の確認………………………………………………124

　⑴　目的物の種類ごとの対抗要件………………………………………125

　⑵　不動産登記による対抗要件の留意点………………………………126

　⑶　債権質権・債権譲渡担保権に関する対抗要件の留意点…………129

5　担保評価の適正性の確認………………………………………………130

　⑴　融資先の延滞・倒産発生時の担保評価の考え方…………………130

目　　次　7

| （2） | 処分の難易度 | 131 |

（2）　処分の難易度･･131

（3）　評価の種類･･132

（4）　評価の方法･･133

（5）　評価額の修正事項･･134

第5節　回収資源の確認･･139

1　回収資源発見のための方策････････････････････････････････････139

（1）　企業（主に融資先を想定）の場合････････････････････････････140

（2）　個人（主に保証人を想定）の場合････････････････････････････148

2　登記情報から何を読み取るか････････････････････････････････152

（1）　商業登記を「読む」･･152

（2）　不動産登記を「読む」･･154

3　対面調査のポイント･･158

（1）　融資先（法人の場合代表者）に対する事情聴取････････････････158

（2）　対面調査のポイント･･159

（3）　保証人との面談における留意点･･････････････････････････････161

4　融資先の現況等に関する留意点････････････････････････････163

（1）　融資先の現況調査事項･･163

（2）　債務名義の有無･･165

（3）　回収のための手順･･166

第6節　整理手続との関係･･169

1　各種の整理方法と特色･･169

（1）　無秩序型･･169

（2）　私的整理手続･･170

（3）　法的整理手続･･173

2　法的整理手続、私的整理手続における回収上の相違点･･････････174

（1）　仮差押えの利用･･174

（2）　相殺の制限･･175

（3）　詐害行為の取消し・法的整理手続における否認････････････････180

（4）　そ　の　他･･182

3	整理手続別の回収の留意点	185
⑴	無秩序型および純粋私的整理手続への対策	185
⑵	準則型私的整理手続への対策	188
⑶	法的整理対策	188
⑷	各種法的整理手続の対比	191

第7節　貸出債権の自己査定と引当・償却　193

　1　貸出債権の分類　193

　　⑴　資産査定と自己査定　193

　　⑵　債務者区分と分類区分　193

　2　貸出債権の引当・償却　197

　　⑴　貸出債権の引当（間接償却）　197

　　⑵　貸出債権の償却（無税直接償却）　200

第2章　債権回収の方法と実際

第1節　回収計画の立案　204

　1　回収計画立案のための準備　204

　　⑴　自行の保全バランスの把握　205

　　⑵　融資先等の現況把握と回収資源の探査　208

　　⑶　基本書類、債権書類の点検　208

　2　回収計画のつくり方　211

　　⑴　複数の回収計画案（候補案）を列挙する　211

　　⑵　候補案の比較検討による絞込み　220

　　⑶　手順を決めて整理する　222

第2節　相　　殺　223

　1　相殺の基礎知識と留意点　223

　　⑴　相殺の基礎知識　223

　　⑵　相殺の留意点　230

2　相殺を急ぐべき場合と急ぐべきでない場合･････････････････････････233

　　　(1)　相殺を急ぐべき場合･･････････････････････････････････････234

　　　(2)　相殺の時機を考える場合･･････････････････････････････････235

　　　(3)　相殺のできる期限･･236

　　3　相殺権の濫用･･･237

　　　(1)　相殺権の濫用が認められる場合･････････････････････････237

　　　(2)　問題とされることの多い場合･･･････････････････････････238

第3節　督　　　促･･･242

　　1　督促の基本･･･242

　　　(1)　債権管理回収業務における「督促」･･･････････････････242

　　　(2)　督促はだれに対して行うか･････････････････････････････242

　　　(3)　督促を行う際の基本姿勢･･･････････････････････････････243

　　　(4)　督促のポイント･･243

　　2　督促の手法･･･245

　　　(1)　面談・電話等による督促･･･････････････････････････････245

　　　(2)　文書による督促･･250

　　　(3)　督促手段としての法的手続の利用･･･････････････････255

　　　(4)　督促に関する法的規制･･･････････････････････････････････257

　　3　弁済条件交渉･･･258

　　　(1)　実戦における交渉技法･･･････････････････････････････････258

　　　(2)　交渉のための戦略･･････････････････････････････････････259

　　　(3)　交渉のための戦術･･････････････････････････････････････262

　　　(4)　弁済条件交渉の留意点･･･････････････････････････････････263

第4節　仮差押え･･･268

　　1　仮差押えの基礎知識･･････････････････････････････････････269

　　　(1)　仮差押えの概要･･269

　　　(2)　仮差押えの要件･･272

　　　(3)　仮差押えの手続･･273

　　2　目的物の選択･･278

⑴　仮差押えに適した目的物……………………………………………278

⑵　仮差押えに適しない場合……………………………………………279

⑶　仮差押えの目的物を選択する際の留意点………………………282

3　仮差押えの上手な使い方………………………………………………283

⑴　仮差押えを積極的に検討すべきケース…………………………284

⑵　仮差押えを行う際のポイント……………………………………286

第5節　手形債権の行使……………………………………………………289

1　手形債権の管理…………………………………………………………289

⑴　手形現物の管理……………………………………………………289

⑵　白地の補充…………………………………………………………290

⑶　そ の 他……………………………………………………………290

2　手形債務者との交渉……………………………………………………291

⑴　一覧表の作成………………………………………………………291

⑵　融通手形か否かの調査……………………………………………291

⑶　現地で調査する……………………………………………………291

3　不渡事由と対策…………………………………………………………292

⑴　0号不渡事由………………………………………………………292

⑵　第1号不渡事由……………………………………………………294

⑶　第2号不渡事由……………………………………………………294

⑷　不渡事由が重複する場合…………………………………………294

第6節　各種の事例と対策のポイント……………………………………296

1　不動産関係………………………………………………………………296

⑴　不動産を見つけたら………………………………………………296

⑵　相続登記未了の不動産を見つけたら……………………………297

⑶　代金支払ずみだが所有権移転登記未了の不動産を見つけたら……298

⑷　保存登記未了の不動産を見つけたら……………………………298

⑸　賃貸不動産を見つけたら…………………………………………299

⑹　借地上の建物や借家を見つけたら………………………………299

⑺　倒産直前に第三者に所有権を移転していたら…………………299

目　次　11

2 その他の財産関係……………………………………………………299
  (1) 店内や倉庫に商品がありそうなとき……………………………300
  (2) 売掛金のあることがわかったとき………………………………301
  (3) 取引金融機関に手形が余りそうなとき…………………………301
  (4) 診療報酬がありそうなとき………………………………………301
  (5) 自動車をもっていたら……………………………………………302
  (6) ゴルフ会員権をもっていることがわかったら…………………302
  (7) 投資信託を見つけたら……………………………………………302
  (8) 「でんさい」の取引があるとき…………………………………303

3 担保外の自行扱い投資信託からの回収……………………………304
  (1) 投資信託受益権からの回収方法…………………………………305
  (2) 投資信託受益権からの回収の留意点……………………………311

4 その他……………………………………………………………………313
  (1) 本人の居所がわかったとき………………………………………314
  (2) 第三者から弁済の申出があったときの対応……………………314
  (3) 弁済受領にあたっての留意点……………………………………316

第7節 各種整理手続参加……………………………………………………318
1 私的整理手続への参加…………………………………………………318
  (1) 事業再生等ガイドライン（廃業型）……………………………318
  (2) REVIC特定支援業務………………………………………………321
  (3) 日弁連特定調停スキーム（廃業支援型）………………………325
  (4) 自然災害ガイドライン……………………………………………325

2 法的整理手続への参加…………………………………………………327
  (1) 会社更生手続への参加……………………………………………327
  (2) 破産手続への参加…………………………………………………330
  (3) 特別清算手続への参加……………………………………………335
  (4) 民事再生手続への参加……………………………………………335

3 担保権実行手続等への参加……………………………………………340
  (1) 担保不動産競売手続………………………………………………340

⑵	担保不動産収益執行手続	343
⑶	滞納処分としての公売手続	343
4	支払督促と財産開示手続	345
⑴	支払督促手続	346
⑵	財産開示手続	350

第3章　債権回収を取り巻く諸論点

第1節　当事者および債権等の変動に関する論点 356

1	融資先の変動	356
⑴	融資先の死亡	356
⑵	融資先の行方不明	364
⑶	融資先会社の組織再編	367
⑷	融資先会社の解散	368
⑸	融資先会社の代表者の不存在	369
2	濫用的会社分割、詐害事業譲渡	370
⑴	濫用的会社分割等の仕組み	370
⑵	濫用的会社分割等への対応策	374
3	債権の変更	377
⑴	債務引受	377
⑵	債権譲渡	382
⑶	延期、更改、免除と担保・保証	383

第2節　担保関係の変動に関する論点 387

1	担保物件の変動	387
⑴	物理的変化	387
⑵	担保物件の変更	393
⑶	利用関係の変更	396
2	担保権の変動	396

目　次　13

(1) 所有権の移転‥‥‥‥‥‥‥‥‥‥‥‥‥‥‥‥‥‥‥‥‥‥397

(2) 抵当権者の変更‥‥‥‥‥‥‥‥‥‥‥‥‥‥‥‥‥‥‥‥398

(3) 被担保債権の弁済期の変更‥‥‥‥‥‥‥‥‥‥‥‥‥‥399

(4) 抵当権の債務者の変更‥‥‥‥‥‥‥‥‥‥‥‥‥‥‥‥399

(5) 抵当権の譲渡、順位の変更‥‥‥‥‥‥‥‥‥‥‥‥‥‥399

(6) 根抵当権の元本の確定‥‥‥‥‥‥‥‥‥‥‥‥‥‥‥‥399

(7) 根抵当権の極度額、被担保債権の範囲の変更と確定‥‥‥‥402

第3節　保証に関する論点‥‥‥‥‥‥‥‥‥‥‥‥‥‥‥‥‥403

1　保証人の責任の範囲‥‥‥‥‥‥‥‥‥‥‥‥‥‥‥‥‥‥403

(1) 普通保証と連帯保証の異同‥‥‥‥‥‥‥‥‥‥‥‥‥‥403

(2) 根　保　証‥‥‥‥‥‥‥‥‥‥‥‥‥‥‥‥‥‥‥‥‥406

2　特殊な保証と保証に類似するもの‥‥‥‥‥‥‥‥‥‥‥‥408

(1) 保証予約‥‥‥‥‥‥‥‥‥‥‥‥‥‥‥‥‥‥‥‥‥‥408

(2) 損害担保契約‥‥‥‥‥‥‥‥‥‥‥‥‥‥‥‥‥‥‥‥409

(3) 経営指導念書‥‥‥‥‥‥‥‥‥‥‥‥‥‥‥‥‥‥‥‥410

第4節　経営者保証ガイドライン‥‥‥‥‥‥‥‥‥‥‥‥‥412

1　「経営者保証に関するガイドライン」の概要‥‥‥‥‥‥‥412

(1) 経営者保証GL本則‥‥‥‥‥‥‥‥‥‥‥‥‥‥‥‥‥412

(2) 事業承継特則‥‥‥‥‥‥‥‥‥‥‥‥‥‥‥‥‥‥‥‥417

(3) 廃業時における基本的考え方‥‥‥‥‥‥‥‥‥‥‥‥‥419

2　経営者保証GLと金融庁監督指針‥‥‥‥‥‥‥‥‥‥‥‥425

(1) 経営者保証GL制定時の監督指針改正‥‥‥‥‥‥‥‥‥426

(2) 経営者保証改革プログラムをふまえた監督指針改正（2022

（令和4）年11月1日）‥‥‥‥‥‥‥‥‥‥‥‥‥‥‥‥427

(3) 経営改善・事業再生支援等の本格化に向けた監督指針改正

（2023（令和5）年11月27日）‥‥‥‥‥‥‥‥‥‥‥‥429

3　経営者保証GLに基づく保証債務整理‥‥‥‥‥‥‥‥‥‥430

(1) 経営者保証GLに基づく保証債務整理手続の基礎知識‥‥‥431

(2) 一時停止等要請への対応‥‥‥‥‥‥‥‥‥‥‥‥‥‥‥443

(3)　弁済計画策定・・・446

　(4)　準則型私的整理手続における合意・・・・・・・・・・・・・・・・・・・・・・・457

第5節　消滅時効・・466

1　消滅時効の概要・・466

　(1)　債権の消滅時効とは何か・・・・・・・・・・・・・・・・・・・・・・・・・・・・・・466

　(2)　時効期間・・467

2　時効の完成猶予・更新とその方法・・・・・・・・・・・・・・・・・・・・・・・468

　(1)　時効の完成猶予と更新・・・・・・・・・・・・・・・・・・・・・・・・・・・・・・・468

　(2)　時効の完成猶予事由と更新事由・・・・・・・・・・・・・・・・・・・・469

3　時効の利益の放棄・・・472

第6節　廃業支援・・474

1　金融機関における廃業支援・・・・・・・・・・・・・・・・・・・・・・・・・・・・・・・475

　(1)　廃業支援とは何か・・・・・・・・・・・・・・・・・・・・・・・・・・・・・・・・・・・475

　(2)　金融機関が廃業支援を行う目的、効果・・・・・・・・・・・・480

2　対象企業の選定と廃業時の課題への対応策・・・・・・・・・・・・481

　(1)　対象企業の選定基準・・・・・・・・・・・・・・・・・・・・・・・・・・・・・・・・481

　(2)　廃業時の課題への対応策・・・・・・・・・・・・・・・・・・・・・・・・・・486

　(3)　廃業支援のポイント・・・・・・・・・・・・・・・・・・・・・・・・・・・・・・・・491

　(4)　関係当事者への支援ポイント・・・・・・・・・・・・・・・・・・・・・497

3　廃業支援の手続・・・501

　(1)　廃業支援の手順・・・・・・・・・・・・・・・・・・・・・・・・・・・・・・・・・・・・501

　(2)　支援先選定・・・501

　(3)　事前準備・・・504

　(4)　初期対応・・・507

　(5)　スキームの策定・・・・・・・・・・・・・・・・・・・・・・・・・・・・・・・・・・・511

　(6)　スキームの実行・・・・・・・・・・・・・・・・・・・・・・・・・・・・・・・・・・・513

序　章

債権管理回収総論

1　債権管理回収の基礎知識

　「債権回収」というと、債権の回収額の極大化（できれば満額回収）を目指す債権者と債務の支払を最小限で（できればまったく支払わずに）すまそうという債務者との戦いであるとイメージされがちである。たしかにそのような要素は大きいといえるが、金融機関における「債権回収」は「焦げ付いた債権の早期最終処理」と車の両輪といえる関係であり、金融機関において

図表1　債権管理回収業務の流れ
(1)　貸出先の状況変化と銀行業務の流れ

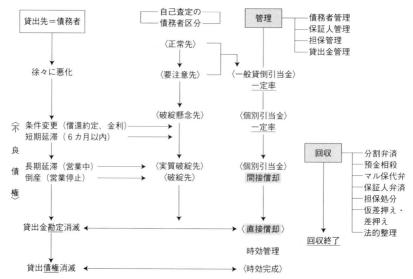

(2)　債権管理の重要性

（出所）　筆者作成

はこれらを総称して「債権管理回収」と呼称するのが一般的である（図表1参照）。このため、金融機関における「債権回収」は担保処分や債務者・保証人等に対する個別権利行使によって回収額の極大化を目指すだけでなく、最終処理（無税直接償却）に必要な「回収不能の疎明」を目指し、「空振り」覚悟で個別権利行使を行うこともある。

本書では主に債権回収の実務について解説するが、その前提として「延滞」と「倒産」との異同、「不良債権処理」と「債権管理回収」との異同について整理しておく。

(1) 「延滞」と「倒産」

実務上、貸出金の返済が滞っている融資先のことを「延滞先」とか「倒産先」とかいうことがある。延滞先も倒産先も銀行に対して法的には「履行遅滞」（民法412条1項）の状態である。このうち倒産先について、日本語表現としては「履行不能」といいたいところだが、法律用語としての「履行不能」とは「債務の履行が契約その他の債務の発生原因及び取引上の社会通念に照らして不能である」ことを指し、この場合「債権者は、その債務の履行を請求できない」とされている（民法412条の2第1項）。したがって、融資先が倒産して貸出金を返済できない状態になったことは「履行不能」ではない。

債権管理回収は融資先が「延滞」状態にあるか「倒産」状態にあるかによって対応が異なる。そこで、まずこれらの違いからみていきたい（図表2参照）。

a 「延滞」とは何か

履行遅滞は、債務者が①債務の履行期を経過していながら、②債務の履行が可能な状態にあり、③同時履行の抗弁権など債務の弁済を拒絶できる正当な事由が存在しないにもかかわらず、④債務者の故意・過失または信義則上債務者の責に帰すべき事由によって、⑤返済を履行しないことをいう。ただし、銀行からの借入金は金銭債務であるから、融資先が①債務の履行期を経過していながら、⑤返済を履行しない場合、直ちに履行遅滞となるため、上記②〜④の要件は不要である（民法419条）。

図表2　延滞・倒産の異同

	延滞	倒産
債務者状況	営業継続	・銀行取引停止───→営業停止 ・法的整理 　清算型────────→営業停止 　再建型────────→営業継続 ・廃業、解散───→営業停止
期限の利益喪失	請求喪失	当然喪失
回収方針	・本人分割弁済（キャッシュフロー） ・条件変更（→正常貸復帰（延滞解消）） ・預金相殺、保証協会代弁、担保処分、保証人弁済、仮差押え、差押え （以上は状況判断必要）	すべての回収手段
	●営業実態をよく把握し、実態に応じた回収方針を検討する。 ●本人分割弁済は、キャシュフローの確認、および他行返済額のシェア等を勘案し、弁済額の極大化を図る。	●回収可能なものは、極力早期に回収実現させる。 ●ロス先は、極力早期に回収を完了させ、直接償却適状にもっていくことを常に念頭に置く。
整理方針	・間接償却（原則有税）～損失処理 ・債権売却～勘定処理	・間接償却（無税、有税）～損失処理 ・直接償却～勘定処理 ・債権売却～勘定処理
	●営業継続している限り、直接償却は原則できない。 ●直接償却が困難で、二次ロスが小さい場合は、債権売却を検討。	●直接償却を可能とするには、担保処分の完了と保証人弁済能力がないことの疎明がポイント。 ●直接償却まで長期化必至の場合は、債権売却を検討。

（出所）　筆者作成

これに対し銀行の債権管理回収業務における「延滞」とは、一般的には融資先が営業を継続している法人・個人事業主または法的整理手続申立てに至っていない個人であり、当該融資先に対する貸出金等の弁済が履行遅滞となっている状況をいう（以下、当該貸出金等を「延滞金」という）。なお、金融法務用語としての延滞は履行遅滞全般、すなわち延滞金のほか通常延滞金に分類しない短期延滞（金融機関によって異なるが、数日〜1カ月程度の延滞）や倒産も含むが、ここでいう延滞金はこれよりも狭い概念である。延滞金の定義は金融機関によって異なるが「貸出期限（分割弁済期限を含む）を1カ月以上経過した貸出金（代理貸付金その他の与信取引による債権を含み、預金担保紐付貸出を除く、以下同じ）を有する融資先および期限の利益を喪失した融資先（倒産した先を除く）に対する全貸出金」としているのが一般的である。

延滞先に対する債権管理回収は、返済の正常化（延滞解消）を目指して入金督促を行うのが通常の対応であるが、目先の延滞回数圧縮交渉に終始していたのでは根本的な解決は困難である。近時は金融機関に金融仲介機能の発揮が求められており、期限の利益を喪失していない融資先に対しては、経営改善支援や事業再生支援を併用することにより窮境に陥った経営の正常化による返済の正常化を目指すべきである。なお、延滞先が大幅な債務超過でありかつ収益力が乏しいため、「事業の再構築」（事業の選択と集中や新たなビジネスモデルの構築によって損益状況の改善を図る取組みであり、具体的には、成長部門への経営資源の再配分、新規事業の立上げ、不採算事業からの撤退、人員削減による規模の適正化など）と「財務の再構築」（バランスシート上の資産・負債・資本の各項目を見直すことによって財務体質の改善を図る取組みであり、具体的には、不要資産の売却、DDS（デット・デット・スワップ）、DES（デット・エクイティ・スワップ）、負債の圧縮（金融機関側からみれば債権放棄）、債務の移転（金融機関側からみれば再生ファンドやサービサー等への債権売却による売却損の計上）など）との両面からの支援をもってしても、自力再生が困難であると判断すべき場合は、「廃業支援」（第3章第6節参照）も検討すべきである。なお、営業は継続中であ

序章　債権管理回収総論　5

るが期限の利益を喪失していたり期限の利益は喪失していないものの延滞解消がほぼ不可能となっていたりする延滞先については、「廃業支援」によるソフト・ランディングを目指すことになるが、地域経済への影響にも配慮した回収活動が求められる。

b 「倒産」とは何か

「倒産」は法律用語でも会計用語でもないため定義付けはあいまいなところもあるが、一般的には「企業が経営に破綻を生じ、このままでは正常な営業が困難であるとして、その営業を停止したり、あるいは支払を一般的に中止したりして、債権・債務の整理手続に入ること」と解されている。人間にたとえれば心臓から血液が送られず（正常な銀行取引が継続できず資金の流れが滞り）、胃腸から新たな栄養が補給されない（仕入先から商品や原料等の供給が途絶える）ことにより、死に至る状態（その寸前である危篤状態も含む）である。なお、「倒産」の烙印を押されるのは通常「対外債務の支払を一斉にストップせざるをえなくなった時点」である。

銀行の債権管理回収業務における「倒産」とは破産手続、民事再生手続、会社更生手続または特別清算手続の開始の申立てがあったとき、銀行取引停止処分を受けたときのほか、その債務者において経営破綻したことが客観的に明らかな事由が発生した場合をいう。経営破綻したことが客観的に明らかな事由として、類型的には解散・廃業・営業の全部譲渡等が該当するが、事案により個別の認定を要する。

なお、よく似た用語として「休・廃業」があるが、これは「資産超過状態での事業停止」（東京商工リサーチによる定義）または「企業活動停止が確認できた企業のなかで、倒産に分類されない事案」（帝国データバンクによる定義）などと定義されている。したがって、「休・廃業」に該当する「廃業」はほとんどが資産超過での「自主廃業」の一形態であり、債務超過でかつ他者から事業停止に追い込まれる「倒産」とは別の概念である（第1章第1節1参照）。

倒産先に対する債権管理回収は、延滞先に対するような配慮は不要であるため、回収の極大化と早期最終処理を目指して粛々と行うことになる。ただ

し、保証人に対しては、経営者保証ガイドライン（第3章第4節参照）を活用するなど、生存権の保障や再スタートに向けた配慮が必要である。

(2)　「不良債権処理」と「債権管理回収」

「不良債権処理」と「債権管理回収」とは似て非なる概念であるが、金融機関職員の大部分が混同しているのではないかと思われるので、ここでその異同を整理しておく（図表3参照）。

a　不良債権処理

不良債権とは銀行の財務内容の健全性からみた貸出金の区分であり、不良債権に該当するかどうかは「債務者区分」で判断する。具体的には破綻先、実質破綻先、破綻懸念先に対する貸出金および要管理債権が不良債権に該当する。不良債権の発生は、①「不良債権比率」という金融機関の貸借対照表（以下「B/S」という）上の財務体質悪化要因であり、②「貸倒引当金の積増し」（与信コスト増加）という金融機関の損益計算書（以下「P/L」という）上の財務体質悪化要因（その結果「自己資本比率の悪化」というB/S上の財務体質悪化要因にもなる）である。

なお、不良債権には「延滞している不良債権」「延滞していない不良債権」があり、「延滞している不良債権」は法律、規則等に基づく強制回収が可能であるが、「延滞していない不良債権」は不良債権であるという理由だけで強制回収を行うことはできない。

図表3　不良債権と延滞金の関係

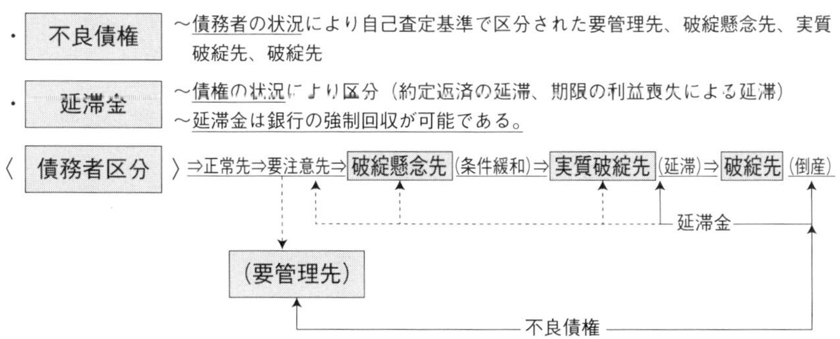

（出所）　筆者作成

不良債権処理とは、不良債権の発生による銀行のロス見込額の引当処理というP/L上の処理や不良債権残高の圧縮というB/S上の処理によって銀行の財務内容の健全化を図ることである。具体的な方策として①不良債権の回収、②オフバランス化および③債務者区分の改善があげられるが、一般的には②および③が中心である。

　不良債権処理は、融資先の債務者区分が要管理先になった時から「自己査定」を通じて行われる。このため、銀行の損失が発生するのは融資先に延滞・倒産等の事象が生じた時でなく、融資先に対する貸出金が要管理債権に分類された時、または融資先が破綻懸念先以下になった時である。具体的には融資先が破綻懸念先以下になった場合、貸出金のうち担保・優良保証（自己査定上、非分類またはⅡ分類）によってカバーされない非保全部分（同、Ⅲ・Ⅳ分類）について、破綻懸念先に計上されたときに20〜100％（金融機関の規定や対象先の状況によって異なる）、実質破綻先以下に計上されたときに100％の損失が発生することになる。

b　債権管理回収

　債権管理回収業務は延滞金について回収による債権額の圧縮または無税直接償却による税法上のオフバランス化を目指すことである。具体的には、延滞金の「管理→回収」により「不良債権処理で計上した貸倒引当金」を取り崩す、つまり「一度発生した損失を取り戻す」ことと、延滞金の「管理→整理」により、「P/L上の損失でありながら税法上損金と認められない貸倒引当金」（有税間接償却）を税法上の損金に転換していく、つまり「払いすぎた税金を取り戻す」ことである。言い換えれば「不良債権処理」が銀行の予防的な損失計上・損失洗替えによって、銀行の財務内容の健全化を図ることを目的とする「机上の作業」であるのに対し、「債権管理回収」は銀行に「真水の利益」をもたらすことを目的とする「実働作業」である。

　債権管理回収の「債権管理」、すなわち狭義の債権管理とは、延滞先・倒産先の実態を把握しながら、回収方針、整理方針を固めていくことをいう（これに対し広義の「債権管理」は、融資実行から完済または無税償却までの間に融資先・保証人・担保等、さまざまな要因に生ずる変動に的確な対応

を講じることであり、狭義の債権管理と区別するため「融資管理」ともいう）。また、債権管理回収の「債権回収」とは焦付き債権残高の圧縮促進を主な目的として極力早く極力多額の回収を**適切**に実行していくことである。このうち回収の極大化・迅速化は、現在の貸倒引当金残高の圧縮促進および将来の引当コストの削減を目的とし、適切な回収は、事故・トラブル防止による費用負担、業務負担、延滞長期化等の回避を目的としている。以前は「より多く、より早く」が至上命題であったが、昨今の情勢は「より適切に」を最も重要なものと位置付けている。せっかく「より多く、より早く」を実現しても、コンプライアンスに抵触して多額の損害賠償請求をされたり「顧客保護」に欠けているとして当局から行政処分されたりすると、それまでの努力の成果が一気に吹っ飛んでしまうからである。なお、「整理」は、延滞金を極力早く適切に最終処理（会計上のオフバランス化＋税務上の損金処理）していくことであり、その手法には無税直接償却、債権売却、債権放棄等がある。したがって、全額回収可能な先への対応は管理・回収のみとなるが、ロスの発生を回避できない先への対応は、管理・回収により、極力早期に「整理」できる状態をつくりあげることになる。

　ちなみに、ここでいう「整理」とは「延滞金の最終処理」という意味の銀行用語であり、法律用語である「債務整理」の「整理」、すなわち債務者の全資産の換価処分による債務の弁済後、残債務の切捨てを受けることとは意味が異なるので、「債権整理」とはいわない。

(3) 債権管理回収業務に求められるもの

a 債権管理回収業務は金融業務の総合芸術

　債権管理回収業務を遂行するためには金融機関のあらゆる機能を使いこなすことが必要である。具体的には、融資業務に関する知識やスキルは当然として、預金・為替・付随業務・コンプライアンス等の知識や窓口・渉外業務における顧客対応力（セールス能力や苦情処理能力も含む）が求められる。さらに、筆者の経験では、ファイナンシャル・プランナーとしての知識や提案力が力を発揮することも多い。また、担保処分や債務者等による資産処分については自行のグループ会社や取引先企業とのネットワークを有効活用す

ることも求められる。したがって、債権管理回収業務は、「金融業務の総合
芸術」といえよう。

b 一般的に必要とされる能力

金融業務に関する能力以外にも、債権管理回収業務に必要な能力として①
知識（法務、財務、税務、一般教養など）、②判断力（分析力、洞察力、想
像力、決断力を含む）、③交渉力、④常識の四つがある。

このうち、最も重要な能力は④常識である。未熟な債権管理回収担当者は
ともすれば債権者ファーストに傾きすぎたり、債務者・保証人追及を「銀行
に損失を与えたことに対する制裁」と勘違いしたりすることが多い。しか
し、債権管理回収業務において回収の極大化とは、債務者・保証人等に対す
る利益供与や銀行のステークホルダー（預金者・株主等）への背任となら
ず、無税直接償却に耐えられるレベルの「公正な」回収であり、いまや常識
に反する債権者ファーストの観点からの目先の回収極大化や常識を超えて債
務者・保証人を追い込むことは認められない。現在求められる債権管理回収
は債務者・保証人と銀行とがWin-Winとなる解決を目指し、地域経済の活性
化に寄与することである。

なお、③交渉力は「情報収集→情報分析→交渉方針立案→実行」の各ス
テップにおいて求められる。このうち「情報分析」および「交渉方針立案」
のステップでは、クリティカル・シンキング（論理的思考）やゲーム理論
（先読み）を使いこなせることが望ましい。また、「実行」のステップでは交
渉術を使いこなすことが求められ、交渉術には主に「立場駆引き型交渉」
（「相手を打ち負かす」ための交渉手法で、一方の「勝ち」は他方の「負け」
を意味するゼロサムゲーム）や「原則立脚型交渉」（「交渉事」と「人（特に
相手の人格）」との分離を基本とする交渉手法）という手法があるが、債権
管理回収業務においては、原則立脚型交渉に徹するべきである。交渉を成功
させるためのポイントは、ⓐ誠実な態度（自分なりの見識と物事の道理をわ
きまえた行動）、ⓑ誠意ある対応（相手方を共通の土俵に乗せるための絶対
条件）、ⓒ事実の積上げ（相手の言い分・根拠の整合性を確認すること。反
論は事実をもって行う）の三つを遵守することである。

2 融資先が倒産するとどのようなことが起こるか

融資先が倒産すると、倒産直前に入手していた当該融資先の財務状況が思いのほか毀損していて驚くことが多い。これに対し現場の担当者は「倒産によって財務諸表の粉飾が発覚（倒産前に粉飾が発覚していた先はさらなる粉飾が発覚）し、当該融資先の実態を反映した財務状況が明らかになった」という理解ですませていることがある。しかし、仮に倒産した融資先が粉飾決算とは無縁であったとしても「倒産による財務の毀損」は当然に起こるものである。平常時においてこれを前提に取引形態を検討することによって、融資先の倒産により生じるロスを最小限にすることが望まれる。

(1) 倒産による貸借対照表の変貌

ここでは融資先A社の財務状況（直近財務状況が、資産合計125百万円に対し、負債合計112百万円と、13百万円の資産超過）が倒産によってどのように変貌するかをみていくこととする。

A社の貸借対照表は、倒産によって、図表4※のとおり変貌を遂げているが、これは正常時と倒産時の企業価値の考え方の違いによる。たとえA社が粉飾決算とは無縁の企業であったとしても、倒産によってこのような貸借対照表の変貌は生じうるのである。

※　図表4の倒産直前貸借対照表や清算貸借対照表は事例の解説のために便宜的に作成したものである。現実の事案では、倒産時点の貸借対照表が存在することはなく、清算バランス（後述）も正常バランス（後述）と同時点で作成されることはない。

a　正常時の財産評価

企業の本来の目的は、外部から調達した資本（株式・借入金等）を事業に投下し決められた期間（会計年度）ごとにどれだけの利益（期間損益）をあげるかである。このため、正常時の企業の貸借対照表（以下「正常バランス」という）においては、事業の継続を大前提とし、保有する資産の価値は、その資産を使って将来いくらの収益が得られるかという観点から評価される。これが「資産は費用（コスト）の前払いである」といわれる所以であり、正常バランスにおける財産評価は、事業継続を前提とした損益計算書

図表4　貸借対照表の変貌

《A社の倒産直前貸借対照表》（単位：百万円）

資産の部		負債の部	
Ⅰ．流動資産	60	Ⅰ．流動負債	50
①現預金	15	①買掛金	15
②売掛金	15	②支払手形	20
③受取手形	10	③短期借入金	15
④製品	10		
⑤仕掛品	5	Ⅱ．固定負債等	62
⑥前渡金	5	④長期借入金	55
		⑤長期支払手形	5
Ⅱ．固定資産等	65	⑥退職給与引当金	2
⑦土地	15	負債合計	112
⑧建物	30		
⑨機械設備	10	資本の部	
⑩保証金	5	①資本金	5
⑪繰延資産	5	②剰余金	8
		資本合計	13
資産合計	125	負債・資本合計	125

倒産 ⇒

《A社の清算貸借対照表》　（単位：百万円）

資産の部		負債の部	
Ⅰ．流動資産	20		
①現預金	0	①買掛金	10
②売掛金	6	②支払手形	20
③受取手形	10	③短期借入金	0
④製品	4	④長期借入金	55
⑤仕掛品	0	⑤長期支払手形	5
⑥前渡金	0	⑥労働債権	10
		⑦税金・共益費用	7
Ⅱ．固定資産等	37		
⑦土地	30	負債合計	107
⑧建物	0		
⑨機械設備	5	資本の部	
⑩保証金	2	①資本金	5
⑪繰延資産	0	②剰余金	△55
		資本合計	△50
資産合計	57	負債・資本合計	57

（出所）　筆者作成

（P/L）的視点によって行われる。

　A社の正常バランス（図表4では「倒産直前貸借対照表」）によれば、総資産125百万円（以下、単位省略）を構成する勘定科目のうち、④製品10は完成に要した原価、⑤仕掛品5は未完成品に投入された費用、⑥前渡金5は外注先への先行投資、⑨機械設備10は今後の使用価値の見積額、⑪繰延資産5は既払いの試験研究費等である。このように、A社の総資産125は、A社が今後も事業活動を継続するという前提のP/L的視点での評価である。この評価を支えているのは、A社が銀行や取引先から新たな信用供与を受けられることを前提とした「仕入れ→製作→販売→代金入金→支払」という事業サイクルである。

b　倒産時の財産評価

　これに対し、倒産後のA社は銀行や取引先から新たな信用供与を受けられなくなり上記事業サイクルは瞬時に崩壊する。このため、A社の清算貸借対照表（以下「清算バランス」という）においては、P/L的視点が排除され、

12　序章　債権管理回収総論

資産は「いま処分したらいくらになるか」という清算価値に置き換わることになる。これが倒産による貸借対照表の変貌である。

以下、図表4の清算バランスに沿ってＡ社の資産崩壊をみていく。

①について、従来、毎月の支払資金として不可欠の役割を果たしてきた現預金15は貸付金の回収を危惧する各銀行の手によって瞬く間に拘束・相殺されてゼロとなった。

②、③について、売掛金15は翌月、翌々月分の支払原資となるはずであったが、製品の供給ストップを心配する大口得意先からの相次ぐ返品、値引要求、相殺などにより4割程度（15×0.4＝6）の回収が精一杯という状況に陥った。受取手形は満期まで待つしかない。ところで、売掛金債権の毀損防止策として債権譲渡担保の設定が考えられるが、2017（平成29）年改正民法469条2項2号により売掛先からの相殺主張が債権譲渡担保に優先するケースが広く認められたため、その効果が大幅に減退した（第1章4節3(4)f参照）。

④について、製品10は倒産ブランドとして原価4掛けの4程度で換価できれば上出来である。

⑤について、完成度平均50％の仕掛品5は仕掛品の状態では処分できず今後5の資金投入で完成させても原価10の4掛けでしか売れないので、ゼロ評価とせざるをえない。

⑥、⑪について、将来のコストの前払い分である前渡金5や繰延資産（試験研究費）5は買掛金と相殺されたり先行投資が無駄になったりして、資産価値はゼロである。

⑧、⑨について、償却資産である建物30や機械設備10は工場の継続稼働を前提として使用価値が資産計上されていたが、廃業により将来の使用価値実現（毎期の減価償却）の機会を失い、建物は取壊し前提でゼロ評価、機械は搬出費や中古相場を勘案すると、せいぜい半分の5の評価となる。

⑩について、本社事務所の賃借保証金5は、償却、滞納家賃の相殺に加え、明渡し時の原状回復費支出等で、2も残ればよいほうである。

⑦について、唯一評価額が増額となるのは、安い時に15で買っておいた工

場敷地が30で売れそうなことであるが、建物と合算すると大幅な減価を回避できない。

変貌するのは資産だけではない。負債についても倒産発生により変貌する。

①、②について、仕入先、外注先等に対する買掛金・支払手形は、売掛金以下の流動資産45に見合う35であったが、このうち買掛金の一部が前渡金と相殺され、30が未払いとして残った。

③、④について、金融機関に対する短期・長期の借入金70は、15が預金相殺され、55が残った。

⑤について、機械代金の長期割賦手形5はそのまま未払いである。

⑥について、正常バランスでは退職給与引当金2が負債計上されていたが、倒産時の一斉解雇に伴う労働債権は未払給与、解雇予告手当、退職金等をあわせて10にふくらんだ。

⑦について、このほかに税金の未納付分2や会社整理費用5の流出も避けられない状態である。

このように、本事例の場合、正常時には総資産125、総負債112、差引13というA社が、倒産時には、粉飾や資産隠匿など何も悪いことをしていないのに、清算価値57、未払債務107、差引△50の債務超過会社に一気に転落した。正常バランスでは十分な支払能力と資産的裏付けを有するようにみえたA社でもいったん信用破綻によって「死に体」となると、同じ資産が劣悪な清算価値しか有しなくなる（125から57へ大幅な目減り）。そして、債権者同士の非情な「椅子取りゲーム」が始まるのである。

(2) 平時の取引のあり方で債権回収の成否が決まる

倒産会社の債務整理手続では、一般的に図表5のような「非常貸借対照表」がつくられる。「非常貸借対照表」を分析すると、A社の債権者たちの非情な「椅子取りゲーム」が展開していくようすがわかる。

a 担保の重要性（ケース1）

A社の取引銀行は甲銀行・乙銀行の2行のみ、甲銀行・乙銀行の保全バランスおよびA社の非常貸借対照表が図表5の(1)のとおりだったとする。

(a) **A社の配当原資および一般債権配当率**

　A社の無担保債権への配当原資は一般財産22である。無担保債権のうち労働債権・税金・共益費用等の優先債権は一般債権に先立って支払われるので、優先債権は全額支払われ、一般債権への配当原資は5（22－17）となる。一般債権55は、配当原資5を平等に分け合うことになるので、一般債権の配当率は9.0909％（5÷55）となる。

　この結果、△50の債務超過部分は、債権保全を怠った一般債権者（債権総額55）、すなわち買掛金10、支払手形20および借入金25の債権者がすべてを被ることになり、担保権者（35）や優先債権者（17）が腹一杯食べた後のわずか5の残滓を、その10倍以上の金額の被害者たちが、仲良く9％ずつ分け合うしかなくなるのである。これは、平時であれば資産の部も負債の部もいっさい色分けなく、平等に全員が満足できるはずだったのが、倒産と同時に特定の担保財産には担保権者の独占回収が認められ（土地建物に対する抵当権、機械に対する売主の所有権留保）、担保提供されていない一般財産も弁済順序は法律に定める優先順位に従うためである。

(b) **甲銀行・乙銀行の帰趨**

　両行の回収見込額は図表5の(1)のとおりである。両行は、与信残高および相殺可能預金が同じにもかかわらず、乙銀行は甲銀行の10倍近いロスを発生させることになった。ケース1においてはたまたま優先債権が全額支払われているので、優先債権が最も強い債権にみえる。しかし、よくみると優先債権の引当財産は一般財産であり、実は紐付きの引当財産を有する担保債権が最強の債権であることがわかるであろう。自行が一般債権者や乙銀行のような惨めな思いをしないですむためには、平常時から有事に備えた「転ばぬ先の杖」としての担保取得を心がけることが重要である。

b　**最強の回収手段は平常時の基盤取引（ケース2）**

　A社の取引銀行は、甲銀行・丙銀行の2行のみ、甲銀行・丙銀行の保全バランスおよびA社の非常貸借対照表が図表5の(2)のとおりだったとする。

(a) **A社の配当原資および一般債権配当率**

　A社の無担保債権への配当原資は一般財産12である。取立手形には商事留

序章　債権管理回収総論　15

図表5　平時の取引と債権回収

(1)　ケース1　甲銀行と乙銀行

《両行の保全バランス》　　　　　　　　　　　　　　　　　　　　（単位：千円）

①甲銀行		〔保全率：71.429％（25,000÷35,000）〕	
与信残高	35,000	不動産担保	25,000
（手形貸付	7,500)	預金残高	7,500
（証書貸付	27,500)		
②乙銀行		〔保全率：14.286％（5,000÷35,000）〕	
与信残高	35,000	不動産担保	5,000
（手形貸付	7,500)	預金残高	7,500
（証書貸付	27,500)		

《A社の非常貸借対照表①》　　　　　　　　　　　　　　　　　　（単位：百万円）

資産の部		負債の部	
Ⅰ．一般財産	22	Ⅰ．優先債権	17
②売掛金	6	⑥労働債権	10
③受取手形	10	⑦税金・共益費用	7
④製品	4	Ⅱ．一般債権	55
⑩保証金	2	①買掛金	10
		②支払手形	20
Ⅱ．担保財産	35	④借入金	25
⑦土地	30	Ⅲ．担保債権	35
⑧建物	0	④借入金	30
⑨機械	5	⑤機械手形	5
		負債合計	107
		資本の部	
		①資本金	5
		②欠損金	△55
		資本合計	△50
資産合計	57	負債・資本合計	57

※A社の取引銀行は、甲銀行と乙銀行のみ

【一般債権配当率】
　配当原資（一般財産22－優先債権17＝5）÷55≒9.0909％

【甲銀行の回収見込額】
㋑預金相殺7,500千円＋不動産担保25,000千円＝32,500千円
㋺無担保債権2,500千円×一般債権配当率9.0909％≒227千円
∴甲銀行の回収見込額＝32,500千円＋227千円＝32,727千円
　（甲銀行の回収不能見込額＝35,000千円－32,727千円＝2,273千円）

【乙銀行の回収見込額】
㋑預金相殺7,500千円＋不動産担保5,000千円＝12,500千円
㋺無担保債権22,500千円×一般債権配当率9.0909％≒2,045千円
∴乙銀行の回収見込額は12,500千円＋2,045千円＝14,545千円
　（乙銀行の回収不能見込額＝35,000千円－14,545千円＝20,455千円）

（出所）　筆者作成

(2) ケース2 甲銀行と丙銀行

《両行の保全バランス》　　　　　　　　　　　　　　　　　　　　　（単位：千円）

①甲銀行		〔保全率：28.571%（10,000÷35,000）〕	
与信残高	35,000	不動産担保	10,000
（手形貸付	7,500）	預金残高	14,000
（証書貸付	27,500）	取立手形	10,000
②丙銀行		〔保全率：57.143%（20,000÷35,000）〕	
与信残高	35,000	不動産担保	20,000
（手形貸付	7,500）	預金残高	1,000
（証書貸付	27,500）		

《A社の非常貸借対照表②》　　　　　　　　　　　　　　　　　　　（単位：百万円）

資産の部		負債の部	
Ⅰ．一般財産	12	Ⅰ．優先債権	17
②売掛金	6	⑥労働債権	10
④製品	4	⑦税金・共益費用	7
⑩保証金	2	Ⅱ．一般債権	45
		①買掛金	10
		②支払手形	20
		④借入金	15
Ⅱ．担保財産	45	Ⅲ．担保債権	45
③受取手形	10	④借入金	40
⑦土地	30	⑤機械手形	5
⑧建物	0		
⑨機械	5	負債合計	107
		資本の部	
		①資本金	5
		②欠損金	△55
		資本合計	△50
資産合計	57	負債・資本合計	57

※A社の取引銀行は、甲銀行と丙銀行のみ

【一般債権配当率】
　配当原資（一般財産12－優先債権17）＜0
　〜一般債権への配当原資がないので、配当率は当然0％となる。

【甲銀行の回収見込額】
㋑預金相殺14,000千円＋不動産担保10,000千円＝24,000千円
㋺次に、取立手形代り金により10,000千円の回収が可能である。
㋩無担保債権1,000千円についての配当は見込めない。
∴甲銀行の回収見込額は24,000千円＋10,000千円＋0千円＝34,000千円
　（甲銀行の回収不能見込額は、35,000千円－34,000千円＝1,000千円）

【丙銀行の回収見込額】
㋑預金相殺1,000千円＋不動産担保20,000千円＝21,000千円
㋺無担保債権14,000千円についての配当は見込めない。
∴丙銀行の回収見込額は21,000千円＋0千円＝21,000千円
　（丙銀行の回収不能見込額は、35,000千円－21,000千円＝14,000千円）

序章　債権管理回収総論　17

置権が成立し（商法521条）、破産等法的整理手続の場合は別除権として担保と同様に取り扱われ（破産法66条1項等）、法的整理手続以外の場合は期日に取立代り金が相殺原資となる。つまり、融資先から代金取立手形を預かることは手形を担保取入れしたのと同じ効果なのである。

　無担保債権のうち労働債権・税金・共益費用等の優先債権は一般債権に先立って支払われるので、一般財産は優先債権に全額支払われ、一般債権への配当原資はゼロ（12−17＜0）となる。一般債権への配当原資がないので、配当率は当然0％となる。ケース1では優先債権は全額満足を受けたが、ケース2では優先債権の配当原資すら不足しており、優先債権配当率は70.5882％（12÷17）である。

(b)　甲銀行・丙銀行の帰趨

　両行の回収見込額は図表5の(2)のとおりである。丙銀行は甲銀行よりも保全率が圧倒的に高かったが、平常時の預金、為替、EB、その他機能サービスという「基盤取引」を軽視していたため皮肉にも非情な「椅子取りゲーム」の勝者は甲銀行となった。銀行にとって、取引先有事の際の最強の回収原資は「相殺対象預金」である。

　「基盤取引」を集中させることによって甲銀行のように取立手形という思わぬ回収原資を確保することができるだけでなく、最強の回収原資である「相殺対象預金」を他行より多く確保することができる。また、「基盤取引」を集中させると、融資先に異常な動きがあったとき他行に先駆けて異常を察知することもできる。特に流動性預金取引を集中させると、預金の動きを注視することで粉飾を発見できることもある。甲銀行、丙銀行の明暗の分かれ目は、平常時から「基盤取引」を強化していたかどうかにあることを肝に銘じておくべきである。

第1章

延滞・倒産発生時の初期対応

第1節 延滞・倒産が発生したら何を行うべきか

1 倒産、支払不能、支払の停止、期限の利益喪失の認定

　融資先に倒産の危険が生じたときは、その危険性をなるべく早期に予知して、他の債権者より一刻も早く債権の保全・回収に着手しなければならない。また、予知していたか否かにかかわらず、少なくとも融資先が倒産したときはその事実を一刻も早く確認する必要がある。また、倒産と類似の概念に「支払不能」「支払の停止」「期限の利益喪失」があるが、それぞれの法的意義や法的効果が異なるので、整理しておく。

　なお、融資先が、中小企業活性化協議会による再生支援スキーム、事業再生ADR、私的整理ガイドライン、中小企業の事業再生等に関するガイドライン、REVIC特定支援業務、特定調停手続前提の私的整理手続等（これらを総称して「準則型私的整理手続」という）に取り組む際、銀行に対し一時停止等要請の文書（通常、タイトルは「弁済猶予のお願い」）を提出することがある。融資先が、事業再生を目的として行う準則型私的整理手続（利害関係のない中立かつ公正な第三者が関与する私的整理手続およびこれに準ずる手続）において行う一時停止等要請は、倒産、支払不能、支払の停止、期限の利益喪失事由のいずれにも該当しないことに留意が必要である（第2章第7節1参照）。

(1) 倒産の認定

a 倒産の形態と確認方法

　融資先の倒産は、通常、①電子交換所（旧手形交換所）における「第1回不渡りまたは取引停止処分」（でんさいの場合、電子債権記録機関の「支払不能通知または取引停止処分」）、②支払の停止、③夜逃げ、事業所閉鎖、④

20　第1章　延滞・倒産発生時の初期対応

破産手続、民事再生手続、会社更生手続、特別清算手続等、法的手続開始の「申立て」という形態がとられる。

このうち、①については、通常の銀行業務で得られる情報である。②については、一般の債務の支払を中止する明示または黙示の意思表示であるから、だれからの請求にも融資先が支払を断っているとか、多額の不渡りを出したとか、営業を廃止していないかといった融資先の一般的状態を確認する。③については直接融資先の事業所や自宅等に行って現状をみれば容易に確認できる。また、④については、会社の場合は原則として本店所在地、個人の場合は原則として主たる営業所の所在地（非営業者は住所地）の裁判所が管轄裁判所となるので（破産法5条1項、民事再生法5条1項等）、当該裁判所で申立ての有無を確認する。ただし、裁判所によっては申立ての段階では債権者に対しても回答をしないことがあるので、その場合は融資先自身から確認するほかない。なお、地方裁判所の支部が管轄裁判所である場合は地方裁判所の本庁が管轄裁判所となることもあり、大規模事件等では、高等裁判所の所在地を管轄する地方裁判所、東京地方裁判所または大阪地方裁判所が管轄裁判所となることもある（破産法5条8項・9項、民事再生法5条8項・9項等）ので注意が必要である。もっとも、通常は法的整理手続を申し立てる前に弁護士から受任通知が届くので当該弁護士に照会すれば確認でき、受任通知が届いていなくても、破産手続等が開始されれば、裁判所からその旨通知が来るので、確認は比較的容易である。

b　弁護士介入

融資先や保証人が債務整理に着手する場合、弁護士から受任通知が送られてくることがある。通常、弁護士から受任通知が送られてくるケースは「支払の停止」であることが多いが、「事業再生」の一環であったり、まれに後述する貸金業法の規定を盾にとった単なる「返済逃れ」であったりすることもある。

弁護士から破産・民事再生手続等の申立てを行った旨の通知が送達された場合や破産・民事再生手続等の開始決定通知が送達された場合、銀行が抜駆け的な回収行為を行ったり、相殺禁止規定に抵触するような相殺を強行した

りすると、手続開始後に否認される危険性が高いので細心の注意を払う必要がある。また、法的整理に移行しないケースも多いので、法的整理移行可能性を見極めたうえで対応すべきである。

　また、任意整理を前提とした弁護士介入の場合、弁護士が介入したからといって特別な対応が必要になるわけではない。むしろ、相手が弁護士であれば「当行は担保権実行・仮差押等保全処分・訴訟提起等、法的手続を前提として正当に権利主張（＝請求）を行う」旨表明し、毅然とした態度で接すれば、融資先と交渉するよりも話が早い場合が多々ある。

　なお、貸金業法は貸金業者に対し、正当な理由なく、弁護士介入した債務者等と直接交渉することを規制している（同法21条1項9号）。銀行には貸金業法は適用されない（同法2条1項2号）ので、弁護士が介入したからといって銀行が債務者等と直接交渉できなくなるわけではないが、コンプライアンス上、受任弁護士がきわめて不誠実な場合を除き、弁護士に債務整理を委任した融資先・保証人等との直接交渉は控えるべきである。

(2)　支払不能の認定

　融資先・保証人等について破産手続、民事再生手続または会社更生手続が開始した場合、銀行は、これらの者が支払不能であることを知りながら受けた弁済・担保提供等を否認されたり（破産法162条1項、民事再生法127条の3第1項等）、相殺が制限されたりする（破産法71条1項2号、民事再生法93条1項2号等）ことがある。

　なお、支払不能は外部に表示されたところと関係なく存在する客観的状態であり、外形上不明確であることから、「支払の停止」であることをもって「支払不能」と推定する（破産法15条2項、162条3項等）こととされている。また、支払不能は破産手続開始申立ての要件（破産法1条）、支払不能のおそれがあることは民事再生手続開始申立ての要件（民事再生法21条1項前段）となっている。

a　支払不能の要件

　「支払不能」とは、債務者が、支払能力を欠くために、その債務のうち弁済期にあるものにつき、一般的かつ継続的に弁済することができない状態を

いう（破産法2条11号）。

　このうち「支払能力を欠くために」とは、財産、信用、または労務による収入のいずれをとっても債務を支払う能力がないことをいい、たとえ財産があっても、換価が困難であれば支払不能となる。返済の見込みが立たない借入れ、商品の投売り等を行うことによって、表面的には弁済能力を維持しているようにみえる場合であっても、客観的に弁済能力が欠けていれば、当該要件に該当する。

　また、「その債務のうち弁済期にあるものにつき」とは、現実に弁済期限が到来しているもののみを指し、弁済期の到来していない債務を将来弁済できないことが確実に予想されても、弁済期の到来している債務を現在支払っている限りは、支払不能には当たらない。ただし、弁済期が到来した債務を弁済できないことが要件であり、弁済をしない正当な理由がある場合は、支払不能とはならないこと、債務者が弁済期の到来している債務を支払っている場合でも、債務者が無理算段をしているなど、まったく弁済の見込みの立たない借入れや商品の投売り等によって資金を調達して延命を図っているような状態にあるときは、支払不能に該当するとの裁判例（高松高判平26．5．23金融法務事情2027号52頁）があることに注意を要する。

　さらに、「一般的かつ継続的に」のうち「一般的」とは、弁済できない債務が債務者の債務の全部または大部分を占めていること、一時に多数の債務が請求されて支払えず、または1個の巨額な債務を請求されて支払えないことが必要である。特定債務の弁済ができなくても、全体的資力不足が原因でなければ支払不能には当たらないが、逆に、特定債務の弁済のみ行っていても、総債務についての資力がなければ支払不能に当たる。当然ながら、債務者の支払意思の有無は支払不能の判定とは無関係である。「継続的に」については、一時的な手元不如意による資金不足は支払不能には当たらず、借入れにより一時的に資金を得たとしても、客観的に資力が不足しているのであれば、支払不能に当たる。

　なお、支払不能を期限の利益当然喪失事由とすると、銀行の意思にかかわらず、融資先が支払不能となった日の翌日から貸付金債権の消滅時効が進行

することになるが、銀行が当該事由の発生時を証明することは困難である。このため、支払不能は支払の停止と異なり、期限の利益当然喪失事由とされていない。ただし、融資先が支払不能に陥ることは「債権保全を必要とする相当の事由」（銀行取引約定書ひな型5条2項5号）に当たることから、請求喪失事由となりうる。

b 支払不能の認定が微妙なケース

次のようなケースでは、支払不能の認定が微妙なので、実態に応じて判断すべきである。

① 第1回不渡りがあった場合、事案によって異なるが、この時点で弁済期にある債務の大部分が弁済できない状態にあれば、支払不能となる。

なお、第1回不渡りが支払不能に該当する場合、「第1回不渡りの発生を回避しない行為」は、支払不能であることを外部に表明する債務者の行為であるから、当該行為が支払の停止となりうる（支払の停止が発生するのは、結果的に第1回不渡りが発生した時点である）ことに留意が必要である。

② 第1回不渡りが一時的な資金ショートであった場合、「継続的」の要件に該当しなければ、支払不能にはならないと考えられる。

③ 勘定合って銭足らずの状態で法的整理（破産、会社更生、民事再生等）に入った場合、法的整理をもって支払不能にはならないと思われる（ただし、手続申立て以降は、支払不能以外の事由で否認・相殺禁止の対象となるので、注意が必要である）。

④ 特定調停の申立てや私的整理ガイドラインの適用があったことだけをもって、直ちに支払不能に当たるとはいえない。

⑤ メインバンクの支援打切りがあった場合、支払不能かどうかは、債務者の信用も考慮したうえで判断することとなる。

融資先の信用の有無および程度を判断するにあたっては、メインバンクの判断が重要な要素になると考えられ、メインバンクの支援がなければ現在弁済期にある債務を一般的かつ継続的に弁済することがで

きないという状況であれば、メインバンクの支援打切りによって支払
不能になると考えられる。ただし、メインバンクの支援打切りがあっ
ても、常に支払不能になるとは限らないことに注意が必要である。た
とえばメインバンクからの支援がなくても当面は弁済期にある債務を
弁済できる場合や、メインバンク以外の銀行等から融資を受けること
ができ、それによって当面は弁済期にある債務を弁済できる状況にあ
る場合は、支払不能とならないと考えられる。

⑥　支払不能は、弁済期の到来した債務について判断されるので、債務
者が無理算段をしている場合（前掲高松高判平26.5.23）を除き、翌
月の弁済期日には支払えないことが確実とわかっているときであって
も、弁済期が到来していない限り支払不能とはいえない。

⑦　ある債権者に支払っているが他の債権者には延滞している場合、他
の弁済期が到来した債務についても、一般的に弁済することができな
い状態にあると認められれば、支払不能と認定されることはあるが、
総合的な判断が必要である。

⑧　銀行が手形貸付の書替えに応じないで「流していた」場合（期限の
猶予は黙示的にもしていないことが前提）、一概にはいえないが、支
払不能と認定される余地はある。

⑨　期流ししていた手形貸付について、後に書替えに応じた場合、手形
貸付が大部分を占めていれば、期限の猶予が与えられるので支払不能
は解消される。ただし、わずかな金額の手貸書替えに応じただけでは
支払不能は解消されない。書替えによって、ほかのほとんどの債務も
期限猶予されたのであれば、支払不能は解消される。

⑩　返済条件の変更交渉のために一時的に手形貸付を「期流し」してい
る場合、流している手貸が多額であっても、条件交渉としての期限の
猶予を黙認していることとなるのであれば、他の支払不能の一般要件
を満たしていない限り、支払不能ではない。

⑪　融資先が債務超過に陥っていても信用・労務による収入があれば、
支払不能にはならない。債務超過は、債務者がその財産をもって（債

務を）完済できない状態（破産法16条1項）であり、債務超過は財産のみの問題であって、信用・労務等による収入は問題とされていないからである。反対に、債務超過でなくても財産換価できなければ、支払不能となる。なお、債務超過は、法人債務者（存立中の合名会社および合資会社を除く）の破産手続開始原因となっている（同法16条1項・2項）。

(3) 支払の停止の認定

a 「支払の停止」とは何か

「支払の停止」とは、弁済能力の欠乏のため即時に弁済すべき債務を一般的かつ継続的に弁済できない旨を外部に表明する債務者の行為（明示的であると黙示的であるとを問わない）をいう。簡単にいえば「自らが「支払不能」の状態であることを外部に表示する債務者の主観的行為」である。なお、支払の停止には、法律上定義付けする条文はなく、判例・通説等により定義付けされている。なお、支払の停止は、銀行取引約定書上、明文で期限の利益当然喪失事由とされているのが一般的である（銀行取引約定書ひな型5条1項1号）。

支払の停止に該当する事由は次のとおり（具体的事案によって適用可否が異なることもあり）。

① 支払ができない旨（一時的なものは除く、以下同じ）を書面または口頭で債権者へ通知したこと

　弁護士から、受任の内容を「法的整理手続の申立て」とする受任通知が送達された場合もこれに該当する。なお、受任通知の文言では整理方法が不明な場合であっても、債務者が支払不能状態である旨の記載（弁済能力欠乏による事業廃止・事業継続断念等）があれば、支払の停止となる。

② 支払ができないことを店頭に掲示または回状・広告等により表示したこと

③ 事務所・店舗の閉鎖、夜逃げ等

④ 「資金不足」等信用異常の理由で不渡りを出し、不渡金額が相当以

上の金額であるなど、近日中に第2回不渡りを出す蓋然性が高いこと

　反対に、次のような場合は、基本的には支払の停止に該当しない（具体的事案によって適用可否が異なることもあり）。

　①　債務整理のための弁護士介入（受任の内容が法的整理手続の申立てである場合を除く）

　　債務者が法人である場合は、受任の内容で支払の停止か否かを決するが、債務者（保証人も含む）が単なる給与所得者であり広く事業を営む者でない場合は、受任通知に自己破産を予定している旨が明示されなくても、支払の停止に該当する（最判平24.10.19民集241号199頁）ことに注意が必要である。

　②　「破産申立てを検討中」であるとの文書または口頭での通知

　　支払の停止に該当することも多いが、既述した貸金業法21条1項9号の適用による債務逃れのみを目的として債権者に受任通知を送りつけるだけで、実際には債務整理をする気がまったくない債務者もいる（この場合、一般的には支払の停止には当たらない）。

　③　第1回不渡りを出したが、近日中に第2回不渡りを出す蓋然性が低いか、または今後の見通しが不透明である場合

　　支払の停止（期限の利益当然喪失事由）に該当しなくても支払不能に該当する場合や、支払不能に該当しなくても債権保全を必要とする相当の事由（期限の利益請求喪失事由）に該当する場合、さらに債権保全を必要とする相当の事由にも該当しない場合があるので、慎重な判断を要する。

　④　特定の債権者から仮差押えがなされたこと

b　「支払不能」と「支払の停止」

「支払不能」「支払の停止」には次のような相違点がある。

　①　「支払不能」は債務者の客観的な状態を指し、「支払の停止」は債務者の主観的行動を指す。

　②　支払不能は外部に表示されたところと関係なく存在する客観的状態である。

第1節　延滞・倒産が発生したら何を行うべきか　27

支払不能は外形上不明確であることから、「支払の停止」であることをもって「支払不能」と推定する（破産法15条2項、162条3項等）こととされている。

③　「支払の停止」は「債務者の行為」なので、「支払の停止の状態であるが、実体は支払不能ではない」ということもありうる。

時系列上は「債務超過→支払不能→支払の停止」と進むのが一般的であるが、「推定する」は「みなす」と異なり反証があれば覆るため、支払の停止があったとしても、支払不能でないことを立証すれば、支払不能基準の相殺禁止規定等には抵触しないこととなる（破産法71条1項3号ただし書、72条1項3号等）。

④　銀行取引約定書では、「支払の停止」は期限の利益の当然喪失事由（銀行取引約定書ひな型5条1項1号）とされているのが一般的であるが、「支払不能」は当然喪失事由とされていない。

(4)　期限の利益喪失の認定

期限の利益とは「借入金の弁済期日が到来するまで弁済しなくてもよい」という債務者の利益のことをいう。しかし、弁済期日が未到来であっても、債務者に一定の事由が発生したときには、当然に、あるいは銀行からの請求によって、弁済期日を到来させることができる。これが「期限の利益喪失」であり、銀行取引約定書ひな型5条にその規定がある。

期限の利益喪失の効果は次のとおり。

①　相殺を前提とした預金拘束が可能になる。

②　競売等の担保権実行や、法的措置の着手が可能になる。

仮差押えの申立ては、法的には期限の利益喪失前でも可能であるが（民事保全法20条2項）、銀行実務上、期限の利益喪失前に行うことはまれである。

③　当初弁済期限未到来の債権に対しても一括弁済の請求ができる。

④　当該融資先に係るすべての貸付金債権について、期限の利益喪失日の翌日から、元金全額に利率14％を乗じた遅延損害金の請求が可能になる。

⑤　当初期限未到来分の貸付金についても、消滅時効の進行が開始する。

なお、上記①〜④は銀行にとってメリットであるが、⑤が銀行にとってデメリットである。

a　当然喪失

銀行取引約定書ひな型5条は1項・2項からなり、1項に「当然喪失」事由、2項に「請求喪失」事由が列挙されている。1項に列挙されている1号から4号までのいずれかの事由が発生した場合には、(銀行からの通知・催告がなくても)期限の利益は当然に喪失する。

　　1号：支払の停止または破産手続開始、民事再生手続開始、会社更生手
　　　　続開始、もしくは特別清算開始の「申立て」があったとき
　　2号：旧手形交換所(現在は電子交換所)または電子債権記録機関の取
　　　　引停止処分を受けたとき
　　3号：融資先または保証人の預金その他銀行に対する債権について、仮
　　　　差押え、保全差押えまたは差押えの命令、通知が「発送」されたとき
　　4号：住所変更の届出を怠るなど、融資先の責めに帰すべき事由によっ
　　　　て融資先の所在が不明となったとき(背信的所在不明)

ただし、現在では、銀行取引約定書の規定ぶりは銀行によって異なるので、自行の銀行取引約定書を確認されたい(請求喪失についても同じ)。

なお、支払の停止について「前各号のほか、融資先が債務整理に関して裁判所の関与する手続きを申し立てたとき、あるいは自ら営業の廃止を表明したときなど支払を停止したと認められる事実が発生したとき」という書きぶりをしている金融機関もある。ここでいう「債務整理に関して裁判所の関与する手続きを申立て」や「自ら営業の廃止を表明したとき」とは、支払の停止の外形的特徴を例示したものにすぎず、これらの事象が「弁済能力の欠乏のため即時に弁済すべき債務を一般的かつ継続的に弁済できない旨を外部に表明する債務者の行為」に該当しない限り、支払の停止には該当しない。たとえば現在において1号に該当するもの以外には支払の停止に該当する「裁判所の関与する手続き」は存在しないと解されており、「自ら営業の廃止を

表明」（以下「廃業表明」という）しても、資産超過で債務の弁済に問題がない場合（典型的なのは後継者不在による黒字廃業）は、支払の停止には該当せず、当然には期限の利益を喪失しないことに注意が必要である。ただし、支払の停止に該当しない廃業表明には、請求喪失事由に該当するケースと、請求喪失事由にもならないケースがあるので、融資先の状況を把握し、適切な対応を行う必要がある。

　ほかにも、当然喪失の留意点として次のようなものがある。

① 　期限の利益喪失事由が「発生」すると同時に当然に期限の利益を喪失する（銀行が当該事実の発生を認識しているか否かを問わない）。

② 　期限の利益喪失事由の発生を銀行が認識した時点を起算点として同時点で弁済期限未到来であった貸付金の消滅時効が進行する。

③ 　形式的に当然喪失事由が発生しても、当該事由が軽微なものであるときには、必ずしも期限の利益喪失が認められる（預金拘束が認められる）とは限らない。

④ 　当然喪失事由の発生を「客観的」に判断し、後日立証できることは絶対条件である（喪失事由適用の根拠が確認できる資料が必須）。

⑤ 　代表者等経営状態を熟知している者「以外」の保証人に対しては、すみやかに期限の利益喪失事由が発生したことを通知しておく必要がある。

　　この通知を怠ったり通知の際の説明が不十分だったりした場合、「顧客保護等管理態勢」違反として行政処分の対象となったり、「説明義務違反」として損害賠償等の請求や、保証債務一部無効の主張がなされたりする危険性がある。

⑥ 　銀行は、融資先が期限の利益を喪失したことを知った時から2カ月以内に、その旨を保証人（代表者も含むが、法人保証人は対象外）に対して通知しなければ、期限の利益を喪失した時から当該通知を行うまでに生じた遅延損害金（期限の利益を喪失しなかったとしても生ずべきもの（約定利息等）を除く）に係る保証債務の履行を請求することができない（民法458条の3）。

⑦　融資先の背信的所在不明があっても、後日紛議が生じたときは銀行が「背信性」を証明しなければならないため、安易に４号を適用せず、他の喪失事由が生じていないか十分検討する必要がある。

　　背信的所在不明以外に当然喪失事由がない場合は、債権保全の緊急性がきわめて高い場合を除き、銀行取引約定書ひな型５条２項５号（債権保全を必要とする相当事由）に基づく請求喪失で対応する。

⑧　いったん期限の利益を喪失したとしても、銀行が期限の利益を「再付与」することは可能であり、銀行と融資先との合意により、貸付金の約定を期限の利益喪失前の状態に戻すことができる。

　　ただし、当然喪失は、当事者があらかじめ合意した契約（銀行取引約定書）に基づき発生した状態なので、銀行の恣意的判断または一方的意思表示で「当然喪失事由の発生がなかった」ことにはできないことに注意が必要である。したがって、期限の利益を再付与する場合には、融資先と「変更契約書」（変更前：弁済期限は期限の利益喪失日・弁済額は全額、変更後：期限の利益喪失前の弁済約定）を締結すべきである。

b　請求喪失

銀行は、銀行取引約定書ひな型５条１項の当然喪失事由が発生していない状況で、２項１号から５号までに列挙されている請求喪失事由が発生している場合は、請求により期限の利益を喪失させることができる。

①　債務の一部でも履行を遅滞した場合（１号）
②　担保目的物への差押え、競売手続の開始等（２号）
③　取引約定違反（３号）
　　報告義務違反・重大なる虚偽報告（12条）、各種約定書への違反等も含む。
④　保証人が前項または本項の各号の一にでも該当した場合（４号）
⑤　当行の債権保全を必要とする相当の事由の発生（５号）
　　融資先が支払不能に陥った場合、通常は、この条項に基づき期限の利益を喪失させる。

一般的に請求喪失させるには、書面による催告を行い、喪失日を特定させるのが通常の実務であるが、緊急を要するような場合、たとえばその場で預金の払戻しを拒絶しなければならないときには、口頭で請求すれば足りる（ただし、請求した証拠を残すことを忘れてはならない）。逆にいえば「請求喪失事由が発生しても、銀行が請求喪失の意思表示を行い、その意思表示が債務者に到達しない限り、債務者は期限の利益を喪失しない」ということなので、請求喪失の催告がいつ債務者に到達したかを後日立証できることが必要なことに留意が必要である。

　ほかにも、請求喪失の留意点として次のようなものがある。

　①　請求喪失事由の認定は、貸付債権保全の必要性を客観的にみて肯定できるものでなければならない（後日立証できることが絶対条件、喪失事由適用の根拠を確認できる資料が必須）。

　　　請求喪失の場合は、融資先はもとより保証人に対しても期限の利益を喪失させる理由や、期限の利益を喪失したことによる影響について十分に説明しなければ、「中小・地域金融機関向けの総合的な監督指針」等で金融機関に課せられている「顧客保護等管理態勢」違反となりうる。

　②　請求喪失は、銀行の「期限の利益を喪失させる」という意思表示が債務者に到達しなければ効力を生じない。

　　　期限の利益喪失日を立証できるよう、請求喪失の意思表示は配達証明付内容証明郵便によるのが確実である。ただし、喪失通知の方式は法定されていないので、緊急の場合は文書・口頭（ただし、記録を残すことは必須）による喪失通知も可とされている（確定日付をとるのが望ましい）。

　　　なお、相殺通知と異なり、請求喪失の意思表示には「みなし到達規定」（銀行取引約定書ひな型11条2項）が適用されると解されている。

　③　請求喪失事由に該当しても、些細な約定違反が理由での期限の利益喪失は「権利濫用」とされるおそれがある。具体的適用にあたっては、主観的・恣意的な判断は避け、あくまで実質的・客観的にみて債

権保全の必要性があるか否かを判断しなければならない。

④　代表者等経営状態を熟知している者「以外」の保証人に対して、すみやかに期限の利益喪失事由が発生したことを通知しておく必要がある。

　この通知を怠ったり通知の際の説明が不十分だったりした場合、「顧客保護等管理態勢」違反として行政処分の対象となったり、「説明義務違反」として損害賠償等の請求や、保証債務一部無効の主張がなされたりする危険性がある。

⑤　銀行は、融資先が期限の利益を喪失したことを知った時から2カ月以内に、その旨を保証人（代表者も含むが、法人保証人は対象外）に対して通知しなければ、期限の利益を喪失した時から当該通知を行うまでに生じた遅延損害金（期限の利益を喪失しなかったとしても生ずべきもの（約定利息等）を除く）に係る保証債務の履行を請求することができない（民法458条の3）。

⑥　請求喪失事由が生じたとしても銀行が期限の利益を喪失させる義務を負うわけではないので、総合的判断により、期限の利益を喪失させるか否かを判断すべきである。

2　融資担当者に求められる初期対応

　債権回収の成果は、融資先の有事（収益力の低下、過剰債務等による財務内容の悪化、資金繰りの悪化等が生じたため、経営に支障が生じ、または生じるおそれのある状況）発生時の初期対応の巧拙と最終処理までの迅速さに比例し、債権管理回収に要する手間とコストに反比例する。金融機関においては近時、準則型私的整理手続（金融機関と融資先・保証人との集団的和解）の普及や早期の債権売却（バルクセール）により、金融機関の個別権利行使の機会は減少しているが、融資先に有事が発生した場合の「初期対応」の重要性はますます高くなっている。

　債権管理回収業務の全体像は図表6のとおりであり、そのうち初期対応は①～⑦の部分である。初期対応における主な作業は、債権保全のための応急

図表6　初期対応フローチャート

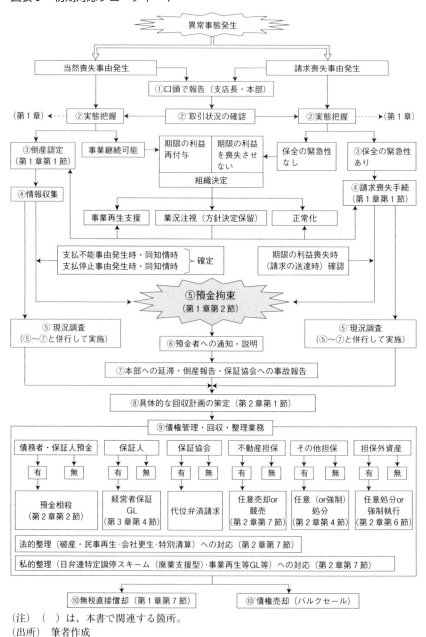

（注）（ ）は、本書で関連する箇所。
（出所）筆者作成

34　第1章　延滞・倒産発生時の初期対応

措置と、回収・整理方針策定に必要な実態把握・情報収集・現況調査である。

(1) 店内での周知

融資先に異常事態が発生した際、いったい何が起こっているのか、その全容を把握することは非常に重要であるが、その前に必要で融資担当者の最も重要な対応は、現場の責任者である支店長に状況を認識してもらうことである。状況を把握した支店長が預金係・為替係・窓口係・得意先係等とも情報共有し、支店一丸となって危機対応にあたることになるからである。その際、上手に整理できなくても「マズイことが起こっている（らしい）」というメッセージを上司に発信することができれば十分である（ただし、冷静さを失わないように）。そのとき「この程度の情報で報告してよいのだろうか」「間違っていたら恥ずかしい」「どのように報告したらよいのだろう（考えがまとまらない）」などと悩まずに、とにかく口を開くことが重要である。頭で考えてまとまらないことでも、話しているうちになんとなく要点が整理されるものだからである。

この段階では、異常事態の全容は不明で正式な報告を行えないことが多い。しかし、本部（審査部・融資部等）や信用保証協会（以下「保証協会」という）等に対しても、判明している情報を口頭で報告しておかなければ、その後の管理回収業務に支障をきたすことがあるので、口頭報告は励行する必要がある。

(2) 実態把握・取引状況の確認・情報収集

a　現状の確認

店内での周知が行われた後、本格的に実態把握・取引状況の確認・情報収集等を行うことになる。その際の手順は次のとおり。

① まず、発生した異常事態の全容を把握し、発生した事象が期限の利益の当然喪失事由または請求喪失事由に該当するか否かを判定する。

当然喪失事由に該当する場合、事業継続が可能か否か検討し、倒産認定が妥当と判断された場合、直ちに保全措置に着手する。後日、当該融資先に法的整理手続が開始されると、相殺禁止や否認権行使の規定が適用されるので、支払不能事由・支払停止事由の発生時および銀

行がその事実を知った（知情）時を確定する必要がある。請求喪失事由に該当する場合は、自行の融資金について保全の緊急性の有無を検討し、緊急性が認められれば直ちに請求喪失手続と保全措置に着手する。その際、後日の権利行使のため、期限の利益喪失請求送達時の確認は重要である。

　当該融資先が事業継続可能で保全の緊急性も認められない場合、当然喪失事由発生（特に預金への差押え等）のケースでは「期限の利益再付与」、請求喪失事由発生のケースでは「期限の利益を喪失させないこと」について組織決定を行い、「正常化を目指した経営改善支援」「事業再生支援」または「方針決定保留のうえ業況注視」等を選択することになる。

② 　取引状況を確認する。

　取引状況の確認は基本の「き」であるが、漫然と行うのではなく、「弁済率を読む」ことがその後の回収・整理方針策定に有用である（序章2参照）。当該融資先が手形を振り出している場合、他行での不渡発生の有無や額を調査し、決算書・試算表との整合性を検証することで、より正確な情報が得られる。また、融資先振出しの手形の裏書を確認することで、簿外債務（特に闇金融からの借入れ）をいち早く把握することもできる。

　担保についても、自行の不動産担保明細表を鵜呑みにするのではなく、最新の不動産登記情報および全物件の共同担保目録に記載されている担保外物件の登記情報を取得し、「担保を読む」ことが肝要である（本章第4節、第5節参照）。

③ 　回収計画立案のための情報収集を行う。

　情報収集の手法として、債務者（融資先）・保証人・事業所の現況調査、最新の財務資料の入手、整理方法の確認と妥当性の検証、他行および他債権者の動向調査、回収原資の発見等がある（本章第5節参照）。このうち債務者・保証人の現況調査は、代表者・経理責任者・保証人、債務者等代理人弁護士が銀行に出向くかたちで行うことが多

いが、「現場に神宿る」というように、会社、保証人宅等への訪問による情報収集を怠ってはならない。訪問の際は、代表者等来行するメンバー以外の役員等から情報を得たり、事務所・工場等の状況を細かく観察したりすることで、代表者等からの説明の信憑性の有無や回収原資の有無といった貴重な情報が得られるからである。ケースに応じて、電話、メール、来訪面談、往訪面談を効果的に組み合わせることが有用である。

b 預金拘束・預金者への説明

融資先の支払の停止または請求喪失通知の預金者への送達を確認した場合、直ちに融資先および保証人の預金を拘束する。その際に最も重要なことは、預金者への丁寧な説明である。預金拘束後、預金者からの払戻請求があり対応に苦慮することもあろう。預金拘束のあり方や拘束預金解放の判断基準については本章第2節で詳述しているので、それらを参照し遺漏なく対応されたい。

c 延滞・倒産報告、事故報告等の提出

金融機関によって定められた期限（たとえば当日中）に、状況を一通り整理して、本部に正式な報告（ここでは便宜上「延滞・倒産報告」というが、金融機関によって名称は異なる）を提出する。その際、報告必要項目のうちの一部（事案によって大部分）が不明な場合もあろうが、必要項目すべてが判明するまで報告を遅らせることは不適当であり、不明な項目は「調査中」とした第一報を期限までに提出する。その後判明した事項を第二報、第三報……として報告する。

保証協会による保証付きの貸付がある場合、発生した異常事態が保証協会所定の事故報告事由に該当するときは、事象発生から5営業日以内（日数は、保証協会ごとに異なる）に保証協会宛てに事故報告書を提出する。事故報告書についても、不明な項目は「調査中」とした第一報を期限までに提出し、事情判明のつど、第二報、第三報……として報告する。なお、事象発生時の口頭報告はもちろん、事故報告書提出までの間、判明した事実は保証協会にこまめに口頭報告しておくべきである。

第1節　延滞・倒産が発生したら何を行うべきか　37

第 **2** 節 　預金拘束

1　有事発生時の預金拘束のあり方

　融資先の経営状態が極端に悪化し銀行が回収局面に至った場合（本書では
「有事発生」という）に真っ先に着手する保全措置が、預金に対する払戻拒
絶措置（本書では「預金拘束」という）である。

(1)　問題の所在（預金拘束は銀行の「特権」か？）

　債権保全目的の預金拘束について、法令はもちろん各種預金規定や銀行取
引約定書にも、これを認める規定はない。むしろ、正当な理由なく預金者か
らの適時かつ適切な払戻請求に応じない場合、銀行に債務不履行責任（民法
415条、419条2項・3項）のみならず、不法行為責任（同法709条）、銀行法
上の責任（銀行法13条の3第4号、同法施行規則14条の11の3）、さらには
独占禁止法上の責任（独占禁止法29条9項6号、19条、一般指定14項）が生
じる危険性まで否定されていたわけではなかった。

　その半面、預金拘束の懈怠によりいたずらに相殺原資を流出させること
は、銀行の損失の拡大に直結するほか、後日の税務調査において無税償却が
否認されるリスクを高めるなど、銀行のステークホルダー（預金者・株主
等）に対する背任行為になりかねない。このため、預金拘束は相殺原資確保
の重要な措置と位置付けられ、従来、金融機関の債権保全を目的とする預金
拘束は「健全な商慣習として是認」（昭54.7.2蔵銀第1509号大蔵省銀行局
通達「歩積・両建預金の自粛について」）される措置として広く認知され、
融資先有事の際の債権管理回収上最も重要な初動措置の一つとして古くから
行われているが、平成の半ばごろまでは、訴訟にまで発展するケースはきわ
めてまれであった。預金拘束をめぐり訴訟まで発展した事例としては、東京

38　第1章　延滞・倒産発生時の初期対応

地判平3.2.18金融法務事情1293号30頁が公表された最初の裁判例といわれ、その後も債権保全を目的とする預金拘束の可否を正面から取り上げた裁判例がみられることはない状況が長く続いていた。このため、現場の最前線たる金融機関営業店では、融資先についてネガティブな情報を入手すると、債権保全の緊急性を十分検討することなく支店長や融資担当役席が融資担当者に「とりあえず、預金を止めておけ」という指示（以下「予防的預金拘束」という）を出すことが珍しくなく、預金拘束は銀行の「特権」であるかのような誤解が蔓延していたといわれても仕方のない状況であった。

　ところが、13億円の預金拘束が倒産の引き金になったとして、銀行に対して破産管財人から43億円もの返還請求が提訴された東京地判平19.3.29金融法務事情1819号40頁を契機として、近時は預金拘束について従来なかった理論（代表例として伊藤眞「危機時期における預金拘束の正当性」金融法務事情1835号10頁）が示され、当局もこの問題を正面から問題視する姿勢を示した（金融庁検査局「金融円滑化に係る金融検査指摘事例集（平成21年12月）」5頁、同「金融検査指摘事例集〔平成21検査事務年度〕（平成22年7月）」15頁・16頁等）ことで、議論は百家争鳴を呈するに至り、銀行が債務不履行または不法行為による賠償請求訴訟を提起される例が増加した時期もあった（東京高判平21.4.23金融法務事情1875号76頁、広島高裁岡山支判平22.3.26金融・商事判例1408号48頁・1393号60頁、東京高判平24.4.26金融・商事判例1408号46頁等）。特に前掲東京地判平19.3.29以降は、拘束した預金残高に比し損害賠償請求額が過大化する傾向（東京高判平24.4.26の事例では1,700万円の預金拘束に対し損害賠償請求額（総額）は10億4,800万円）にあることに留意しなければならない。実際に金融機関が敗訴する例は少ないが、いったん訴訟が提起されると、解決までに多大な時間と費用や、場合によっては甚大なレピュテーショナルリスクの負担が生ずることから、たとえ金融機関側の勝訴が当然といえる案件であっても、提訴された段階で多大な二次ロスを覚悟しなければならないことになる。

　つまり、近時の裁判事例や学説の展開により、預金拘束には、一方で「預金拘束が遅れると、相殺原資が流出してロスが拡大する」、他方で「不当な

預金拘束を行うと、銀行に損害賠償責任が発生する等思わぬ損失が発生する」という相反するリスクが内在されていることが明らかになったということができ、預金拘束には、より慎重な判断が求められる時勢になっていると認識すべきである。債権管理回収業務の要諦が回収の極大化とリスク回避の両立にあることに変わりはないが、今後はよりいっそうこのことを念頭に置いて業務に従事する必要性が増す傾向にあり、預金拘束をめぐる問題は、その典型例の一つになっている。

このように現在では、預金拘束は銀行の「特権」ではないことが明らかになっているため、多くの金融機関において当時の教訓に基づいた実務運用がなされていると考えられる。

(2) 預金拘束に必要とされるプロセス

融資先に債権回収に対する抽象的危険（明確な倒産事象またはその兆候は発生していないが、信用不安により債権回収が懸念される状態）が発生した場合、追加担保提供や事業計画提出等を目的とした交渉を行うための、銀行と預金者との「合意」に基づく預金拘束（図表7の(1)参照）は、相殺を前提としなくてもよいと解される。しかし、債権回収に対する抽象的危険が生じた段階で、相殺を前提とせず預金者との合意なし（しかも拘束期間を明示せず）に預金を拘束し、預金を拘束している間に、相殺を前提とした預金拘束（期限の利益喪失請求）に切り替えるか否かの見極めを行ったり合理性のある事業計画の提出や追加担保設定の交渉を行ったりする（以下「交渉カードとしての預金拘束」という）金融機関が現在でも相当数存在するようである。預金拘束が銀行の「特権でない」以上、相殺を前提としない預金拘束は許されないため、このような実務はリスクが高いといわざるをえない。

他方、相殺を前提とする預金拘束の可否が問題となる局面として、まず、融資先に銀行取引約定書ひな型5条1項に定める期限の利益当然喪失事由が発生している場合（図表7の(3)参照）がある。この場合、相殺の遡及効（民法506条2項）により、現実に相殺を実行すれば、拘束預金は、相殺適状（当然喪失事由発生）時にさかのぼって消滅し預金拘束実行時点ではすでに存在しないことになるため、当然喪失事由発生後の預金拘束は認められる。

図表7　預金拘束に必要とされるプロセス

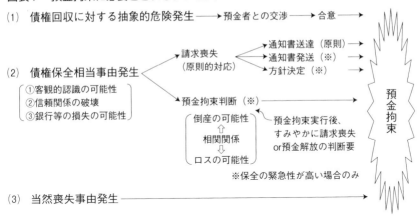

(出所)　筆者作成

　ただし、これを否定する有力な学説（前掲伊藤論文参照）があることに留意が必要である（もっとも、当然喪失事由が発生している事案において、預金拘束を否定する裁判例は見当たらない）。

　次に、融資先に「債権保全を必要とする相当の事由」（以下「債権保全相当事由」という）すなわち債権回収に対する具体的危険が発生した場合（図表7の(2)の上段参照）である。この場合、銀行が銀行取引約定書ひな型5条2項5号に基づく期限の利益喪失請求を行い、同通知書の融資先への送達により相殺適状（請求喪失の効力発生）となれば、当然喪失と同様に、預金拘束は認められると解される。ただし、「債権保全相当事由」は、取引先の信用度が（当然喪失とまではいえないにしても）かなり低下し、融資債権を弁済期到来まで放置しておくことを当該金融機関に期待することが社会通念上無理であると判断するに足る事由のことをいうから、この場合、どのような具体的事実をもって「相当の事由」としたかを明確にし、当該根拠を後日立証できなければならない。

　ここで、債権保全の必要性および緊急性が高く、融資先の有事発生時に相殺適状、すなわち期限の利益請求喪失の意思表示が預金者に到達するまで預金拘束を待てない場合、「債権保全相当事由」発生を根拠とする預金拘束が

認められるかが問題となる（図表7の(2)の下段参照）。相殺適状前の預金拘束は、形式的には違法となりうるが、債権保全相当事由の存在によって、預金拘束の違法性は阻却され、不法行為責任はおろか、債務不履行責任も生じない（預金債務に係る遅延損害金は起算されない）と解されている（潮見佳男「普通預金の拘束と不法行為―損害賠償責任の判断構造―」金融法務事情1899号22頁）。もっとも、債権保全相当事由が違法性阻却事由として機能するためには、①相殺を目的とする預金拘束である、②保全の緊急性が高いという二つの要件の充足が必要である。そのため、債権保全相当事由を根拠に預金拘束を実行するか否かは、現に発生している事実関係を前提として、その先が今後倒産に至る可能性がどの程度あるか、期限の利益を喪失させその預金を確保しておかなければ自行にロスが発生する可能性がどの程度あるかという「倒産の可能性」と「ロスの可能性」の2要素の相関関係を総合的かつ詳細に分析したうえで判断すべきである。この場合、預金拘束後、すみやかに期限の利益喪失請求を行うか、期限の利益を喪失させず預金を解放するかを判断しなければならない。

(3) 債権保全相当事由の判定方法

「債権保全相当事由」を認定するためには、①債権保全の必要性を銀行等の主観的・恣意的な判定ではなく客観的に認識できること（客観的認識の可能性）、②融資先と銀行等との信頼関係が、修復がきわめて困難なほどに破壊されていること（信頼関係の破壊）、③客観的にみて「弁済期到来まで貸付債権を放置しておくと銀行等に損失が発生する」蓋然性が高いといえること（銀行等の損失の可能性）の三つの要件を充足していることが必要となる（これら3要件を具体的事象に当てはめる手法については、前掲東京地判平19.4.23判決理由の理論構成がおおいに参考となる）。上記に「④債務者による説明義務の懈怠あるいは放棄」を加え、4要件を必要とする見解もある（安東克正「債権管理回収局面における預金拘束再考」金融法務事情1969号19頁）が、④は「②信頼関係の破壊」の原因の一つにすぎない（④の行為の積重ねにより信用不安が重篤化したときに④の行為が引き金となり信頼関係が破壊されるのが一般的である）ので、「債権保全相当事由」の成否はあく

までも①～③の３要件で判断すべきである。

　なお、「債権保全相当事由」の存在が預金拘束の違法性を阻却する根拠は「相殺の合理的期待」および「相殺の担保的機能」にあると解されることから、預金拘束は必ず相殺を前提としなければならず、「予防的預金拘束」や「交渉カードとしての預金拘束」は金融機関側の債務不履行または不法行為とされても致し方ないものと思料する。近時、「期限の利益の喪失事由がないことが明確な時点」での預金拘束に最も親和的な概念である「不安の抗弁権」が預金拘束の正当化根拠として有力視されており（前掲東京高判平24．4．26も同旨と読む）、これによれば、程度にもよるが、「予防的預金拘束」や「交渉カードとしての預金拘束」まで正当性の範囲が拡大される可能性がある。しかし、この法理はそもそも双務契約に関する概念であるにもかかわらず「信義則・公平の観点から預金拘束についても適用される」という理論構成で強引に預金拘束の正当化根拠とされている側面もあり、「相殺を前提としない預金拘束は認めるべきでない」という立場の筆者としては、「不安の抗弁権」が正当化根拠として前面に押し出されると、預金拘束について金融機関側の恣意的な判断による「予防的預金拘束」や「交渉カードとしての預金拘束」が助長され、極端（ただし、黒に限りなく近いグレーのレベル）な事例がクローズアップされた場合、「相殺を前提とする預金拘束」も含めた「預金拘束実務」全般への批判が強まるのではないかと懸念している（前掲伊藤論考はその典型ではないかと思われる）。したがって、「不安の抗弁権」は、金融機関側からみれば、預金拘束を正当化する理由として非常に使い勝手のよい根拠付けとして捨てがたい法理ではあるが、双務契約でない貸金債権と預金債権との各履行の関係については、「相殺の合理的期待」および「相殺の担保的機能」という根拠を補強する以上の存在価値は認めるべきではないと考える。

⑷　預金の種類により拘束の要件は異なるか

　預金拘束に際し、普通預金等の流動性預金については「決済性預金」ないし「要求払預金」としての性質を考慮すべきであるから、定期預金等の固定性預金よりも預金拘束の要件を厳格にすべきとの考え方もありうるであ

ろう。

　しかし、①債務者・保証人である預金者にとっては、「決済性」を奪われたことが問題なのではなく、「預金拘束されたという現実」（≒事業者にとっては一種の死刑宣告、個人にとっては銀行にすべてをとられるという認識や次に何をされるかわからないという恐怖）自体がきわめて深刻なダメージであること、②定期預金であっても僚店でのネット解約が可能であり、平素から定期預金の中途解約に特段の制限が課せられていないのが一般的な扱いであるため、普通預金同様スルーされる定期預金も事実上要求払預金と同様に管理する必要があること、③いったん適法に預金拘束がなされた後、預金者からの払戻請求に合理的な理由がある場合は当該請求に対して柔軟な対応が求められるのは普通預金でも定期預金でも同じであること、④普通預金は決済性預金であるがゆえに、預金拘束しない限り、債務者に「債権保全を必要とする相当の事由」（または期限の利益喪失事由）が発生しているにもかかわらず自動振替えにより銀行の相殺原資が他の債権者への債務の弁済に充当されることになるが、このようなことは、債権者として到底容認できないこと（自動振替えが不能となっても、直接支払等、ほかに支払の方法はいくらでもあるのだから、銀行の債権保全よりも自動振替えが優先するとは考えられない）等を勘案すれば、預金の機能により色分けするのではなく、「預金者が受ける預金拘束という現実から生じるダメージと、銀行の債権保全の必要性のどちらが重いか」のみを検討すべきである。したがって、普通預金を拘束できるだけの正当性がなければ、定期預金についても拘束すべきではない（ただし、満期到来前の定期預金について、銀行の期限の利益を主張して中途解約を拒むことまで否定するものではない）。もっとも、ここで対象としているのは、融資先が相当深刻な事態に陥っているであろうと経験則上判断できる状況下での定期預金の中途解約であり、その背景には、期限の利益喪失に直結する事由が隠されていることが多いため、払戻請求拒絶の可否を検討する前に、資金使途を十分に確認することが肝要である。

　なお、当座預金を拘束することは「不渡り→倒産」に直結する可能性が高いため、定期預金・普通預金も含めたすべての預金に対する拘束の判断は当

座預金の拘束可否を基準とすべきである（他の預金を拘束し当座預金のみ拘束しないという扱いは適当ではなく、原則として、当座預金拘束が正当化できるレベルでの保全の必要性が認められない限り、定期預金や普通預金の拘束も行うべきではない）。そもそも、不渡発生を回避するために当座預金のみ拘束しないという配慮が必要な状況であれば、普通預金等、他の預金の拘束（さらにいえば期限の利益喪失自体）も認めるべきではない。

(5) 支払禁止コード設定は預金拘束に当たるか

　通常、融資先は、有事が発生すると、銀行の融資担当者との接触を拒んだり回避したりすることが多く、融資担当者に気づかれないように預金を引き出そうとすることは珍しくない。このため、預金拘束を実行する前段階として対象預金口座に「支払禁止コード」を設定し、自動振替えによる他債権者への資金流出を防止するとともに、預金者がEB、ATM、僚店等で対象預金の払戻し・振込み等を行うことを阻止するのが一般的である。そこで、期限の利益喪失前の支払禁止コード設定が預金拘束に当たるかが問題となりうる。

　この場合、預金者は、支払禁止コード設定によりEB、ATMの利用や僚店での預金引出しができなくなり、預金の引出しが必要であれば融資取引店に出向くほかなくなる。そして、融資担当者が預金者から事情を聴いたうえで、預金の払戻請求を拒絶するか否か判断し、実際に払戻請求を拒絶した段階で預金拘束が成立することになる。そもそも、支払禁止コード設定は銀行の事務的な内部処理手続（預金取引に付随するサービスの部分的な停止）であり、安東・前掲21頁は、前掲伊藤論考も預金拘束を支払禁止コードの設定という内部処理とは区別していることが前提となっているとする。したがって、支払禁止コード設定は、預金者に対してその払戻しを拒絶する預金拘束とは異なることになる。

　なお、預金取引に付随するサービスは準委任契約である（民法656条）ため、当事者はいつでも解除ができ（同法651条1項）、やむをえない事由があればいかなる場合でも損害賠償責任を負わない（同条2項本文ただし書）。融資先に異常事態が生じていることは「やむをえない事由」に当たると考え

られ（特に、債権保全相当事由が生じていれば「やむをえない事由」に当たることは明白である）、この意味でも、支払禁止コード設定は、預金拘束と同義ではないといえる。

⑹　預金拘束実務における留意点

　融資先に「債権保全相当事由」を認定できる場合であっても、実際に預金拘束に踏み切るかどうかは、現に発生している事実関係を前提として、その先が今後倒産に至る可能性がどの程度あるか、期限の利益を喪失させその預金を確保しておかなければ自行にロスが発生する可能性がどの程度あるかについて再度検討し、これらに預金拘束を行うことによって被る預金者のダメージ（特に、預金者が個人である場合は生存権の侵害とならないか）という視点も加え、総合的かつ詳細に分析したうえで判断すべきである。

　ここで留意しなければならないのは、預金拘束を正当化するための「債権保全相当事由」と期限の利益喪失請求事由としての「債権保全相当事由」とは一致しているべきである（潮見・前掲）ということである。したがって、債権保全の緊急性がきわめて高い場合を除き、期限の利益を喪失させたうえで預金拘束に踏み切るべきである。期限の利益を喪失させるか否かを判断せずに「債権保全相当事由」の発生のみをもって預金を拘束することは、債権管理回収実務として不適切である。

　実務上の対応として、預金拘束の実行は、①「期限の利益喪失（当然喪失事由発生または請求喪失の意思表示到達）後」を原則とし、②「期限の利益請求喪失事由発生かつ保全の緊急性あり」の場合、個別事案ごとに預金拘束の必要性を判断し、期限の利益喪失請求手続に着手したうえで例外として認めるという扱いが妥当である。

　また、当座預金を拘束する場合には、当座勘定取引の性質から手形・小切手等が支払呈示される前に強制解約手続を完了し、支払呈示された手形・小切手等は「取引なし」で不渡返却することがベストであることに疑いはない。しかし、後日、債務者が破産等法的整理手続の申立てをした場合には相殺可能預金と相殺禁止預金との色分けをしなければならず、他方で、請求喪失事由の場合には当該事由の解消もありうることから、預金拘束よりもさら

に厳しい措置である「相殺」の時期を遅らせ期限の利益喪失事由を解消する時間的余裕を顧客に与えるという配慮も必要である。そうすると、預金拘束は迅速に行う半面、拙速に相殺を実行することには消極的とすべきことになる（もっとも、実行が著しく遅滞した相殺は、相殺権の濫用を主張される危険性があるので、注意が必要である）。

　なお、当座預金を拘束するにあたって、当座勘定取引を強制解約する時間的余裕があれば、解約時に残存する預金は別段預金「当座勘定解約口」へ振替えずみであるのであまり問題は生じないが、当座勘定取引を強制解約する前に手形・小切手等が支払呈示された等、強制解約手続や相殺手続が間に合わない場合に、強制解約未実施の状態で「取引なし」としたり、残高があるにもかかわらず「資金不足」としたりすることは、少なくとも文言上は事実と異なる内容の不渡報告・不渡付箋を作成することになるため適切ではないという問題が生じる。そこで、このような場合は、相殺実行までの間、当座預金全額を別段預金に振り替えて拘束したうえで、支払呈示された手形・小切手等は「資金不足」で不渡返却することになる。このような扱いを認めた例として、最判昭57.11. 4 金融法務事情1021号75頁（原審：東京高判昭54. 5 .29金融法務事情906号33頁）、札幌地判平23. 3 .25（公刊物未登載）がある。

　また、預金には、法律で相殺が制限される預金（本章第 6 節 2 ⑵）や、経営者保証ガイドラインにより相殺が制限される預金（第 3 章第 4 節 3 ⑵ d ）等があり（これらを総称して「相殺禁止預金」という）、相殺禁止預金を拘束することはできないことに注意が必要である。

⑺　融資先に「債権保全相当事由」が認められない場合の対応

　融資先の現況が債権保全相当の事由に当たらないと判断せざるをえない状況で、払戻請求があった場合、その預金を拘束しうる根拠がないので、預金者があくまで払戻請求に固執すれば、最終的には応じざるをえないことが多いと思われる。しかし、そうした場合であっても、安易に応じるべきではない。不当な預金拘束というのは、預金者からの払戻請求に対し、正当な理由もなく金融機関側が一方的に支払を拒絶することであって、預金拘束の正当

第 2 節　預金拘束　47

化事由が顕在化する前であっても、銀行には、払戻しを思いとどまってもらうための交渉をする権利は認められると考えられる。具体的には、その預金の使途は何であるか、ほかに代替措置をとる余地はないか、資金繰りのなかで真にやむをえないものかどうかなどを聴取し、可能な限り説得を試みることも必要である。冷静になって考えてもらうよう説得することによって、解決されることもあろう。ただし、交渉にあたって「事実上の預金拘束」や「優越的地位の濫用」との疑いをもたれるような対応は厳禁である。

交渉の結果、預金者の同意を得て預金口座に支払禁止コードを設定することもあるが、そのような場合には、①預金を拘束する期間を明確に（たとえば１カ月間）設定し、②どの程度まで事業計画提出・追加担保取入交渉が進展した場合に預金拘束を解除するか、③拘束期間中に個別の払戻請求があった場合に払戻しを認める基準等について合意しておくべきである。資金使途の聴取りや交渉の過程で債権保全相当事由の存在が明らかになるケースも多く、期限の利益喪失が相当であると判断した場合には、直ちに請求喪失させ（または例外的に、後刻の請求喪失手続を前提に）預金拘束に踏み切ることもありうる。ただし、資金使途等について、相手方から満足な回答を得られないことのみを理由に払戻しを拒絶することはできない。

(8) 顧客説明

預金拘束を実行するに際しては、預金者に対して預金拘束の事実の通知を怠ったり、通知の際の説明が不十分だったりする場合、「中小・地域金融機関向けの総合的な監督指針」における「顧客保護等管理態勢」違反として行政処分の対象となったり、昨今の弱者保護の風潮や民法（債権関係）、消費者契約法等が改正されてきた方向性等から「説明義務違反」として損害賠償請求や（保証人預金の場合）保証債務一部無効の主張等がなされたりする危険性が高まっているという危機感が必要である。現段階では、仮に預金者から提訴されたとしても、金融機関側が敗訴する可能性はきわめて低いと思われるが、トラブル処理や訴訟対応等が必要となること自体が金融機関には損失となることは既述のとおりである。預金拘束、ひいてはその後の預金相殺は、融資先・保証人等にとって「命の次に大事なお金」を吐き出させること

にほかならないのであって、債権回収に携わる者としては、せめて融資先・保証人等が納得したうえで債務の履行ができるような配慮を常に持ち続けることが肝要である。

そして、融資先・保証人等の納得性を引き出すために最も重要なのが「誠意」「適時・適切な説明」であることから、期限の利益喪失・預金拘束の際の説明を、いかに誠意をもってきちんと行っておくかによって、その後の回収・整理の成否が分かれるといっても過言ではない。融資先等は、期限の利益を喪失した場合には預金が拘束されるということは理解していても、いざ預金が拘束されると、そうされることに強い不満をもつのが通常である。預金拘束の時点ですみやかに預金者の言い分に十分耳を傾けることで、不承不承ではあっても納得することが多く、このような配慮が適切に機能していれば、仮に、当該預金拘束が法的には債務不履行ないし不法行為の成立が疑われるものであったとしても、ほとんどそのような主張はなされないと思われる。

具体的には、①預金拘束後、直ちに（遅くとも当日中）拘束した預金の名義人等に対し「預金拘束の事実」および「預金拘束を必要とする具体的理由」を説明すること、②預金拘束されたことによって、預金者（特に個人）は「銀行にすべてをとられる」という認識や「次に何をされるかわからない」という恐怖を抱くものであり、預金拘束実施直後の通知方法としては、相手の反応に応じて説明の仕方を工夫できる「口頭通知」（通知内容・説明内容・相手の反応等についてきちんと記録することが必要）を原則とし、必要に応じて書面通知も併用すること、③預金者が個人保証人である場合は「預金払戻しが必要な特段の事情があれば相談に応じる」旨をあわせて伝達すること、④実際に預金者に対して説明した内容等を記録するだけでなく、預金拘束後直ちに預金者と連絡がとれなかった場合は、連絡がとれるまでの経緯（何月何日何時何分、どのような方法で連絡をとろうとしたか等）も記録しておくこと等の対応が考えられる。

2 債務者・保証人預金が差押えされた場合の対応

仮差押え、差押えまたは滞納処分（以下「差押え」と総称する）がなされた預金の預金者が純預金先である場合の判断は、「差押えが有効か否か」という点に集約され、有効と判断された後は、マニュアルに従って粛々と手続を進めることとなる。ところが、当該預金者が融資先（保証人を含む、以下同じ）である場合は、限られた時間で、「期限の利益喪失」の是非や貸付金等との相殺の可否という、マニュアル等に落とし込むことができない高度な判断が求められる。この場合、預金者が、差押え前の時点で延滞・倒産の状態にない融資先（本項では便宜上「正常先」というが、債務者区分としての「正常先」とは異なる）であっても、債権管理回収業務の対象となりうる。

なお、本項で引用する民事執行法の規定は、民事保全法50条5項で仮差押手続に準用されるので、融資先の預金に仮差押えがなされたときも、一部（預金の取立て等）を除き、ほぼ同様の対応となる。また、差押え前に存在した支払承諾、銀行保証付私募債等について、差押え後の保証債務履行により取得した事後求償権のように、「差押え前の原因に基づいて生じた」債権も、相殺の自働債権とすることができる（民法511条2項本文）ので、同様の扱いとなる。

(1) 「預金差押え」への対応

a 預金差押えと相殺の優劣

預金相殺の可否判断を行うためには、預金差押えと相殺との関係を理解しておく必要がある。全体のイメージは図表8に示したので参照されたい。

差押えの時点で貸付債権、預金債務が存在している場合、それらの弁済期の先後や弁済期と差押えとの先後を問わず、相殺適状（債権債務の弁済期到来）に達すれば、差押え後においても預金相殺をもって差押債権者に対抗できる（民法511条1項）。預金差押えへの対応を適切に行うためには、預金差押えと預金相殺との関係の理解が必要であるから、図表9を用いて次のとおり整理しておく。

差押通知書（ここでは、便宜上、差押命令と差押えの通知書を総称して

50　第1章　延滞・倒産発生時の初期対応

図表8　預金（仮）差押えのイメージ（モデルケース）

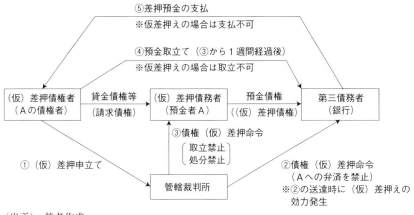

（出所）　筆者作成

図表9　預金（仮）差押えと相殺の関係

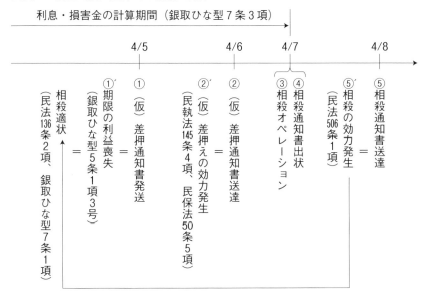

（出所）　筆者作成

第2節　預金拘束　51

「差押通知書」という）が銀行に「送達」される（②）と民事執行法145条４項により差押えの効力が発生する（②′）。他方、差押通知書が「発送」される（①）と貸金債務の期限の利益は当然に失われ（①′）、貸金と差押預金とは差押えの効力発生よりも前の時点で相殺適状となる（銀行取引約定書ひな型５条１項３号）。

　相殺は実際の勘定処理（③）、預金者宛相殺通知書出状（④）によって実行する。そして、相殺通知書の預金者への送達（⑤）によって相殺の効力が発生（⑤′）する（民法506条１項）が、預金と貸金とが対当額で消滅する時点は相殺適状時（①の時点）である（相殺の遡及効：同条２項）。この結果、相殺した預金および対当額の貸金が③の時点では存在しないことになるが、利息・損害金の計算期間は「計算実行の日まで」という特約（銀行取引約定書ひな型７条３項）に基づき、実務上は③の時点までの利息・損害金を徴求している。なお、破産手続上の相殺実務において、銀行取引約定書ひな型７条３項が相殺の遡及効を制限する合意か否かは大きな問題であるが、見解は分かれている（肯定する裁判例として神戸地裁尼崎支判平28．7．20金融法務事情2056号85頁、否定する裁判例として岡山地判平30．1．18金融法務事情2088号82頁）。

　ここで注意しなければならないのは、差押預金が満期未到来の定期預金等の場合、預金債務者たる銀行は、期限の利益を放棄して相殺することができる（民法136条２項本文）が、期限の利益の放棄によって相手方（預金者）の利益を害することができない（同項ただし書）ため、当該預金に相殺実行時（③の時点）までの約定利率を付して解約することが必要となることである。

b　預金差押えがなされた場合の対応（図表10参照）

　相殺適状に達したからといって、当然に相殺の効力が生じるわけでもなく、銀行が相殺する義務を負うわけでもない。このため、銀行としては、相殺実行の可否および要否を判断する必要がある。預金差押えの局面において、相殺の可否検討のポイントは「期限の利益の当然喪失事由（以下「当然喪失」という）の認定」であり、相殺の要否検討のポイントは「期限の利益

図表10　預金差押事務フロー（図表8の②への対応）

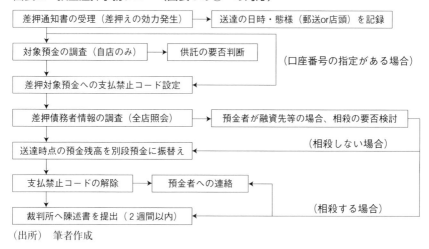

（出所）　筆者作成

「再付与」の検討」である。

　通常、差押えの効力発生時点で貸金債権の弁済期限は未到来であり、弁済期限到来までの間、相殺はできない。このため、相殺実行の大前提として、銀行取引約定書ひな型5条1項3号に基づき、差押通知書発送の時点で期限の利益を当然に喪失させることになる。しかし、融資先の期限の利益喪失は、当該融資先の経営破綻に直結する一大事であるから、安易に「預金差押え＝当然喪失」と解することは危険である。

　差押えが融資先の信用悪化の兆候であれば、当然喪失の認定は問題ないが、信用悪化の兆候に当たらないとの特段の事情が認められるときは、当然喪失が認められないこともありうる（最判昭51.11.25民集30巻10号939頁）。たとえば当該融資先が正常先であり、当該差押えに係る請求債権額が融資先の業態維持にまったく影響がない程度に僅少である場合や、融資先の事務ミスによる少額の租税滞納処分の場合等では、期限の利益喪失の可否は慎重に判断すべきである。もっとも、僅少な差押債権すら支払うことができないほどに資金繰りが悪化していることも考えられるので、差押債権額が小さいからといって当然喪失に当たらないと機械的に判断するのは危険である。この

第2節　預金拘束　53

場合、融資先の業況や資金繰り等を詳細に分析し、債権保全の必要性が高いとの結論に至ったときは、銀行取引約定書ひな型5条2項5号（債権保全を必要とする相当の事由の発生）に基づき期限の利益を請求喪失させることになる。

なお、当該差押えが期限の利益喪失事由に当たらないと判断される場合には、「陳述書」で「弁済の意思あり」と回答し、差押預金相当額については別段預金に留保したうえで、預金に設定した支払禁止コードを解除することになる。この場合、差押債権者からの取立てに応じることは当然である。

c　期限の利益「再付与」の検討

当該融資先が正常先の場合、「当該融資先の業況や保全強化交渉の結果次第では、融資取引は継続したい」と判断するケースもある。しかし、当然喪失を否定できない場合、差押通知書の発送により、銀行取引約定書ひな型5条1項3項の約旨に基づき自動的に貸金の弁済期限が到来するので、金融機関の恣意的判断で期限の利益が喪失しなかったことにすることは適当ではない。

このようなケースではいったん、期限の利益喪失を認定した場合に必要な措置（預金拘束、相殺等）を講じたうえで、融資先から念書を徴求したり、変更契約書（変更前：弁済期限は期限の利益喪失日・弁済額は全額、変更後：期限の利益喪失前の弁済約定）を締結したりして、双方の合意に基づき、融資先に期限の利益をあらためて付与し（期限の利益再付与）、差押対象となっていない預金を解放するという対応が考えられる。また、相殺もしないとの判断に至った場合は、期限の利益を再付与したうえで差押対象外の預金を解放し、差押対象預金は差押債権者からの取立てに応じることになる。なお、これらの対応を選択した場合、別段預金に留保した差押対象預金は、実際に相殺するか、差押債権者の取立てに応じるかの二者択一で処理すべきであり、預金者に解放することは論外である。

(2)　陳述書提出時の留意点

a　陳述の催告と第三債務者の損害賠償責任

通常、差押通知書とともに「陳述の催告」が送達される。この催告に対し

第三債務者（銀行）は、「差押えに係る債権の存否・種類・額」「弁済意思の有無および弁済の範囲または弁済しない理由」等（ほかにもあるが、ここでは省略する）について、差押命令が送達されてから2週間以内に回答しなければならない（民事執行法147条1項、民事執行規則135条1項）。

第三債務者は、上記催告に対して故意または過失により陳述をしなかったとき、または不実の陳述をしたときは、これによって生じた損害を賠償する責めに任ずる（民事執行法147条2項）とされている。ここでいう「損害」とは、差押債権者が、虚偽の陳述等を信じて取立訴訟の追行や換価手続の申請を行ったことにより生じた費用等、あるいは虚偽の陳述等を信じたことが原因で差押債権者が他の執行手続を追行しなかったために、他の財産等からの回収機会を逸したことによる損害等であるとされている。

b　預金相殺を実行するか否か未定の場合

預金差押えを受けた銀行として最も悩ましいのが、預金相殺を実行するか否かが未定である場合、陳述書の「弁済意思の有無および弁済の範囲または弁済しない理由」にどう回答するかという点である。

第三債務者が被差押債権の存在を認めて支払の意思を表明し、将来において相殺する意思がある旨を表明しなかったとしても、陳述の法的性質は裁判所に対する単なる事実の報告であって意思の陳述ではないので、これによって債務の承認、抗弁権の喪失という実体法上の効力はないという判例（最判昭55．5．12金融法務事情931号31頁）があるため、「弁済の意思あり」と回答しておきながら後日になって相殺することに方針転換したとしても、銀行が損害賠償責任を負うことにはならないと考えられる。このことは、仮に銀行が差押債権者から損害賠償請求されても、銀行が敗訴することはないという意味であり、上記のように対応した場合でもトラブルとなる危険性がないということを意味するわけではない。したがって、預金相殺を実行するか否かが未定である場合には「反対債権あり」としたうえで、「相殺を検討中」「相殺するか否かは未定」と陳述するのが無難ではないかと思われる。

ただし、銀行に相殺の意思がないことが明白な場合（特に上記(1)cのようなケース）に「相殺権行使のため、弁済意思なし」と陳述し、この陳述に基

づき差押債権者が差押えを取り下げた後、差押預金を預金者に解放した場合には、民事執行法147条2項の損害賠償請求がなされる危険性がある。場合によっては、差押債務者（預金者）との共謀による執行妨害の疑いをかけられる危険があることに留意すべきである。

(3) 差押えが取下げとなった場合の対応

a 差押取下げの効果

まず、差押えが取り下げられた場合の効果について、図表11を用いて整理する。

融資先に対する預金の差押申立て（①）は、当該融資先に対する期限の利益の請求喪失事由である（①´）。そして、差押通知書が「発送」される（②）と、貸金債務の期限の利益は当然に失われ（②´）、差押通知書の送達（③）により、差押えの効力が発生する（③´）。

その後、差押えが取り下げられた場合（④）、差押えの効力は消滅する（④´）。この場合、差押えの取下げには遡及効があり、当該差押手続が初めから係属していなかったものとみなされる（民事執行法20条、民事保全法7

図表11　預金（仮）差押取下げの効力

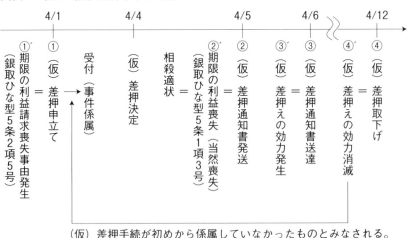

（出所）　筆者作成

56　第1章　延滞・倒産発生時の初期対応

条、民事訴訟法262条1項)。したがって、差押えが取り下げられると、銀行取引約定書ひな型5条1項3号の差押通知書「発送」の事由が覆滅する。これに伴い「当然」喪失の効果も覆滅すると考えられる。

b 期限の利益の帰趨

　差押取下げによって「発送」の事実は覆滅するが「申立て」の事実までは覆滅されないため、請求喪失事由は維持されることになる。また、「第三者から融資先の預金を差し押さえられる」という客観的事象の発生はもとより、内容によっては差押えの原因も「債権保全を必要とする相当の事由」(銀行取引約定書ひな型5条2項5号)に該当することが多い。この場合、いったん有効に「当然」喪失事由が発生していることから、その後の対応に苦慮することが多い。この点については、銀行取引約定書ひな型5条1項と同条2項との関係をどのようにとらえるかがポイントとなる。

　1項と2項との関係について、現在のところ「定説」といえるものは存在しないが、大きく三つの考え方(ここでは、便宜上、解釈Ⓐ～Ⓒという)があり、どの考え方を採用するかで対応が異なる(図表12参照)。

① 解釈Ⓐ：期限の利益喪失事由は、端的にいえば「債権保全を必要とする相当の事由の発生」(2項5号)であり、2項1号～4号は、5号の典型的な事由を例示しているにすぎない。また、5条1項に掲げる事由は「債権保全を必要とする相当の事由」のなかでも「特に保全

図表12　銀行取引約定書ひな型5条1項(当然喪失事由)と2項(請求喪失事由)との関係

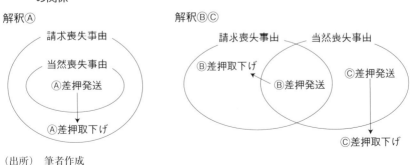

(出所)　筆者作成

の緊急性が高い」（3号・4号）または「与信取引の継続が不可能に近い信用状態を示す」（1号・2号）事由を限定列挙し、事由の発生により、銀行の請求なくして当然に期限の利益を喪失させることを、例外的に認めていると理解すべきである。

　この考え方によれば、差押取下げによって「発送」は覆滅するが、差押えに係る「申立て」の事実までは覆滅されないため、請求喪失事由は維持されることになる。

② 　解釈Ⓑ：1項・2項は、基本的には別の概念であるが重なり合う部分があり、「特に保全の緊急性が高い」預金の差押えは、重なり合う部分に位置する。

　この考え方によれば、取下げの効果は基本的には解釈Ⓐ同様となる。

③ 　解釈Ⓒ：1項・2項の重なり合う部分は、「与信取引の継続が不可能に近い信用状態を示す」事由に限られる。

　この考え方によれば、取下げによって「発送」が覆滅した以上、請求喪失事由は生じないこととなる。

　筆者は、解釈Ⓐの立場にとっており、預金の差押通知が送達された場合、当然喪失の措置を講じつつ、差押えが取り下げられた場合には直ちに請求喪失を実行するか、または請求喪失を留保（または放棄）するかまで、差押通知送達時点で組織としての意思決定を行っておくべきと考える。

　請求喪失の是非を検討する際、ともすれば差し押さえられた預金額に気をとられがちであるが、重要なのは、「請求債権目録」に記載されている請求金額や請求の原因を精査し、融資先が抱える真の問題点を把握することである（債務名義（通常は判決）に基づく場合、預金者から債務名義の写しを徴求することが望ましい）。判断のポイントは、①当該融資先が正常先であるか否か、②差押債権者の有する債権額が、融資先の支払能力に対しどの程度のインパクトがあるか、③差押えが繰り返される危険性はないか、④売掛金等、預金以外の資産も差し押さえられていた場合の風評被害はどの程度か、⑤他行の支援方針に変化はないかなどが考えられる。

58　第1章　延滞・倒産発生時の初期対応

3 拘束預金解放の判断基準

(1) 問題の所在

近時、預金拘束についてその適法性が争われる事案が増えているが、適法な預金拘束が実行された後に預金者から払戻請求があった場合の対応をどうするかという論点については十分な議論や裁判例の蓄積がなく、各金融機関とも預金の性質や払戻理由等に応じて個別に可否判断せざるをえないというのが実態であろう。金融機関の正常な商慣行ないし銀行取引約定を根拠とする契約の拘束力により正当化または違法性が阻却されるべき預金拘束である場合は、預金者からの払戻請求に応じなくても不法行為はもとより債務不履行にもならないと解され、安易な預金解放は合理性なき回収原資の流出として厳に慎まなければならない。この場合、合理性なき拘束預金の解放には、預金者に対する寄付行為ないし利益供与という税務上・コンプライアンス上のリスクがある。

しかし、いかに当該預金拘束が正当化されようとも、銀行が一方的に回収の利益のみを強調し預金者の生存権等を侵害してまで預金払戻請求を拒絶することは、権利の濫用として銀行側の不法行為を構成し、預金者から損害賠償の請求を受ける危険性がある。このため、預金者からの払戻請求に合理的な理由がある場合は当該請求に対して柔軟な対応が求められるところである。少なくとも、いったん拘束した預金であっても、預金者の**生存権**を守るために必要である等、やむをえない理由があれば、解放する方向で検討すべきであろう。「預金を拘束しなければならないこと」と「合理的判断により預金を解放すること」とは両立するので、預金解放の可否判断は、コンプライアンスに配慮しながら柔軟に行うべきである。

そこで、コンプライアンス上の配慮として「預金拘束中であっても個別の払戻請求に応じる基準」および「預金拘束の解除（預金に設定している「支払禁止コード」解除＝以後、預金は自由に使える、自動振替え等のセットも可）の基準」を設けておくことが必要となる。また、預金拘束時には、銀行側に預金者に対して預金拘束の理由を十分に説明する義務が課せられている

と解されるが、説明の際に「どうしても必要な理由があればご相談ください」ということを説明内容に盛り込むという配慮が必要である。

(2) 個別の預金払戻請求に応じる基準

預金口座に入金がなされると当該資金は債務者（預金者）の一般財産に転化するため、預入原資の種類は拘束預金解放の判断基準とはならない。預金口座に滞留している預金が等しく債務者の一般財産である以上、拘束預金解放の判断基準は「資金使途」であることになる（図表13参照）。

預金拘束を解除せず（支払禁止コードは設定したままで）個別の払戻請求に応じる基準としては、①コンプライアンス上の要請として、預金者の生存権の保障等、自行の債権保全よりも優先する合理的理由があること、②債権保全上の要請として、払戻しに応じる額が生計維持等に必要な最低限の金額であることが必要である。その際、②の基準を検討するにあたっては、標準的な世帯の必要生計費を勘案して政令で定める額とされる33万円（民事執行法施行令2条2項）を参考基準の一つとして、真に必要な額については、内容を検証したうえで柔軟に対応するという運用が考えられる。ここでいう「参考基準」とは、常識的に考えて月額33万円を上回る預金解放は「生存権

図表13　拘束預金解放の判断基準

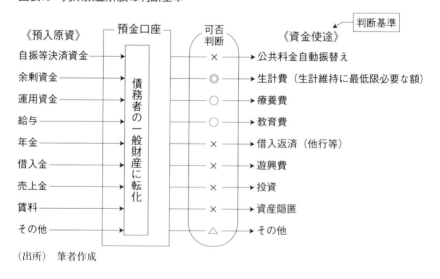

（出所）　筆者作成

の保障を超えているので応じるべきではない」という意味合いが強いが、消費者を顧客とする定型商品である個人ローンに関しては、もう少し割り切って、給与については月額33万円、年金については原則として全額の解放に応じるという運用もありうるところである。もっとも、預金拘束が債権保全手段であることを鑑みれば、預金解放と引き換えに自行になんらかのメリット（たとえば有用な情報提供、非協力的な債務者・保証人等の説得、担保外資産の高値での任意売却による弁済等）が期待できる場合は、預金解放による回収原資の減少とその引き換えに得られるメリットとの経済合理性を比較衡量するなど、①②に該当しない場合であっても柔軟に対応すべきであろう。

　なお、年金・給与等の受取口座の拘束について問題となることがあるが、預金拘束の可否は預入原資の種類で判断すべきではなく（たとえば年金受取口座について最判平10.2.10金融法務事情1535号64頁）、あくまでも払戻請求の事情（資金使途）によって判断すべきである。したがって、当該預金以外に生計維持に支障ない収入や資産を有している場合や、当該預金口座への入金が主に年金や給料等の生活資金であっても生計維持を超えた多額の入出金が頻繁になされており資産隠匿が疑われるような場合は、たとえ年金・給与等の受取口座であっても原則として払戻請求には応じないが、他方で、預金者の生計維持を資金使途とする場合は年金・給与等の受取口座でなくても払戻しに応じるという取扱いとなる。ただし、政策的に保護されるべき扶養請求権、労災の補償を受ける権利、生活保護法の扶助等に基づく振込金等については、上記の例外として、特別の事情がない限り全額の解放に応じるべきと思われる。

　仮に年金・給与等の受取口座について特段の配慮を必要とする立場をとった場合でも、個別の払戻請求に応じる基準として、①当該口座の主な預入原資が年金や給与等であること、②当該口座が公共料金・家賃等の支払口座であり生計維持を超えた多額の入出金が頻繁になされていないこと等の基準は必要であり、②の基準を充足できない場合には、さらに③払戻請求に応じるのは生計維持に必要な最低限の金額のみとするという要件を課すことが必要となる。もっとも、当該口座の預入原資が年金等のみであるが、実際に生計

費としての出金がないために多額の預金残高が滞留している場合には、預金の払戻請求に応じないことが生存権の侵害になるとは考えがたく、そのような場合には預金残高滞留の理由を調査すべきであり、調査の結果、当該預金以外に生計維持に支障ない程度の収入や資産の存在が判明した場合には、払戻請求にいっさい応じないという対応も十分ありうる。

⑶　預金拘束の解除基準

次に問題となるのは、預金拘束をいつまで継続するかという点である。通常、預金者が拘束後に当該口座へ入金することはありえず、ほとんどの場合は振込指定口座も変更されるので、拘束したままでもトラブル発生につながるケースはさほど想定されない。このため、大多数の金融機関では預金への支払禁止コードの解除基準を設けていないもようである。しかし、預金拘束はあくまでも相殺原資確保という債権保全の手段として正当化されるにすぎず、債権保全上の必要性が解消された場合には、すみやかに支払禁止コードを解除して預金口座を自由に使える状態にしなければならない。

預金拘束の解除（支払禁止コードの解除）基準としては、①相殺適状が解消された場合（延滞解消、預金差押取下げ、代位弁済、貸金債権譲渡、免責決定、和解、民事再生手続における相殺可能預金相殺後等）、または総合的判断に基づき所管部との協議で拘束解除を決定した場合、②預金者との間で分割弁済合意とともに明示的または黙示的に弁済不履行を解除条件とする相殺権不行使の合意が成立した場合等が考えられる。実際には、支払禁止コードを解除していないことに起因して大きなトラブルに発展したという事例は耳にしないが、正当化根拠を欠く預金拘束を長期間継続することは銀行側の債務不履行ないし不法行為を構成する危険性がきわめて高いので、適切な事後管理を怠ってはならない。初動における預金拘束の適法性が問題となった事案であるが、支払禁止コードを設定した口座の残高がゼロ円であっても不法行為による損害賠償責任を肯定した裁判例（広島高裁岡山支判平22.3.26金融・商事判例1393号60頁）もあり、「残高がなければよい」ということにはならない時代となっている。

なお、債権回収に対する抽象的危険が生じた段階で、相殺を前提とせずに

預金を拘束し、その間に、相殺を前提とした預金拘束（期限の利益喪失請求）に切り替えるか否かの見極めを行う、または合理性のある事業計画の提出や追加担保設定の交渉を行うという金融機関も相当数存在するようである。当該預金拘束の適否については、本節1で詳述したが、そのようなケースでは少なくとも、①預金を拘束する期間を明確に（たとえば1カ月間）設定すべきであるし、②どの程度まで事業計画提出・追加担保取入交渉が進展した場合に預金拘束を解除するか、③拘束期間中に個別の払戻請求があった場合に払戻しを認める基準等を定めることが必要であろう。余談であるが、このような取扱いをする場合には、預金者の同意（預金拘束の性質上、実際には拘束後の追認）を得ることが必要であり、預金拘束の理由や解除基準について、通常の預金拘束に比べ相当高度の説明義務が課せられるものと解され、同意を得られない場合は、さらに高度の説明義務が課せられることになる。

(4) 特殊な預金解放基準

a 相殺禁止預金

金融実務において、銀行が預金者について支払の停止等の事実を知った後に入金された預金等、破産法等の規定（破産法71条1項各号、民事再生法93条1項各号、会社更生法48条1項各号、会社法517条1項各号等）により相殺が禁止される預金がある（相殺禁止預金）。銀行による預金拘束が正当化されるのは、相殺原資の確保としての預金拘束であるから、相殺禁止預金は拘束できないようにみえる。しかし、相殺禁止預金について、自動振替えによる資金流出や預金者への安易な払戻しを行うと、後日、破産管財人等から、預金取扱金融機関としての管理義務違反を問われかねないので、預金者の債務整理手続が確定するまでは、預金拘束の対象とせざるをえないことがある点に注意が必要である。

b 預金者が経営者保証ガイドラインを利用する場合

預金者が「経営者保証に関するガイドライン」（以下「経営者保証ガイドライン」という）や「自然災害による被災者の債務整理に関するガイドライン」（以下「災害債務整理ガイドライン」という）を利用する際、「一時停止

等の効力発生時点で存在する預金」は相殺可能であるが、「一時停止等の効力発生後に入金された預金」は、これらのガイドラインの制度設計上、債務の弁済原資とすることが禁じられているので、相殺を前提とする預金拘束の対象とはならない（経営者保証ガイドライン７項(3)④イｂ・ロ、災害債務整理ガイドライン８項(2)①ハ）。このため、これらのガイドラインに基づく一時停止等要請がなされた場合、その時点で存在する預金を別段預金で留保したうえで、預金に設定した支払禁止コードを解除し、預金口座を自由に使える状態にしなければならない。

c　その他の解放基準

「特別定額給付金」「臨時特別の給付金」等、立法措置により、転化した預金の相殺も制限されている預金もある（以下「相殺制限預金」という）。したがって、これらの預金については、預金者からの払戻請求があれば応じざるをえない。

なお、相殺禁止預金の入金後に当該口座からの出金があった場合は相殺禁止預金から先に出金されるという裁判例があり（東京地判平19．3．29金融法務事情1819号40頁、争点４（同62頁））、一般的にはこの考え方が妥当する。ただし、相殺制限預金については、災害債務整理ガイドライン運営機関が「特別定額給付金等は最後に払い出される」という見解を示していることに留意が必要である。実務上の指針としては、債権者平等の原則に基づく相殺禁止預金は先に払い出されるが、人道的見地に基づく相殺制限預金は最後まで残留するという整理になろう。

第 **3** 節 | 請求する相手方の確認

1 債務の返済を請求する相手方はだれか

⑴ 債権回収の相手方

　銀行の融資先（連帯債務者がいれば、その者も含む、以下同じ）に対する貸付金、割引手形買戻請求権、求償権等の債権や、保証人に対する保証債務履行請求権は、銀行と融資先・保証人との契約に基づいて生じている。このため、これらの債権が約定どおりに弁済されない場合（延滞・倒産等）は、契約の当事者である融資先や保証人に対して弁済を請求することによって債権の満足を得ることが債権回収業務の第一の目的であり、これらの者からの回収が不能である場合はそれを疎明することによって、早期に延滞債権の損金処理（無税直接償却）を行うのが債権管理業務の第一の目的である。また、銀行は、融資契約の直接の当事者以外にも、手形法に基づき銀行に対し手形債務を負担する手形の振出人、引受人、保証人、裏書人には、債務の履行を請求できるので、これらの者も債権管理回収業務の対象となる。

　契約の当事者や手形債務者以外にも、法律に基づき一定の責任を負担する会社役員（役員責任）、使用者（使用者責任）、第二会社（詐害譲渡に係る譲受会社責任等）など、債権管理回収の相手方となりうる者がいる場合もある。銀行が、支払を請求できる者がいるにもかかわらず、請求を失念したり後回しにしたりすることによって、本来回収できるはずの債権が回収できなくなることは、銀行のステークホルダーへの背信行為であり、また、請求できる者に対して請求せずに無税償却処理を行うと後日の税務調査で否認される危険性もあるので、このようなことのないよう留意が必要である。

⑵　初期対応段階で回収のために必要な調査

　上記により債権回収の相手方を特定した後、すみやかに次の事項を確認する。

①　相手方の現況（事業所等・代表者自宅の現況確認、商取引債権者・従業員の動向確認）

　　○　営業や工場は継続しているか、すべて閉鎖されているか、混乱はしていないか。

　　○　廃業または倒産の場合は、私的整理か法的整理か。

　　○　（廃業・倒産の場合）融資先や従業員は、整理に協力的であるか。

　　○　（民事再生等、再生型整理手続の場合）従業員や商取引債権者は企業の再建に協力的であるか、または、まったく諦めて自己の債権の確保（商品・動産類の持出し等）に走っていないか。

②　契約書類

　　各種約定書、金銭消費貸借契約証書、借入手形、割引手形等に不備はないかを確認する。

③　担保・保証

　　契約は有効か、対抗要件は有効に具備されているかを確認する。不動産担保は現況確認も必要。

④　回収資源

　　回収資源となる不動産や債権は、事業所を訪問したからといって容易に発見できるものではないが、在庫商品、機械器具、原材料、什器といった動産は現地に行ってみなければ発見できない。倒産発生を確認するために事業所を訪問する場合はスピード感が何よりも重要であるが、この段階では、闇雲に事業所訪問を行うのではなく、事前に貸出ファイルや決算書（特に科目内訳）等をチェックしておき「あるべきものがあるか」を確認する。なお、融資先・保証人以外の相手方に関しては、回収計画策定前の初期対応の段階では、ほかにも優先すべき作業があるので、あまり詳しく調査する必要はないが、目ぼしい回収資源がないかは押さえておきたい。

2 融資取引・手形取引の当事者

(1) 主債務者

　一つの債務（たとえば保証債務）が他の債務（たとえば借入金債務）の存在を前提とし、発生・消滅において他の債務に従属する関係にある場合に、前者が「従たる債務」、後者が「主たる債務（以下「主債務」という）」とされている。主債務者（貸付金の借主、約束手形の振出人、為替手形の引受人など）は債務弁済の最初にして最終の責任者である。

　通常は融資先が主債務者であるが、手形割引においては融資先ではない約束手形の振出人や為替手形の引受人が主債務者である。この場合、割引依頼人（融資先）は、手形法上は遡求義務者（裏書人）であって主債務者ではないが、銀行取引約定書上の債権である割引手形買戻請求権の主債務者である。

(2) 保　証　人

銀行の融資取引で利用される保証は以下のとおり。

①　普通保証

②　連帯保証

③　特定債務保証

④　根保証（銀行の事業性融資においては個人貸金等根保証）

⑤　民法上の保証

⑥　手形保証

実際の銀行取引では「①、②のいずれか」（ⓐ）、「③、④のいずれか」（ⓑ）、「⑤、⑥のいずれか」（ⓒ）を組み合わせた形態（ⓐ＋ⓑ＋ⓒ）になる。もっとも銀行取引においては、そのほとんどが「連帯保証かつ特定債務保証かつ民法上の保証」または「連帯保証かつ個人貸金等根保証かつ民法上の保証」である。

　保証契約の当事者は債権者（銀行）および保証人であり、主債務者（融資先）は保証契約の当事者ではない。また、保証委託契約の当事者は主債務者および保証人であり、債権者は当事者ではない。なお、支払承諾取引の場

第 3 節　請求する相手方の確認　67

合、保証契約の当事者は融資先の債権者と融資先の保証人である銀行、保証委託契約の当事者は、債務者たる融資先と保証人たる銀行となる（加えて、融資先に対する求償権に係る保証契約の当事者は銀行と融資先の保証人、同求償権に係る保証委託契約の当事者は融資先と融資先の保証人になる）。

(3) 手形取引の当事者

a 手形関係人

銀行は割引手形や担保手形の手形所持人であるため、原則として手形に署名している者全員に対して手形法上の請求権（手形債権）を有する。手形法には「手形行為独立の原則」（同法7条）や、「裏書による人的抗弁の切断」（同法17条）などが規定されているため、手形債務者（署名者）は、手形に署名した原因に特別な事情があっても、原則として手形の振出原因や裏書原因を主張してその責任を免れることはできない。

なお、手形には、厳格な手形要件（同法1条、75条）が定められており、呈示証券性（同法38条、77条1項3号）や遡求権行使の要件（同法43条以下、77条1項4号）等、手形特有の規制があるので注意を要する。

b 使用者責任

ある事業のため他人を使用する者は被用者がその事業の執行について第三者に加えた損害を賠償する責任を負うこととされており（民法715条）、これを使用者責任という。

銀行の融資取引において使用者責任を債権回収で利用できるケースはあまりないが、手形割引における手形債務者への請求など、この法理が役立つこともある。

たとえば会社の手形振出事務を担当する経理課長が代表取締役の印を盗用して会社名義の手形を偽造するのは、会社の事務の執行に当たるから、偽造手形を割り引いた金融機関は、偽造手形を振り出した社員個人に対する不法行為責任（同法709条）のみならず会社の責任（同法715条）も追及できる（最判昭32.7.16民集11巻7号1254頁）。このようなケースで、割引依頼人に買戻能力がないが手形振出人には資力がある場合は、使用者責任が債権回収の切り札となりうる。

3 当事者以外の者への追及の可否（会社役員の個人責任、関係会社への追及）

融資取引・手形取引の当事者（契約書・手形への署名者）以外にも、以下の者は各種法律に基づき、銀行に対して債務の履行責任を負うことがある。

(1) 取締役、会計参与、監査役、執行役、会計監査人等

融資先の取締役、会計参与、監査役、執行役、会計監査人（以下「役員等」という）が保証人になっていなくても、当該役員等の職務執行に過失や職務怠慢があれば、個人責任を追及する余地がある。それが「役員等の第三者に対する損害賠償責任」「役員等の株式会社に対する損害賠償責任」である（図表14参照）。

この責任追及は、銀行にとってかなりハードルが高いが、融資先会社に資

図表14　役員個人責任の追及

役員	根拠条文	要件
取締役 会計参与 監査役 執行役 会計監査人	会社法429条 （直接請求）	職務執行についての悪意、重過失 財務諸表、目論見書等の粉飾 同上の取締役会決議に賛成した、または反対しなかった取締役
	会社法423条 （債権者代位権により請求）	債権保全の必要性（民法423条）
		違法配当 特殊株主への違法利益の供与 取締役個人への貸金未回収 利益相反行為 定款等の違反 同上の取締役会決議に賛成し、または反対しなかった取締役
理事	一般社団法人及び一般財団法人に関する法律78条、83条	定款、寄附行為の目的外の行為 同上の議決に賛成した役員を含む
無限責任社員	会社法580条	全債務（合名・合資会社の場合）

（出所）　旗田庸『債権回収〔第2版〕』（金融財政事情研究会、2015年）

第3節　請求する相手方の確認　69

産がないのに当該役員等に資産があるケースでは、有望な回収資源となりうるし、特に背信的な役員等に対しては有力な手段となりうる。なお、当該損害賠償責任を負担する役員等が複数の場合、これらの者の損害賠償債務は連帯債務となる（会社法430条）。

a　役員の職務執行における過失、職務怠慢

　役員の職務執行に過失や職務怠慢があると役員個人が損害賠償責任を負うことがある。負担する責任の内容は下記ｂ・ｃのとおりであるが、役員について職務執行に過失、職務怠慢（会社に対する忠実義務違反、善管注意義務違反）があったと認められた事例は次のとおりである。

① 　代表取締役が事業拡張による収益増加により約束手形金の支払が可能であると軽率に考え、約束手形を振り出して金融を受け、調査不十分な事業に多額の投資をして会社の破綻を招いたのは著しく放漫な方法であって、この手形の振出しに関し、職務上重大な過失があるとした例（最判昭41.４.15民集20巻４号660頁）

② 　代表取締役でありながら、その業務の執行を他の代表取締役や取締役に一任して、監督していなかった例（最判昭44.11.26金融法務事情569号22頁、最判昭45.７.16金融法務事情594号36頁）

③ 　取締役でありながら、代表取締役の業務執行の監視も、取締役会の招集もしていなかった例（最判昭48.５.22金融法務事情692号25頁等）

④ 　非常勤の名目的取締役であっても、代表取締役の業務執行の監視も取締役会の招集もしていなかったという事実があればその責任が認められるとした例（最判昭55.３.18金融法務事情930号40頁）

⑤ 　実質的には取締役には選任されていないのに取締役として登記されていた者であっても、代表取締役の業務執行の監視も取締役会の招集もしていなかったという事実があればその責任が認められるとした例（最判昭47.６.15金融法務事情654号22頁）

b　役員等の第三者に対する損害賠償責任

　銀行は、会社である融資先の役員等が、その職務を行うについて悪意または重大な過失により銀行に損害を与えた場合、当該役員等に対して損害賠償

を請求することができる（会社法429条）。

　ただし、役員等の第三者に対する損害賠償責任は、役員等の職務怠慢と第三者（銀行）が債権を回収できなくなったこと（役員等の職務怠慢により会社が損害を被った結果、債務を弁済できなくなった場合を含む）との間に相当因果関係があることが要件となっている（前掲最判昭44.11.26）。

c　役員等の株式会社に対する損害賠償責任

　役員等は、その任務を怠ったときは、株式会社に対し、これによって生じた損害を賠償する責任を負う（会社法423条）。この責任は当該役員等の退任後も免れないこととされており、取締役が在任期間中満期の到来した手形の取立てを怠った結果取立不能となったときは、取立不能となった時期が取締役辞任後であっても、その取立不能は任務懈怠に起因するものとしてこれによる会社の損害について賠償責任を免れないとした判例（大判昭8．7．15民集12巻19号1897頁）がある。この責任について、債権者が直接役員等に追及することはできないが、債権者代位権により株式会社に代位して役員等に対し損害賠償請求を行うことができ（民法423条1項）、賠償金を直接自己（債権者）に支払うことを求めることができる（同法423条の3）。

　また、役員等の株式会社に対する損害賠償責任には、剰余金の配当等に関する責任（違法配当に関する責任）もある。責任を負担するのは当該行為を行った取締役のほか当該取引を決定した取締役等または取締役会決議に賛成した取締役で、複数の者が責任を負担する場合はそれぞれ連帯して支払義務を負う。

　この場合、分配可能額を超えて行った剰余金の配当は違法配当として無効であり、会社は株主に対し不当利得返還請求ができる（会社法461条1項、462条1項）が、多数の株主から返還させることは現実には困難なので、会社の損失をカバーするため、違法配当に関与した業務執行者、取締役等に、株主が交付を受けた金銭に相当する金銭を連帯して支払わせることとしている（同法462条1項6号）。なお、会社債権者は、違法配当による株主の不当利得について、株主に対し交付を受けた金銭を直接「自己（＝債権者）に支払わせることができる」（同法463条2項）。違法配当に関する責任には、こ

のほかにも、分配可能額を超えた自己株式の買取責任（同法116条1項、182条の4第1項、464条）、欠損のてん補責任（同法465条1項）がある。

d 責任追及等の訴え

会社法は、6カ月前（定款でこれを下回ることはできる）から引き続き株式を有する株主（単元未満株主を除く）について、株式会社に対し、書面その他の法務省令で定める方法により、役員等の責任を追及する訴え、株主の権利の行使に関して供与した利益の返還を求める訴えまたは株式・新株予約権を引き受けた者がした不公正な払込金の支払を求める訴えの提起を請求することを認めている（会社法847条1項本文）。自行が融資先会社の株主であれば、請求が認められれば、役員等から会社に支払われる賠償金が回収資源となりうるので、この方法も検討に値する。

ただし、責任追及等の訴えが当該株主もしくは第三者の不正な利益を図りまたは当該会社に損害を与えることを目的とする場合は、責任追及等の訴えは認められない（同項ただし書）とされているので、自行が株主責任を問われることのないように対応しなければならないのは当然である。

e 持分会社の社員の責任

会社には、株式会社のほかに持分会社（合名会社、合資会社、合同会社の総称）という制度が設けられている（会社法575条1項）。持分会社のうち、社員全員が無限責任社員で構成される会社が合名会社、社員の一部が無限責任社員で構成される会社が合資会社、社員全員が有限責任社員である会社が合同会社である（同法576条）。

持分会社の財産をもってその債務を完済することができない場合、社員は連帯して持分会社の債務を弁済する責任を負うが（同法580条1項）、有限責任社員は、その出資の価額（すでに持分会社に対し履行した出資の価額を除く）を限度として、持分会社の債務を弁済する責任を負う。この責任は、持分会社に加入する前に生じた債務および退社後退社登記前に生じた債務に及ぶ（同法605条、612条1項）。ただし、退社社員の責任については、退社後2年以内にその責任の請求または請求の予告をしなかった債権者に対しては退社登記後2年を経過したときに消滅する（同条2項）。なお、社員の責任

の内容は会社債務と同様であり、債務の履行場所も会社が履行をなす場所と同様である（名古屋地判平 2 . 6 .15判例時報1382号122頁）。

したがって、融資先が持分会社の場合、社員が保証人になっていなくても、それぞれの責任に即して債務の履行を請求できる。

f　会計監査人

会社法の大会社（資本金 5 億円以上または負債総額200億円以上：会社法 2 条 6 号）は、その会社の財務諸表が正確に作成されているか会計監査人（公認会計士または監査法人でなければならない。同法337条 1 項）の監査を受けることが義務付けられている（同法328条）。また、大会社以外の会社も任意で会計監査人を設置することができる（同法326条 2 項）。

会計監査人がその任務を怠ったことにより会社に損害を生じさせたときは、損害賠償責任を負う（同法423条）。また、会計監査報告書に記載・記録すべき重要な事項について虚偽の記載・記録をしたときは、会社の債権者に対して損害賠償責任を負う（同法429条 2 項 4 号）。

g　株式払込人

株式会社の株主は会社設立や出資にあたって、現物出資でない限り、自己の引き受けた株式について現実に払込金融機関に払込金額の全額を現金で払い込まなければならない（会社法63条）。このため、払込みが預合い（最判昭41.12. 1 金融法務事情461号 6 頁）あるいは見せ金（最判昭44. 1 .31金融法務事情541号30頁）による仮装の払込みであった場合、会社はその株主に現実の払込みを求めることができる。なお、会社債権者たる銀行は、会社が払込人に対して有する払込請求権を差押えすることも可能である。

(2)　理　　事

理事は、法令および定款ならびに社員総会の決議を順守し、一般社団法人のため忠実にその職務を行わなければならず（一般社団法人及び一般財団法人に関する法律83条）、代表理事その他の代表者がその職務を行うについて第三者に加えた損害を賠償する責任を負うこととされている（同法78条）。

(3)　関係会社、その他

融資先には親会社、系列会社、下請会社があることは珍しくなく、銀行の

知らないうちに融資先の営業を承継した会社があることもある（以下、これらを総称して「関係会社」という）。関係会社は融資先とは別法人であるため、銀行は、融資先に対する貸付金について、原則として関係会社に対して弁済を請求することはできないが、一定の場合は銀行の関係会社に対する直接請求が認められることもある（図表15参照）。

a　第二会社

　融資先が、大口売掛先の倒産や突発事故などが原因で経営が窮境に陥ると、第二会社を設立して、債務を棚上げしつつ、それまでの営業実績を活かして事業の継続を図ることがある。第二会社設立による債務逃れの典型は「別法人を理由とする債務履行の拒絶」「優良資産を第二会社に所有権移転し、民事保全手続や民事執行手続を阻止すること」である。ここでいう「第二会社」は、「会社分割」や「事業譲渡」などの正規の手続を経ないで、ゲリラ的に別会社を設立、優良資産移転、商流の変更を行うパターンで、昭和

図表15　関係会社への追及

関係会社	追及方法	参考事項
第二会社	仮差押え	旧会社名義不動産、動産、売掛金等第二会社への債権
	事業譲渡の追及	商号を続用していたら（会社法22条） 引受けの広告をしていたら（会社法23条）
	詐害行為	民法424条1項
	詐害設立	人的会社について（会社法832条）
	濫用的会社分割	詐害行為取消権の活用（判例）
	法人格の否認 法人の不存在	判例により認められている
	役員個人責任	第1章第3節3(1)、(2)参照
法人成り		第二会社に準じて扱う
別 会 社	名板貸し 代理商	会社法9条 会社法16条

（出所）　旗田庸『債権回収〔第2版〕』（金融財政事情研究会、2015年）をもとに筆者作成

の時代から平成の前半まで多く利用されてきた債務逃れの手法である（この手法を、便宜上「不正規の第二会社」という）。その後、後述のとおり、不正規の第二会社への対処法が蓄積されてきたため、このようなあからさまな債務逃れは激減しており（とはいえ、正規の手続を行う資金力のない融資先が苦し紛れに行うケースはいまだに散見される）、この手の債務逃れの手法は、形式的には正規の手続である「濫用的会社分割」「詐害事業譲渡」等が主流となっている。濫用的会社分割および詐害事業譲渡への対応策は、現在でも債権管理回収上重要な論点であるため、別項（第3章第1節2）で詳述する。

不正規の第二会社による債務逃れには次のような対処法がある。

(a)　仮差押えの利用

所有権移転登記未了の不動産、債権譲渡の対抗要件具備未了の売掛債権、第二会社から融資先（ここでは、便宜上「旧会社」という）への賃料、第二会社の旧会社に対する未払いの資産移転対価等、旧会社に残存する資産に対する仮差押えを行う。

(b)　商号続用責任等の主張

第二会社が旧会社の商号を続用している場合や、引受けの広告を行った場合、第二会社と旧会社は、旧会社の債務につき連帯責任を負うこととされている。（会社法22条、23条）。

(c)　詐害行為取消権の行使（民法424条1項）

不正規の第二会社による債務逃れを行うことは、債務者（旧会社）が債権者（銀行）を害することを知ってした財産権を目的とする行為（詐害行為）に当たるので、受益者（第二会社）が第二会社からの資産の移転を受けた時点で銀行を害することを知っていた場合、銀行は、当該行為の取消しを裁判所に請求することができる（詐害行為取消権（本章第6節2(3)a参照））。ここでいう「債権者を害する」とは、債務者の行為によって債務者の責任財産が減少し、債務超過または無資力となることである。

(d)　会社設立無効の訴え

第二会社は、設立が適法な手続で行われていないことが多く、その場合、

第3節　請求する相手方の確認　75

設立が無効となる（会社法33条）。ただし、会社設立無効の訴えの申立権者は株主、取締役、監査役等に限定されており、債権者には申立権がないので（同法828条）、債権者にも申立権が認められている会社不存在確認の訴えを提起することで対抗する。なお、第二会社が持分会社の場合は、社員がその債権者を害することを知って設立したのであれば、債権者が訴えをもって当該持分会社の設立の取消しを請求できる（同法832条2号）。

(e) 法人格否認の主張

旧会社・第二会社は登記上二つの法人であるが、その実態がほぼ同一法人に近い状態にあり、しかも、旧会社と第二会社とがそれを理由に債務逃れを図っている場合は、法人格の異なることによりその債務を免れることを認めないという法理である（最判昭48.10.26金融法務事情705号42頁、最判昭44.2.27金融法務事情544号24頁）。ただし、第二会社が別法人格である以上、旧会社に対する債権について第二会社に請求が認められても、旧会社に対する債務名義での第二会社財産への強制執行の申立ては認められず、別途、第二会社に対する債務名義を取得しなければならない（大阪高判昭50.3.28判例時報781号101頁）。

(f) 役員個人責任の追及

旧会社および第二会社に対する請求とは別に、銀行が被った損害について、役員個人の責任追及を検討する。役員責任追及の方法については、上記(1)bを参照されたい。

b 法人成り

法人成りは、個人経営の事業者が新しく法人（主に株式会社）を設立し、営業を移転することである。通常、法人成りは適正に行われているが、個人が事業に失敗するなど多額の債務を負担したために、債務を逃れ、営業関係はすべて新しく設立した法人に移し、営業を継続するために行われることもある。このような場合の対処法は、上記aの第二会社への対処法と同じである。

c 別会社

不正規の第二会社と異なり、融資先が窮境に陥った際、もともと別個の営

業を行っていた第三者（別会社）に対し、正規の事業譲渡を行わずに営業関係を移すことによって債務逃れを図る方法である。この方法も、不正規の第二会社同様、近時ではあまりみられなくなり、形式的には正規の手続である「濫用的会社分割」「詐害事業譲渡」等にシフトしている。

別会社による債務逃れには、次のような対処法がある。

(a) 名板貸し責任の追及

自己の商号を使用して事業または営業を行うことを他人に許諾した会社は、当該会社が当該事業を行うものと誤認して当該他人と取引した者に対し、当該他人と連帯して、当該取引によって生じた債務を弁済する責任を負うこととされており（会社法9条）、これを名板貸し責任という。

(b) 詐害行為取消権の行使（民法424条1項）

別会社による債務逃れは上記a(c)同様、詐害行為となりうるので、当該行為の取消しを裁判所に請求する。

(c) 法人格否認の主張

別会社を利用した債務逃れについても、法人格否認を主張することが可能なことが多い。法人格否認については、上記a(e)を参照されたい。

(d) 役員個人責任の追及

別会社を利用した債務逃れによって銀行が損害を受けた場合は、役員責任の追及が認められる余地がある。役員責任追及の方法については、上記(1)bを参照されたい。

d 不法行為債権者

融資先が倒産した場合、商品の引揚げ、強迫、詐欺など強引な回収を図る債権者があるが、これらの者に対しても詐害行為取消権（民法424条1項）の行使や不法行為に基づく損害賠償請求（同法709条）を行うことを検討すべきである。

4 競合債権者等への対抗策

融資先が倒産すると、債権者たちは限られた回収資源の奪合い（債権者同士の非情な「椅子取りゲーム」）を始めることとなり、融資先の意向が関与

第3節 請求する相手方の確認 77

しない債権者の強引な回収行為や一部の債権者と融資先との通謀による偏頗行為が発生することがある。ここでいう偏頗行為とは、債務者の支払能力が不足しているときに、特定の債権者に対してのみ、弁済したり担保提供したりして、債権者平等の原則に反する結果を招く行為である。一部の債権者が商品の引揚げなどの実力行使を行った場合の対応は、本節3(3)dのとおりであるが、一部の債権者と融資先との通謀による偏頗行為への対応も検討しておくべきである。

偏頗行為への対応も基本は詐害行為取消権の行使であるが、融資先と一部の債権者との馴合い、結託による偏頗行為には次のような対応がある。

① 心裡留保（嘘）

　表意者が「嘘をつくこと」、すなわち、その真意と異なる意味の意思表示であると知りながら、相手方にそれを告げずに意思表示を行うことであり、原則として当該意思表示は有効である（民法93条1項本文）。

② 通謀虚偽表示（馴合い）

　相手方と通じて虚偽の意思表示を行うことであり、原則として当該意思表示は無効である（同法94条1項）。

これらの行為は、債権者以外の者（親族・知人など個人的に親密な関係にある者）との間で行われ、たとえば不動産や動産などの財産が債権者から差し押さえられることを免れるため、譲渡や贈与をしたかのような形式をとり、当該財産の所有権を第三者に移転したことにするというかたちで行われるのが一般的である。また、大口債権者、特別の利害関係をもつ者との間で当該財産を売買（通常は廉価売買を行い、売却代金は当該債権者が自らの債権と相殺する）あるいは代物弁済（通常は当該資産の時価よりも消滅する債権が僅少）という形態をとることもある。

通常、これらの行為に対する対応策は詐害行為取消権の行使であるが、ほかにも次のような対応が考えられる。

① 心裡留保の場合、相手方が表意者（融資先）の真意を知り、または知ることができたときは、その意思表示は無効となるので（同法93条

1項ただし書)、その点を調査し、意思表示の無効を主張する。

②　通謀虚偽表示の場合、通謀の事実を立証し、意思表示の無効を主張する。

　ただし、双方とも意思表示の無効は善意の第三者に対抗できない（同法93条2項、94条2項）ので、意思表示の無効を知らずに新所有者の財産と信じて担保権を設定したり差押えしたりした第三者が現れた場合は、無効を主張できなくなることに注意が必要である。このようなことにならないため、通謀等の事実を発見したら至急その取戻しを交渉するか、あらかじめ処分禁止の仮処分などの措置を講じておく必要がある。

第4節 担保の確認

1 担保の種類

担保には物的担保および人的担保がある。物的担保は、特定の財産が債務履行の引当になり、債権者はその換価代金に優先弁済権が認められるのに対し、人的担保は、債務者以外の者の全財産が債務履行の引当になるが、債権者は、その者（通常は保証人）の収入や資産の換価代金に優先弁済権は認められない。物的担保には法定担保権（正式には「法定担保物権」）および約定担保権（正式には「約定担保物権」）が、人的担保には保証がある（図表16参照）。このうち、金融機関の融資実務で主に利用される担保は約定担保権および保証である。保証については第3章第3節1を参照されたい。ここでは物的担保について概説する。

(1) 法定担保権

法定担保権とは、一定の状態にある債権について、設定契約を要せず、法律上当然に成立する担保権である。法定担保権には留置権および先取特権があり、ごく一部（商事留置権）を除き銀行がこれらの担保権者となることはほとんどないが、銀行の担保目的物に対して第三者から法定担保権の主張がなされることがありうるので、注意が必要である。

a 留置権（民事留置権）

他人の物の占有者が、その物に関して生じた債権（その物の修理代金債権等）を有する場合、その債権の弁済を受けるまでその物を留置できる権利をいう（民法295条1項）。留置権には、民法に規定をもつ民事留置権と商法に規定をもつ商事留置権（下記b）とがあり、その成立要件や効力に差異がある。銀行が、融資取引において民事留置権を行使する可能性はほとんどない

80 第1章 延滞・倒産発生時の初期対応

図表16 担保権、保証一覧表

	分類	担保権（保証）の種類			目的物
物的担保〈物上保証〉	約定担保権	（根）質権 （根）抵当権 仮登記担保権 （根）譲渡担保権 企業担保権 各種財団抵当権 自動車、電話加入権等の特殊担保権 買戻権、売渡担保権 所有権留保			動産、不動産、債権、特許権等 不動産 不動産 動産、不動産、債権、手形等 株式会社（社債のみ） 工場、鉱業、漁業、鉄道等 自動車、電話加入権、立木、建設機械、採掘権等 不動産、動産、債権等 動産、不動産等
	法定担保権	先取特権	一般の先取特権		共益、雇人、葬式、日用品
			特別の先取特権	不動産 動産	保存、工事、売買 売買、保存、労役、賃料等
		留置権	民事留置権 商事留置権		その物に関する債権 履行遅滞の商事債務者の物
	担保権類似の契約	相殺権 代理受領、振込指定 処分承諾書 任意処分の特約 とめ置権の特約			債務者に対する反対債権 売掛金、工事代金等の指名債権 株式、商品等 銀行取引約定書ひな型4条 銀行取引約定書ひな型4条・8条
人的担保〈人的保証〉	約定による保証	保証	特定債務保証	連帯保証、共同保証	証書貸付、手形貸付等
			根保証	連帯保証、共同保証、限定根保証	継続的融資取引による債権
			特殊の保証	副保証 裏保証 求償保証 身元保証	委託なき保証、別冊保証 同上 支払承諾の保証 従業員の保証
	補償責任	損害担保	補償		地方公共団体の保証代用
			保険	損害保険 生命保険	保証保険、債権保全火災保険 団体生保
		連帯債務	真正連帯債務 不真正連帯債務	契約により連帯債務者になる場合のほか、債務引受契約や使用者責任などで生ずる	
	法律の規定による担保責任	会社法	持分会社の社員 職務怠慢役員 不正行為役員 名板貸 商号続用の事業譲渡 引受広告の事業譲渡	持分会社 取締役、会計参与、監査役、執行役員、会計監査人 善管注意義務、競業避止義務、利益相反行為 第二会社等	
		民法	使用者責任 売買の瑕疵担保責任 不当利得 不法行為 事務管理 各種求償権	従業員に対する使用者…民法715条 民法570条 民法703条 民法709条 民法697条	

（出所）　旗田庸『債権回収〔第2版〕』（金融財政事情研究会、2015年）

が、銀行の担保目的物に対して第三者から留置権を主張される可能性は、低いながらもありうる。

民事留置権は、担保権実行として裁判所に競売を申し立てる以外には担保権の実行方法が認められていない（民事執行法195条）。また、留置権者には優先弁済権が認められていないため、担保目的物を競売処分しても優先配当を受けることはできない。

b　留置権（商事留置権）

商人である銀行と商人（会社等）である融資先との融資取引においては、貸付債権につき融資先から預かっている物または有価証券について、商事留置権が成立する（商法521条、銀行取引約定書ひな型４条４項、８条４項）。民事留置権との相違点は、ⓐ債務者所有の物または有価証券についてだけ成立すること、ⓑ留置物と債権との間の直接の牽連関係を必要としないこと、ⓒ破産財団に対して特別の先取特権とみなされ優先弁済を受けることができる（破産法66条）ことである。銀行が商事留置権を行使する場合の目的物としては、取立手形・小切手、手形割引実行前の割引手形、買戻請求権と預金との相殺後の割引手形、被封預りの有価証券等があるので、これらの物の見落としがないよう、注意が必要である。

なお、債権者が信用金庫、信用組合のように商人と認められない者である場合や債務者が商人でない場合は、商事留置権は成立しないことにも注意が必要である。

c　先取特権

法律の定める特定の債権を有する者（先取特権者）が、その債務者の総財産または特定の財産について、他の債権者に優先して弁済を受けることができる権利をいう。先取特権には、「一般の先取特権」（民法306条）、「動産の先取特権」（同法311条）、「不動産の先取特権」（同法325条）がある。先取特権者は、目的物を競売処分してその代金から優先配当を受けることができる。銀行が融資取引において先取特権を行使する可能性はほとんどないが、銀行の担保目的物に対して第三者から先取特権を主張される可能性は、低いながらもありうる。

先取特権のうち、特に注意すべきものとして次のものがある。

(a) **動産売買の先取特権**

融資先が倒産し、銀行が在庫商品や原材料などを差し押さえた場合、その仕入代金が未払いになっていると、納入業者に先取特権が認められ、配当で銀行が納入業者に劣後する（同法321条）。

(b) **不動産保存の先取特権と不動産工事の先取特権**

不動産の先取特権には@不動産保存の先取特権（同法326条）、ⓑ不動産工事の先取特権（同法327条）およびⓒ不動産売買の先取特権（同法328条）があるが、@およびⓑについては、抵当権登記後のものであっても、その登記をすることにより抵当権より常に優先することとなる（同法339条）。

(2) **約定担保権**

約定担保権とは、債権者と担保設定者との合意により成立する担保権である。約定担保権には質権、抵当権、仮登記担保権、譲渡担保権、企業担保権、各種財団抵当権、自動車・建設機械・船舶等を目的とする特殊担保権、買戻権、売渡担保権、所有権留保等がある（図表17参照）。このうち、金融機関の融資実務で主に利用される約定担保権は質権、抵当権および譲渡担保権であり、金融機関が競合する異業種債権者から主張されることが多い約定担保権が所有権留保である。

ａ　質　　権

債権者が、債務が弁済されるまで債務者または第三者から受け取った物を留置（占有）し、被担保債権が弁済されない場合は債権者（質権者）がその物から優先弁済を受けるという担保物権である（民法342条）。担保目的物にすることができる財産の種類は動産（同法352条〜355条）、不動産（同法356条〜361条）、債権（同法362条〜366条）など多岐にわたるが、融資実務においては、債権（預金を含む）や有価証券を担保目的物とするケースが圧倒的に多い。

ｂ　抵　当　権

債務者または第三者が有する不動産などを、その占有を移さずに債務の担保に供させて、被担保債権が弁済されない場合に債権者（抵当権者）が他の

第4節　担保の確認　83

図表17　各種約定担保権と特色

種類	目的物	対抗要件等	根拠法	特色
抵 当 権	不動産 （土地・建物）	登　　記	民　　　　法	一般に利用されている
根 抵 当 権	同　　上	同　　上	同　　上	将来の不特定の債権担保
（根）質権	同　　上	同　　上	同　　上	債権者への引渡しが要件、存続期間10年
	動　　産 （商品、原材料）	引渡し、占有登　　記	民　　　　法 動産・債権譲渡特例法	債権者への引渡しが要件、現物の管理が必要
	手形・有価証券	引渡し、占有	民法、手形法	期日管理が大切
	株　　式	引渡し、占有、登　　録	会　社　法	相場に注意 株券電子化に注意
	債　　権 （売掛金、預金）	通知、承諾と確定日付登　　記	民　　　　法 動産・債権譲渡特例法	対抗要件に注意
仮登記担保	不　動　産	登記、登録	仮登記担保法	根担保は競売等で失権する
（根）譲渡担保	同　　上	同　　上	判　　　例	取得税などに注意
	動　　産	引渡し、占有、登　　記	同　　上	対抗要件と現物管理に注意
	債券、有価証券	質権に同じ	同　　上	ほぼ質権と同じ
	株　　式	引渡し、登録	同　　上	同上、株券電子化に注意
売渡担保	不　動　産	登記、登録	同　　上	ほぼ譲渡担保に同じ
	動　　産	引渡し、登記	同　　上	同上
	債　　権	質権に同じ	同　　上	同上
買 戻 権	不　動　産	登　　記	民　　　　法	不動産売買登記と同時に登記
企 業 担 保	株式会社の全資産	登　　記	企 業 担 保 法	社債担保に限られる
財 団 抵 当	工 場 財 団 等	登　　記	各財団抵当法	財団目録記載分のみ
	道路交通事業財団等	同　　上	同　　上	主務官庁の許可、全財産
電話加入権質	電 話 加 入 権	登　　録	電話加入権質特例法	金融機関のみ可能
立 木 抵 当	立　　木	登　　記	立　木　法	土地とは別の担保
船 舶 抵 当	船　　舶 （20トン以上）	同　　上	商　　　　法	処分に問題あり
自 動 車 抵 当	自　動　車	登　　録	自動車抵当法	同上
建設機械抵当	建 設 機 械	登　　記	建設機械抵当法	同上
そ の 他		登 録 等	特　別　法	出資持分権、工業所有権等

（出所）　旗田庸『債権回収〔第2版〕』（金融財政事情研究会、2015年）

債権者に先立って自己の債権の弁済を受けることを目的とした担保物権である（民法369条）。担保目的物にできる財産は不動産以外にもあるが、融資実務においては、大多数が不動産である。

抵当権には、特定の債権を担保する普通抵当権（または単に「抵当権」）、一定の範囲に属する不特定の債権を極度額の限度において担保する根抵当権（同法398条の2第1項）がある。

c　譲渡担保権

債権担保の目的をもって財産を債権者に譲渡し被担保債権が弁済されない場合は、債権者（「譲渡担保権者」「譲受人」などということもある）が担保目的物につき他の債権者に先立って弁済を受け、債務が弁済されればこれを返還するという方法による担保である。民法に規定はない（本書執筆時点において、法制審議会担保法制部会で明文化を検討中）が、通説・判例によって有効性が認められている。担保目的物にすることができる財産の種類は多岐にわたるが、融資実務においては、債権（預金を除く）、動産および有価証券を担保目的物とするときに利用されるケースが圧倒的に多い。

d　所有権留保

売買代金の完済前に目的物の占有を売主から買主に移転する場合において、代金債権を担保するために、目的物の所有権を代金完済まで留保する担保方法である。民法に規定はない（本書執筆時点において、法制審議会担保法制部会で明文化を検討中）が、通説・判例によって有効性が認められている。たとえば自動車ディーラーが自動車を月賦で販売したとき、目的物は直ちに買主に引き渡すが、代金が完済されるまで所有権を買主に移転しないという方法が、所有権留保の典型例である。信販会社などでも、売主から一度所有権を取得し、それを所有権留保付きで引き渡す担保方法として利用されている。

銀行がこの担保権を設定することはないが、銀行の譲渡担保目的物（特に動産）が第三者（売主）の所有権留保の目的物となっていないか確認する必要がある。判例は、継続的な売買契約において目的物の所有権が売買代金の完済まで売主に留保される旨が定められた場合に、買主が保管する在庫製品

第4節　担保の確認　85

等につき集合動産譲渡担保権の設定を受けた者は、売買代金が完済されていない所有権留保目的物について売主に譲渡担保権を主張することができない（最判平30.12.7民集72巻6号1044頁）としている。

(3) 担保的機能を有するもの

　融資取引において物的担保や人的担保のほかに融資債権の担保的機能を有するものとして、相殺権、代理受領・振込指定、処分承諾書がある。

a 相 殺 権

　金融取引においては、融資先はもちろん、その保証人、取得手形の債務者などの預金は、質権設定などの特別な手続をとらなくても、相殺により預金の差押債権者、法的整理手続の管財人等にも対抗できる。これを「相殺の担保的機能」という。

　相殺については、第2章第2節で詳述する。

b 代理受領・振込指定

　代理受領とは、債権者が、債務者の第三債務者に対して有する金銭債権の取立委任を受け、その取立金を自己の債権に充当するという債権保全方法のことである。その法的性質は、一般に単なる取立委任であると解されている。

　担保手段としての振込指定は、融資先が第三者から金銭債権を受領する場合に、その振込先を債権者たる銀行にある融資先の預金口座に指定させるものである。銀行は、これによって振込入金後に相殺または払戻充当により貸付金等の回収を図ることになる。

c 処分承諾書

　正式に担保権の設定を受けるのではなく、融資先から有価証券や動産などを預かり、万一債務の履行を遅滞したら、それを任意に売却し、売却代金を貸付金等の回収に充てることを承諾する同意書の提出を受けておくという、事実上の担保である。

2 担保・保証契約は有効に成立しているか

　担保や保証は、融資先が事業収益による弁済ができなくなった際の債権保

全が目的であるから、融資先が事業収益で貸付金を弁済することが困難になった時点で担保・保証が無効であることは絶対にあってはならない。このようなことを防止するためには、担保・保証徴求時の堅確な取扱いや平時の段階での管理がきちんとなされていればよく、融資先の延滞・倒産発生時に担保・保証を確認して不備が発見されたら補正するというのでは遅きに失する。しかし、万全な回収計画を策定するためには、初期対応時に、再度、担保・保証が有効に成立しているかを確認しなければならない。

　担保・保証が有効に成立しているかの確認方法として意思の確認、行為能力の確認、権利能力の確認、権限の確認および権原の確認がある。初期対応においては、担保・保証の徴求時に担保提供者や保証人についてこれらの確認が適確になされていたかを検証することが求められる。

(1) 意思の確認

　担保権の設定契約や保証契約は、担保設定者・保証人（以下「本人」という）と債権者たる銀行との合意により成立する。このため、本人の意思を欠く設定契約や保証契約は、本人の実印により作成され登記手続まで完了していても、原則として無効である。

　上記の例外として、本人から実印の交付を受けた者がその権限を超えて代理行為をした場合には、特別の事情がない限り代理権ありと信ずべき正当の事由があるとして、権限踰越の表見代理の成立が認められうる（最判昭35.10.18民集14巻12号2764頁）。もっとも、表見代理が成立するためには、相手方（銀行）が善意・無過失、すなわち相手方が無権代理人に真に代理権があると信じ、かつそう信ずるにつき正当の理由があることが必要である（民法109条1項・2項、110条、112条1項・2項）。また、金融機関に対しては「正当の理由」の基準が厳格に判断されており、印鑑証明書の持参と実印の押印の確認だけでは不十分であるとされている（最判昭45.12.15金融法務事情605号34頁）。したがって、銀行に「正当の理由」があると認められるためには、銀行が担保・保証提供意思の確認を厳格に行っていることが必要である。

　本人の意思確認は直接面前で行うことが大原則であるが、意思確認の記録

への工夫も必要であり、なるべく特徴的なことを会話形式で記録することが望ましい。また、後日、訴訟になったときにこの記録が必要になるので、保存にも注意しなければならない。

なお、判例は、担保・保証提供意思確認を特に厳格に行う必要があるケースを次のように指摘している。

① 債権者が金融機関であるとき（最判昭41.10.11金融法務事情460号7頁）

② 代理人と称する者が本人と同居する親族であるとき（最判昭36.1.17金融法務事情269号11頁）

③ 代理人と称する者がその被担保債権の債務者であるとき（最判昭42.11.30金融法務事情500号50頁）

④ 代理人と称する者がほかの目的で本人の実印などを保管していたことを債権者が知っていたとき（前掲最判昭45.12.15）

⑵　行為能力の確認

担保提供をしたり保証をしたりするためには、その者に意思能力と行為能力があることが必要である。本人に意思能力がない場合は、担保権の設定契約や保証契約は絶対的に無効であるが（民法3条の2）、本人に行為能力がない場合は、法定後見制度または任意後見制度に基づく同意権者または代理権者が選任されているので、その者の同意を得たり代理させたりして担保権の設定契約を締結することが可能である（もっとも、法定後見制度または任意後見制度を用いて保証契約を締結することは法的には可能であるが、行為能力のない者を保証人とすることはきわめて不適切である）。

a　法定後見制度

法定後見制度には次のようのものがある。

① 「精神上の障害により事理を弁識する能力が不十分である者」を対象とする「補助の制度」があり、補助開始の審判により、同意権者・代理権者またはその双方として「補助人」が選任される（民法15条1項、16条、17条1項、876条の9第1項）。

② 「精神上の障害により事理を弁識する能力が著しく不十分である

者」を対象とする「保佐の制度」があり、保佐開始の審判により、同意権者・代理権者またはその双方として「保佐人」が選任される（同法11条、13条、876条の4第1項）。

③　「精神上の障害により事理を弁識する能力を欠く常況にある者」を対象とする「成年後見制度」があり、後見開始の審判により、代理権者として「後見人」が選任される（同法7条、8条、859条1項）。

なお、行為能力を制限された成年被後見人の財産管理および身上監護に関するすべての法律行為は、家庭裁判所に選任された成年後見人が行うこととされている（同法859条1項）。このため、たとえ成年後見人の同意があったり、本人が一時的に判断能力を回復していたりした場合でも、成年被後見人が自ら法律行為（日用品の購入その他日常生活に関する行為を除く）を行った場合、本人または成年後見人はその行為を取り消すことができる（同法9条、120条1項）ことに注意が必要である。

b　任意後見制度

任意後見制度とは、契約締結に必要な判断能力を有している本人が、将来の精神上の障害により事理を弁識する能力が不十分になる状況に備えて、自己の生活、療養看護および財産の管理に関する事務の全部または一部を委託し、その委託に係る事務について代理権を付与する契約（以下「任意後見契約」という）を締結する制度である（任意後見契約に関する法律2条1号）。任意後見契約は、必ず公正証書によってしなければならない（同法3条）。任意後見契約の受任者は、後日、本人が精神上の障害により事理を弁識する能力が不十分な状況になった場合、本人、配偶者、四親等内の親族または任意後見受任者の請求により家庭裁判所が後見監督人を選任したときに、任意後見人となり、本人が定めた財産管理・身上監護等について代理権を行使することになる（同法2条3号・4号、4条）。

c　後見登記制度

法定後見制度に関する後見・保佐・補助および任意後見契約は、登記所（法務大臣の指定する法務局もしくは地方法務局もしくはこれらの支局またはこれらの出張所）に登記される（後見登記等に関する法律1条、2条）。

第4節　担保の確認　89

⑶ 権利能力の確認

　自然人は、外国人が法律により制限される場合を除き、法律上その権利能力（私法上の権利の主体となることができる法律上の資格）の制限はない（民法3条1項・2項）。しかし、法人は、法令の規定に従い、定款その他の基本約款で定められた目的の範囲内において、権利を有し、義務を負うこととされている（同法34条）。

　会社など営利法人における定款の目的の範囲は広く解されているが（最判昭45.6.24金融法務事情585号16頁）、会社以外の法人については、その行為が法人の目的遂行に必要な行為であるか慎重に検討しておかなければならない。

⑷ 権限の確認

a 代 表 権

　法人は、法令の規定により法人格を付与されることによって、権利義務の主体となることができる者であり、その設立、組織、運営および管理については、民法その他の法律の定めによることとされている（民法33条1項・2項、34条）。このため、法人と取引する場合は、法律で定められた代表者を相手方としなければならない。

　たとえば株式会社と融資取引を行う場合、代表者はその会社の機関設計により異なるので、登記事項証明書や定款で代表者を確認しなければならない。具体的には、代表取締役その他会社を代表する者を定めていない取締役会非設置会社は、各取締役が単独で代表者となる（会社法349条1項・2項・4項）が、取締役会設置会社は取締役会に代表取締役の選任が義務付けられているため（同法362条2項3号・3項）、代表者は代表取締役である。ただし、取締役会設置会社であっても指名委員会等設置会社である場合は、代表執行役（執行役が1名の場合は当該執行役）が代表者となる（同法402条1項・2項、420条1項・3項、349条4項）。なお、取引先法人が上場しているか否かにかかわらず、登記された支配人である支店長を融資取引の相手方とすることができるが（同法11条1項、918条）、支店長が登記された支配人でない場合は、その会社の代表者を相手方としなければならない。

また、代表者と取引を行う場合でも「重要な財産の処分および譲受け」「多額の借財」に該当する取引については、取締役会等の承認決議を経ていなければ無効であるため、その確認が必要となる（同法362条4項1号・2号他）。もっとも、この場合の「無効」について、判例は「相対的無効説」の立場から、会社は善意の相手方には対抗できないとしている（最判昭40.9.22金融法務事情425号11頁）。ただし、銀行は取引先の情報を知りうる立場にあるとして、取締役会の承認決議の有無につき善意を認められない危険性もあることに注意が必要である。

b　代理権の範囲

　現在の実務では本人の意思確認が徹底されているため、担保権の設定契約や保証契約が代理人により締結されていることはほとんどなくなっている。しかし、かなり以前の担保権の設定契約や保証契約には、代理人との間で締結されているものもある。そのような契約については、代理人として契約締結した者の当該契約に関する代理権の有無と、当該契約締結が代理権の範囲に属するか否かを確認しなければならない。

　当該代理人に当該契約締結の代理権がなかったり、当該契約締結が代理権の範囲に属さなかったりした場合でも、表見支配人（会社法13条）、表見代理（民法109条、110条、112条）などの制度により、銀行が善意無過失の取引の相手方と認定されれば保護される可能性はある。しかし、銀行が善意無過失であるためには、本人の意思確認を適確に行っていた資料が必要であり、最低でも、当該契約締結が本人の意思に基づいて行われていたことが強く推認できる資料が必要である。何もない場合は、この段階で本人の意思確認を行うことも考えられるが、融資先の危機時期に本人が本当のことをいうかどうかは怪しいため、ケースバイケースで対応する。

c　その他の無効原因の有無

　取締役が自らまたは第三者を代表（または代理）して自分が取締役となっている会社との間で取引することを「利益相反取引」といい、株式会社の場合は取締役会（取締役会設置会社の場合）または株主総会の承認がなければ無効である（会社法356条1項）。このため、正当な代表権を有する代表者と

締結した担保権の設定契約や保証契約であっても、利益相反取引に該当する場合は、取締役会等の承認の確認が必要となる。もっとも、この場合の「無効」について、判例は「相対的無効説」の立場から、会社は善意の相手方には対抗できないとしている（最判昭43.12.25金融法務事情533号23頁）。ただし、銀行は取引先の情報を知りうる立場にあるとして、取締役会の承認決議の有無につき善意を認められない危険性もあることに注意が必要である。

　なお、契約締結の相手方が代理人である場合も利益相反行為は禁止されている（民法108条、826条、860条等）。それ以外の者の利益相反行為についても、無効原因とならないか、無効原因となる危険がある場合は無効とならないための手続がとられているかの有無を確認しておく必要がある。

d　権利行使の制限の有無

　契約締結の相手方が本人で意思確認について問題がなくても、差押え、破産手続開始、保全命令、仮処分などにより担保権の設定や保証が無効とされたり否認されたり、あるいは設定した担保権が第三者の権利に劣後することもあるので、これらの有無も確認する必要がある。

(5)　権原の確認

　日本の登記には公信力（登記・登録・占有などの権利関係の存在を推測させる外形的事実があれば、これに対応する権利関係が存在しなくても、その外形を信頼して取引をした者に対し、真実に権利関係が存在した場合と同様に権利取得を認める効力）が認められていないので、登記名義人（登記上の所有者）が無権利者であれば、その者を所有者と信じて抵当権の設定を受けても抵当権は成立しない。このため、銀行が登記上の所有者Aから抵当権の設定を受けたが、抵当不動産の真の所有者がBであったという場合、たとえ抵当権設定登記を経由したとしても当該抵当権は無効である。特に山林、雑種地、更地、貸地などで設定者本人が使用していない土地・建物については、その取得理由あるいは前所有者について再確認すべきである。

　動産の質権や手形などの有価証券担保も、設定者が無権利者であれば無効であるが、これらの担保については、その引渡しを受ければ、担保権者が善意である限り即時取得の制度により保護されるので（民法192条、手形法16

条等）、設定者が無権利者の場合、即時取得の要件を充足しているか確認する必要がある。

3　担保物件等の確認

(1)　不動産担保に対する実地調査の重要性

担保権は、目的物の処分代金から優先弁済を受ける権利であるから、目的物が現存しているか、当初想定していた回収が困難となるような減価要因がないか等について、目的物の実地調査を行わなければならない。

a　土地・建物の調査

調査に先立ち住宅地図で目的物の所在地を調査し、土地については公図等、建物については所在図、建物図面・各階平面図等により、土地については地境および形状、建物については位置および形状を確認するとともに、土地・建物に対する処分規制（農地法の適用、国土利用計画法の線引き等）と利用規制（都市計画法、建築基準法の線引き等）について、最新の情報に基づき確認を行う。また、不動産登記情報により、土地については合筆・分筆、地目変更等がなされていないか、建物については増改築の有無、種類・構造の変更、建物の付属建物の増減・変更等がなされていないかも確認しておく。

実地調査においては、目的物件の現況が上記調査結果と一致しているか、利用状況（更地か底地か、自用か賃貸か、抵当権に影響を及ぼす第三者の権利はないか等）を確認する。これとともに、目的物件をだれに対してどのように処分すれば最高値で処分できるかについて検討するために、近隣の状況を確認しておく必要がある。

b　実地調査で不備が発見された事例

(a)　事例①

平成○年8月、甲銀行X支店はY社に対する貸付金の担保としてY社社長Z氏所有地2,400㎡（○○市○区○条○丁目1812番900他5筆）を担保取入れした。これらの土地のなかで唯一接道している（と思い込んだ）1812番900は登記事項証明書の表題部に次の記載があった。

第4節　担保の確認　93

地番	地目	地積 ㎡	原因及びその日付	登記の日付
1812番900	山林	134	1812番576から分筆	昭和50年2月18日
余白	余白	111	1812番900、1812番1399に分筆	昭和57年11月19日
余白	余白	106	1812番900、1812番1404に分筆	昭和58年8月5日

　X支店では、物件の登記事項証明書と図面を取入れし、担保評価を委託していたW社に評価依頼するとともに、Z氏を同行させて現地を実査し、Z氏から口頭で接道状況（市道と接している）を確認した。W社からは何の照会もなく、W社が作成した担保物件調査表にはなんらコメントもなかった。

　その後、Y社が令和△年9月に倒産したため、X支店融資担当者が実地調査に先立ち法務局備付けの図面を取得して実地調査の準備していたところ、担保と市道の間に非担保物件（1812番1399）が存在することが判明した（図表18参照）。当該非担保物件は、Z氏からA社（金融業者）に所有権移転されていた。

　なお、本事例の問題点は、①X支店がA氏から取入れした図面は○○土地家屋調査士会の地積測量図共通用紙であったが、正式な地積測量図ではなかったこと（ⓐA部分の地番の記載がない、ⓑ「地積測量図」の文字が抹消されている、ⓒ地番欄、申請人欄が空欄である、ⓓ各土地の面積算出過程の

図表18　事例①の図面

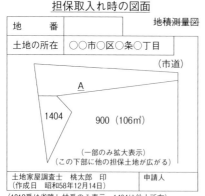
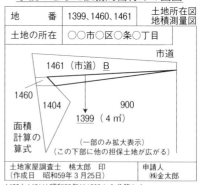

94　第1章　延滞・倒産発生時の初期対応

記載がない、ⓔ法務局の処理印がないという不審点がある）、②担保物件の接道状況の確認をＺ氏への口頭確認のみで終わらせていたこと、③分筆後の1812番576・1399の位置関係を図面で確認していないことである。

(b) 事 例 ②

　平成〇年３月、甲銀行Ｘ支店は、Ｙ社に対する貸付金の担保としてＹ社所有地を担保取入れした。当該物件の地積測量図には物件の北側に接する土地について「道路」と記載されていた。Ｘ支店で物件を実査したところ、担保物件の北側には突き抜けている道路があり、当該道路を車が往来していることを確認した（公道か私道かの確認はしていない）。

　担保取入れから３年後の令和◎年４月、担保評価を委託していたＷ社に上記物件の再評価を依頼したところ、「道路」であるはずの土地が私有地である（道路ではない）との指摘がなされた。Ｘ支店がＹ社に事情聴取したところ、Ｙ社のＺ社長から当該土地を道路として使用することについての「地主の承諾書」の提示を受けた。なお、承諾書の宛先はＹ社ではなく前所有者Ａとされていたが、Ｚ社長から「所有者がＡからＹ社に変わっても内容は踏襲され有効である」との説明を受けた。しかし、実際には、この時点より６年前に承諾書上の地主が当該「道路」を第三者に譲渡し、その後何度も分筆・所有権移転が繰り返されていた。

　Ｘ支店はこれをもって調査完了と判断し、現地確認も行っていないが、この時点で、すでに当該「道路」は、半年前に隣接地に建設されたマンションの「駐輪場」になっており、名実ともに「道路」ではなくなっていた。

　翌令和△年１月にＹ社が倒産したため、Ｘ支店は当該担保物件について競売を申し立てた。売却基準価額が900万円と定められ、担保価額2,800万円を大きく下回ったことから、不審に思い裁判所から評価書を入手して調査したところ、当該物件が「袋地」として50％減価されていたことが判明した。

　なお、本事例の問題点は、ⓐ担保取入れ時に、当該物件の地積測量図の記載および当該道路を車が往来していることを確認しただけで当該物件が接道していると決めつけていること、ⓑ令和◎年４月にＷ社から「道路」であるはずの土地が私有地である（道路ではない）との指摘がなされたことで、担

保物件が私有地に囲まれていることを認識したにもかかわらず実地調査を行っていないこと、ⓒY社から示された「地主の承諾書」について、不審な点があるにもかかわらず、Y社代取の説明を鵜呑みにし、なんら裏付け調査を行っていないことである。

(c) 事例③

平成○年3月、甲銀行X支店は、Y社に対する貸付金の担保としてY社社長Z氏所有地および地上建物（昭和55年新築）を担保取入れした。担保物件（平成○年設定登記）は次のとおり。

土地の所在　○○市○○8丁目248番37（昭和56年取得）
建物の所在　○○市○○8丁目248番地37（昭和60年相続により取得）

その後、Y社が倒産したため、X支店で物件を実地調査したところ、担保建物の一部が担保外の第三者A氏所有地（248番43）に越境している疑いが浮上した（図表19参照）。所有者Z氏に確認したところ、248番37の土地を昭和58年に分筆した際、担保建物が248番43に一部越境してしまったが、Z氏はそのままの状態で248番43の土地をA氏に譲渡してしまい、X支店の抵当権設定後にその事実に気づいたため、越境部分の敷地はA氏との間で賃貸借

図表19　事例③の図面

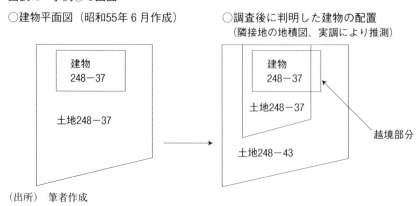

(出所)　筆者作成

96　第1章　延滞・倒産発生時の初期対応

契約を結んでいることがわかった。

なお、昭和55、56年当時、付近の土地は分筆、面積更正登記が盛んに行われており、担保土地の公図、地積測量図は法務局に存在しなかったが、Y社倒産までの間、当該物件の実地調査は担保評価を委託していたW社に任せきりであり、Y社倒産までの間、X支店で当該物件の実地調査は行っていなかった。

(d) 事例④

平成○年3月、甲銀行X支店は、Y社に対する貸付金の担保としてZ社私有の土地（図表20の113-22参照）および地上建物を担保取入れした。当該物件は、担保評価を委託していたW社が長年実査していたが、特に所見は付されていなかった。

Y社が令和△年7月31日に倒産したため、X支店は直ちに物件を実地調査したところ、図表20のとおり、担保物件と国道の間に幅約3m、深さ約3mの側溝があり、X支店が担保取入れしていない「113-24」（国有地）および「113-21」（Z社名義）を通らなければ国道に出られないことが判明した。担保物件を接道させるためには、側溝に大規模な架橋工事を施さなければならないため、X支店は、Z社に対し「113-21」の入担を交渉したが、Z社の応諾は得られなかった。

なお、本事例の問題点は、ⓐ「図面上、接道条件に問題がなかった」とし

図表20　事例④の図面

担保物件の図面

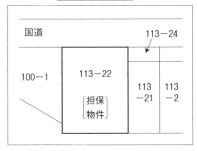

担保物件の現況

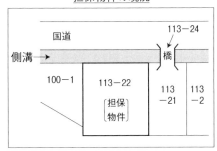

（出所）　筆者作成

第4節　担保の確認　97

ても問題の「側溝」は住宅地図にはっきりと表示されており、単なる「側溝」の存在の見落しであること、ⓑ「113−22」(担保)、「113−21、113− 2 」(担保外) が一体として利用されており、感覚的には「113−24」の上に架けられた橋によって一体の土地が国道に接道しているかにみえるが、「113−22」単体で処分する場合は、事実上の「袋地」として価額は大幅な下落を余儀なくされるということまで気が回っていなかったことである。

(2) 不動産担保に対する実地調査の手法

a 準　　備

実地調査の手順は次のとおりである。

① 図面の作成

物件の所在地をわかりやく示した地図、現地の土地・建物の図面を準備する。地図は、住宅地図を使用し、最寄駅からの位置と近隣の状況を確認できるようにするとともに、近隣の公示価格、基準価格の評価対象物件（標準地、基準地）の位置と価額を記入しておく。土地図面は、公図や実測図をベースとして作成し、地境の線を明確にし、地番も記入する。建物図面は、所在図、建物図面・各階平面図等をベースとして作成するが、土地の公図等をベースに作成する場合は、底地のどの位置に、どのような形状で建てられているか、縮尺や方位をできるだけ正確に記入し、それぞれ家屋番号を記入する。

② 抵当物件の注記

抵当権の目的物が現実に存在しているか、抵当土地上に抵当権の設定されていない建物や未登記建物はないか、抵当権の設定された物件の表示と現物の状況で大きく変更されているものはないか等を確認しやすいよう、上記①の図面に、一つひとつ抵当権の順位と債権額（根抵当権の場合極度額）を付記する。

③ 図面と各物件の登記事項証明書の突合

建物の誤認の防止や建物登記の流用の有無を確認できるよう、図面と最新の登記事項証明書とを突合するとともに、建物の保存登記年月日および新築年月日を上記①の図面に注記する。

④　参考資料の整備

　市販の線引図（都市計画法による各地域指定の状況、高度規制、市街化調整区域や、建築基準法による各種の規制、道路計画、国定公園の指定などが確認できるもの）、路線価図、公示価格（「公示地価」ともいう）の官報、基準価格（「基準地価」、または「都道府県調査地価」ともいう）の都道府県公報等、参考資料を整備しておく。国土法届出物件については、届出書と不勧告通知書も確認する。

⑤　権利関係の確認

　調査対象物件に対する借地権（特に定期借地権）、借家権の確認とその先順位担保権の調査、租税債権（特に担保権に優先する租税債権の有無と額）の把握、第三者の権利関係による影響、留置権・先取特権の有無と担保権への影響の確認および共同担保となっている物件への担保評価額や担保力の割付け等を行うことにより、問題点があれば、現地調査前の段階で明確にしておく。

b　現地調査

現地調査の手順は、次のとおりである。

①　携行品の準備

　準備した図面等のほか、磁石盤、メジャー、カメラ、方眼紙、白紙、鉛筆・蛍光ペン等。

②　地境の確認

　土地の現地調査において最も重要なのが地境の確認であり、建物のみを担保取入れしている場合でも、必ず底地の地境を確認する。地境を確認するためには、境界石を見つける必要があるが、市街地であっても境界石がないことがあるので、公図等や現況をもとに、メジャーや歩測で確認することになる。ただし、実測と公簿上の形状や面積は必ずしも一致しないことに留意する。なお、市街地でない土地は、念のため隣地の所有者に立ち会ってもらわないと地境を誤認することがあるので注意が必要である。

③　建物の確認

第4節　担保の確認　99

建物の調査で重要なのは位置、形状および利用状況（特に第三者の権利関係）の確認である。形状が登記事項証明書の表示（新築年月日、用途、面積など）と相違している場合は、増改築されているが未登記となっていることが考えられるので、増改築の態様および程度を確認しておく。なお、建物を評価する際に影響を与えそうな増価要因や減価要因の確認も忘れないようにする。

④ 現況の撮影

最後に現況を撮影しておく。

⑤ 公示物件等の調査

目的物件の近隣の「標準地」（公示価格の対象物件）や「基準地」（基準価格の対象物件）についても実地調査し、目的物件の評価の参考とできるようにする。不動産業者から近隣の取引事例を入手できれば、当該取引対象物件も実地調査する。

(3) 動産担保の調査・確認事項

動産は、不動産よりも撤去・搬出・隠匿が容易であるため、初期段階での調査が重要である。

a 機械・器具

工場や事務所を担保取得する場合、これらの価値は、備え付けられている機械・器具によって大きく左右されることがあるため、不動産とともに備え付けられている機械・器具を担保取得していることがある。また、機械・器具が単独で（工場等から切り離して）価値が見込まれる場合は、機械・器具のみを担保取得していることもある。これら機械・器具の担保取得方法は種々であるため、物件の調査にあたっては、第三者の権利関係を確認しなければならない。特に所有権留保（本節 1(2)d 参照）付きで買い取ったものであったりリース契約により使用していたりする機械・器具は、担保設定者に所有権がないので、担保権がそれらの権利に劣後したり無効であったりすることに注意が必要である。

機械・器具の担保取得には次のような方法がとられる。

① 工場抵当法 3 条目録

工場の土地・建物に設定された抵当権の効力は、備え付けられた
　いっさいの機械・器具に及ぶとされている（工場抵当法2条）が、機
　械・器具に対する抵当権の効力を第三者に対抗するためには、その目
　録を登記しなければならない（同法3条）。なお、この場合、機械・
　器具に対する優先順位は、工場に設定された抵当権の順位にかかわら
　ず、目録が提出された順位である。
② 　工場財団
　　工場に備え付けられている機械・器具を工場財団の組成物件とし、
　財団への抵当権を設定する方法である（同法11条）。
③ 　譲渡担保
　　機械・器具に工場の抵当権の効力を及ぼすのではなく、単独で担保
　取得する場合に用いられるのが譲渡担保権（本節1(2)c参照）であ
　る。機械・器具は、担保取得後も設定者に使用させる必要があるの
　で、第三者対抗要件は占有改定（民法183条）または動産譲渡登記
　（動産・債権譲渡特例法3条）の方法により具備する。

b　機械・器具についての留意点

　工場抵当法3条目録の方法による場合、目録に品名、製作者、年月日が一
つひとつ正確に記載されていなければならない。また、担保目的物が工場抵
当法3条目録に記載されていたり工場財団目録に記載されていたりすると、
譲渡担保権の効力は認められず（工場抵当法5条）、譲渡担保権設定後に担
保目的物が財団に編入されると、譲渡担保権はその効力を失う（同法25条）
ことに留意が必要である。

c　建設機械等

　自動車、建設機械、船舶、航空機、農業用動産などは、一定の要件を充足
することにより、独立して抵当権の目的とすることができ、不動産抵当権に
準じて扱われる。

d　商品、原材料等

　商品、原材料等を担保取得する場合、担保目的物の構成部分が変動するた
め「集合物」というかたちで担保取得するのが一般的であり、これを「集合

第4節　担保の確認　101

動産譲渡担保」という。ここでいう「集合物」とは一定の目的のもとに集められた数個の物の集団であって、その各個の物が各独自の存在性と取引価値を失うことなく、しかも、集団自体も1個の統一的財産として特有単一の経済価値を有し、取引上一体として取り扱われるもののことである。集合動産譲渡担保の対抗要件具備の効力は、その構成部分が変動したとしても、集合物の同一性が損なわれない限り、新たにその構成部分となった動産を包含する集合物について及ぶと解されている（最判昭62.11.10民集41巻8号1559頁）ため、担保設定後に集合物の構成部分として加入した個々の動産について、新たに対抗要件を具備する必要はない。ただし、集合動産譲渡担保を設定する場合は、目的物と他の動産とを区別して特定しなければならないことから、その種類、所在場所、量的範囲などを指定することによって目的物の範囲を特定するのが実務の扱いである（最判昭54.2.15民集33巻1号51頁）。

　商品、原材料等に譲渡担保権を設定している場合、設定者が倒産した後に目的物をほかに処分されないよう、直ちに引き揚げるか、保管を厳重にし明認方法を施すなどして、目的物の散逸や第三者による即時取得（民法192条）を防止する必要がある。

e　倉荷証券、船荷証券が発行されている動産

　「倉荷証券」（商法600条）、「船荷証券」（同法757条）等は、当該証券の引渡しにより、その証券に表象された動産が引き渡されたのと同様の効力を有するものとされている（同法607条、763条）。また、倉荷証券、船荷証券が発行されている動産の処分は、これらの証券によってしなければならず、動産自体に譲渡担保権等を設定することはできない（同法605条、606条、761条、762条）。

　このため、商品等を倉庫に寄託し倉荷証券として担保の目的としている場合や船荷証券により表象された商品等を担保としている場合は、まず、その商品等が確実に存在しているかと、証券面の記載物件と相違していないかとを確認する必要がある。そのうえで当該商品等の処分の時期、方法をどのようにするのが適当か検討することになる。

(4) 債権担保の調査・確認事項

　金融実務で担保の目的とする主な債権は、商品等の売買代金債権（売掛債権等）、工事請負代金、診療報酬債権、賃料債権、敷金、保証金等であるが、近時、電子記録債権も担保目的物として重要性を増している。債権担保の手法としては、正式な担保である債権質権および債権譲渡担保と、事実上の担保的機能を有する代理受領および振込指定がある。

a　債権担保の手法

　債権担保の手法として、正式な担保である債権質権および債権譲渡担保、事実上の担保的機能を有する代理受領および振込指定がある。債権質権および債権譲渡担保は、第三者対抗要件（確定日付ある通知・承諾または債権譲渡登記。詳細は本節4参照）を具備すれば、差押債権者や二重譲渡等で競合する譲受人等に優先弁済権を主張できる。債権質権、債権譲渡担保とも債権証書の交付は効力発生要件とはされていないが、担保目的となっている債権（以下「目的債権」という）を行使することに備え、債権証書（またはその写し）を徴求しておくことが望ましい。

　債権担保の実行とは、自行が目的債権の債務者（以下、便宜上「第三債務者」という）に対して直接に目的債権の履行を請求することであるから、初期対応においては、担保権実行の最低必要条件として、目的債権の詳細（第三債務者の住所・氏名、債権額、弁済期日、発生原因等）を調査・確認する。また、債権担保は、第三債務者に支払能力がなければ実効性がないので、第三債務者に関する情報（特に支払能力）を調査・確認する。

b　譲渡制限付債権（図表21参照）

　当事者間の合意で譲渡・質入れを制限する旨の特約（以下「譲渡制限特約」という）が付された債権（以下「譲渡制限付債権」という）について債権譲渡や担保設定（譲渡担保権または質権の設定）がなされた場合でも、当該譲渡等は有効である（民法466条2項）。したがって、譲受人（譲渡担保権者）や質権者が悪意または重過失であっても、第三者（差押債権者、二重譲受人等）との優劣は、対抗要件具備の先後で決する。ただし、第三債務者は、譲渡制限特約の存在につき悪意または重過失ある譲受人その他の第三者

第4節　担保の確認　103

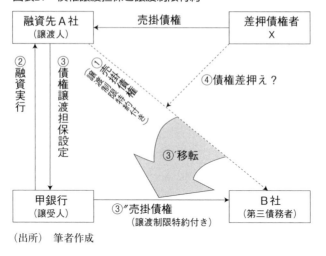

に対し、履行拒絶や譲渡人に対する弁済等による対抗が可能であるとされている（同条３項）。このため、目的債権に譲渡制限付債権が含まれている場合は、自行が譲渡制限特約の存在についてどのような認識であったかを確認する必要がある。以下、譲渡担保を例に対応策を検討する。

　自行が譲渡制限特約の存在につき善意または無重過失であった場合は、その旨を第三債務者に対して主張・立証できるような材料を集めなければならない。訴訟となれば、銀行の善意または軽過失が認められるためのハードルはかなり高いと思われるが、銀行が善意または軽過失である旨の説明に対する第三債務者の納得が得られれば、譲渡制限特約に伴う回収リスクは回避できる。この場合、第三債務者から担保設定に係る承諾書を徴求する。

　これに対し、第三債務者が履行拒絶や譲渡人に対する弁済等による対抗を選択してきた場合、譲受人（担保権者）から第三債務者に対し、相当の期間を定めて譲渡人（担保設定者）へ履行するように催告を行う。これにより第三債務者が譲渡人に履行すれば、担保権者は譲渡人から弁済を受けることになり、当該期間に履行がないときは、第三債務者は譲受人に対して直接履行しなければならなくなるので、これにより第三債務者が譲受人に履行すれ

ば、譲受人は優先的な回収を図ることができる（同条4項）。もっとも、譲渡人（担保設定者）が融資先の場合、この時点では相当程度信用状況が悪化しており、譲渡人に履行されると回収不能となる危険性もある。第三債務者は、譲受人の善意・悪意を問わず、譲渡制限付債権全額に相当する金銭を供託することが認められている（同法466条の2第1項）ので、第三債務者に対して供託を促すことも考えられる（ただし、この供託は権利供託であり、第三債務者は供託する義務を負うわけではない）。供託がなされれば、譲受人だけが還付請求権を有するため（同条3項）、優先回収が可能となる。

c　集合債権譲渡担保

債権譲渡の意思表示の時点で現に発生していない債権（以下「将来債権」という）に対する譲渡や担保設定は可能であり（民法466条の6第1項）、将来債権が譲渡された場合、将来債権の譲受人は、発生した債権を当然に取得する（同条2項）。ただし、将来債権を譲渡する場合、譲渡対象債権が特定されていなければならない。このことにつき、判例は、将来の一定期間内に発生し、または弁済期が到来すべきいくつかの債権を譲渡の目的とする場合は「適宜の方法により」期間の始期と終期を明確にするなどして譲渡対象とされる債権が特定されればよいとしている（最判平11.1.29民集53巻1号151頁）。また、特定の基準については、譲渡の目的となるべき債権を譲渡人が有する他の債権から識別することができる程度に特定されていれば足りると解されている（最判平12.4.21民集54巻4号1562頁）が、実務上は、①債権の発生原因、②債権の発生期間（始期と終期）、③第三債務者、④金額、弁済期などによって特定するのが一般的である。なお、すでに発生している債権および将来発生する債権を包括した債権群のことを「集合債権」というので、売掛金債権などを包括的に担保取得する債権譲渡担保は「集合債権譲渡担保」である。

集合債権譲渡担保には、債権者、債務者および債権発生原因たる取引約定が確定している債権群（たとえば継続的商品供給契約や継続的売買契約に基づく取引から発生する既発生および将来発生する売掛金債権）を目的債権（譲渡債権）とする形態と、常時変動する一定の種類の債権全体（たとえば

売掛金債権全体）を目的債権とする形態がある。後者については、第三債務者が特定していない将来債権の譲渡も認められる（動産及び債権の譲渡の対抗要件に関する民法の特例等に関する法律8条2項3号・4号）。

集合債権譲渡担保を徴求している場合、担保権一般の調査確認事項（設定契約の有効性および対抗要件の具備についての確認）のほか、譲渡債権の特定に問題がないかを確認しておく必要がある。特に常時変動する一定の種類の債権全体を目的債権とする形態の場合、第三債務者から債権の存在について争われたときに、その存在についての立証が可能となる程度のエビデンスがあるかどうか（エビデンスがない場合、この段階で収集は可能か）、調査・確認しておかなければならない。また、担保権実行の前提として、売掛債権の残高の確認やその内容が記載された注文書、納品書等の証拠書類を入手する必要がある。

d　担保設定者（譲渡人）に対する取立委任の解除

売掛債権譲渡担保の場合、平常時における売掛金債権の管理・回収は、担保権者（銀行）が担保設定者（融資先または物上保証人）に取立委任を行うことによって管理回収（譲渡債権の取立て・受領とその費消）権限を担保設定者に付与するのが一般的である。このため、融資先に延滞・倒産が発生した場合や担保設定者に異常事態が発生した場合は、取立委任を解除して、担保設定者から管理回収権限を剥奪する必要がある。通常は、担保設定契約書において、融資先が期限の利益を喪失した場合に取立委任が解除され担保設定者の管理回収権限が喪失する旨の定めがあるため、担保権者において融資先の期限の利益を喪失させることで足りる。ただし、現在発生している事象が担保設定契約書の管理回収権限の請求喪失条項にしか該当しない場合は直ちに取立委任解除の要否を検討し、債権保全の必要性および緊急性が高いと判断されたときは、担保設定者に対して取立委任解除の通知書を発して担保設定者から管理回収権限を剥奪する。

取立委任を解除すると担保権者が自ら第三債務者から目的債権の履行を受けなければならないので、第三債務者に担保権を実行する旨の通知を行うことになる。ただし、債権譲渡登記を行っている場合は、第三債務者に対する

担保権実行通知(譲渡人・譲受人のいずれが行っても可)に加え、登記事項証明書を第三債務者に交付しなければならない(動産及び債権の譲渡の対抗要件に関する民法の特例等に関する法律4条3項)。担保設定者が、管理回収権限が喪失した後に目的債権を回収した場合、担保権者は担保設定者に対しその引渡しを求めることができる(民法703条)。また、担保設定者が破産手続開始に至った場合または破産手続開始申立て後に取立委任を解除して管理処分権を喪失させた場合、その後に破産管財人が回収した売掛債権についても、不当利得として返還請求することが可能である(破産法148条1項4号・5号)。

e 第三債務者の抗弁

第三債務者は、債務者対抗要件(権利行使要件)具備時までに譲渡人に対して生じた事由をもって譲受人に対抗できる(民法468条1項)。この「譲渡人に対して生じた事由」には、抗弁事由だけでなく、抗弁事由発生の基礎が含まれると解されており、債権の不成立、債務の全部または一部の消滅(解除、弁済、相殺等)、同時履行の抗弁権および債権の発生原因である契約に取消原因や解除事由があることも含まれる。なお、将来債権については、債務者対抗要件具備後であっても、債権が発生した時点までに生じた抗弁事由を対抗できるという裁判例(東京地判平9.12.12金融法務事情1533号103頁)があることに注意が必要である。したがって、債権譲渡担保の確認にあたっては、このような抗弁事由の有無も調査しなければならない。

なお、現行民法(2020(令和2)年4月1日施行)468条1項における第三債務者の「異議なき承諾」には、旧民法468条1項で認められていた抗弁権放棄の効果が認められなくなっているので、明示的な抗弁放棄の意思表示の有無、明示的な抗弁放棄の意思表示がなされている場合は主張が予想される抗弁事由がこれに該当するか否かを確認する必要がある。ただし、これに該当する抗弁事由であっても、将来債権譲渡においては、第三債務者が放棄時に想定していなかったような抗弁については、放棄の効果が認められない危険性があることに注意が必要である。

f　第三債務者からの相殺

　目的債権に譲渡担保権が設定されても、第三債務者は次に掲げる債権を自働債権として目的債権と相殺できる（図表22参照）。ただし、②・③については、第三債務者が権利行使要件具備後に他人の債権を取得した場合を除く（民法469条2項ただし書）。なお、ここでは、譲渡人をA、譲受人を甲銀行、第三債務者をBとする。

　　①　第三債務者が権利行使要件具備時より前に取得した譲渡人に対する債権（民法469条1項。図表22の「B→A債権」①）：相殺可
　　②　第三債務者が権利行使要件具備時より前に生じた原因（契約に限らず、不法行為や不当利得も含む）に基づき権利行使要件具備後に取得した譲渡人に対する債権（同条2項1号。図表22の「B→A債権」②）：相殺可

図表22　債権譲渡担保と第三債務者からの相殺

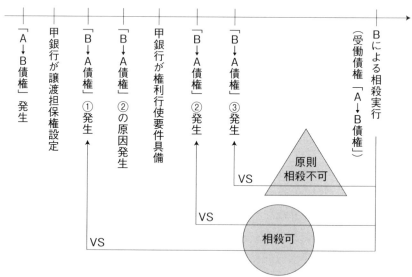

（注）　「A→B債権」vs「B→A債権」③の相殺は原則不可。
　　　　ただし、「B→A債権」③が「A→B債権」の発生原因たる契約に基づいて生じた債権の場合は相殺可。
（出所）　筆者作成

③　第三債務者が権利行使要件具備後に取得した譲渡人に対する債権
（原則相殺不可）のうち、譲受人の取得する債権（目的債権）の発生
原因である契約に基づいて生じた債権（同条2項2号。図表22の「B
→A債権」③、たとえば売買契約に基づく目的物の瑕疵を理由とする
損害賠償請求権、賃貸借契約に基づく必要費償還請求権・有益費償還
請求権等）：相殺可

　上記のうち①は、旧民法下でも確立した実務である。②は旧民法でも解釈
で認められていた規律の明文化とはいえ、現行民法における明文化により第
三債務者が相殺の抗弁を主張しやすくなったという点において相殺リスクの
拡大を招いている。さらに③は現行民法に新設された第三債務者の相殺権の
拡張のルールであるため、第三債務者が図表22の「B→A債権」③を主張す
れば、譲受人たる銀行に必ず勝てることになった。

　通常、銀行が債権譲渡担保を実行する局面では譲渡人たる融資先は倒産状
態にあり、第三債務者は譲渡人に対して「目的債権に係る債務不履行による
損害賠償請求権等」という反対債権を有していることが多い。旧民法下にお
いても、銀行が履行請求すると第三債務者が「ダメもと」で譲渡人の債務不
履行を理由とする相殺の抗弁を主張するケースは相当数みられたが、最終的
には履行請求に応じていたのが実情である（ただし、分割弁済などの便宜を
図らざるをえないケースも多々あった）。さらに第三債務者から譲渡人の債
務不履行を主張された場合、銀行がその主張を覆すことは実務上はなはだ困
難であるから、実際には譲渡人の債務不履行の事実すなわち反対債権がなく
ても、第三債務者から相殺の抗弁を主張されるケースが相当程度見込まれ
る。このため、今後、債権譲渡担保の実効性はほとんど期待できなくなる危
険性がある。

　なお、譲受人が譲渡制限特約に悪意である場合、第三債務者は譲受人から
の債務履行請求を拒め、譲渡人に対する弁済によって債務が消滅したこと等
を譲受人に対して主張できる。このため、銀行が譲渡制限特約に悪意・重過
失である場合の第三債務者の相殺の抗弁切断の基準時は、権利行使要件具備
時ではなく、譲受人が第三債務者に対して相当の期間を定めて譲渡人に対す

第4節　担保の確認　109

る弁済を催告し、その期間内に第三債務者が譲渡人に弁済しないとき、または譲渡人について破産手続開始の決定があり、債権全額の供託を請求したときとなる（同法469条3項）。

したがって、初期対応においては、第三債務者が上記のような反対債権を有しているか否かの確認も必要である。

g　代理受領および振込指定

代理受領、振込指定は、その契約において、それが担保目的であり、担保権者の承諾なしに融資先本人が受領したり委任の解除・変更などをしたりすることができないことを明らかにして、第三債務者の承諾を得ることが効力発生要件とされている（最判昭44.3.4金融法務事情548号26頁、最判昭58.4.14金融法務事情1030号43頁）。このため、第三債務者が代金を融資先に支払った場合、銀行は第三債務者に対し、代理受領により債権の満足が得られるという財産上の利益が侵害されたこと自体を損害として、不法行為に基づく損害賠償請求権を行使することができる（最判昭61.11.20金融法務事情1147号34頁）。

代理受領、振込指定は、第三債務者からする相殺、第三者からの差押え、融資先の死亡・破産等の法的整理手続の開始があると担保的効力を喪失するという欠点がある。ただし、目的債権について譲渡制限が付されていたり債権の特定性に疑義があったりして債権譲渡担保の効力に支障をきたすおそれがある場合の補完的な手法としては有効である。なお、担保差入人（融資先）の支払の停止前に契約された代理受領、振込指定の場合、通常は破産法71条1項3号により相殺が禁止される支払の停止後・破産手続開始前の入金について相殺が認められるとした裁判例がある（名古屋高判昭58.3.31金融法務事情1029号38頁）。

h　敷金、保証金等

敷金担保や保証金担保も基本的に、債権担保としての取扱いは売掛債権担保等と同様である。ただし、敷金、保証金は賃借物件の明渡し（先履行）が返還の条件となっており（民法622条の2第1項1号、最判昭49.9.2民集28巻6号1152頁）、未払賃料や損料等の相殺が担保権に優先するため（民法

622条の２第２項、最判昭48.2.2民集27巻１号80頁）、返還額が大幅に減額されることが多く担保価値が低いこと、弁済期についても「次の賃借人の入居時」とか「○年据置後○年払い」といった取決めがなされていることが、売掛債権等と異なる。このため、担保目的債権が敷金、保証金である場合の特有の確認事項は、①賃借物件の明渡しはいつごろと見込まれるか、②賃料の現在の支払状況と明渡しまでの未払賃料額の見通し、③現在の利用状況と明渡し時に請求される損料の見通し、④弁済約定の内容である。なお、賃貸ビルの所有権を取得した新賃貸人は旧賃貸人の保証金返還債務を承継しないことに留意が必要である（最判昭51.3.4金融法務事情788号27頁）。

また、敷金、保証金と類似のものに権利金や建設協力金がある。権利金には、実質的に敷金または保証金であるもの、単に利用価値の代価であるものがあり、そのいずれであるかは賃貸借契約書の記載で確認（明確でない場合は解釈）する。単に利用価値の代価である場合は返還請求権がないので、担保の目的とはならない。建設協力金は、実質的に敷金または保証金の性質を有する部分が含まれていることもあるが、一般的には金銭消費貸借に基づく債権と解されており、担保の目的とはなるが、弁済期がきわめて長期になっていることがある。このため、権利金担保や建設協力金担保については、契約の性質について確認し、対応方法を検討する。

(5) 電子記録債権、「でんさい」の確認事項

a 電子記録債権とは何か

電子記録債権とは、その発生または譲渡について、電子記録債権法の規定による電子記録を要件とする金銭債権をいう（同法２条１項）。「でんさい」（詳細は後述）も電子記録債権の一種である。電子記録債権には通常の電子記録債権（同法15条）、電子記録保証債務履行請求権（同法31条）、特別求償権（同法35条）などがある。電子記録債権は通常、売掛金債権や貸金債権等（これらの債権を「原因債権」という）の支払のために、あるいは支払にかえて発生するが、原因債権とは別個の債権である。このため、電子記録債権（特別求償権を除く）は、電子債権記録機関が発生記録をすれば、原因債権の存否や瑕疵の有無にかかわらず、発生記録において記録された内容の債権

第４節　担保の確認　111

として成立する（同法15条）。電子債権記録機関による発生記録、譲渡記録（同法17条）、質権設定記録（同法36条1項）は、不動産登記（第三者対抗要件）と異なり効力発生要件である（第三者対抗要件でもある）ため、電子記録債権は、電子記録上で債権者とされている者が無権利者であっても、そのことを知らずに電子記録債権を譲り受けた者や、支払をしてしまった者は保護される。また、電子記録名義人（債権記録に電子記録債権の債権者または質権者として記録されている者。同法2条6項）が電子記録債権を二重譲渡した場合、譲渡記録請求の先後によって当該電子記録債権の帰属が定まる（同法8条1項）。なお、電子記録債権を根抵当権の被担保債権とする場合、被担保債権の範囲を「銀行取引　手形債権　小切手債権　電子記録債権」とする（平成24年4月27日付法務省民二第1106号法務省民事局民事第二課長通知）。

b　電子記録債権担保の確認事項

電子債権記録法は、債権を担保の目的とする方法として質権の設定を定めており（同法36条〜42条）、質権設定記録が効力発生要件かつ第三者対抗要件である。電子記録債権に質権を設定している場合、延滞・倒産発生時の初期対応においては、発生記録に記録されている事項（必要的記録事項は同法16条1項1号〜8号、任意的記録事項は同条2項1号〜16号）はもちろん、質権設定記録に記録されている事項も確認しておく必要がある。質権設定記録の記録事項は普通質権と根質権とで異なり、前者は必要的記載事項が同法37条1項1号〜5号、任意的記載事項が同条2項1号〜8号となっており、後者は必要的記載事項が同条3項1号〜6号、任意的記載事項が同条4項1号〜6号となっている。

同法に明文規定はないが、電子記録債権の担保取得方法として譲渡担保も認められる。電子記録債権の譲渡は譲渡記録をしなければ効力を生じず（同法17条）、譲渡記録は電子記録権利者（電子記録をすることにより、電子記録上、直接に利益を受ける者。同法2条7項）および電子記録義務者（電子記録をすることにより、電子記録上、直接に不利益を受ける者。同法2条8項）の双方の請求により行われる必要がある（同法5条1項）。電子記録債

112　第1章　延滞・倒産発生時の初期対応

権に譲渡担保を設定している場合、延滞・倒産発生時の初期対応において
は、発生記録に記録されている事項はもちろん、譲渡記録に記録されている
事項（必要的記録事項は同法18条1項1号〜4号、任意的記録事項は同条2
項1号〜5号）も確認しておく必要がある。

c 「でんさい」担保の留意事項

「でんさい」とは、でんさいネット（全国銀行協会の100％出資により電子
債権記録機関として設立された「株式会社全銀電子債権ネットワーク」の通
称）が取り扱う電子記録債権をいう。「でんさい」は電子記録債権という特
殊な債権の一種であり、手形債権や債権（旧法上の指名債権）を電子化した
ものではない。電子債権記録機関は、質権設定記録を取り扱わない旨を業務
規程で定めることができるとされており（電子債権記録法7条2項）、でん
さいネットは業務規程21条3項で質権設定記録を行わない旨を定めているの
で、「でんさい」を担保の目的とする方法は譲渡担保に限られる。

「でんさい」に譲渡担保を設定する場合、担保目的の譲渡であることを記
録することはできない（同法18条2項）ので、担保設定者（融資先または物
上保証人）を譲渡人、担保権者（銀行）を譲受人として、双方ででんさい
ネットに対して譲渡記録を請求することにより、担保権者を当該「でんさ
い」の債権者とする（外形的には、単なる「でんさい」の譲渡と同様）。そ
のため、通常の譲渡目的での譲渡記録同様、善意取得（同法19条）や人的抗
弁の切断の効果（同法20条）が認められる。なお、銀行は担保権者であると
同時にでんさいネットの利用者であるため、「でんさい」への譲渡担保設定
は自己を債権者として記録請求を行う。なお、「でんさい」を割り引くこと
も可能であるが、「でんさい割引」も割引依頼人（融資先）を譲渡人、銀行
を譲受人として、双方ででんさいネットに対して譲渡記録を請求することに
より、銀行を当該「でんさい」の債権者とすることになる。

延滞・倒産発生時の初期対応において確認すべき事項は、通常の電子記録
債権譲渡担保と同じである。ただし、でんさいネットは、参加金融機関以外
の者への譲渡を禁止する記録を認めているので（業務規程30条1項8号）、
譲渡担保の目的とする「でんさい」に、このような譲渡禁止の記録がなされ

ていないかも確認する必要がある。

　なお、被担保債権の弁済による「でんさい担保」の受戻しや、割引「でんさい」の買戻しが行われた場合、銀行を譲渡人、担保設定者または割引依頼人を譲受人とする譲渡記録請求を行うこととなる（買戻しの場合は割引依頼人を支払者として支払等記録を行うこともできる）が、その際、銀行が保証人となる保証記録が随伴しないように留意する必要がある。また、「でんさい割引」で割引依頼人が買戻請求額の一部しか履行できない場合、支払期日を経過した「でんさい」を分割して譲渡記録することはできないので、買戻請求額全額の回収が終了するまで「でんさい」の返却はできないこと、「でんさい」の債務者が支払者でないため一部金額での支払等記録はできないことに注意が必要である。

⑹　預金担保の確認事項

　銀行の預金担保は、一般的には定期預金を対象としていることが多いが、各種預金規定の譲渡・質入禁止規定は、当該各種預金を預金担保の対象にできることを前提としており、実務においても、積立定期預金、定期積金、通知預金等を預金担保の対象とすることは広く行われている。さらに、近時は、プロジェクトファイナンスなどにおいて、融資対象案件から発生するキャッシュフローを貸付金の返済原資とするため、日常的な入出金は自由に行えるようにしたまま普通預金に質権を設定することも行われている。

a　自行預金

　預金担保の効力発生要件は質権者（銀行）および質権設定者（預金者）による質権設定の合意であり、預金通帳や証書の引渡しを受けることを要しない（ただし、預金者が質権設定の事実を失念して払戻請求をしたり、質権の二重設定をしようとしたりしてトラブルが発生することを予防するため、実務上は、預金通帳や証書の引渡しを受けるのが一般的である）。もっとも、この場合の預金者とは当該預金の口座名義人ではなく、真の預金者たる当該預金の出捐者とされており（最判昭52.8.9民集31巻4号742頁）、真の預金者を質権設定者としない預金担保は無効である。ただし、預金担保が無効であっても、預金担保貸出の実行時において銀行が相当な注意を尽くしたうえ

114　第1章　延滞・倒産発生時の初期対応

で貸出を行っている場合は、受領権者としての外観を有する者に対する弁済の規定（民法478条）の類推適用により相殺をもって真の預金者に対抗できると解されている（最判昭48.3.27民集27巻2号376頁、最判昭59.2.23金融法務事情1054号6頁）。なお、再発行された証書による担保差入れについて特別の本人確認手続をとらなかった場合（最判昭53.5.1金融法務事情861号33頁）や改印届後の印章により担保設定を行った場合（最判昭41.11.18金融・商事判例38号2頁）に、金融機関の過失を認めたケースもある。このため、初期対応においては、設定者が預金担保の設定時において預金者本人であったことを確認するのはもちろん、預金者について多少でも疑問がある場合には、証書の占有のほか、証書再発行や改印届の有無まで確認しておくべきである。

　また、融資先・保証人以外の者が質権設定者であっても預金担保は有効に成立する。ただし、銀行は、自行担保預金に差押えがあった場合、融資先・保証人が質権設定者であれば、質権の対抗要件（担保差入証への確定日付取得）を具備していなくても貸付金債権または保証債務履行請求権を自働債権とする担保預金との相殺（同法505条1項）をもって差押債権者に対抗できるのに対し（同法511条1項）、融資先・保証人以外の質権設定者に対しては自働債権が存在しないため相殺による回収をもって差押債権者に対抗することはできない。このため、質権設定者が融資先または保証人となっているか、質権設定者が融資先または保証人でない場合は対抗要件を具備しているかを確認する。特に、質権設定時点では質権設定者が保証人であったが、その後保証を解除している場合に解除時点で対抗要件具備が漏れていないかを確認する。なお、質権設定者が特定債務のみを保証している場合、質権設定者が保証していない貸付金と担保預金とを相殺することはできないので、保証の状況も確認しておく。

b　他行預金

　債権は、譲渡・質入禁止の特約があっても担保差入れは可能であるが（民法466条2項）、預金については譲渡・質入禁止の特約があると担保差入れはできない（同法466条の5第1項）。もっとも、預金に譲渡・質入禁止の特約

があっても当該預金の債務者（他行）の承諾があれば他行預金を担保取得できるため、実務上は預金者から担保（質権）の設定を受け、当該他行の承諾書の交付を受けるという取扱いがなされている。

この場合、質権設定者が融資先または保証人であっても他行預金担保と自行貸付金との相殺はできないので、質権の対抗要件（承諾書への確定日付取得）を具備していなければ差押債権者など第三者に対抗できない。また、現行民法施行前は、当該他行から「異議なき承諾」を徴求して、当該他行が担保預金を相殺できないようにしていたが、現行民法では「異議なき承諾」の制度が廃止されたので、承諾書に、譲渡・質入禁止特約および預金債務に係る債務者の抗弁を明確に放棄する記述が必要である。したがって、初期対応においては、対抗要件具備の確認とあわせ、承諾書に上記記述があるかどうかも確認しておく必要がある。

(7) 担保手形等の確認事項

融資先に延滞・倒産が発生した場合、割引手形や担保手形は債権回収資源として重要である。また、担保外の代金取立手形に対しても商事留置権が成立する（商法521条、銀行取引約定書ひな型4条4項、8条4項）ので、割引手形や担保手形と同様の保全措置を講じることが必要である。代金取立手形については、取立代り金の入金口座を別段預金に変更しておく。手形に関して初期対応で行うべき事項は、事前の調査、現地調査および手形債務者（支払人、裏書人等）との面接である。なお、手形債権者は、その手形の裏書人（為替手形の場合、振出人も）に対して遡求権を行使できるので（手形法43条）、それらの者に対して直ちに遡求通知を内容証明郵便で出状しておく必要がある。

a 事前の調査

調査・確認事項は次のとおり。

① 枚数、金額、期日の確認

割引未了の預り手形、相殺済手形、代金取立手形も含む。

② 手形要件等の確認

白地の補充／有害的記載の有無確認／裏書の連続の確認／利益相反

行為の有無の確認

③　融通手形、同一系列会社間の手形の確認

④　金融機関間の信用照会、信用調査機関の調査

⑤　インターネット上の手形債務者のホームページの有無、内容等

b　現地調査および手形債務者との面接

現地調査の対象は次のとおり。手順は、①〜③の基礎調査を行ったうえで④に臨むのが一般的である。

①　取引金融機関

②　信用調査機関

③　法務局（手形債務者が不動産を有している可能性がある場合）

④　手形債務者の主たる事務所、工場等訪問

決済意思の有無の確認／不渡り懸念のある場合はその原因の確認／弁済交渉

(8)　その他の担保の確認事項

上記のほか、融資実務で利用される担保の種類は株式、国債、公社債、投資信託受益権、ゴルフ会員権、診療報酬債権、信託証書、倉荷証券、船荷証券、保険金請求権、知的財産権等多岐にわたるが、ここでは利用頻度の高い株式、国債、社債等の確認について述べる。

a　株　　式

株式担保の種類には、略式質、略式譲渡担保、登録株式質、登録株式譲渡担保の4種類がある。株券を用いた株式担保の場合、有価証券担保差入証の文言を「担保として……差し入れました」とすることで、質権か譲渡担保かを区別しない扱いとしている（租税債権との関係では、譲渡担保のほうが若干有利といわれている）が、振替株式を用いた株式担保については、質権の場合は質権者の口座の質権欄に、譲渡担保の場合は譲渡担保権者の口座の保有欄に増加記録を行うことにより担保取得する（社債、株式等の振替に関する法律（以下「振替法」という）140条、141条）ので、設定時に質権か譲渡担保かの区別が明確となる。

略式担保（略式質、略式譲渡担保）は担保設定の合意、株券の交付（株券

ありの場合。会社法146条）または質権者（または譲渡担保権者）の口座の質権欄（または保有欄）への増加記録（振替株式の場合）により成立する。これに対し登録担保（登録株式質、登録株式譲渡担保）は、担保設定の合意、株券の交付（または質権欄への増加記録）に加え、当該株式の発行会社の株主名簿への質権者（または譲渡担保権者）の氏名または名称および住所の記載により成立する（同法147条1項）。なお、略式担保は、質権の場合は民事執行法による換価（同法193条、194条）または流質の特約に基づく任意処分の方法（通常は後者）により、譲渡担保の場合は任意処分によるかまたは自己名義への書換えによる代物弁済（民法482条）の方法により回収する。

　初期対応時の調査・確認事項は、担保権一般の確認事項（本節1）のほか、①当該株式の発行会社について「上場会社⇔非上場会社」の移行はないか、②担保株式についてコーポレートアクション（株式の併合、分割、合併、増資、買取り等）がなされていないか、③株券を用いた略式質や略式譲渡担保の場合、発行会社による株券喪失登録がなされている事故株でないかである。登録担保の場合は物上代位が広く認められるので、配当等の情報も確認しておく。なお、株式担保は、できるだけ早く、しかも有利な時期に処分することが求められるので、株式発行会社の業況や株価動向の調査も重要である。

b　国債、社債等

　国債には無記名国債、記名国債があるが、記名国債は一部の政府系金融機関を除く一般の金融機関が担保とすることは禁じられているため、銀行が取り扱う国債担保はすべて無記名国債である。無記名国債については無記名社債とほぼ同様の扱いとなる。

　無記名の国債、地方債、社債等は、現物を確認する。記名式のものは、発行者に質権の登録または名義変更（譲渡担保の場合）の手続をとっておく。現物は金融機関、証券会社等に寄託してその預り証のみ有する場合は、それが単純な寄託契約か混蔵寄託契約か確認する。いずれの場合も、寄託物の返還請求権に質権を設定する方法もあるが、寄託物（混蔵寄託の場合は、その持分権）に直接質権設定し、受寄者である金融機関、証券会社にその旨同意

を取り（民法184条）対抗要件を具備しておく。振替債については、振替法が適用されるので、上記 a （振替株式）とほぼ同様の取扱いとなる。

なお、国債、社債等についても、株式担保同様、できるだけ早く、しかも有利な時期に処分することが求められるので、相場動向（社債の場合は発行会社の業況も）の調査が重要である。

(9) 信用保証協会保証付融資の免責事由の有無の確認

信用保証協会（以下「保証協会」という）による保証（以下「信用保証」という）の法的性質は民法上の保証と解されており（札幌高裁函館支判昭37．6．12金融法務事情315号6頁）、原則として民法の保証の規定が適用されるが、信用保証においては保証協会および銀行が信用保証協会保証契約約定書（以下「約定書」という）等の民法上の規定を補完・修正する特約を締結しているため、保証の要件、効力、保証免責等、民法と異なる特約が優先して適用される（民法91条）。また、銀行は、プロパー貸付の保証人との間では担保保存義務（同法504条1項）を免除されている（銀行取引約定書保証人条項）が、保証協会との間では担保保存義務を免除する特約がないことに加え、プロパー貸付と保証協会保証付融資との同等管理義務を特約している（約定書9条3項）。

銀行の融資において、信用保証はきわめて有力な保全手段である。しかし、保証協会保証付融資であっても、一定の事由があると代位弁済が受けられないことがあるので、次の事実がないか確認しておく。

① 信用保証書受領前の貸付実行

保証契約は信用保証書の金融機関への到達で成立（約定書1条）し、貸付実行で効力を生ずる（同約定書2条1項）ため、信用保証書受領前に貸付を実行すると、当該貸付は保証契約成立前の貸付となり、原則として保証協会の保証の対象とはならない。

② 貸付金額と保証金額との不一致

保証協会保証付融資は、保証書に定められた内容どおりに実行する必要がある。これに反して保証金額と貸付金額とが異なる場合は、その大小にかかわらず保証免責となり（同約定書11条2号、「社団法人

全国信用保証協会連合会「信用保証協会信用保証「約定書例の解説と解釈指針（第９条～第11条）」」（金融法務事情1818号30頁）中の「保証免責について」（解説） ６．(2)①本文第１段落・第２段落参照）、保証金額と貸付金額に大幅な乖離がある場合は、保証契約が無効とされる（同約定書２条１項）こともありうる。

③　資金使途相違

　　保証の対象となる資金使途は中小企業者の事業運営に必要な運転資金および設備資金であり（信用保証協会法１条）、中小企業者の生活資金として貸付金を消費された場合は保証免責の対象となる（同約定書11条２号、「社団法人全国信用保証協会連合会「信用保証協会信用保証「約定書例の解説と解釈指針（第９条～第11条）」」（金融法務事情1818号30頁）」中の「保証免責について」（解説） ６．(2)⑤）。

④　旧債振替え

　　銀行が、保証協会の承諾を得ずに保証協会保証付融資の貸付金を一部でも既存の債権の回収に充てた場合は、「旧債振替え」として保証免責となる（同約定書11条１号）。ただし、免責の範囲は、信用保証制度の趣旨・目的に照らして保証債務の全部について免責を認めるのを相当とする特段の事情がある場合を除き、その充当額のみである（最判平９.10.31民集51巻９号4004頁）。

⑤　保証条件違反

　　銀行と保証協会とは、銀行が保証契約に違反した（保証書に記載されている金額、期間、担保、保証等に合致しない）場合、保証協会は金融機関に対して保証債務の全部または一部について保証債務の履行を免れる旨の特約を締結しているため（同約定書11条２号）、銀行の故意または過失による保証契約違反の結果、保証協会の求償権侵害があった場合は、その侵害の範囲について保証協会から免責を主張されることになる（仙台高判平15.12.24金融法務事情1705号42頁、さいたま地判平17.１.27刊行物未登載）。ただし、銀行の故意または重過失による違反の結果、信用保証制度の趣旨・目的に抵触する事態が生じ

ている場合は、保証協会の求償権侵害の有無にかかわらず全額につい
て、保証協会から免責を主張される。

なお、反社会的勢力や中小企業者の実体を有しない者は信用保証の
対象とならないので、後日、その事実が判明した場合、銀行が保証契
約締結・貸付実行に先立ち、その時点で一般的に行われている調査方
法等によって、債務者が反社会的勢力であるか否か、あるいは中小企
業者の実体を有しているか否かについての調査を怠っていた場合、保
証は無効とはならないものの、保証契約違反（同約定書11条2号）と
して、保証協会は保証債務の全部または一部を免責される（前者につ
き最判平28.1.12金融・商事判例1489号28頁、後者につき最判平
28.12.19金融・商事判例1513号48頁）。

⑥　故意・重過失による取立不能

担保保存義務違反、破産等法的整理手続の債権届出失念による失
権、同等管理義務違反、事故報告事由発生後の固定預金払出し、工事
代金引当融資における回収義務違反などの事由がある場合は、「故
意・重過失による取立不能」として（同約定書11条3号）、原則とし
て保証免責の対象となる。この場合、保証免責の範囲は、これによっ
て保証協会に生じた損害額が限度となる（「社団法人全国信用保証協
会連合会「信用保証協会信用保証「約定書例の解説と解釈指針（第9
条〜第11条)」」（金融法務事情1818号30頁)」中の「保証免責につい
て」（解説）5.(3)）。ただし、銀行の故意または重過失による違反の
結果、信用保証制度の趣旨・目的に抵触する事態が生じている場合
は、保証協会の求償権侵害がある場合に限り、全額について保証協会
から免責を主張される。

⑦　貸付金の最終期限の翌日から2年経過

保証協会に対する保証債務履行請求権は貸付金の最終期限（期限の
利益喪失の場合は喪失日）の翌日から2年（除斥期間）を経過すると
消滅するので、除斥期間を経過すると、銀行は保証協会に対し保証債
務履行を請求できなくなる（同約定書7条）。なお、銀行が期限の利

益の当然喪失事由の発生を知らない場合（たとえば融資先が他行で発生した不渡りで手形交換所の取引停止処分を受けていたことを知らずに融資取引を継続していた場合）であっても、この除斥期間は進行するものと解されている（東京地判平14.12.18判例時報1821号35頁）。

⑧　上記のほか、保証協会が定める規定（分割貸出禁止、業種制限など）違反

⑽　保証人の調査・確認事項

a　保証人との直接面談による調査・確認

保証人については、まず人違いでないことを確認する。ほかにも職業、経歴、関係会社、および親族関係の調査は必須であるが、本人の性格、人望等も重要な調査事項である。

また、保証人と直接面談し、「経営者保証に関するガイドライン」に基づく保証債務整理（第3章第4節）を行うか否かの意思確認を行う。保証人が同ガイドラインを利用することを希望した場合、保証人に対する対応は、同ガイドラインの規律に基づく保証債務整理を最優先とする。

保証人が同ガイドラインを利用することを希望しない場合や融資先（主債務者）が同ガイドラインの利用要件である法的整理または準則型私的整理を行わない場合は、保証債務履行の意思を有するか否か確認する。資力はあるが誠意のない者には、主に法的手段を利用し、可能な限りの回収を図ったうえで、無税直接償却（保証人からの回収不能の疎明が絶対条件）を目指すことになる。資力はないが誠意のある者には法的手段はかえって有害になることがあるので、無税直接償却に耐えうるような弁済計画を提出・履行させる。なお、保証人となっていることを認識していながら保証債務の履行に誠意がないときは、保証をしたときの事情が関係していることが多い。このような場合、念のため、保証人が保証をするに至った内部事情を調査し、保証人の誤解や保証人が不満と思っている事項で排除できるものは、銀行としても誠意をもって対処する必要がある。それらの事情を無視してむやみに請求すると、回収に支障が生じることがあるので注意しなければならない。

b　期限の利益喪失時の情報提供義務

　民法は、主たる債務者が期限の利益を喪失した場合、債権者が「主たる債務者が期限の利益を喪失した事実」を知ってから「2カ月以内」に、保証人に対してその旨の通知をしなければならないこととしている（主たる債務者が期限の利益を喪失した場合における情報提供義務。同法458条の3第1項）。この規定は、個人保証人（経営者保証人を含む）のみを対象としており、法人保証人は対象外である。また、個人保証人が委託を受けた保証人であるか否かは問わない。

　このため、銀行は「融資先が期限の利益を喪失した事実」を「知ってから2カ月以内」に保証人に対してその旨の通知をしなかった場合、保証人に対し「融資先が期限の利益を喪失した時から保証人への通知をするまで」に生ずべき遅延損害金に係る保証債務の履行を請求できない。ただし、期限の利益を喪失しなかったとしても生ずべきもの（約定弁済が延滞している場合の約定弁済元金に係る遅延損害金等）については、銀行に情報提供義務違反があった場合でも保証人に請求することができる。

　たとえば甲銀行の融資先Aに対する毎月の約定返済日を月末とする証書貸付が4月末日に期限の利益を喪失したケースにおいて、保証人Bに対する通知が9月末日となった場合、甲銀行はBに対して9月末日に主債務の期限の利益が喪失した（4月末日～9月末日の間は、各月の約定弁済が延滞している状態）とみなした額の保証債務履行請求しか許されない（Aに対して請求できる額とBに対して請求できる金額とが異なる）ことになる。

　なお、期限の利益喪失の前後を問わず銀行は、委託を受けた保証人からの請求があったときは、当該保証人に対し遅滞なく次に掲げる情報を提供しなければならない（主たる債務の履行状況に関する情報提供義務。同法458条の2）ことに留意が必要である。

　　①　主たる債務の元本および主たる債務に関する利息、違約金、損害賠償その他その債務に従たるすべてのものについての不履行の有無に関する情報
　　②　上記①の残額に関する情報

③　上記①のうち、弁済期が到来しているものの額に関する情報

　主たる債務の履行状況に関する情報提供義務については、ⓐ情報提供しなければならないのは「債権者」である（主たる債務者が情報提供義務を負担するわけではない）こと、ⓑ委託を受けない保証人の場合、この規定が適用されないこと、ⓒ保証人の請求があるまでは、債権者は情報提供義務を負わないこと、ⓓ保証人が「いわゆる経営者」や法人である場合にもこの規定が適用されること等にも留意が必要である。

4　対抗要件具備状況の確認

　担保権による優先弁済を得るためには第三者に対抗できる要件（第三者対抗要件）を備えていることが必要である（図表23参照）。

図表23　対抗要件の確認

目的物	対抗(効力)		確認事項	
不動産、土地、建物	登記簿への登記		登記事項の確認 登記記録の確認 有害的登記の確認	担保権の表示は確実か 二重登記、登記の流用の有無 権利部（差押え、仮差押え、仮登記、買戻登記、仮処分登記等）
	登記留保分		所有権の確認 印鑑証明の確認	所有権の移転、担保権の登記等 ３カ月の有効期間
債権、売掛金等	債務者第三者	通知、承諾	発信者、到着の有無、異議付承諾の有無の確認	
		確定日付	通知書、承諾書へのものか	
		登記	動産・債権譲渡特例法	
手形、株式、指図証券	裏書、交付と占有		株式は株主名簿への記載が会社への対抗要件	
動産、記名式所持人払証券、無記名証券	引渡しと占有 登記		引渡しの方法　現実の引渡し、占有の改定 　　　　　　　簡易の引渡し、指図による引渡し 動産・債権譲渡特例法	
電話加入権等	原簿を登録		知的財産権等　不動産に準ずる	

（出所）　旗田庸『債権回収〔第２版〕』（金融財政事情研究会、2015年）をもとに筆者作成

(1) 目的物の種類ごとの対抗要件

第三者対抗要件（以下「対抗要件」という）は担保の目的物の種類により異なる。

a 土地・建物

土地および建物の対抗要件は、不動産登記簿への登記である（民法177条）。

b 債　権

債権（現行民法施行前の「指名債権」）の債務者対抗要件（権利行使要件）は、譲渡人または質権設定者からの第三債務者（目的債権の債務者）への通知または第三債務者の承諾である（民法467条1項、364条）。第三者対抗要件は、確定日付ある証書による通知または承諾である（同法467条2項、364条）。また、譲渡人または質権設定者が法人の場合、上記通知または承諾にかえて債権譲渡登記によって第三者対抗要件を具備することもできる（動産及び債権の譲渡の対抗要件に関する民法の特例等に関する法律4条1項、14条1項）。ただし、債権譲渡登記を利用する場合、債務者対抗要件は譲渡人（または質権設定者）または譲受人（または質権者）から第三債務者への登記事項証明書の交付と債権譲渡（または質権設定）の通知である（同法4条2項）。

c 手形・小切手

手形および小切手の対抗要件は裏書・交付と占有である（手形法11条、小切手法14条）。

d 株　式

譲渡担保権の第三者対抗要件は、株券が発行されている場合は株券の引渡しと占有（ただし、会社に対する対抗要件はこれに加え株式名簿への記載）、振替株式の場合は譲渡担保権者の口座の保有欄への増加記録（ただし、会社に対する対抗要件はこれに加え株式名簿への記載）であり、質権の第三者対抗要件および会社に対する対抗要件は、株券が発行されている場合は株券の引渡しと占有および株式名簿への記載、振替株式の場合は質権者の口座の質権欄への増加記録および株式名簿への記載である（会社法128条、130条、146条、147条、振替法140条、141条）。

第4節　担保の確認　125

e 動　　産

　動産の対抗要件は、目的物の引渡しである（民法178条）。譲渡人または質権設定者が法人で、動産譲渡担保権を設定する場合、上記目的物の引渡しにかえて動産譲渡登記によって第三者対抗要件を具備することもできる（動産・債権譲渡特例法 3 条 1 項）。

f　指図証券、記名式所持人払証券、無記名証券等

　指図証券の対抗要件は譲渡裏書による譲受人への証券の交付である（民法520条の 2 ）。

　記名式所持人払証券および無記名証券の対抗要件は証券の交付である（同法520条の13、520条の20）

　債権者を指名する記載がされている証券であって指図証券以外のものの対抗要件は、確定日付ある証書による通知または承諾である（同法520条の19）。

g　その他の登記、登録制度のある権利

　その他の登記、登録制度のある権利の対抗要件は、それぞれの制度における登記、登録である。

(2)　不動産登記による対抗要件の留意点

　不動産担保についての対抗要件具備状況を確認するには、不動産登記情報を調査することになる。最優先の調査事項は、担保権の内容が正確に登記されているか（担保権の登記内容に誤りはないか）であることはいうまでもないが、不動産登記情報の調査を行う際の留意点は「登記記録が有効であるか」と「自行担保権を害する記載がないか」である。

a　担保権の登記記録が有効であるか

　担保権の内容が正確に登記されていたとしても、不動産登記が無効であれば、その担保権は効力を有しない。登記が無効とされるケースには、次のようなものがある。

(a)　登記されている不動産（ほとんどの場合は建物）が存在しない

　建物が減失しても当該建物の登記は残存していることがあり、存在しない建物の登記簿に抵当権設定登記をしても当該抵当権登記は無効である。な

126　第 1 章　延滞・倒産発生時の初期対応

お、有効に成立した抵当権の目的建物が取り壊されている場合の対応は、第3章第2節1(1)bで詳説する。

た　旧建物の登記を流用している

取り壊した旧建物の登記を現存建物に流用することは認められていない。問題は、建物の老朽化や使用上の都合で大改築・大改装が行われ、現存建物との間に同一性が認められない場合である。判例は、位置、形状が旧建物と近いという理由で旧建物の登記を流用しその表示を現存建物にあわせて変更登記しても旧建物の登記は無効であり、抵当権などの登記も対抗要件としての効力を認めないとしている（最判昭40.5.4金融法務事情414号6頁）。

(c)　1個の建物に2個の登記簿が作成されている

すでに保存登記されている建物を未登記物件と勘違いして重ねて保存登記をしたり、建物が滅失していないのに滅失登記するとともに新しく保存登記したりして、1個の建物に2個の登記簿が作成されることがある。この場合、原則として後の登記が無効とされている（大判昭17.9.18民集21巻16号894頁）。

b　先順位の差押え、仮差押えの登記はないか

差押えまたは仮差押えの登記後に登記された抵当権は、その物件が競売または公売に付されると、当該手続に基づく配当を受けることができない（民事執行法87条1項4号・2項）。

c　先順位の仮登記はないか

仮登記に基づいて本登記がなされると、その本登記の順位は仮登記の順位による（不動産登記法106条）。このため、所有権移転または所有権移転請求権保全の仮登記（原則として担保仮登記は除く（仮登記担保契約に関する法律14条、15条））に後れて登記された抵当権は、仮登記権利者に対抗することができない。

d　買戻登記はないか

不動産の売主は、売買契約と同時にした買戻特約により、買主が支払った代金（別段の合意があれば、その額）および契約の費用を返還して売買の解除をすることができる（民法579条）。この特約について登記（買戻登記）を

第4節　担保の確認　127

したとき、買戻しは第三者に対しても効力を生ずる（同法581条）ため、抵当権者は売主の買戻権行使に対抗できない。抵当権者は、この買戻請求権に対抗するため、抵当権設定者（買主）の買戻請求権者（売主）に対する代金返還請求権に質権を設定するのが原則的対応であるが、質権設定をしていなくても抵当権者はこの代金返還請求権に対して物上代位権（同法372条、304条1項本文）を行使できると解されているので（最判平11.11.30民集53巻8号1965頁）、物上代位権行使の要件である払渡し前の差押え（同法304条1項ただし書）ができるようにしておく必要がある。

e　処分禁止の仮処分の登記はないか

処分禁止の仮処分がなされていると、後日、仮処分権利者の権利が認められた場合、これに後れる抵当権者は仮処分債権者に対抗できなくなる（民事保全法58条2項）。ただし、処分禁止の仮処分に違反してなされた債務者の処分行為（抵当権設定も含む）であっても、絶対的に無効となるわけではなく、契約当事者および第三者との関係では有効である（相対的無効説。最判昭32.9.19民集11巻9号1565頁）。このため、処分禁止の仮処分が抵当権設定登記より前になされている場合、仮処分命令が取り消されたり執行が効力を失ったりする可能性がないか調査すべきである。

f　登記に表れない第三者の権利はないか

登記がなくとも対抗要件を備える物権には、占有権、留置権、入会権、先取特権がある。このうち占有権および入会権（山林等特殊な物件を目的としている場合を除く）は、不動産担保に関して問題となることはほとんどない。これに対し留置権や先取特権については、担保に関して問題となることがまれにあるので、その有無や内容を確認する必要がある。

特に不動産は商事留置権の対象となるとされており（最判平29.12.14民集71巻10号2184頁）、留置権は競売において買受人の引受けとなる（留置権の被担保債権分だけ評価減となる）ため抵当権に与える影響は大きい。商事留置権で問題となるのは、主に更地に抵当権を設定し、その後、抵当地上に建物が建築され、建築業者に対する請負工事代金未払いが発生している場合である。このケースにおいて、裁判例は、①商事留置権は成立しないとするも

の（東京高決平22．9．9判例タイムズ1338号266頁）、②商事留置権は成立するが抵当権者には対抗できない（競売において買受人の引受けとならない）とするもの（大阪高決平23．6．7金融法務事情1931号93頁）、③商事留置権は成立し、買受人はその被担保債権を弁済する責めに任ずるとするもの（東京高決平6．2．7判例タイムズ875号281頁）に分かれているので、注意が必要である。なお、東京地裁民事執行センターでは、建物未完成事案では商事留置権を否定するという実務取扱いがなされている（金融法務事情1912号81頁）。

　マンションの管理費や修繕積立金等の共益費用については先取特権があり（建物の区分所有等に関する法律7条1項）、売却により物件を取得した者はその債務を承継することとされている（同法8条）。このため、マンションについては、これらの納付状況、滞納がある場合はその額を調査する必要がある。

　物権以外の権利でも、建物保存登記を経た借地権、明認方法を施した樹木・果実、引渡しを受けた建物賃借権や農地・採草放牧地の賃借権など、登記なくして抵当権に対抗できるものがあるので、それらの権利と抵当権との優先劣後を調査すべきである。なお、国税・地方税等の租税債権についても、抵当権設定登記日と租税債権の法定納期限の先後でその優劣が決する（国税徴収法16条）ので、留意が必要である。

⑶　債権質権・債権譲渡担保権に関する対抗要件の留意点

　債権質権・債権譲渡担保権の第三者対抗要件である「確定日付のある証書による通知」は、質権設定者または譲渡人がなすことが必要であり、質権者または譲受人からの通知は効力が認められない（大判昭5．10.10民集9巻11号948頁）。ただし、債権譲渡登記を利用する場合、債務者対抗要件（権利行使要件）である第三債務者への登記事項証明書の交付と質権設定または債権譲渡の通知は、譲渡人または質権設定者だけでなく、質権者または譲受人が行ってもよい（動産・債権譲渡特例法4条2項）。

　なお、債権担保の手法として代理受領や振込指定を利用している場合は、担保目的の契約であること、債務者（提供者）本人に受領権がなく、債権者

の同意のない限り変更できない旨を明らかにした承諾書による第三債務者の承諾が要件である（最判昭44.3.4金融法務事情548号26頁、最判昭58.4.14金融法務事情1030号43頁）。ただし、この契約は第三者には対抗できない。

5　担保評価の適正性の確認

(1)　融資先の延滞・倒産発生時の担保評価の考え方

　担保の評価基準は金融機関ごとに定められているが、大多数の金融機関における不動産担保評価は、土地の場合、まず公示価格（または基準価格）を基準として、標準地（または基準地）と評価対象地の路線価との差異に着目して調整した後、路線価の変動を利用して地価公示等の時点からの時点修正を行う方法で時価を算定し、建物の場合、まず構造別の再調達原価と耐用年数により時価を算定する（耐用年数が経過した建物の時価額は、ゼロまたは取壊費用相当のマイナス査定）。次に、算定した時価評価に対して早期処分を前提とした掛け目0.6～0.8による修正を行うことで「担保力」を算出するという方法が採用されている。このため、金融機関によって評価額が大きく異なることはないと思われる。なお、時価の算定にあたり、物件の特殊性や立地条件等により評価の加減修正が行われるが、銀行の担保評価では不動産鑑定や不動産業者の売出価格算定でみられるような増価修正が行われるのはまれであり、実際の担保評価での修正は減価修正が多い。

　平時の金融実務においては、担保処分を行う際、時価評価を下回る担保解除配当を基本的に認めず、最低でも担保力を上回ることが見込めない場合は原則として担保処分を認めないという対応がとられていると思われる。しかし、融資先が倒産した場合、一定の期間内に担保処分を行うことが求められたり金融機関の担保評価では想定していなかった減価要因が明らかになったりして、担保力を下回る価額でしか処分できないこともありうる。反対に、金融機関の担保評価では調整の対象外であった増価要因を見出すことができて、時価評価を大きく上回る価額での処分が実現することもある。平時の金融実務における担保評価は融資先の状況によって金融機関が適切な貸倒引当金を算定するためのツールであるから、すべての融資先に適用できるような

一般的なルールが求められるが、倒産時の担保評価は通常の方法による担保評価（貸倒引当金算定用）と個別物件を売却するための担保評価（売出価格または譲歩できる最安値の算定用）との併用（ダブル・スタンダード）が必要となる。すなわち、初期対応時には適切な貸倒引当金算定のための担保評価、回収計画策定のための担保評価、金融機関にとっての最良のシナリオや最悪のシナリオを想定するための担保評価など、その目的に合わせて担保価値を把握することになる。

ここでの作業は、個別物件を売却するための担保評価の算定である。

(2) 処分の難易度

個別物件を売却するための担保評価を行うにあたり最初に確認すべき事項は、処分の難易度である。処分の難易度を検討するために考慮すべき事項は主に処分規制（農地法、国土利用計画法）等の法的規制の有無、買主の存在である。

担保評価を行ううえで減価要因として留意すべき法的規制を大別すると、①公法上の処分制限（農地法、国土利用計画法等）、②公法上の利用制限（都市計画法、建築基準法、道路法、河川法、消防法等）、③私法上の利害調整（民法上の相隣関係、区分所有法上の相隣関係等）がある。

また、処分の難易度を検討するためには、特に買主は存在するか、どのような者が買主になりうるかは大きな問題である。都市部の住宅と異なり、商業地域や工業地域の物件、山林、雑種地等は、買主の有無が先決となる。また、農地や一般には利用に適しない建物・構築物、病院、学校、飲食店等は、通常の方法による担保評価で評価額がいくら高くても、物件を活用できる買主が現れなければ二束三文となりかねないし、下手をすれば物件価格を備忘価格として債権売却（バルクセール）するしかないこともありうる。また、適正な価額での土地の買受希望者を確保できたとしても、建物は必要ないということになれば、どんなに高価な建物であったとしても、売却価額は、更地価格から建物取壊し用を控除した額とせざるをえない。

反対に、どうしてもその物件を入手したいという買主を確保できれば、時価を相当程度上回る価額での売却も可能である。

第4節　担保の確認　131

(3) 評価の種類

不動産の評価額は、任意処分価額、強制処分価額、個別物件を売却するための担保評価額など、評価の目的により異なる。

a 任意処分価額

任意処分価額は不動産業者の呼び値となる価額である。売主は担保不動産を高く売却するために第三者の権利関係を整理し、不動産の魅力をできるだけ引き出せるよう売却準備を行うが、あまり安い価額では売却を拒否できる立場にある。このような売主の立場と、買主の希望とが合致するのが任意処分価額である。金融機関の通常の方法による担保評価（時価額ベース）や公示価格、基準価格、後述する再取得価額法・収益還元法・売買実例法に基づく評価額なども任意処分価額の一種である。

通常は、この任意処分価額が担保の評価としては最も高い評価額となる。

b 強制処分価額

強制処分価額は競売落札価額の見込額である。担保不動産を強制処分する方法は担保不動産競売手続であるが、競売手続においては売主の意思に反して売却を強制することから、一般的には売主の積極的協力を得られず、対象物件の減価要因が十分に反映されていないため、買主も不安をもちつつ買受けせざるをえない。このため、担保物件を競売に付すと、他に減価要因がなくても、時価評価に対して0.6〜0.8（0.7としている地裁が多いが、地裁により異なる）の「競売市場修正」と0.8の「買受可能価額修正」が行われるため、買受可能価額（最低入札価額）は、時価の0.48〜0.64（一般的には0.56）となる（不動産競売では、一般に不動産業者の仕入値を前提に評価されている）。金融機関の通常の方法による担保評価（掛け目後の担保力ベース）は、強制処分価額の一種である。なお、これらの修正のほかにも、予納金が住宅の場合で50万〜150万円程度（１回目の入札で落札されなければ２倍程度になりうる）、差押登記の登録免許税（確定請求債権額×4/1000）、その他の費用が必要となるので、その額を調整することもありうる（調整で使用する登録免許税は対象物件の想定競売評価額×4/1000で算出）。また、競売手続では認められていないが、現実の処分を前提とする以上、処分困難建

物が存する場合は取壊し費用も調整の対象とすべきケースもある。

通常は、この強制処分価額が担保の評価としては最も低い評価額となる。

c　個別物件を売却するための担保評価額

上記ａおよびｂについて、処分の難易度を加味して算定するのが、個別物件を売却するための担保評価額である。初期対応の段階で処分の難易度が数値化できれば、この評価額を算定し回収計画に盛り込むべきであるが、通常は、実際に担保目的物の処分工作を進めなければ処分の難易度の数値化は困難であることが多いので、初期対応の段階では上記ａまたはｂを評価の基準とし、担保目的物の処分工作の進展とともに徐々に個別物件を売却するための担保評価へと修正していくこととなろう。

(4)　評価の方法

不動産の評価方法には、大別すると再取得価額法、収益還元法、売買実例法の３種がある。これらの評価方法は、その目的物件の種類に応じて使い分ける。

a　再取得価額法

再取得価額法は、評価対象物件と同一の物件を評価時点で再取得するとどれだけの費用が必要となるか計算して再調達原価を算出し、時点修正を施して現在価値を算出する方法であり、建物や機械の評価に適している。時点修正は、評価対象物の老朽度で定率法による減価償却をすることにより行う。なお、金融機関の通常の方法による担保評価（時価額ベース）において建物価額を算定する際に使用する方法は、一般的には再取得価額法である。

b　収益還元法

収益還元法による評価は、評価対象物件を賃貸等した場合の１年分の賃料等収入から必要経費を控除した額について、その時点での不動産収益率（一般的には６％程度）で除することによって元本に相当する額を評価額とみなす方法である。収益還元法による評価額は対象物件に対していくらまでの投資であれば十分採算がとれるかという観点から算定されるので、収益還元法は賃貸物件等の収益物件、賃貸に適した土地・建物の評価に適している。

第4節　担保の確認　133

c　売買実例法

　売買実例法は、評価対象物件の近隣で最近取引のあった事例から、その物件と対象物件との評価上の相違点を反映して、対象物件の評価額を算定する方法である。更地、土地付き戸建て住宅やマンション（一室）の評価に適している。使用した売買事例の価額が適切でないケース（土地ころがし、不当な転売目的での売買等）もありうるので、公示価格等による検証が必要である。なお、金融機関の通常の方法による担保評価（時価額ベース）において土地を評価する手法は、売買実例法の考え方に近い（ただし、比較対象は取引事例ではなく、公示価格、基準価格である）。

(5)　評価額の修正事項

　金融機関の通常の方法による担保評価も上記(4)に基づく担保評価も、土地は更地価格、建物は建物本体価格であるため、その物件に存する各種の権利関係により修正する必要がある。

a　敷地と地上建物との関係

　共同担保は、まったく別個の複数不動産を同一の債権の担保とする場合だけでなく、土地とその上に存する建物の両者を担保とする場合にも成立する。この場合にも、共同担保の問題は起こりうるが、たとえば土地について第1順位が乙銀行、第2順位が甲銀行、建物について第1順位が甲銀行、第2順位が乙銀行という、いわゆる「襷掛け」の担保設定がなされているケースでは、土地と建物の評価基準の違いが問題となるケースが多い。

　銀行の担保評価、不動産鑑定評価および一般取引価格では、通常、土地の価格は更地価格とされ、建物の価格は建物本体価格とされる。しかし、競売評価においては、土地について更地価格を「敷地利用権価格」「処分権価格」に分離し、前者を建物本体価格と合算して建物価格、後者を土地価格としている（図表24参照）。敷地利用権価格は、地域性が大きく所在場所によって大きく異なるものの、更地価格の20〜80％であるといわれている。

　このため、他行と「襷掛け」で担保設定している場合は、この段階で将来の抵当権実行の優劣を検討すべきである。また、検討にあたっては、自行のポジションは任意売却と競売とでどちらが有利かを検討する必要性が高い。

図表24　土地・建物の評価額算出基準

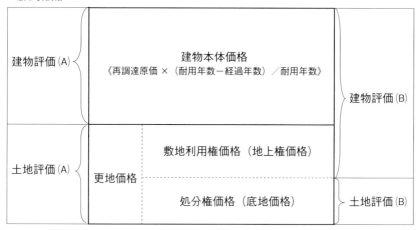

(出所)　筆者作成

なお、自行が建物に1位設定しているときは、任意売却を行う場合に敷地利用権価格を建物価格に算入する方向で配当交渉を行うことも検討すべきである。

b　建物が第三者に賃貸されている場合の賃貸人との関係

建物が第三者に賃貸されている場合、上記により算定した建物価格から借家権相当額の立退き費用および敷金等を控除した額が当該賃貸建物の評価額になる。

c　担保権に優先する債権による調整

自行担保権に優先する債権（先順位抵当権や優先差押債権、優先租税債権等）があれば、それを評価額から控除したものが担保力となる。

d　共同担保の場合の留意点

ここで注意しなければならないのは共同担保における「次順位抵当権者の代位」である。

債権管理回収の実務において、共同抵当権の目的不動産のすべてを同時に

処分することができるとは限らず、それぞれの場面における配当ルールを理解しておくことは重要である。以下、設例に基づき検討する。

《設例》

　甲銀行は、融資先S社に対する貸付金の担保として、同社所有のX物件および同社代表取締役T所有のY物件に乙銀行の後順位で共同根抵当権（極度額4,000万円）を設定している。

　S社が事業継続を断念して倒産したため（法的整理の予定はない）、乙銀行主導でX・Y両物件の売却が進められた。X物件は立地状況もよく早々と処分できたが、Y物件の処分が実現したのはX物件処分の半年後であった。担保設定状況および処分価額（売却費用控除後）は図表25のとおり。

(a) 同時処分の配当ルールと異時処分で生じる不都合

　共同抵当権が設定されている場合において、同時にその代価を配当すべきときは、その各不動産の価額に応じて、その債権の負担を按分することとされている（民法392条1項）。これを設例のケースに当てはめると、乙銀行根抵当権AがX物件から1,400万円、Y物件から1,600万円（計3,000万円）、乙銀行根抵当権BがY物件から2,000万円、乙銀行根抵当権CがY物件から

図表25　共同担保の設例

（単位：千円）

				X物件	Y物件		
				土地・建物	土地①	建物	土地②
処分価額				35,000	25,000	15,000	20,000
A	乙銀行	根	30,000	30,000			
B	乙銀行	根	40,000				40,000
C	乙銀行	根	35,000		35,000		
D	甲銀行	根	40,000	40,000			

（出所）　筆者作成

2,400万円、甲銀行根抵当権DがX物件から2,100万円の配当を受けることになる。

しかし、共同抵当権の目的不動産の一部のみが先処分された場合、先処分の時点では残存不動産がいくらで処分できるか不明であるため、上記の配分ルールを適用するのは不可能である。このため、先処分された目的不動産については、残存不動産との間に共同抵当権の関係がないと仮定した配当がなされる（同条2項前段）。そうすると、設例のケースでは、同時処分であればX物件から1,400万円しか配当を得られないはずの乙銀行根抵当権AがX物件の先処分により3,000万円の配当を得られる半面、同時処分であれば2,100万円の配当が得られたはずの甲銀行根抵当権Dが500万円しか配当を得られないという不都合が生じる（後にY物件を処分した時点でも、Dの先順位に処分価額を上回る極度額のBおよびCが設定されているため、Dの配当はない）。

(b)　異時処分の場合の調整ルール

上記の不都合を解消するため、民法は、共同抵当権の目的不動産が異時処分される場合、後処分された目的不動産の配当によって調整することとしている。具体的には、先処分において、その代価から同時処分の場合の配当額を上回る額の弁済を受けた抵当権者の次順位の抵当権者は、先順位抵当権者が同時処分の場合の配当ルールに従い後処分された不動産の代価から弁済を受けるべき金額を限度として、その抵当権者に代位して抵当権を行使することができる（「次順位（後順位）抵当権者の代位権」という。同法392条2項後段）。

これを設例のケースに当てはめると、Y物件の処分において、X物件から3,000万円の配当を受けた乙銀行根抵当権Aはゼロとなり、X物件から500万円の配当しか受けられなかった甲銀行根抵当権Dは、同時処分の場合にAが得られるはずであった1,600円を上限としてAに代位できる。このため、X・Y両不動産の処分により、乙銀行根抵当権Aは総額3,000万円、甲銀行根抵当権Dは総額2,100万円の配当を受け、同時処分の場合と同じ結論が導かれる。これに反し、代位の対象となる残存物件の処分において先順位者が

第4節　担保の確認　137

後順位者の優先額について配当を受けた場合、先順位者は後順位者に対して不当利得返還債務を負担することとなる（最判平4.11.6民集46巻8号2625頁）。ただし、すべての目的不動産について一括競売が申し立てられていない限り、当該抵当権者（設例の甲銀行）が次順位抵当権者の代位権やこれにかわる不当利得返還請求権を行使しない場合、上記ルールによる回収ができるとは限らない（あくまでも自助努力である）ことに留意が必要である。

　なお、次順位抵当権の代位権者は、代位されるべき抵当権の登記に代位の付記登記をすることができる（同法393条、不動産登記法91条1項）。代位の付記登記は理論上、代位権の第三者対抗要件となりそうであるが、判例は、たとえ共同抵当権の登記に付記登記がないためにそれが抹消されても、代位されるべき共同根抵当権の目的物について、第三者が新たに利害関係を取得するまでの間は、代位により抵当権を行使できるとしている（大決大8.8.28民録25輯1524頁、大判昭5.9.23法律新聞3193号13頁）。

第 5 節 | 回収資源の確認

1 回収資源発見のための方策

　金融機関としてあるべき債権回収の姿勢は、融資先や保証人に任意で債務を履行させることであるが、これらの者は、たとえ弁済に誠実であったとしても、わずかに残った財産を銀行に知られると、強硬な取立てを受けるのではないかと思い込み、どうしてもそれを隠そうとするのが常である。このため、単に弁済を督促するだけでは債権回収の実効性が期待できず、融資先や保証人の資産調査を行い、回収資源として特定の財産を絞り込んで強制回収（仮差押え、強制執行等）を行ったり、強制回収が可能であることを交渉カードとする任意弁済交渉を行ったりする必要がある。

　近時は、融資先が経営破綻した場合、弁済に誠実な融資先や保証人は、主債務の整理手続は法的整理（破産手続等）または準則型私的整理手続（中小企業の事業再生等に関するガイドライン等）、保証債務の整理手続は準則型私的整理手続である経営者保証に関するガイドライン（融資先や保証人が任意で開示した財産の範囲内で一定の弁済（ゼロ弁済の場合もあり）を行ったうえで残債務を免除する手法（第3章第4節参照））を利用することによって、銀行による強硬な取立てを回避できるようになっている。このため、現在の債権回収実務では、回収資源発見のための融資先・保証人の資産調査の重要性や頻度は減少している。

　しかし、融資先や保証人のなかには、ひたすら財産隠匿による債務踏倒しに汲々としたり、融資先の整理を投げ出してひたすら逃げ回ったりするなど、誠意のかけらもない者も少なからず存在する。このような者に対しては、従来どおりの追及を行わなければならないので、回収資源発見のための

融資先・保証人の資産調査、および発見した回収資源からの確実な回収のノウハウは維持し続けなければならない。また、債務者・保証人が不誠実でなくても、経営者保証に関するガイドラインに基づく保証債務整理手続の利用要件である主債務者の法的整理手続または準則型私的整理手続の費用を捻出できなかったり、保証人の経営者保証に関するガイドラインに基づく保証債務整理手続費用が捻出できなかったりして、債務を免除できないため、その履行を求めなければならない残念な事例はいまだに多い。このため、無税直接償却に向けた調査・回収活動のノウハウも維持し続けなければならない。

融資先・保証人の資産調査は、相手が隠そうとしているものを発見しようとするのであるから、相当の努力が必要になる。そこで、その発見方法の一例を示すこととする。

(1) 企業（主に融資先を想定）の場合

会社などの法人や事業を営んでいる個人の財産の種類や多寡は、業種、規模、業歴などによって異なるが、一般個人に比べれば、回収資源探索のヒントとなる情報が多いこともある。

a 財務諸表（特に勘定科目明細書）、帳簿等

企業の資産は、融資実行の際や決算期ごとに提出を受けている財務諸表（決算書等）で確認できることが多いが、定例的な財務諸表の提出がなかったり、定例的な財務諸表の提出があっても勘定科目明細書（科目内訳）が添付されていない、粉飾がなされているなど資産状況が確認できなかったりすることも多い。この場合、企業は、会計帳簿を作成することが義務付けられているので（会社法432条、615条）、それを調査することで資産内容を知ることができる。

また、仮に帳簿が粉飾されていたとしても、倒産に至るような企業の粉飾は、架空の資産を計上することはあっても、実際に有している資産を計上しない例は少ないので、計上された個別の資産が存在するか否かを確認するという手法で調査することができる。もっとも、融資先が上場企業でない限り、自発的に帳簿を開示してくれなければ調査はできないので、融資先と交渉を重ね、帳簿による調査ができるよう努力すべきである。

ただし、融資先が自発的に帳簿を提出してくれなくても、財務諸表（特に勘定科目明細書）を入手している場合は、これを利用した回収資源の調査が可能である。帳簿等と同様、たとえ粉飾されていても、架空の資産を計上することはあっても、実際に有している資産を計上しない例は少ないので、「あるべきものがあるか」を確認する。

　なお、次のとおり、貸借対照表や勘定科目明細書からのアプローチも実施すべきである。

(a)　**貸借対照表からのアプローチ（過去3期分の決算書の連続性を確認）**

　まず、貸借対照表の科目ごとに3期分比較し、資産・負債に不自然な増減がないかを精査する。次に、不自然な増減がある場合、勘定科目明細書により当該資産・負債の内容を特定する。そのうえで代表者、経理担当者等から上記原因を聴取し、その増減が資産隠匿、詐害行為等に該当しないか検討する。その結果、資産隠匿、詐害行為等に該当する場合は、法的手段の可否を検討する。

　なお、関連会社の決算書等を入手できる場合は、関連会社の決算書等との整合性も検証する。

(b)　**勘定科目明細書からのアプローチ——勘定科目明細書は「宝の山」**

　勘定科目明細書には、いざ強制執行をするという場合に執行の対象となる資産が多数記載されている。上記(a)で見逃した資産隠匿がないか、過去3期分はチェックする。

　執行対象として有望な資産には「預金」「売掛金」「不動産」「敷金・保証金」「保険」「投資有価証券（国債、株式、投資信託受益権等）」「ゴルフ会員権」「貸付金」等がある。なお、売掛先と買掛先との両方に記載がある会社で、取引額が端数のない大まかな数値の場合は、親睦の深い会社と考えられる。この場合、当該取引先が有望なスポンサーとなりうる可能性もあるが、水増しや数字合せのための架空取引である可能性もある。架空取引の場合は、強制執行しても空振り（費用倒れ）となるので注意する。また、不動産が賃貸物件の場合、賃料債権も有望な執行対象物となる。

第5節　回収資源の確認　141

b　確定申告書、青色申告書の写し

　確定申告書を入手している場合、株主構成や同族会社か否かがわかる。判明した株主等を調査することにより、思わぬ回収資源を見出せることもありうる。また、青色申告は、一定の帳簿の記載と、不正記載をしないことを要件として（所得税法150条、法人税法127条等）、他の納税者に比べいくぶん有利な扱いがなされている（所得税法52条、法人税法57条等）ので、その申告書と添付される勘定科目の明細書の写しを確認することも、資産の内容を知るのに便利である。定例的な確定申告書、青色申告書の写しの提出がない場合、本人の協力が得られなければ入手は困難であるが、多少古いものでも回収資源を知るためには十分役に立つので、過去に提出を受けていないか探してみるべきである。

c　地図による調査（図表26参照）

　対象先が法人の場合、地図をみるだけで当該法人の規模がイメージできる。特に自店で与信取引のない商手・担手支払口や法人保証人の調査で威力を発揮する。

　よく、対象先の会社名の横に別の会社名が並んでいることがある。たとえば対象先が甲野産業で、甲野不動産が横にある場合、甲野不動産は甲野産業の関連会社である可能性が非常に高いので、甲野不動産の商業登記情報を取

図表26　住宅地図の例①

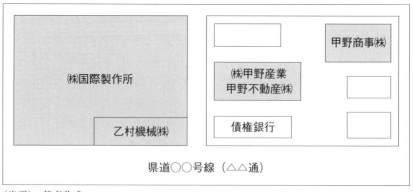

（出所）　筆者作成

得して、役員に関連はないか確認する。同じ敷地内や近隣に似たような会社名（たとえば甲野商事）の記載がある場合も同様である。隣に債権銀行があるので、甲野産業は債権銀行との取引がある可能性が高いといえる。

　また、大きな会社の敷地内や近隣に対象先がある場合、たとえば対象先が乙村機械で近隣に国際製作所があるケースでは、乙村機械は国際製作所の関連会社か下請先の可能性が高く、下請先の場合は国際製作所への売掛金が差押対象となる。また、売掛金が差し押さえられた場合、乙村機械は国際製作所に取引停止される可能性があるので、乙村機械の譲歩を引き出せることになる。

　このように、地図による調査結果から仮説を立てて実地調査に臨むと効果的である。

d　事業所（事務所、店舗、工場等）

　現地調査においても、「情報収集⇒分析⇒仮説を立てる⇒情報収集」のサイクルがポイントである。

　「在庫」「ホワイトボード」「机の上」「カレンダー」「置物」「ライター」等によって、調査対象先の取引先情報を入手する。入手した取引先情報に基づき、次の点を検討する。

　　①　仮差押対象資産の有無を確認し、対象資産を発見した場合は、仮差押申立てに必要な財産の特定を行う。

　　　　対象資産が債権（売掛金等）の場合、債権の種類や第三債務者名（取引先名、取引銀行等）等を調べる。

　　②　調査対象先が営業継続している場合は、上記 c の国際製作所のようなウィークポイントとなる取引先を見つけ、以後の交渉での譲歩を引き出す材料とする。このような取引先は、調査対象先の事務所等で「特別扱い」されている顧客であり、スポンサー候補となる可能性もある。

　調査対象先が営業継続している場合は、社内が整理整頓されているか、従業員の年齢層はどうか、活気はあるか等を確認する。特に、法人保証人等を調査対象としている場合は、この点が重要ポイントである。

e 信用調査機関の利用

信用調査機関の利用は机上調査の定番である。信用調査機関を利用すると、かなりの確率でデータを収集することができるが、その正確性に限界があることや、費用と時間がかかることに留意が必要である。得られる情報は、住所、社名、電話番号、評点、代表者名、役員名、株主名、業種、支店、取引銀行、取引先、決算推移、業界順位、代表者のプロフィール・住所等である。コストを惜しまなければ、企業や代表者の経歴や現在の事業の状況等に関する情報をより深く詳細に入手することができるが、どこまで調査するかは費用対効果を勘案して決定することになる。信用調査機関とネット上で動作する専用ソフトの利用契約をしている場合、信用調査機関のデータベースを活用できる。たとえば個人債務者を調査する場合、代表者名等のデータを入力して検索すると、仮に当該債務者が会社経営をしている場合、法人の情報がヒット（関連会社をもっている場合もヒット）する。

信用調査機関の調査を待っていられない場合は、当該信用調査機関で以前にその企業について調査した資料があれば、その資料を活用するのが効果的である。対象先がある程度の企業であれば、以前の調査資料がある可能性があるので、念のため信用調査機関に照会してみる。

f 貸出ファイルに編綴された融資先等からの提出資料

銀行は、融資先から、融資の申込みを受ける際あるいは決算期ごとに、貸借対照表、損益計算書などの財務諸表を受領し、その説明を受けている。これら財務諸表はもちろん、会社の事業概況を示したパンフレット、事業計画、増資目論見書および個別の融資案件ごとに稟議書に添付した資料など、貸出ファイルは回収資源探索のための情報の宝庫であり、最大限に活用すべきである。

これらの資料のなかでも、貸借対照表の借方勘定は、企業のすべての資産を計上するから、その各科目の内容を詳細に確認していく。貸借対照表の資産勘定からの確認方法は、次のとおりである。

(a) 不動産

土地・建物などの不動産は原則として登記されているので、登記事項証明

書や登記情報等で確認する。不動産は数カ所に分散して存在することもあるから、本社、工場、営業所はもちろん、寮、保養所なども住宅地図等により調査する。他行等の（根）抵当権登記（抹消ずみのものも含む）に「共同担保(あ)○号」のような記載がある場合、少なくとも他の不動産と共同担保となっているので、必ず「共同担保目録」を取得する。これにより自行が把握していなかった融資先・保証人等の所有不動産が新たに判明する可能性がある。

　この場合、所有名義が当該融資先等と異なっていても、名義人間の関係を追跡調査することで、思わぬ情報を入手できる可能性がある。また、住宅地図では役員、従業員の名義となっていても、社宅であることもあるので、念のため登記事項証明書により確認する。工場のように、同一敷地内に数個の建物がある場合は、そのうちに未登記物件はないかを確認する。これは、敷地の公図に、一つひとつの建物を記入していくと容易である。

　なお、融資先・保証人等の使用している建物や土地が他人名義となっている場合は借家権、借地権があり、賃貸人に対して敷金、保証金、建設協力金などの名目で支払われた資金がないかを、貸借対照表や科目内訳等で調査する。

(b)　機械、設備

　工場の機械・器具、設備について、少なくとも高価であると考えられる物は、工場で現物をみることで、貸借対照表・科目内訳、償却資産台帳等と比較しながら確認する。特に3条目録（工場抵当法3条）の目的や工場財団の組成物件となっている場合は、現物と突合し、目録等に記載された物件の存在や記載漏れの物件（新しい機械等であることが多い）の有無を確認する。

　また、機械、設備等がリース物件、所有権留保物件または譲渡担保物件でないか注意する。リース物件等であってもそのことを知らずに引渡しを受ければ、即時取得（民法192条）が成立するが、単に譲渡担保契約を締結しただけとか、差押えしただけでは、所有権者、質権者または譲渡担保権者によりその効力を否定されることがある（民事執行法38条1項）からである。

第5節　回収資源の確認　145

(c)　売掛金、工事請負代金

　売掛金、工事請負代金は、調査対象先企業が営業により取引先に対して有する債権であるから、差押え（この段階では債務名義を有していないことが多いので、その場合は仮差押え）の対象となる。金額的には相当の額になるが、流動性が高いため回収ずみであったり当該企業の資金調達のため譲渡・質入れされたりすることが多い。残っていたとしても他の債権者も目をつけるため、迅速に確保する必要がある。売掛先が多いと他の債権者が見落とすこともあるので、念のため細かく調査する。資料に記載されている売掛金、工事請負代金等が回収ずみであっても、資料上の第三債務者（売掛先等）に対して新たな売掛金、工事請負代金等が発生している可能性もある。また、資料に記載されていない第三債務者を調査するため、自店預金担当や為替担当の協力を得て、過去半年〜1年程度にわたり調査対象先企業から受け入れた手形・小切手の振出人や当該企業の預金口座への振込人を調べるという方法も実施すべきである。これらの方法と並行して上記d（事業所）の現地調査や下記g（インターネット）の調査によって第三債務者となりうる者を探索する。

　ただし、せっかく売掛金、工事請負代金等を（仮）差押えしても、当該債権の第三債務者に支払能力がなかったり相殺ずみ・返品ずみ・支払ずみなどの抗弁を主張されたりするおそれがある。このため、調査の結果、（仮）差押可能な売掛金、工事請負代金等を発見した場合、第三債務者の信用も十分に確認すべきである。

(d)　預金、積金

　調査対象先企業が他の金融機関に有する預金や積金も重要な回収資源となる。ただし、当該企業が融資を受けている金融機関の預金は相殺され、（仮）差押えしても空振りとなる危険性が高いので、当該企業が融資を受けていない金融機関を発見しなければならない。平常時に他行借入残高表や他行預金残高表の提出を受けている場合は、当該企業が融資を受けていない金融機関の発見は容易であるが、提出を受けていない場合は、上記d（事業所）の現地調査や下記g（インターネット）の調査によって、当該企業が融資を受け

146　第1章　延滞・倒産発生時の初期対応

ていない金融機関を探索する。

(e)　商品、原材料

小売業では店頭の商品が、卸売業では倉庫内にある商品が、製造業では工場や倉庫にある原材料、半製品、仕掛品、製品などが回収資源となる。倉庫内にある商品などは、施錠が確かであると一般債権者も手を出せず、相当量のものが安全に保管され残っていることもあるが、特に商品や製品は流動性が高く、しかも他の債権者もあてにするので、早急に手を打つ必要がある。

ただし、上記(c)同様、当該企業の資金調達のため譲渡・質入れされたりすることがあり、そのことを知らずに引渡しを受ければ、即時取得（民法192条）が成立するが、単に譲渡担保契約を締結しただけとか差押えしただけでは、質権者または譲渡担保権者によりその効力を否定されることがある（民事執行法38条1項）ので注意が必要である。

(f)　そ　の　他

上記のほかにも自動車、保険、投資有価証券（国債、株式、投資信託受益権等）、ゴルフ会員権、貸付金、出資金等、相当の価値があるものもあるので、それらの財産についても見逃さないようにする必要がある。

このうち出資金は預金と、貸付金は売掛代金と同様の対応となる。自動車、保険、投資有価証券（国債、株式、投資信託受益権等）、ゴルフ会員権については下記(2)を参照されたい。

g　インターネット

インターネットでの検索は、調査対象先がホームページをもっている場合は、コストや手間はあまりかけずに簡単に調査することができる。調査対象先のホームページが発見できれば、自行が把握していなかった業務内容等（支店・営業所等の情報も含む）の情報や関連会社情報等を入手できるだけでなく、第三債務者となりうる「取引金融機関」や「取引先」、商品等を保管している「倉庫」等、債権保全に必要な情報を入手できる可能性がある。

また、調査対象先がホームページをもっていなくても個人名や会社名で住所をある程度絞って検索すれば、なんらかの情報がヒットする場合もある。検索の仕方は、いくつかのキーワードを並べて検索し、後は一つずつ閲覧し

ていくという地道な作業であるが、意外となんらかの情報にヒットすることがある。なお、特許庁のホームページで特許の有無を調べる等、調査対象先と関係しそうな官庁関係のホームページを調べると、思いもよらない情報を入手できる可能性がある。ただし、どの検索サイトで調査するかによって、情報のヒット率は違うことに留意が必要である。

(2) 個人（主に保証人を想定）の場合

個人（融資先となる個人事業主を除く）については、企業のように融資時点およびその後定期的に財務諸表（決算書等）の提出を受けているわけではないので、財産状況は契約時の自己申告によるものしか把握していないのが一般的である。そこで初期対応段階であらためて財産状況を調査することになるが、一般的な調査方法は次のとおりである。

a 地図による調査（図表27参照）

調査対象先が個人の場合、居宅は一戸建てか、マンションか、アパートかを地図の表示をみて確認する。

一戸建てで地図の表示が対象先の姓と同じであれば、自宅不動産を本人か家族が所有している可能性があるので、不動産登記簿謄本で所有者や担保設定状況等を確認するとともに家のかたちや大きさ、道路付け等から不動産価値を推測する。近隣の家が調査対象先と同姓の場合、親族の可能性がある。

図表27 住宅地図の例②

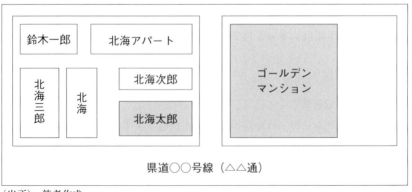

（出所） 筆者作成

親族は後述 2 (2) b のとおり支援者となってくれる可能性がある。ただし、このような場合、一般的に流通性が劣り、特に地方では売却しづらいこともある。

　マンションの場合、部屋番号およびマンション管理規約別表（区分所有法3条、4条、67条）の有無を確認する。賃借の場合、駅からの距離・建物の規模・当地の賃料相場等から大まかな賃料を推測することで、対象先の生活水準を予想できる。また、賃貸物件の場合、同様の方法で推測した賃料と戸数等から大まかな収支を予測する。

　このように、地図による調査結果から仮説を立てて実地調査に臨むと効果的である。

b　自　　宅

(a)　事前準備

　本人が居住している土地・建物について、登記事項証明書や登記情報等を所得してその所有権を確認する。最近住所が変わっていれば、前の住所の土地・建物も念のため調べる。土地・建物について本人所有の登記記録があった場合の対応は、企業と同様（上記(1) f (a)参照）。

(b)　実地調査

　調査対象先の自宅へ行くと、その生活状態が大まかに把握できる。たとえば借家の場合でも、固定費である家賃を相場から推測することで生活水準がわかるし、高級車（自動車は差押対象資産である）に乗っているようであれば生活水準が高いことが推測される。なお、玄関にテレビカメラが設置されている場合、普通の人物でないこともあるので注意する。

　自宅のなかに入ることができた場合、差押対象資産（高級絵画・骨とう品等）がないか、整理整頓されているか等をチェックする。整理整頓された家であれば、対象先本人が金銭的にルーズであっても配偶者はしっかり者かもしれないので、その後の交渉は配偶者がキーマンとなる可能性がある。ただし、その場合、契約当事者以外への請求行為は違法行為となる危険性が高いので、必ず契約当事者を同席させて交渉する必要がある。

第 5 節　回収資源の確認　149

(c)　近隣住民からの情報収集

　近所の人はみていないようでよくみているものである。特に年配の方や主婦等は、近所付き合いが多く、だれがどこに勤めていて、何時に家を出て何時に帰宅するか、生活状態はどうか等を詳しく知っていることが多い。守秘義務・個人情報保護義務に反しないよう十分な注意が必要であるが、思い切って聞いてみると意外な真実が浮かび上がる可能性がある。都市部のマンション、アパート等の場合はむずかしいかもしれないが、「（当方が）怪しい人物」という印象さえ与えなければ、結構何でも（時には聞いていないことまで）教えてくれる。特に対象先が評判の悪い人物の場合、積極的に教えてくれる傾向がある。

　なお、調査対象先が行方不明である場合、近隣調査（最低2軒で聴取）による調査報告書が、無税直接償却を行う際に必須となることに留意が必要である。

c　縁故地の不動産

　出身地、本籍地、その他以前に滞在していた場所があれば、その地に不動産（土地、住宅、別荘、マンション等）を所有していることがあるので、自宅の場合に準じて確認しておく。

　特に出身地や本籍地には調査対象先の相続登記未了の不動産があるケースも散見され、このような不動産は抵当権など第三者の権利が付着しておらず有望な回収資源となりうることが多いので、見落とさないよう注意が必要である。相続登記未了の不動産であっても債権者代位による相続登記（民法423条の7、不動産登記法59条7号）をすることで、容易に（仮）差押えを行うことができる。

d　生計の収入源

　調査対象先が、生計を維持するための月給、年金、賃料、報酬などの収入をどこからどのように入手しているかを確認することは、弁済計画の策定や無税償却処理を行うにあたって必須の作業である。基本的には、確認した収入源に基づき任意での弁済計画を策定・履行してもらうため、収入源について強制回収を行うことはない。

ただし、調査対象先が不誠実な場合には、当該収入源を（仮）差押えすることや、当該収入源に対する（仮）差押えの可能性を交渉カードとして有利な回収交渉を進めることはありうる。

e　電話、自動車

電話、自動車等に対する仮差押え・強制執行等は費用倒れとなる危険性が高い（特に自動車は売却までの間の保管料が高額であるため、よほどの高級車でなければ強制回収する意味がない）。このため、これらを発見しても、直ちに（仮）差押えすることが適当であるとはいいがたい。ただし、本人にとって必要があって所持しているのが普通であるから、（仮）差押えの可能性を交渉カードとして有利な回収交渉を進めることも考える。また、電話を確認しておくと常時本人との間で連絡がとりやすくなるので、気心が通じ合うようになり、回収への手がかりとなることが多い。

なお、自動車は、使用自動車の登録番号を確認し、陸運局（支局）の登録原簿を閲覧する。その際、使用者と所有者および担保権の登録の有無も確認しておく。

f　家財道具、骨とう品、貴金属等

家族の生活必需品や職業上どうしても必要な財産などは（仮）差押えが禁止されている（差押禁止動産：民事執行法131条）。差押禁止動産以外の家財道具等は（仮）差押えすることができるが、実際に銀行が回収資源とするのは特に高価な骨とう品、貴金属、絵画等である。これらの物の有無は、自宅訪問時に確認しておく。

g　ゴルフ会員権

調査対象者のなかにはゴルフ会員権を所有している者も少なくない。ゴルフ場によって相当な違いはあるが、案外高価なものもある。ゴルフ会員権を回収資源とするためには、どこの会員権であるか特定しなければならないので、本人が最もよく利用するゴルフ場を調査し、同業者などから、本人が会員権をもっているか聞き出すといったことが考えられる。

h　預貯金、保険、有価証券等

預貯金、保険、有価証券等は不動産に次いで有望な回収資源である。

第5節　回収資源の確認　151

このうち預貯金については、自宅に貼られているカレンダーや置かれている金融機関の贈答品、必要に応じて、弁護士会照会（23条照会。弁護士法23条の2第1項）を行うしかないが、調査対象者が経営者保証人である場合は、融資先の融資取引銀行に口座を有しているのが一般的なので、（相殺される可能性が小さい）融資取引のない金融機関を調査する。保険については、自行で保険料の払込みをしていれば容易に確認できるが、他行で払込みしている場合は預貯金と同様の調査方法となる。

有価証券については、現物の場合（強制執行するには執行官による現物の占有が必要）は保管場所または保護預り機関（証券会社等）を、振替株式・社債等については振替機関を特定できるよう調査する。

また、自宅訪問時に、銀行等、保険会社、証券会社等から送付された郵便物がないかにも注意を払うべきである。

なお、一定の要件を充足すれば、預貯金取扱金融機関や振替機関などに対しての情報開示を求めることもできる（民事執行法207条1項）。

2　登記情報から何を読み取るか

(1)　商業登記を「読む」

商業登記情報は与信のない法人保証人・商担手支払口・関連会社、保証人勤務先等の調査に必須の資料である。一般的には「履歴事項全部証明書」で調査するが、登記情報で確認できない過去の情報は「閉鎖登記簿謄本」で調査することとなる。

a　商　　　号

会社法では、旧商法の類似商号規制が撤廃されている。このため、同一住所地でない限り、同じ商号の会社を設立できる（1番地違いであれば、同一商号の会社を設立することができる）ことに注意が必要である。極端な例をあげると「自行根抵当権の債務者が倒産した貸出先とは「1番地違いの別法人」であるため、担保権の実行ができない」という話も理論上はありうることになる。また、類似商号規制撤廃により有名な会社の商号を自由に使えることにも注意が必要である。

この点につき、会社法8条1項は「不正の目的をもって、他の会社である
と誤認されるおそれのある名称又は商号を使用してはならない」としてお
り、類似商号を使用された会社からの商号使用差止請求（会社法8条2項）
や損害賠償請求（民法709条、不正競争防止法4条）が可能である。しか
し、「不正の目的」とは「不正競争」のことを指すので「銀行を騙す目的」
や「債務逃れ」「資産隠匿」等はここでいう「不正の目的」には該当しない
ものと解されるので注意が必要である。

b　所　在　地

　債務逃れや強制執行を免れるために会社住所を頻繁に変更する悪質な債務
者もいるので、本店移転の登記がある場合、過去にさかのぼって隠された情
報がないか調査する。

c　設立年月日

　上記aのような事態に陥らないよう、設立年月日の確認は重要である。会
社の設立年月日は個人でいえば生年月日であり、同姓同名で生年月日まで同
じということがほとんどないのと同じで、同一商号で設立年月日が同じ別会
社ということはほとんど考えられない（悪意で設立しようとしても、登記申
請の際、法務局で怪しまれる）。

　ただし、設立年月日が古くても、休眠会社を買い取って歴史のある会社に
見せかけるということはよくあるので、設立年月日に惑わされないことも必
要である。

d　目　　　的

　業種が風俗系や金融業である会社や、やたらに多くの「目的」（登記事
項）が記載され何が主業か判別できないような会社は反社会的勢力の会社
（企業舎弟）やペーパーカンパニーである可能性があるので注意が必要であ
る。特に貸金業者でないのに「金融業」が「目的」欄に登記されている場合
は要注意である。

e　役　　　員

　融資先の代表者または保証人が役員として登記されていなくても、登記さ
れている役員の姓が代表者・保証人等と同じ場合、親族の会社であることが

第5節　回収資源の確認　153

推測される。債務を逃れるために、故意に妻や息子を代表者としながらも、実質は代表者・保証人等が会社のオーナーであるというのはよくある話なので、就任日等も一通り確認する。役員欄のなかに代表取締役だけは必ず自宅住所の記載があるので、現住所と相違していないか確認するとともに自宅住所地の不動産登記簿も確認するなどして情報収集に努めるべきである。

なお、代表者や役員構成等が一斉に変わっている場合は「会社の売買」「乗っ取り」等の可能性もあるので注意が必要である。

f　その他

支店が登記されている場合は、その住所地を地図で確認してから、不動産の所有も確認する。

(2)　不動産登記を「読む」

不動産登記事項証明書からは所在地、面積、所有者等の基本情報のほかにも多くの情報を入手することができる。

a　表題部（物理的状況）

土地の場合、「所在」「地番」「地目」「地積」「原因及びその日付」「登記の日付」が記載されている。自行担保物件の場合、「原因及びその日付」は要チェックである。自行担保物件（特に信用保証協会条件担保は保証免責に直結しかねないので要注意。以下同じ）の場合、「原因及びその日付」の欄に「○○番から分筆」という記載を見つけたら必ず最新の公図または地積測量図で物件の配置を確認する。「接道しているはずの土地」が「実は袋地（盲地）」である危険性があるからである。具体的な事故事例は本章4節3(1)を参照されたい。

建物の場合、「所在」「家屋番号」「種類」「構造」「床面積」「原因及びその日付」「登記の日付」「付属建物」が記載されている。自行担保物件の場合「原因及びその日付」の欄で増築等の有無とその日付、前後の床面積等をチェックするとともに、図面や現地調査の結果と照合し、未登記の増改築がないか確認する。増築部分が区分登記されたり、大改築・大改装が行われ現存建物との間に同一性が認められなくなったりして、当該部分に自行担保権が及ばないという危険性がある（他の債権者の担保物件の場合は、逆に回収

154　第1章　延滞・倒産発生時の初期対応

資源を発見できる）。建物の所在や家屋番号と、敷地（と思われる土地）の所在や地番との整合性も、図面等と照らし合わせて確認する。建物が敷地（と思っていた土地）からハミ出ている危険性があるからである。

b　甲区（所有権等の状況）

無断で譲渡（仮登記も含む）されていないか、仮差押え・差押え等がないかをチェックするのは当然であるが、融資先（または物上保証人）がいつ・どのようにして所有権を取得したのか（「売買」か「相続」か「贈与」か）の確認も重要である。

(a)　取得原因の確認

「売買」で所有権移転している場合、一番抵当権の設定状況と当時の不動産の流通価格を比較することによって購入時の財政状況が予想できる（特に個人）。

たとえば時価3,000万円の不動産に2,000万円の抵当権設定されている場合、自己資金は1,000万円であったと想像できる。通常、不動産購入のために所有資産全額を自己資金として投入することは考えづらいので、時価と抵当権設定額との差額から現在の資産状況（当該不動産以外）が推定できる。

「相続」で所有権移転している場合、共有者が融資先（または物上保証人）の親族であることと、その住所地も把握できる（均等に所有権移転している場合、共有者が兄弟姉妹である可能性が高いことが推定できる）。また、いったん法定相続割合で相続登記がなされ、その後に抵当権設定者の単独所有となっている場合、遺産分割協議の内容（他の相続人とどのような精算方法により単独所有としたか）を聴取することで、相続時の資産状況を推定できる。

(b)　親族情報の重要性

一般的に債務者や物上保証人にとって親族はいちばん有力な支援者であり、親族からの支援によって債権回収が実現するケースはしばしばみられる。そこで、取得原因に係る関係者や登記事項証明書の乙区に登場する関係者に所有者（融資先または保証人）の親族がいる場合、所有者との交渉時に、親族からの支援が可能かどうか聴取する際の予備的情報（話の取っ掛か

第5節　回収資源の確認　155

り）として効果がある。ただし、銀行が債務者等に対して親族からの支援を強要することは「違法行為」となりかねないことに注意が必要である（銀行が親族に対して直接弁済交渉を行うのは論外である）。

また、ここで登場する親族は所有者が行方不明の場合等の情報収集先となりうるので、活用すべきである（ただし、守秘義務違反とならないよう注意が必要である）。

(c) 第三者に所有権が移転されている場合

不動産が妻などに贈与または売買で所有権移転している場合、状況によっては詐害行為取消権（民法424条1項）を行使して、当該不動産の所有権を元に戻すことを検討しなければならない。なお、「処分禁止の仮処分」が登記されている場合、他の債権者が詐害行為取消訴訟を提起している可能性が高いと考えられる。

（根）抵当権がついたまま第三者に所有権移転されている場合、差押えを免れるためか、高利金融業者の譲渡担保となっている可能性がある。

(d) 仮差押え・差押え

仮差押えおよび差押えも甲区に登記される。差押えには「一般債権者からの債務名義（判決等）に基づく差押え」「租税滞納処分による差押え」「担保権者からの担保不動産競売申立による差押え」がある。（仮）差押登記後、短期間で解除されている場合、債務者等の特徴として次のことが推察できる。

　　○　差押え等の強制執行をすれば比較的すんなり支払う性格（「交渉では支払に応じないタイプ」「きわめてルーズな性格」等）であること。

　　○　先祖代々の土地である等、当該不動産に特別の愛着をもっていること。

この場合、当該不動産に担保余力がなくても、債務者等にとって当該不動産に（仮）差押えされることが最大のウイークポイントである可能性がある。

なお、すでに競売開始決定の登記がされている場合、担保権者との交渉が決裂していることは容易に想像できるが、所有者が「行方不明」「任意売却

156　第1章　延滞・倒産発生時の初期対応

に非協力的」等であること、または「物件に魅力なし」「占有者、留置権者等の存在」等の可能性も検討する必要がある。

c　乙区（所有権を制限する権利等の状況）

担保の設定状況はどうか、用益物権の設定がないかをチェックする。

(a)　高利金融業者借入れ等の発見

金融機関の担保設定から取引銀行がわかるのは当然として、金融機関以外（特に個人名）の担保設定がある場合は、高利金融業者からの借入れ（または物上保証）の可能性がある。また、金融機関以外の（根）抵当権設定「仮登記」がある場合、担保権者が金融業者であることがほとんどであるといわれている。仮登記は本登記よりも設定費用が安いため、将来の任意売却時に「担保解除料」を請求することを目的に、余力のない不動産に仮登記設定するのが高利金融業者の常套手段である。なお、高利金融業者から借入れしても担保権の登記だけは拒絶する債務者が多いと聞く。登記してしまうと高利金融業者からの借入れが外部に知られ信用不安が表面化するからである。それを承知のうえで登記するということは、きわめて末期的な状態にあるということを意味する。また、保証協会の代位弁済による（根）抵当権移転登記がある場合もすでに末期的な状況といえ、高利金融業者からの借入れがある可能性が否定できないことが多い。

余談であるが、商社等の信用調査では、抵当権者の住所を頼りに電話番号を調べ「手形を割ってほしいのですが……」という電話をかけ、「え、何かの間違いでは」といってくるかどうかで金融業者かどうかを確認するとのことである（銀行員は、特別の事情がない限り、ここまでする必要はない）。

(b)　他担保権者との関係

住宅ローン等で普通抵当権が設定されている場合、通常は設定額が約定弁済により減少していくので、「設定時期がいつか」により抵当権の被担保債権残高を推測する。

所有者が個人で（根）抵当権の債務者に法人名が出ている場合、（根）抵当権債務者は所有者が経営している法人である可能性がある。また、所有者が法人で（根）抵当権債務者が違う法人名である場合、（根）抵当権債務者

第5節　回収資源の確認　157

は所有者の関連会社である可能性が高いといえる。このような場合、（根）抵当権債務者の商業登記を調査して、関連性を把握する。

(c) 過去の情報

過去の情報（抹消された登記事項）に目を向けることも重要である。融資先・保証人等の自宅住所地の不動産登記情報を調査すると、過去に本人が所有しており売却等により所有名義が変わっていることがあるが、過去の抹消された記載事項から思わぬ情報が読み取れる場合がある。たとえば行方不明となっている保証人の自宅住所地の不動産登記上に過去に抹消された根抵当権の記載があったため、根抵当権の債務者（関連会社）について追跡調査したところ本人の連絡先が判明したというケースもある。

(d) 共同担保目録の有無

他行等の（根）抵当権登記に「共同担保」の記載がある場合、必ず「共同担保目録」を取得する。自行が把握していなかった債務者・保証人等の所有不動産が新たに判明する可能性があるからである。なお、所有名義が当該債務者等と異なる場合であっても上記同様、関係を追跡調査することで思わぬ情報を入手できる可能性がある。

(e) 用益物権の有無

乙区には、担保権のほか「地上権」「永小作権」「地役権」等の用益物権や「賃借権」など、物件の利用を制限する権利が登記されていることがあるので、見落しがないよう注意が必要である。

3　対面調査のポイント

対面調査の手法を解説する。なお融資先、保証人等と面談する際「いった」「いわない」というトラブルを回避したり、訴訟となった場合の証言を有利にしたりするため、銀行側は「複数対応」とすることが大原則である。

(1)　融資先（法人の場合代表者）に対する事情聴取

倒産発生時、その責任を追及するためにも、訪問または来店依頼により、至急融資先の責任者に面接する。ただし、単に責任者の責任追及に終始するのではなく、必要な確認事項を聴取することが肝要である。融資先から聴取

する事項や留意点は次のとおり。

a　倒産原因

　回収計画策定に必要なだけでなく、自行がその倒産をなぜ予知できなかったのかを自己分析し、今後の融資管理の反省材料とするためにも重要である。

b　企業の現況

　融資先の資産・負債の現況、倒産直前までの各事業所・工場・経営状態の推移や現況を聴取する。企業の資産内容の説明・資料（帳簿等）徴求は、担保取得や仮差押可能資産を発見するため特に重要である。

c　今後の整理方針

　「法的整理か・任意整理か」「法的整理の場合、破産・民事再生等のうちどの手続を選択するか」「整理の結果、最終的にどのような状態となるか」等を聴取する。これは融資先だけで決められることではないが、融資先の意向は重要で、回収計画を立案するうえで大切な前提となる。あわせて整理方針が融資先の意向どおりとなるかの可能性も検討する。

d　要求事項の指示

　融資先に要求すべき事項はできるだけ事前に準備しておき、この機会にしっかりと要求しておく。この際、融資先に同情したり融資先の誠意を過信したりして、要求する事項に手心を加えないことが大事である。

(2)　対面調査のポイント

a　服装から何を読み取るか

　服の値段等から生活状態等を把握する。その際、ベルトや時計等の小物も安物か高級品かチェックする。着眼点は「倒産前⇒倒産直後⇒現在」で服装がどのように変化しているかである。一概にはいえないが、昭和後期から平成前期までは、銀行にスーツ等きちんとした服装で来店する人は、仕事の商談等できちんとした企業と取引している可能性が高いため、一般的に債権回収の見込みは高いといわれていた。また、きちんとした身なりで債権者との交渉の席に着こうとする人は、人間的にもきちんとしているといえるともいわれていた（残念ながら、きちんとした人間性と資力とは一致しないが）。

男性の場合「靴にはその人の生活状態だけでなく、性格が表れる」といわれており、靴は服装のなかで最後に金をかけるところなので、一般的には「高級スーツ等を着用していても、靴がボロボロの場合はただの見栄っ張り」「スーツも靴も高級品の場合は生活にある程度の余裕がある」「靴を毎日磨いている人は、性格もきっちりしている傾向が高い」ともいわれている。

　ただし、このような判断基準はあくまでも一般論としての参考情報であり、固定観念とならないように注意しなければならない。

　なお、相手の服装を交渉記録に記載しておくと、かなり時間が経ってからでも交渉内容を思い出しやすい（その場のイメージを思い浮かべやすい）ので、後日の記憶喚起のためにも相手の服装を記録に残す必要がある。また、後日相手と「いった」「いわない」の争いになったときにも、相手の当日の服装を指摘することが、当方の発言に説得力をもたせることもある。

b　態度から何を読み取るか

　対面調査を行う際、必ず相手の目や手の動きをチェックする。嘘をいっているときや、自信のないことをいっているときは、動きが何となく不自然になる。一般的に、嘘をいっているときは、あまり目を合わせようとしなかったり、目が泳いだり手が落ち着かなかったりして、体のどこかを触ろうとするからである。ただし、債権者と返済の話をしていて気持ちのよい人はおらず、ある程度動揺しているのが通常であるから、動揺しているために動きがぎこちないということもある。

　ここでのポイントは、当方が重要な質問をしたときや話が核心に及んだときの態度や動きに変化がないかを重点的にチェックすることである。なお、相手も当方の態度から何かを読み取ろうとしているので、当方の態度にも十分気をつける必要がある。

c　会話から何を読み取るか

　融資先や保証人と返済交渉している席上では、相手方は（借入れのときとは反対に）景気のよい話はしないばかりか、時には嘘もつく。しかし、嘘は必ずどこかで辻褄があわなくなるので、辻褄があわない話が出てきた場合は、何が真実なのか確認するために、必ず質問する。相手が本当のことを

いっているか、正直な人物なのかの判断は、先入観にとらわれず、会話を通して判断することが重要である。

交渉にあたっては、事前の基礎調査や情報分析を十分に行ったうえ、①平常心を失わない、②相手の人柄を見抜く、③容易に相手を信じない等、常に冷静な態度で臨むことが肝要である。そのためには、常日頃から直観力（物の本質をつかむ能力）を養成する必要がる。

(3) 保証人との面談における留意点

保証人に対する説明事項で最も重要なのは「融資先の倒産発生によって、保証人にどのような不利益が生じるか」である。特に、銀行取引約定書ひな型5条2項に基づく請求喪失の場合は、期限の利益を喪失させた理由や期限の利益を喪失したことによる影響について十分に説明しなければ「説明義務」違反となる。

しかし銀行には、「説明義務」のほかに「守秘義務」があり、個人情報保護法の規制も受ける。したがって「説明義務」を果たすうえで「守秘義務」を守ることも大変重要である。そこで「説明義務」と「守秘義務」とを両立させるためにはどうすればよいか検討する。

a 説明義務の観点からの検討

民法は、債権者（銀行）は、主たる債務者（融資先）の委託を受けた保証人の請求があったときは、保証人に対し遅滞なく主たる債務の元本および主たる債務に関する利息、違約金、損害賠償その他その債務に従たるすべてのものについての不履行の有無ならびにこれらの残額およびそのうち弁済期が到来しているものの額に関する情報を提供しなければならないとしている（主たる債務の履行状況に関する情報提供義務。同法458条の2）。民法上の情報提供義務の権利者は「委託を受けた保証人」のみであるが、金融実務上は、委託を受けたか否かにかかわらず、すべての保証人について委託を受けた保証人と同様の情報提供義務（説明義務）を履行しなければならないものとされている。

また、金融庁の「中小・地域金融機関向けの総合的な監督指針」の「延滞債権の回収」の項には「経営に実質的に関与していない第三者の保証人に保

第5節　回収資源の確認　161

証債務の履行を求める場合は、保証人が主債務者の状況を当然には知りうる立場にないことに留意し、事後の紛争等を未然に防止するため、必要に応じ、一連の各種手続について通知を行う等適切な対応行う態勢となっているか」「手続の各段階で、顧客から求められれば、その客観的合理的理由を説明することとしているか」と記載されていることに留意が必要である。

さらに民法は、主たる債務者が期限の利益を喪失した場合、債権者が「主たる債務者が期限の利益を喪失した事実」を知ってから「2カ月以内」に、保証人に対してその旨の通知をしなければならないこととしている（同法458条の3第1項）。なお、金融実務上は従来から、この規律について「2カ月以内」ではなく「遅滞なく」としている。

したがって、銀行は、保証人からの請求がなくても、次の事項を開示しなければ説明義務違反となる。

① 被保証債務の残高、返済期限、返済条件、返済状況

② 延滞がある場合はその事実等

③ 法的整理の申立て等期限の利益喪失事由に該当する事実の発生や一定の債務の履行が困難になると判断される事象の発生

b 守秘義務の観点からの検討

他方で、銀行は融資先に対して「守秘義務」を負っているから、次の情報は、公開情報を除き、たとえ保証人に対してであっても、融資先の承諾を得ないで開示することはできない（融資先が個人の場合、個人情報保護法違反の危険性もある）。

① 決算情報等、財務内容に関する情報

② 経営計画その他の経営状況に関する情報

③ 有利子負債の残高情報（当該保証人が保証している債務に関する情報を除く）

④ 主要取引先に関する情報

⑤ 手形の決済状況に関する情報

⑥ 保有資産の状況およびその価値に関する情報

⑦ 物的担保の価値およびその変動の有無に関する情報

⑧　融資条件の内容（弁済期、金利スプレッドなど）に関する情報（当該保証人が保証している債務に関する情報を除く）

⑨　融資債務の延滞の有無（当該保証人が保証している債務に関する情報を除く）

⑩　預金残高および預金取引履歴などの情報

　しかし、保証人としては、上記情報を開示されずに保証債務履行のみを請求されても納得できないであろうから、保証人への説明の際に融資先を同席させ、情報開示についての承諾をつど確認しながら説明を進めることが望ましい。最低でも事前に融資先から承諾を得ておく（証拠または確認時の詳細な面談記録が必要）ことが必須である。

4　融資先の現況等に関する留意点

⑴　融資先の現況調査事項

　融資先が倒産した場合に現況調査すべき事項は主に「融資先の営業や財産の状況」「自行の債権保全状況」「倒産の原因」である。

a　融資先の営業や財産の状況

　融資先が現在も営業しているか、営業している場合どのように営業しているか、事業所（事務所、店舗、工場等）、商取引先および従業員の状況等を確認する。営業を休止（または廃止）しているときは、従業員や他の債権者（商取引先も含むが、主に他金融機関）の動向を確認する。いずれの場合も、親会社、大口債権者の動向や、いわゆる「整理屋」（下記 e 参照）の介入の有無を確認しておく必要がある。

　財産の状況の調査については本節 1 を参照されたい。

b　自行の債権保全状況

　自行が回収を要する債権の種類およびその額を借方、自行が回収資源として把握しているもの（相殺可能預金、担保、保証、決済確実な割引手形等）とその評価額を貸方とする保全バランスを作成して、差引きいくら不足しているかを確認する。初期対応の段階ではなかなか困難であるが可能な限り、不足分が融資先や保証人の財産のうち差押可能な財産（評価額）で、または

第 5 節　回収資源の確認　163

融資先や保証人の整理手続（法的整理・私的整理）における配当で、どれだけカバーできるかの見通しも立てておく。

c　倒産の原因

倒産原因によって銀行の回収行動の方向性が異なることから、倒産原因の調査は重要である。調査にあたっては、表面的な事象だけでなく遠因と思われるもの、近因と思われるもの、引き金となったものに整理して分析する。

d　親会社等の動向

融資先が一部の債権者（特定債権者）と結託して財産を隠匿するなど、他の債権者の犠牲によって当該特定債権者に便宜を与えること（計画倒産等）は、倒産時においてさほど珍しいことではない。倒産した融資先の清算が親会社や特定債権者（通常は大口債権者または縁故者）にのみ有利であったり、融資先が弁済に充てるべき資産を隠匿したりすることは、なんとしても阻止しなければならないから、親会社や特定の債権者などに不自然な動きがないかを注視すべきである。

e　整理屋の介入の有無

いわゆる「整理屋」とは、倒産した企業に乗り込んで会社の役員を強迫し、あるいは懐柔し、一般債権者を犠牲にして、その企業から利益を得ることを業とする者である。整理屋には、暴力的なタイプ、計画的なタイプがある。前者は、暴力団員による不当な行為の防止等に関する法律（暴力団対策法）の施行以来減少の一途をたどり、2011（平成23）年6月2日の全国銀行協会による融資取引および当座勘定取引における暴力団排除条項の参考例改正以降は、ほぼ鳴りを潜めているが、後者については、より手口を巧妙化させている。

(a)　暴力的なタイプ

町の金融業者と結託して、早期に入手した倒産企業の情報をもとに少額の債権を取得し、当該企業が不渡りを出すと直ちに暴力団員などを同行して会社を占拠するというかたちで債務整理に介入する。その後、不法に資産を処分・換金し、持ち帰ってしまうタイプである。このようなタイプの整理屋が介入すると、法律的な折衝はほとんど不可能である。下手に折衝を試みると

164　第1章　延滞・倒産発生時の初期対応

身体に危険を及ぼされることがあり、債権者がいくら法的に正当な権利を主張しても、これを認めさせることは不可能なことが多い。

(b) 計画的なタイプ

表面的には暴力的行為を行う素振りはみせず、経営者を半ば強迫し、半ば騙し、裏で巧妙に操ることで、あたかも通常の整理手続の外見を偽装しながら不公正な整理手続を実行し、自らが不正な利益を得るタイプである。このタイプが行う整理手続は、表面的には債権者集会が開催され、場合によっては民事再生手続開始の申立てにより保全命令を得るなどして、一般債権者に清算手続を信用させつつ、その裏で不正がなされるのが特色である。

(2) 債務名義の有無

債権を回収するには、まず、その債権が有効な債権と認められるか、次に、その債権に債務名義があるかの2点を確認しておく必要がある。初期対応の段階で、債務名義を取得しているケースはまれであると思われるが、債務名義の有無によって回収方法に大きな違いが生じる。債務名義を有していない債権者が強制手段として行使できる方法は、原則として仮差押え（対象物を保全するだけで、強制的に処分・換価を行うことはできない）だけである。

債務名義とは、国家の強制力によって実現（債権の回収等）することができる請求権の存在および範囲を表示し、かつ執行力を与えられている公文書をいう。融資先等の財産について強制的に処分・換価を行う手続である強制執行は、この債務名義に裁判所書記官が、執行力がある旨を証明する執行文を付記した正本（「執行力ある正本」という）に基づいて行われる。なお、債務名義として次のようなものが認められている（民事執行法22条）。

① 確定判決

債権者が訴訟で勝訴し、不服の申立てができなくなったもの

② 仮執行宣言付判決

判決は確定していないが、仮に執行することを認める仮執行宣言が付されたもの

③ 抗告のみ認められている決定、命令

第5節　回収資源の確認　165

家事審判、費用の取立決定、不動産の引渡命令など

④ 仮執行宣言付支払督促

支払督促（第2章第3節2(3)a参照）に仮執行宣言が付されたもの

⑤ 執行証書

金銭債権について作成した執行認諾文言の付された公正証書

⑥ 執行判決付外国判決・仲裁判断

外国での判決や仲裁判断について、裁判所で執行を認めてもらったもの

⑦ 確定判決と同一の効力のあるもの

和解調書、調停調書、認諾調書、破産手続・再生手続・更生手続等の債権者表（債権調査手続によって認められた届出債権）など

(3) 回収のための手順

a 基本的な考え方

他の債権者より有利に回収するための要諦は債権者同士の非情な「椅子取りゲーム」（序章2参照）に勝ち抜くことである。それを実現するにはまず、だれよりも早く融資先や保証人との交渉に入ること、だれよりも早く回収資源を発見し確保することである。この二つが椅子取りゲームの勝敗を決するといってよい。いくらよい手段であっても時機を逸すれば回収の効果は生じない。駄目でもともとの気持ち半分でも、手遅れにならないように債権回収の手段を講じることが重要である。

次に、発見した回収資源を現実に回収に結びつける効率的な方法を考える。より有利に回収するためには、他の債権者のとらない方法で回収を図る必要がある。また、融資先等との交渉では、相手が根負けするくらい熱心に追及していくことである。

b 強制回収より任意回収

融資先や保証人から強制回収を行う場合の手順は図表28のとおりである。対象資産を仮差押えし、債務名義（通常は、判決）を取得するため訴えを提起することになるが、判決を得るまで長い場合は何年もの期間を要し、相当の額の弁護士費用も発生する。その後、強制執行による対象資産の処分・換

166　第1章　延滞・倒産発生時の初期対応

図表28　担保外資産からの強制回収の流れ

融資先の有事発生		対象資産の確保		権利の確定		権利の実現
期限の利益喪失	⇒	仮差押え	⇒	訴え提起→判決	⇒	差押え→換価→満足
実力行使の正当化根拠 （民法・商法等）		対象資産の保全 （民事保全法）		債務名義取得 （民事訴訟法）		強制執行 （民事執行法）

（出所）　筆者作成

価が可能となるが、強制執行を行うと処分価格は時価よりも大幅に下落し、下手をすれば二束三文ということになりかねない。不動産競売を例にとると、減価要因がなくても時価の56％が最低買受価額になるほか、50万〜数百万円の予納金（1回目の入札で落札されなければ、その2倍程度になりうる）、差押登記の登録免許税（確定請求債権額×4/1000）、その他の費用が必要となる。さらに、他の債権者から配当要求があると、当該債権者との按分弁済を余儀なくされる。

　これに対して対象資産を任意で売却し、その代金から弁済を受ける任意回収であれば、強制回収に比べて早期に高値処分ができ、他の債権者から配当要求される危険性も低い。任意回収を行うためには融資先等の協力が必要であるが、債権の回収は原則として任意回収を優先すべきである。ただし、融資先等の協力を得られない場合は強制回収を選択せざるをえないことになる。もっとも融資先等としては、自らの財産を処分し、債務の弁済に充てなければならないのであれば、任意処分でも強制処分でも結果としては同じことであり、いずれ財産が処分されるのであれば高い価額での処分を望むのが通常である。また、世間体からも売却手続中の精神的負担からも、差押えや競売がなされるより任意で売却したほうがはるかに「まし」と考える傾向にある。このため、弁済を拒否する融資先等には、最終的には強制手段により財産を手放さざるをえないことを認識させ、そのうえで任意回収にもっていくことが、効率的な強制手段の利用方法といえる。

c　保証人からの回収極大化策としての「経営者保証に関するガイドライン」

　経営者保証に関するガイドライン（第3章第4節）に基づく保証債務整理手続は「保証人資産の隠匿目的の贈与等が判明したり、上記表明保証の内容

が事実と異なることが判明したりしたとき等には、免除した保証債務額に免除期間分の延滞利息を付加して追加弁済を行う」（債務復活条項：同ガイドライン第7項(3)⑤イ、ニ）ことを条件に、一定の保証債務履行と引き換えに残債務を免除する手続（一定の資産を手元に残すことも可能）である。この手続においては、保証人は合法的に債務から逃れるため（＝債務復活条項の発動を回避するため）、誠実に資産を開示することが多い。

　このように、同ガイドラインを活用することで、対象債権者が把握していなかった保証人資産が開示されて弁済原資に組み込まれたり、把握していた資産であっても保証人が当該資産を任意で処分したりすることにより、保全費用・債務名義取得費用・執行費用の負担や強制執行による処分価額下落を回避することができる。この結果、筆者の経験では、当初予測していたよりも回収額が増加したというケースは珍しくない。

　したがって、保証人に対する回収手順の最優先事項は、同ガイドラインでの保証債務整理手続の利用を促すことである。

第6節　整理手続との関係

1　各種の整理方法と特色

　融資先が倒産した後、どのような方法で債務整理を行うか（または行わないか）は、銀行が債権回収を行ううえできわめて重大な影響を及ぼす。このため、融資先が倒産した場合、すみやかに整理方法を確認する必要がある。

　債務整理の方法は、大別すると「無秩序型」「私的整理手続」「法的整理手続」の3パターンに分類できる。そして、私的整理手続にも法的整理手続にも「再生型（再建型）」「清算型」がある（図表29参照）。

(1)　無秩序型

　倒産した融資先は通常、なんらかのかたちで債務整理を行うが、なかには債務整理を完全に投げ出して逃げ回ったり開き直って債務を踏み倒そうとし

図表29　各種整理方法

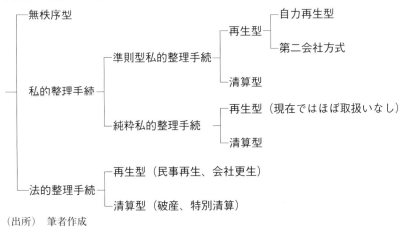

（出所）　筆者作成

たりする者もいる。この場合、その清算はきわめて無秩序なかたちで進められる。このような債務者不在で行われる（行われない）整理の類型を「無秩序型」と呼ぶことにする。その典型が夜逃げ型である。

夜逃げ型は、社長以下従業員まで一夜にして行方不明となったり、社長とその家族のみが従業員を見捨てて行方不明になったりする形態である。このパターンは融資先（主たる債務者）の破産手続申立費用も捻出することができない状態であることが多い。そして、残ったわずかな財産は社長、従業員、債権者などが早い者勝ちで持ち出してしまうのが一般的である。このような例においては、残った財産に価値があるものは少なく、仮に社長の行方を突き止めたとしても、弁済能力がないケースがほとんどであり、法的手段を利用しても費用倒れとなってしまう危険性が高い。

なお、近時、経営者の保証を徴求しない融資が増加しており、保証人となっていない経営者が経営を放棄したうえに夜逃げもせず、堂々と無秩序型整理手続を行う例も散見されるようになっている。

(2) 私的整理手続

a 私的整理手続とは何か

法的整理手続が、それぞれの根拠法に従い裁判所の監督・指導のもとで行われる手法であるのに対し、私的整理手続は債権者の集団と債務者との話合いで整理手続を進めていく手法、すなわち「集団的和解」である。法的整理手続は裁判所の厳格な監督・指導のもとで行われるため、手続の透明性や公正性が高い半面、法律の枠に規制されるため手続期間が長く対応も硬直的であるのに対し、私的整理手続は比較的早期に、しかも債権者に有利に進められる利点がある。

私的整理手続において弁済期の延期または債務免除を承諾する債権者を「対象債権者」といい、準則型私的整理手続の場合、対象債権者となるのは主に金融機関（政府系等公的金融機関も含む）、信用保証協会、債権回収会社（サービサー）、リース会社等であり、原則として商取引債権者等は対象債権者とはならないが、純粋私的整理手続には、このような区別はない。

b 「準則型私的整理手続」と「純粋私的整理手続」

私的整理手続には「準則型私的整理手続」「純粋私的整理手続」がある。

準則型私的整理手続とは、利害関係のない中立かつ公正な第三者が関与する私的整理手続およびこれに準ずる手続である。具体的手法としては、中小企業活性化協議会や地域経済活性化支援機構（REVIC）等が主宰する整理手続、RCC企業再生スキーム、私的整理ガイドライン、事業再生ADR、中小企業の事業再生等に関するガイドラインおよび特定調停等がある。

これに対し純粋私的整理手続は、利害関係のない中立かつ公正な第三者が関与せず、主たる債務者と債権者団とが相対で行う私的整理手続である。近時は準則型私的整理手続を「私的整理手続」、純粋私的整理手続を「広義の私的整理手続」ということもある。純粋私的整理手続は債務者が良心的であり債権者の代表が公正でないと、発言力をもたない債権者の犠牲により不公平な清算がなされる危険性が高いこと、手続の主宰者が債務者（実際には債務者代理人弁護士）の場合に資産隠匿が見逃される危険性があるなどの欠点がある。

c 再生型私的整理手続

私的整理手続には再生型私的整理手続、清算型私的整理手続がある。

再生型私的整理手続には自力再生型、第二会社方式の2種類がある。近時は、再生型私的整理手続のほとんどで準則型私的整理手続が利用され、透明性に難がある純粋私的整理手続が再生型私的整理手続として利用されることはほとんどない。

(a) 自力再生型

自力再生型は、債権者の同意を得て債務の弁済期の延期を認めてもらい支払を長期に行い、または一定額の債務免除を受けることにより事業を継続し、事業を再生する方法である。この場合、債権者と融資先との間に信頼関係があること、対象債権者のみの協力により事業の再生が可能であること（一般的には、営業利益が黒字であること）が前提となる。比較的小規模の企業で有力なスポンサー（親会社も含む）や金融機関がバックについている場合に適した方法である。

(b) 第二会社方式

　第二会社方式は、旧会社の営業継続に必要ないっさいの資産や「のれん」、営業権などを、スポンサーが設立した新会社（またはスポンサーの既存の子会社）に移転（事業譲渡または会社分割）し、以後の経営はすべて第二会社で行う方式である。このスキームにおいて、新会社は旧会社の金融債務を引き継がず、移転後の旧会社は、譲渡代金を対象債権者（金融機関）に弁済した後、清算（通常は、特別清算）するのが一般的である。

　第二会社方式で事業再生を行う場合、旧会社の債権者のうち対象債権者以外の債権者（商取引債権者など）に対する債務は新会社に引き継がれ、対象債権者は新会社に請求できなくなるので、自力再生型のように旧会社への私的整理手続上の債権放棄を行わなくても、事業譲渡後または会社分割後の旧会社について特別清算を行えば事実上の債権カットがなされることになる。このため第二会社方式は、一部に非協力的な対象債権者があり、その者の強硬な取立てを排除できない場合（ただし、最終的に当該債権者の再生計画への同意（消極的同意も含む）が得られる場合に限る）にも利用される。

d　清算型私的整理手続

　清算型私的整理手続は、対象債権者（金融機関等）の承諾を得て対象債権者に対する債務の一部免除を受け、融資先の財産をすべて換価し、対象外債権者（金融機関以外の債権者）への債務の全額、対象債権者への残債務を弁済した後、融資先について清算（通常清算）を行うものである。ケースによっては、対象債権者への債務について先行して免除を受けることをせずその一部を弁済し、残債務は特別清算手続によって免除を受けることもある。なお、清算型私的整理手続を行うための要件は、対象外債権者への債務を全額支払えること、対象債権者の経済合理性（破産手続よりも多くの弁済が受けられること）が見込まれることである。

　近時は、清算型私的整理手続も、その大部分で準則型私的整理手続が利用されているが、少数ながら純粋私的整理手続が利用されることもあり、その場合、融資先や債権者委員会等が公正に手続を進めているか監視することが重要であり、少しでも不公正な面を発見したら是正を求め、効果がないとき

は仮差押えなどの法的手段をとるべきである。

(3) 法的整理手続

法的整理手続は「破産手続」「民事再生手続」「会社更生手続」「特別清算手続」がある。法的整理手続も「再生型」「清算型」がある。

a　再生型法的整理手続

再生型法的整理手続には「民事再生手続」「会社更生手続」がある。

(a)　民事再生手続

民事再生手続は、株式会社だけでなく個人も含めたすべての者に認められた制度である。

企業の破綻前（破綻のおそれがある状態）でも裁判所に手続開始を申し立てることができること、債務者自身が手続の主体となることができること、手続を大幅に短縮した「簡易再生手続」を利用できることが柱となっており、資産の散逸を最小限に抑えて早期・迅速な処理を可能にすることを軸とした、主に中小企業の再生に適した制度である。

(b)　会社更生手続

会社更生手続は株式会社にのみ認められた制度である。手続が開始されると債権者の個別の取立てはもちろん担保権の実行も禁止され、裁判所の選任した更生管財人により事業の整理・合理化が進められるという、最も強力な整理手続である。再建の見込みが認められると更生計画案が示され、債権の一部切捨て、分割弁済の方法が定まる。費用、時間がかかり、きわめて精緻な手続が法定されているため、大企業（負債総額が最低でも10億円単位以上）でないと適しない。

b　清算型法的整理手続

清算型法的整理手続には「破産手続」「特別清算手続」がある。

(a)　破産手続

破産手続は、株式会社だけでなく個人も含めたすべての者に認められた制度である。破産手続は、他の手続により整理ができない場合の最終的整理方法であり、民事再生手続、会社更生手続、特別清算手続など他の手続の申立てがあるとそれらの手続が優先して進められ、破産手続は認められない。反

対に他の手続が申し立てられ、それが失敗すると、破産手続に移行することになる。

破産手続が開始されると、その時点における債務者の全財産は裁判所の選任した破産管財人に引き渡され、債権者は、担保権の実行や相殺可能預金の相殺を除き、債権を個別に取り立てることが禁止される。債務者の資産等の管理・処分権は破産管財人に移行するので、債権者は破産手続による配当を待つことになる。配当には数年かかる例も珍しくなく、かつ配当率が低いのが欠点である。

(b) 特別清算手続

特別清算手続は、解散した株式会社にのみ認められた制度であり、主に清算人と債権者との協定や個別和解により清算手続が進められる。特別清算手続はグループ会社の再編や私的整理手続（特に第二会社方式）の最終処理として利用され、本来の倒産手続に利用される事例は少ない。

2 法的整理手続、私的整理手続における回収上の相違点

融資先が無秩序型債務整理手続（事実上の債務整理放棄）を行うか、私的整理手続を利用するか、法的整理手続を利用するかによって、仮差押えの実効性が異なるほか、相殺の制限、詐害行為・偏頗行為への対抗手段（自行が行為者の場合、行為制限）、債権の行使方法が異なる（図表30参照）。

(1) 仮差押えの利用

仮差押えは融資先等の自行担保外資産からの債権回収手段としてきわめて実効性が高く、自行の強硬姿勢および本気度を融資先等にアピールするうえでも有用である。特に無秩序型債務整理手続および同意が困難な私的整理手続で威力を発揮する。

しかし、仮差押えは融資先等が法的整理手続に入ると失効し、費用、労力がすべて無駄になる。このため、融資先等が法的整理手続に入らないことが見込まれる場合はまず仮差押えの利用を検討することになるが、法的整理手続に入る可能性が高い場合は原則として仮差押えを債権回収手段として利用すべきではない。ただし、融資先等が、保全命令を得ることによって目先の

図表30　法的整理と私的整理の回収上の相違点

事項	法的整理	私的整理
仮 差 押 え	無駄骨になる可能性あり	有効な手段となる
相殺の制限	支払の停止、手続開始決定後の債権 債務に制限あり	差押え後に取得した債権による相殺に制限あり
時　期 債　権	更生・再生債権届出期日まで 更生・再生債権届出期日まで	制限なし 民法の原則どおり
偏頗な行為	破産、再生、更生の場合の否認権	詐害行為取消権
保 全 処 分	弁済禁止等がある	制度なし
担保権実行	更生手続のみ禁止 担保権消滅の許可制度	制限なし
債　権　届	無届で失権することあり	失権することなし
債権者集会	法定されている	制度が法定されていない

（出所）　旗田庸『債権回収〔第 2 版〕』（金融財政事情研究会、2015年）

債権者からの追及を回避することを目的として、形式的に法的整理手続を申し立て、目的達成後（通常、申立てから 1 ～ 2 カ月経過後）に当該法的整理手続を取り下げるケースもある。このようなケースでは仮差押えは有効であるから、融資先等の動向を注視しつつ、仮差押えを利用するか否かを検討すべきである。

⑵　相殺の制限

預金相殺は、担保権実行と並ぶ銀行の最強の回収手段であり、融資先が法的整理に入らない限り一部の例外（下記 a ）を除き相殺が制限されることはない。しかし、融資先が法的整理に入ると相殺は大きく制限される（下記 b ）ことになる。

a　一般的に相殺できない場合

一般的に相殺できない場合として、不法行為（悪意に基づくもの、人の生命または身体の侵害）による損害賠償債務や差押禁止債権を受働債権とする相殺が該当する（民法509条、510条）。ただし、債権回収手段としての相殺

第 6 節　整理手続との関係　175

は受働債権が預金であるため、前者が問題となることはなく、後者もいったん預金口座に入金され預金に転化すると当該預金は差押禁止債権ではなくなる（最判平10.2.10金融法務事情1535号64頁）ので、問題となるケースは限定される（ただし、立法措置により、転化した預金の相殺も制限されている振込金もあることに注意）。

　実務上問題となることが多いのは、差押預金との相殺である。もっとも、差押命令が銀行に送達された時点で現に発生している債権（貸付金、買戻請求権、銀行が有する事前求償権等）や、差押え前の原因に基づき差押え後に取得した債権（差押え後に第三者から取得したものを除く）を自働債権とする差押預金との相殺は、差押債権者に対抗できる（同法511条1項・2項）ので、差押預金との相殺が否定されるケースはあまり多くはない。

b　法的整理に入ると相殺できない場合（図表31参照）

(a)　法的整理手続一般

　融資先等に対する次の預金は、預金者について法的整理手続が開始されると相殺が禁止され、相殺実行後に手続が開始された場合は相殺が無効となる（破産法71条、民事再生法93条、会社更生法49条、会社法517条）。

①　手続開始後に入金された預金（第三者からの振込入金等も含む。③、④も同様）

②　支払不能知情（支払不能の事実を知ったという意味）後に、もっぱら相殺に供する目的で預金者に入金させた預金（第三者からの振込入金は対象外）

③　支払の停止知情後に入金された預金（支払不能でなかったときを除く）

④　手続申立知情後に入金された預金

　ただし、②〜④について、支払不能等の「前に生じた原因」に基づく手続開始前の入金は、例外として相殺できる（破産法71条2項等）。支払の停止等の前の振込指定により開始決定前日までの振込入金は、この例外に当たる（名古屋高判昭58.3.31金融法務事情1029号38頁）。

　なお、支払不能知情後、支払の停止知情後、手続申立知情後または手続開

図表31　破産手続における相殺禁止の仕組み

1．支払不能後の入金～銀行が支払不能の事実を知った後に「もっぱら相殺に供する目的で」負担した預金債務は「相殺禁止預金」

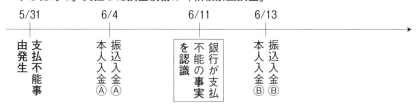

(1)　6/4の振込入金Ⓐ、本人入金Ⓐは、相殺OK。
(2)　6/13の振込入金Ⓑは、相殺OK。
(3)　**本人入金Ⓑは、入金事情しだいでは「相殺禁止預金」となる危険性あり。**
　　～本人が勝手に入金したのであればOKであるが、銀行が相殺原資確保のために入金させたのであれば、相殺禁止規定に抵触するおそれあり。

2．支払停止後の入金～銀行が支払停止の事実を知った後に負担した預金債務は「相殺禁止預金」

※銀行が支払不能の事実を知らないまま支払停止事由が発生した場合を想定。
(1)　6/4の振込入金Ⓒは、相殺OK。
(2)　**6/13の振込入金Ⓓは、「相殺禁止預金」。**
　※5/31が期限の利益喪失日＝6/1から年14％の遅延損害金発生。
　　（銀行が支払停止の事実を知っているかどうかは関係ない）　　　｝違いに注意
　※6/11以降の入金・振込分が「相殺禁止預金」。
　　（銀行が支払停止の事実を知っていることが重要な意味をもつ）

3．破産申立て後の入金～銀行が破産申立ての事実を知った後に負担した預金債務は「相殺禁止預金」

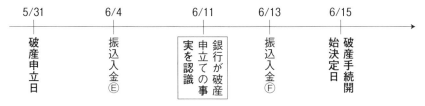

※銀行が支払不能・支払停止等の事実を知らないまま破産申立てがなされた場合、支払停止事由が発生しない状態でいきなり破産申立てがなされた場合等を想定。

(1) 6/4の振込入金Ⓔは、相殺OK。
(2) 6/13の振込入金Ⓕは、「相殺禁止預金」。

※支払停止事由が発生しない状態で、いきなり破産申立てがなされた場合
 5/31が期限の利益喪失日＝6/1から年14％の遅延損害金発生。
 （銀行が破産申立ての事実を知っているかどうかは関係ない）
 6/11以降の入金・振込分が「相殺禁止預金」。
 （銀行が破産申立ての事実を知っていることが重要な意味をもつ）
 ⎫ 違いに注意

4．破産手続開始決定後の入金～銀行が破産手続開始決定後に負担した預金債務は「相殺禁止預金」（銀行が破産手続開始決定の事実を知っているか否かは無関係）

(出所) 筆者作成

始後に取得した債権を自働債権とする相殺も原則として禁じられている（破産法72条、民事再生法93条の2、会社更生法49条の2、会社法518条）。ただし、支払の停止前の手形割引契約に基づく買戻請求権や支払承諾取引の求償権（手続開始決定後に代位弁済した場合は求償権による相殺はできないが、支払承諾約定書8条により事前求償権による相殺は可能）を自働債権とする相殺は可能とされる（最判昭40.11.2金融法務事情429号46頁、最判平10.4.14金融法務事情1520号43頁）。

(b) 取立委任手形

支払の停止等知情後、手続開始前に入金された取立代り金は支払の停止等知情前に締結した銀行取引約定書の存在が「前に生じた原因」に該当するので相殺できる（最判昭63.10.18金融法務事情1211号13頁）。

一方、手続開始後に入金された取立代り金は相殺禁止の対象となる。ただ

し、支払の停止等知情前に取立委任を受けた手形には商事留置権が成立し（商法521条）、商事留置権は破産手続上特別の先取特権とみなされ（破産法66条１項）、特別の先取特権者は別除権者として破産手続によらずに権利行使できる（同法65条１項・２項、最判平10．7．14金融法務事情1527号６頁）ので、別段預金に入金指定するなどの措置をとれば手続開始後に受領した取立代り金を債権の回収に充当することができる。民事再生法に明文規定はないが、法定の手続によらず債務の弁済に充当しうる旨を定める銀行取引約定書ひな型４条４項に基づき、債権の回収に充当できる（最判平23.12.15金融法務事情1940号96頁）。

c　破産手続により相殺が認められる場合

　破産手続は、破産者の手続開始決定時におけるすべての債権・債務を清算することを目的としているため、平時よりも相殺権を拡張して破産債権者の相殺権に対する期待を保護している。

(a)　**自働債権の範囲の拡張**

　自働債権の範囲の拡張により相殺できるもの（破産法67条２項前段）は以下のとおり。

　　① 　期限付債権

　　② 　解除条件付債権（ただし、民法上も相殺可能であり、確認的な意味
　　　　にとどまる）

　　③ 　破産法103条２項１号に掲げる債権（非金銭債権、金額不確定の金
　　　　銭債権、外国通貨債権、金額または存続期間の不確定な定期金債権）

　なお、③については、破産手続開始時における評価額を債権額とする。

(b)　**受働債権の範囲の拡張**

　受働債権の範囲の拡張により相殺できるもの（破産法67条２項後段）は以下のとおり。

　　① 　期限付債権

　　② 　停止条件付債権

　　③ 　解除条件付債権

　　④ 　将来の請求権（法定の停止条件が付された債権）

第６節　整理手続との関係　179

d 民事再生手続、会社更生手続の場合の注意点

民事再生手続および会社更生手続の場合、債権届出期日を経過すると相殺可能預金についても相殺が禁止されることに注意が必要である（民事再生法92条、会社更生法48条）。

また、破産手続においては解除条件付き、停止条件付き、期限付きであるものについて相殺が認められるが、民事再生手続や会社更生手続においては期限付きであるものについて相殺が認められる（民事再生法92条1項、会社更生法48条1項）ものの解除条件付きおよび停止条件付きであるものについては争いがあり、相殺が認められない可能性が高い（最判平26.6.5民集68巻5号462頁参照）ことに注意が必要である。

(3) 詐害行為の取消し・法的整理手続における否認

日本では自力救済は認められていないため、相手が倒産した融資先であっても法律の手続によらず相手の意思に反して行う自力執行的な回収は認められていない。このため、債権回収は法的な強制回収手段をとらない限り、相手の任意での弁済を求めることになる。しかし、相手の意思によりなされた弁済や担保提供等の資産処分行為であっても、融資先等が有事に陥った後は、債権者間の公平に反していたり他の債権者を害したりする資産処分行為は認められない。

a 詐害行為取消権（民法424条）

民法は、債権者が自ら債務者の資力を維持して債権の満足を得ることを認める制度として、債権者代位権（同法423条）および詐害行為取消権を規定している。債権者代位権は、債務者が責任財産を保全する行為をしないときに債権者が債務者にかわってこれをする権利であり、詐害行為取消権は、債務者が自己の責任財産を減少させる行為をするときに債権者がその行為を取り消して責任財産を復旧する権利である。なお、責任財産とは債権を実現するために換価すべき財産のことで、基本的には債務者の全財産のうち強制執行の対象となるもののことである。

詐害行為取消権は一般的に「債務者が債権者を害することを知ってした財産減少行為（狭義の詐害行為）」を対象とするが（同法424条1項）、相当の

対価を得てした財産の処分行為（同法424条の2）、特定の債権者に対する担保の供与等（同法424条の3）、過大な代物弁済等（同法424条の4）について特則を置いている。また、債権者は一定の要件を充足すれば、受益者に移転した財産の転得者に対しても詐害行為取消請求を行うことができる（同法424条の5）。詐害行為取消権は、破産法の認める否認権（下記b）とほぼ同一の性質を有しているが、その効力は否認権よりも弱い。なお、詐害行為取消権は、無秩序型や純粋私的整理手続で資産の隠匿や不公平な清算がなされる場合において威力を発揮する。

b 法的整理手続における否認

融資先について破産手続が開始されると、破産管財人は他の債権者を害したり債権者間の公平に反していたりする資産処分行為を否認することができる。破産法上の否認権は下記(a)〜(d)のようなものがある。なお、民事再生手続や会社更生手続にも同様の制度がある（民事再生法127条〜127条の3、会社更生法86条〜86条の3、88条、89条）

(a) 詐害行為否認（破産法160条）

破産手続が開始されると、破産管財人は次に掲げる行為を否認することができる。このうち①〜③は狭義の詐害行為否認、④は無償行為否認ともいう。

① 破産者が破産債権者を害することを知ってした行為（担保の供与または債務の消滅に関する行為を除く）

　ただし、受益者が破産債権者を害することを知らなかったときは、この限りではない。

② 破産者が支払の停止等があった後にした破産債権者を害する行為（担保の供与または債務の消滅に関する行為を除く）

　ただし、受益者が支払の停止等があったことおよび破産債権者を害することを知らなかったときは、この限りではない。

③ 破産者がした①②の要件を充足する債務の消滅に関する行為であって、債権者の受けた給付の価額が当該行為によって消滅した債務の額より過大であるもの（否認の対象は過大な部分）

④ 破産者が、支払の停止等があった後、またはその前6カ月以内にした無償行為およびこれと同視すべき有償行為

(b) **相当対価処分行為否認**（破産法161条）

破産者がその有する財産を処分する行為をした場合において、その行為の相手方から相当の対価を得ているとき、その行為は次に掲げる要件のいずれにも該当する場合に限り、否認することができる。

① 当該行為が、不動産の金銭への換価その他当該処分による財産の種類の変更により、破産者において隠匿等の処分をするおそれを現に生じさせるものであること

② 破産者が、当該処分の当時、対価として取得した金銭その他の財産について、隠匿等の処分をする意思を有していたこと

③ 相手方が、当該行為の当時、破産者が②の隠匿等の処分をする意思を有していたことを知っていたこと

(c) **偏頗行為**（へんぱこうい）**否認・非義務行為否認**（破産法162条）

特定の債権者に対する既存の債務についてなされた担保の供与等に係る次の行為（偏頗行為）は否認することができる。

① 債権者の破産者に係る支払不能知情後、支払の停止知情後または破産手続開始申立知情後になされた既存の債務に対する担保の供与等の行為（偏頗行為否認）

② 債権者が他の破産債権者を害する事実を知らなかったときを除き、破産者の義務に属せず、またはその時期が破産者の義務に属しない行為であって、支払不能前30日以内になされたもの（非義務行為否認）

なお、無償行為と非義務行為との違いについて図表32を参照されたい。

(d) **その他の行為の否認**

上記のほか、支払の停止後の対抗要件具備行為の否認（権利変動の対抗要件の否認（対抗要件否認ともいう）。破産法164条）、債権者のした強制執行により実現させた行為の否認（執行行為否認。同法165条）などがある。

(4) そ の 他

私的整理は手続を定めた法律はないので、手続の手順に制約はない（ただ

図表32　無償行為と非義務行為の違い

1．「無償行為」に該当する「担保提供行為」の例

　債務者甲（甲が主債務者である債務の債権者はＡ、Ｂ、Ｃの３名）が、所有不動産（4,000万円）をＤ（主債務者乙、債権額4,000万円）に対価を得ずに担保提供（物上保証）した。

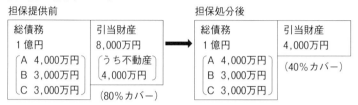

2．「非義務行為」に該当する「担保提供行為」の例

　債務者甲が所有不動産（4,000万円）をＡに対価を得ずに担保提供した。

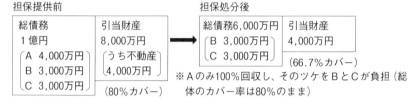

（出所）　筆者作成

し、準則型私的整理手続は一定の手順が定められている）。これに対し、法的整理は法定された手順が厳格に適用され、それぞれの手順に特別の効果が付されている。特に保全命令、債権届、担保権の取扱いは債権管理回収上重要である。

a　保全命令

　融資先等が法的整理手続を申し立てると、裁判所は、利害関係人の申立てによりまたは職権で、債務者の財産に関し、処分禁止の仮処分その他の必要な保全処分を命ずることができる。保全命令にはいろいろな種類があるが、債権管理回収実務上最も頻繁に対応しなければならないのが債務者財産に関する保全処分（破産法28条等）である。この保全処分が出されることにより債務者は債権者への弁済を拒絶することが正当化される。また、手形や「でんさい」などの不渡りや支払不能による取引停止処分を免れる目的でも活用される（電子交換所規則施行細則33条１項１号②ア、株式会社全銀電子債権

第６節　整理手続との関係　183

ネットワーク業務規程細則43条1項1号②、12条1号等）。私的整理手続では、このように債権者の権利行使を強制的に制約する制度はない。

なお、融資先等に保全処分が出ているということは、①融資先等が法的整理手続を申立てずみであること、②融資先等が破産手続、民事再生手続、会社更生手続のいずれを選択したか確定したこと、③以後、融資先等から法令で定められた方法によらずに弁済や担保提供を受ける可能性が消滅したことを意味していることに留意が必要である。

b　債　権　届

法的整理手続において、手続内で権利行使するためには、原則として債権届出が必要である。たとえば破産手続や民事再生手続は、担保権は手続外で行使できる（担保権の届出をしなくても担保権の行使は制約されない）が破産（再生）債権は手続内でしか行使できないため、破産（再生）債権届の提出が必須である（ただし届出書に担保権の記載をすることは必要である）。会社更生手続では更生債権も担保権も手続内でしか行使できないため、更生債権の届出、更生担保権の届出が必須である。また、特別清算手続では届出がない債権は劣後的に扱われる。

これに対し私的整理では、弁済計画策定のための債権届が求められることがあり、届出に時効の完成猶予事由としての催告（民法150条1項）の効力が認められるものの、届出の有無が債権の効力に及ぼす影響はほとんどない。

c　担保権の取扱い

法的整理手続、私的整理手続のいずれにおいても、第三者が提供した担保や保証に関しては原則として自由に権利行使ができる、ただし、債務者本人が提供した担保は、法的整理手続が開始されると担保権消滅許可申立ての制度がある（破産法186条、民事再生法148条、会社更生法104条）。また、銀行が再生債務者に対してABLを実行している場合（特に集合債権譲渡担保を有している場合）、担保権実行中止命令（民事再生法31条）が発令されることが多いことにも注意が必要である。

3 整理手続別の回収の留意点

　融資先等の整理方法が明らかになった場合は、前述した整理手続の主な相違点を念頭に置いて、それぞれの整理手続に応じた回収策を立てることになる。

⑴　無秩序型および純粋私的整理手続への対策

　筆者の肌感覚では、企業が倒産した場合、近時は法的整理手続を利用する割合が増加しており、無秩序型や純粋私的整理による企業清算の割合は相対的には減少している。ただし、法的整理手続によらず企業清算を行う割合は近時においても一定水準を保っており、清算型の準則型私的整理手続も利用しやすくなっているが、いまだ多数の倒産企業が無秩序型または純粋私的整理手続を利用している。融資先や保証人に法的整理手続が行われない場合、純粋私的整理手続（ただし、透明性・公平性の高いものに限る）や準則型私的整理手続を利用することが確実であると認められるときを除き、次の点に留意して対策を立てることが望まれる。

a　回収資源を探す

　無秩序型の場合は、預金や担保による保全が図られている債権者を除けば、回収に熱心な債権者のみが債権回収を実現することができる。また、純粋私的整理手続においても回収に熱心な債権者が有利に回収できる傾向が否めない。

　ここでいう回収に熱心とは、単に融資先等に対して督促を重ねることではなく、回収の交渉相手をできるだけ広く求め、その者が有する回収資源をいち早く確認し、それに的を絞って、強硬に交渉を重ねることである。法的規制が強く担保権の行使を除き任意回収を得る可能性に乏しい法的整理手続と異なり、法的規制を受けない無秩序型および純粋私的整理手続では、回収資源に的を絞った早期かつ強硬な督促こそ、最も実効性の高い回収活動である。

b　仮差押えの活用

　仮差押えは優先弁済権がなく、目的物が競売や公売に付された場合は担保

権や租税債権に劣後する（余剰がある場合でも他の（仮）差押債権者とは按分で弁済を受ける）ことになる。しかし、抵当権の設定された目的物の処分は、その大多数が任意処分されており、目的物を任意処分する場合は仮差押登記を抹消しなければならないから、仮差押えには実質的に後順位担保権と同様の保全の効力があるといえる。

なお、仮差押えがなされた物件について所有者のしたいっさいの行為は仮差押えに対抗できないので（民事執行法87条2項）、任意処分における仮差押えは担保権よりも強力な交渉力をもちうる。

c 融資先等の誠意の確認

無秩序型の場合は、融資先等の誠意を確認するまでもなく強制回収を進めるべきケースが多いが、純粋私的整理手続が行われる場合は、融資先等の誠意を確認することが重要である。融資先等が誠意をもって清算するか、それとも資産を隠匿して債務逃れを図ったり、一部債権者と通謀して不公正な整理を進めたりしようとしているかを、早い段階で見極めることができるかが債権回収の成否を分けるといえる。親会社の厳正な監督や公正な債権者委員会により進められる整理は、法的整理より債権者に有利となるはずであるが、不正な目的をもって進められると一部の（場合によっては大部分の）債権者の犠牲のもとに進められることになりかねないので、注意を要する。

信頼できない整理であると判断される場合、積極的にその進行を監視するとともに、少しでも不審な点があれば積極的に指摘し是正することが肝要である。それでも不信感が拭えない場合は、仮差押え、仮処分など法的措置を行うほかない。第二会社により事業を継続する場合（準則型私的整理手続の第二会社方式を除く）には、第二会社への追及も心がける。

d 他債権者との差別化の検討

倒産企業からの回収において、多数の債権者のなかで、より有利に、より多く、より早く、より安全な回収を実現するためには、他の者の気づかない回収資源を見つける、他の者の利用しない方法で交渉するということに重点を置く必要がある。それと並行して、他の者ならだれでも考えそうなことを無駄にみえても一つひとつつぶしていく過程で、なんらかの情報を入手し、

上手に利用することを検討する。なるべく多くの関係者（同僚、先輩、後輩、上司、関連部署、取引先、専門家、弁護士など）の意見を聞き、そのなかから使える情報・方法等を見出していくのがコツである。

e 粘り強い追及

倒産直後は、強硬な督促をし、あらゆる手段で回収に尽力する債権者（商取引債権者や街金業者等が多い）であっても、回収見込みの薄い債務者に対して長期間にわたって労力を注ぐことは困難である。銀行は、倒産直後に商取引債権者等のような強硬な取立行為を行うことはできないが、融資実行時に融資先等の財務関係資料を徴しており、回収専門のスタッフを擁しているなど、長期的に粘り強い追及が可能であるから、この特色を上手に活用すべきである。

f 弁護士との連携

純粋私的整理手続において、ほとんどの場合、融資先は弁護士に委任または相談しており、無秩序型であっても弁護士に相談していることが多い。倒産した融資先等が最も頼りにしているのが弁護士であり、何かにつけ事実を話し、指示を仰ぎ、それによって行動している例が多いことから、銀行にとって融資先等の整理を受任している（または融資先等から相談を受けている）弁護士がだれであるかを早期に確認することは重要である。

融資先等は、経営が窮境に陥った経緯や倒産前後の銀行の対応について不信感や感情的な憤りをもっていることが多かったり、資産状況等についてうまくごまかそうとする傾向があったりして、直接交渉では埒が明かないこともよくある。このような場合、弁護士と直接交渉することで状況を打開できることもある。少なくとも融資先等と複雑な交渉を重ねざるをえない事態が生じた場合は、事前に弁護士の意向を確認したり交渉の場に弁護士を同席させたりして、途中で話がこじれたり行き違いが生じたりすることを防止すべきである。

g 整理屋に注意

整理屋については本章第5節4(1)eで述べたとおりであるが、無秩序型および純粋私的整理手続においては、整理屋の介入の有無をできるだけ早く確

認することが肝要である。万が一整理屋が介入している場合、暴力的手段を用いる整理屋については警察などに任せ、銀行が直接交渉をもつことは厳に回避すべきであり、表に出ない整理屋には、むしろ仮差押えなど法的手段で断固とした対応を図ることを優先する。

(2) 準則型私的整理手続への対策

準則型私的整理手続は、清算型の場合、REVIC、裁判所の調停委員会、第三者支援専門家等、利害関係のない中立かつ公正な第三者が関与する私的整理手続であるから、基本的には整理を進行する担当者に任せて協力すればよい。ただし、準則型私的整理手続といっても私的整理である以上、対象債権者（主に金融機関）全員の同意がなければ成立しないので、すべての対象債権者が合意しやすいような弁済計画の策定に協力すべきである。

対象債権者によって債務者（融資先や保証人）に対する再生支援・廃業支援の知識の充足度合いに差があったり考え方が異なったりすることがあるが、対象債権者間での意見の対立が生じた場合は、手続主宰者や債務者（実際は債務者代理人弁護士）に任せきりにせず、メイン行を中心に金融機関間調整を行うべきである。筆者の経験からも、ベクトルの異なる「金融機関と手続主宰者」または「金融機関と債務者」よりも、ベクトルを同じくする「金融機関と金融機関」のほうが建設的な交渉ができることが多いからである。

また、準則型私的整理手続を進めるにあたっては、対象債権者の経済合理性の極大化を図るのは当然であるが、当該整理手続を進めることによる地域経済の活性化についても同等の配慮が必要である。廃業支援による地域経済の活性化のキーワードは企業の新陳代謝の促進、経営者の再チャレンジ、従業員の再就職支援、その他の経営資源の再活用である。

(3) 法的整理対策

法的整理手続のなかでも、会社更生手続や破産手続のように債務者の財産管理処分権が剥奪され厳重な裁判所の監督下で進められるものは、基本的には、裁判所の監督を信頼して配当を待つしかない。これに対して、民事再生手続や特別清算手続のように、原則として債務者の財産管理処分権が債務者

に残り、債務者の裁量が大きく働くものについては、銀行としても一定の注視が必要である。

a　法的整理手続外の回収に重点を置く

　融資先等が法的整理に入ると、個別の債権者の取立ては禁止されるので、法的整理に入った債務者からの回収は裁判所の監督に任せるしかない。しかし、融資先等が法的整理に入ったからといって、担保処分（設定者に会社更生手続が開始された場合を除く）や法的整理手続外の弁済義務者（本章第3節参照）に対する請求まで拘束されるものではない。

　保証人、会社役員などに対する権利は本来、主債務者からの弁済が受けられないときの補完的なものとして認められた権利である。ここでいう「弁済を受けられないとき」とは「主債務者の法的整理手続の完了」ではなく「主債務者の期限の利益の喪失（または主債務の弁済期限到来）」である。したがって、債務者に法的整理手続が開始された後は、担保処分と法的整理手続外の弁済義務者からの回収に重点を置いて交渉することになる。

b　濫用的な民事再生手続申立てへの警戒

　民事再生手続は破産手続や会社更生手続と異なり、原則として申立てがなされても保全命令の範囲で財産処分権限に制約を受けるだけであり、債務者の財産管理・処分権限は失われない。このため、不誠実な債務者が民事再生手続を濫用し、保全命令を得て特に強硬な債権者からの取立てを一時的にしのいでから申立てを取り下げて、勝手に無秩序型で清算してしまうことがある。また、債権者は債務整理の透明性・公平性を確保するために不誠実な債務者に対して破産手続開始申立てをすることができるが、債務者がこれに対抗して民事再生手続開始の申立てを行うと、すでに申し立てられていた破産手続が中止されるという効果があり（民事再生法39条）、この効果を目的とした濫用事例もある。

　このような民事再生手続濫用への債権者としての対抗手段として、管理命令の申立てがある。管理命令は、再生債務者の財産の管理または処分が失当である場合に、裁判所が利害関係人の申立てにより管財人を選任する制度であり（同法64条）、管財人が選任されると再生債務者は財産管理・処分権限

を剥奪される。しかし、申立てをしても必ず管理命令が発令されるわけではないから、倒産発生時から濫用的な民事再生手続申立てがなされないよう警戒しておくことが重要である。

c 民事再生手続の特色

民事再生手続は、会社更生手続や破産手続よりも裁判所の監督が緩やかであることから、債権者として適正な対応がとれるよう、その特色を整理しておく。

(a) 再生債務者の地位（民事再生法38条）

再生手続は再生債務者自ら事業を継続することを原則としており、再生債務者は再生手続が開始された後も、その業務を遂行し、またはその財産を管理し、もしくは処分する権利を有する。

(b) 裁判所による監督

裁判所は、再生債務者に業務遂行や財産管理・処分を完全に任せるのではなく、次のような制限を課している。

ア 監督命令（民事再生法54条）

裁判所が監督委員を選任し、その同意を得なければ再生債務者がすることのできない行為を指定するのが監督命令である。

イ 管理命令（民事再生法64条）

裁判所が、再生債務者の財産の管理または処分が失当であるときなどに、再生債務者の業務および財産に関し、管財人による管理を命ずるのが管理命令である。

(c) 簡易な再生手法

ア 簡易再生（民事再生法211条）

再生計画案に対する債権者の5分の3以上の同意により、債権調査・確定手続を経ることなく手続続行が可能な再生手法である。

イ 同意再生（民事再生法217条）

債権者全員の同意により、債権調査・確定手続、再生計画案の決議を経ることなく任意整理が可能な再生手法である。

d　手続遵守

　法的整理手続は裁判所の監督のもと進められ、債権者は各段階において法定の手続を求められるので、手続を誤るとその権利を失うことがある。権利喪失の程度は手続により大きく相違するので、その手続がどのような手順で進められ、手続の失念や誤りによって自己の有する権利はどのように取り扱われることになるかあらかじめ法律の規定を確認しておかなければならない。不慣れな手続に関しては顧問弁護士と十分相談しておくことが必要であるが、管財人または再生債務者代理人弁護士、裁判所書記官等と日頃から接触を図り、不明な点があれば何でも聞けるような関係を構築しておくべきである。

e　受任弁護士との関係維持

　破産手続の開始前において債務者の意思決定は、事前の相談相手である受任弁護士（申立代理人）の意見に従っているのが通常である。このため、債務者の現況や以後の整理方針に係る受任弁護士の意向を確認することは重要である。

　破産手続が開始すると以後の交渉相手は破産管財人となり、銀行と受任弁護士との接触は途絶えてしまうことが多い。しかし、破産管財人は裁判所が選任した中立かつ公平な第三者であるから、債務者が破産管財人を全面的に信頼しているとは限らないし、事実や本心を正確に伝えていないことも考えられる。そのような場合、債務者が一番信頼しているのは自らが整理を委任した受任弁護士であるから、破産手続が開始された後であっても受任弁護士との接点は維持しておくべきである。

　特に主債務者の整理を法的整理で行い、代表者の保証債務整理は経営者保証に関するガイドラインを利用する場合、通常は主債務者の破産手続の申立代理人が同ガイドラインの重要なプレーヤーである「支援専門家」に就任することになる。このため、受任弁護士との接点の確保や信頼関係の構築は重要であるといえる。

⑷　各種法的整理手続の対比

　銀行が融資先等に対し法的整理手続の申立てを検討する場合、通常は役員

会の意思決定、申立てに必要な書類の作成、裁判所に納める予納金や申立代理人への弁護士報酬の捻出が必要であり、ここまでは、基本的にどの整理手続を選択するかによる差異はさほどない（ただし、書類作成の労力や予納金・弁護士報酬の多寡は手続により異なりうる）。しかし、手続申立て以後は、どの手続を選択するかで関係者の対応に大きな違いが生じるので、図表33で整理しておく。

図表33　法的整理手続の対比

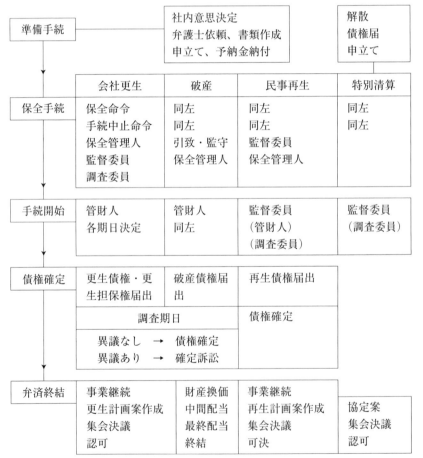

（出所）　旗田庸『債権回収〔第2版〕』（金融財政事情研究会、2015年）

第 **7** 節　貸出債権の自己査定と引当・償却

1　貸出債権の分類

　債権管理回収業務において融資先の債務者格付に基づく債務者区分の判定および分類額の算出は、回収可能金額や回収不能金額を把握し、今後の回収業務を進めるうえでの展望をもつために重要な作業である。なお、債権管理業務と自己査定の関係については図表1（序章1）参照。

(1)　資産査定と自己査定

　金融機関が金融機関経営の健全性を確保するため、保有する資産の内容を個別に検討して預金者の預金などが資産の不良化によりどの程度の危険にさらされているかを判定し、その回収の危険性または価値の毀損の危険性の度合いに従って資産を区分することを「資産査定」という。融資業務における資産査定は適切な引当・償却を実施するための準備作業である。

　資産査定は早期是正措置制度（金融機関の自己資本比率の状況に応じ、行政当局が適時・適切に問題のある金融機関の経営に係る是正措置を発動する制度）導入後、各金融機関が自己責任原則にのっとり、自ら資産査定を適時・適切に行うこととされており、これを「自己査定」という。自己査定は通常年2回（半期ごと）または年4回（四半期ごと）行われるが、金融機関によって手法等に異なる部分があるので自行の自己査定要領を確認されたい。

(2)　債務者区分と分類区分

a　基本的な考え方

　自己査定において貸出債権等は債務者区分と分類区分とのマトリックスにより分類する（本節2に掲げた図表34・35参照）。これらの区分は1999（平

第7節　貸出債権の自己査定と引当・償却　193

成11）年7月に金融監督庁より明示された「金融検査マニュアル」に沿って行われる。金融検査マニュアルは、2019（令和元）年12月18日に廃止されたが、廃止後も従来の取扱いは基本的に踏襲されている。

ただし、金融庁は金融検査マニュアルの廃止に伴い、金融機関の自主的な創意工夫を制約しないよう、各金融機関のビジネスモデルの多様化を前提にした各金融機関の個性・特性に即した検査・監督を行うとしている。これを受け、自己査定の実務においては金融機関の融資方針や融資先の実態等をふまえ、過去実績や個社の定量・定性情報に限られない幅広い情報から将来を見据えた引当・償却を可能とする資産査定が可能となっている（もっとも、株式を上場もしくは公開している銀行については、監査法人の承認が得られる引当・償却が求められる）。

融資先全体についての資産査定（債務者区分の判定、分類額の算出）は自己査定により行われるが、個社別の資産査定は年1回、決算時を基準時として「債務者格付」により行われる。ただし、債務者区分に悪影響を与える事象が発生した場合は、そのつど債務者格付を見直す金融機関が多い。なお、債務者格付は個社別に融資方針・付利方針などを決定するための債務者区分よりも詳細な信用力の判定であり、金融機関により名称が異なる場合があるが、債務者格付結果が当該融資先の債務者区分にリンクしている（たとえば債務者格付○〜△は正常先、□〜◇までは要注意先……といった具合である）。

b　債務者区分

自己査定または債務者格付においては、まず、融資先をその返済能力に応じて以下の五つに区分する。なお、金融機関が資産査定を行う前提となる債務者区分のために作成した資料はもっぱら内部の利用に供する目的で作成され、外部の者に開示することが予定されていない文書で文書であるとはいえないため、民事訴訟法220条4号ニ所定の文書（「専ら文書の所持者の利用に供するための文書」）に当たらないと解されている（最決平19.11.30金融法務事情1826号46頁）ことに注意が必要である。

①　正常先

業況が良好であり、かつ、業務内容にも特段の問題がない先

② 要注意先

 ⓐ 金利減免・棚上げを行っているなど、貸出条件に問題がある先

 ⓑ 元本返済もしくは利息支払が事実上延滞しているなど履行状況に問題のある先

 ⓒ 業況が低調ないし不安定、または財務内容に問題があるなど、今後の管理に注意を要する先

 ※ 要注意先のうち３カ月以上延滞債権や貸出条件緩和債権などの「要管理債権」がある先は、さらに「要管理先」に分類される。

③ 破綻懸念先

 経営難の状態にあり、経営改善計画などの進捗状況が芳しくなく、今後、経営破綻に陥る可能性が大きいと認められる先

 ただし、実現可能性の高い抜本的な経営再建計画を策定・遂行している先（実抜計画先）は、要注意先とすることができる。

④ 実質破綻先

 法的・形式的な経営破綻の事実は発生していないものの、深刻な経営難の状態にあると認められるなど、実質的に経営破綻に陥っている先

⑤ 破綻先

 法的・形式的な経営破綻の事実が発生している先

c　分類区分

　自己査定においては個社別に貸出債権等を回収の危険性または価値の毀損の危険性の度合いに応じて以下の四つに区分する。なお、Ⅱ～Ⅳに区分することを「分類」、分類された資産のことを「分類資産」という。

① Ⅰ分類（非分類）

 Ⅱ～Ⅳとしない資産（回収の危険性または価値の毀損の危険性について問題のない資産）

② Ⅱ分類

 債権保全上の諸条件が満足に満たされていないため、あるいは信用

上疑義が存在するなどの理由により、その回収について通常の度合い
を超える危険性を含むと認められる債権等の資産

③　Ⅲ分類

最終の回収または価値について重大な懸念が存し、したがって、損
失の発生の可能性が高いが、その損失額について合理的な推計が困難
な資産

④　Ⅳ分類

回収不可能または無価値と判定される資産

d　債務者区分と分類の関係

分類区分は債務者区分によって異なる。具体的には次のとおり。

①　債務者区分が正常先の場合は債権全額が非分類となる。

②　債務者区分が要注意先の場合は債権全額が非分類またはⅡ分類とな
る。

③　債務者区分が要管理先の場合は債権全額が非分類、Ⅱ分類またはⅢ
分類となる。

④　債務者区分が破綻懸念先の場合は債権全額が非分類、Ⅱ分類または
Ⅲ分類となる。

⑤　債務者区分が実質破綻先の場合は債権全額が非分類、Ⅱ分類、Ⅲ分
類またはⅣ分類となる。

⑥　債務者区分が破綻先の場合は債権全額が非分類、Ⅱ分類、Ⅲ分類ま
たはⅣ分類となる。

なお、債権管理回収業務の主な対象先である実質破綻先および破綻先につ
いては、大まかにいえば、回収確実な額（優良担保・優良保証でカバーされ
ている部分等）が非分類、担保の掛け目後の担保力相当額等がⅡ分類、担保
の掛け目部分等がⅢ分類、貸出金等債権額から非分類〜Ⅲ分類額を控除した
回収不能見込額がⅣ分類となり、「Ⅲ分類＋Ⅳ分類額」全額について、貸倒
引当金を計上（「引当」という）しなければならない。また、実質破綻先に
係る引当は原則としてすべて有税、破綻先に係る引当は一定の要件を充足し
ている先に対する貸出債権等の一定額は無税、それ以外は有税となる。

2　貸出債権の引当・償却

　金融機関の貸出金等のうちに回収不能のものまたは回収不能と見込まれるものがある場合、その回収不能額または回収不能見込額について貸借対照表の資産の控除項目である貸倒引当金勘定に繰り入れることを貸出等債権の「引当」（または「間接償却」）といい、貸借対照表の資産項目から引き落とすことを貸出等債権の「償却」（または「直接償却」）という。このうち引当は自己査定結果に基づいて算定する。

　金融機関の債権管理回収業務のゴールは「貸出等債権の全額回収」または「貸出等債権の無税直接償却」の二つしかなく、全額回収できるケースは非常にまれであるため、事実上の延滞債権の最終処理方法はほとんどのケースで無税直接償却となる。回収計画はこのいずれかをゴールに設定して策定することになるので、貸出等債権の償却の知識は必須である。また、引当の増減は直接償却に至るまでの金融機関の損益状況を示すものであり、有税引当を無税引当に転化することは金融機関の税務メリットに直結することから、回収計画に大きな影響があるので、貸出金の引当に関する知識もまた必須である。なお、近時はサービサーへの債権売却（バルクセール）も最終処理方法（債権売却損の計上）として利用されるケースが増えているが、これは金融機関の債権管理回収業務というよりは資本政策の一環なので、ここでは割愛する。

(1)　貸出債権の引当（間接償却）

a　貸出債権の引当とは何か

　貸出金等の「引当」とは、融資先に支払不能あるいは支払困難な状況が生じ、その段階で貸出金等の全部または一部が回収不能となる見込みが生じたときに、その回収不能見込額を見積もり、資産勘定を仮に減額する手続で、「間接償却」ともいう。具体的には回収不能見込額を確定させるまでの間、見合い額を損益計算書上で経費支出し、貸借対照表の資産の控除項目である貸倒引当金に計上することで、将来の損失確定に備えて引当するものである。

この損益計算書上で経費支出する回収不能見込額の見合い額を「与信費用」という（損益計算書上では「貸倒引当金繰入損」）。貸倒引当金繰入損（引当額）は原則として有税であり税法上の損金処理が認められないが、法人税法施行令96条１項に定める一定の要件を充足した引当については無税（税法上の損金）になる。前者を「有税引当」または「有税間接償却」と、後者を「無税引当」または「無税間接償却」という。

b　一般貸倒引当金と個別貸倒引当金

　自己査定の結果、正常先または要注意先（要管理先を除く）と判定された先については分類・非分類にかかわらず債権額に一定率（正常先と要注意先では異なる）を乗じた額を「一般貸倒引当金」として有税引当する。要管理先および破綻懸念先と判定された先についてはⅢ分類額に個社別に判定する一定率を乗じた額を「個別貸倒引当金」として有税引当する。そして、実質破綻先または破綻先と判定された先については、Ⅲ分類およびⅣ分類の全額を引当する。実質破綻先についてはⅢ分類・Ⅳ分類を問わず全額が有税引当となり、破綻先についてはⅣ分類のうち税法上の要件を充足しているものを無税引当、それ以外を有税引当とする（図表34参照）。なお、要管理先およ

図表34　自己査定と引当（間接償却）

債務者区分	分類	要引当額	有税・無税	引当金の区分
正常先	非	債権額×一定率	有税	一般貸倒引当金
要注意先	非・Ⅱ			
要管理先 （要注意先の一部）	非・Ⅱ・Ⅲ	Ⅲ分類額×一定率		個別貸倒引当金
破綻懸念先	非・Ⅱ・Ⅲ			
実質破綻先	非・Ⅱ・Ⅲ・Ⅳ	Ⅲ・Ⅳ分類全額	通常は有税 （注１）	
破綻先	非・Ⅱ・Ⅲ・Ⅳ		有税・無税 （注２）	

（注１）　法人税法施行令96－１－２に該当した場合、一部無税可能。
（注２）　法人税法施行令96－１－１、96－１－２、96－１－３のいずれかに該当した場合、一部無税可能。
（出所）　筆者作成

び破綻懸念先に関する個別引当金の繰入率は、金融機関ごと、同一金融機関内においても融資先ごとに異なるので、自行の引当・償却要領を参照されたい。

　一度計上した貸倒引当金は損益計算書上、毎年度洗替え（貸倒引当金戻入れ→貸倒引当金繰入れ）がなされており、既往の貸倒引当金全額を取り崩すとともに自己査定結果によって算出された要引当額全額を貸倒引当金に繰り入れている。個社別にみれば「貸倒引当金戻入額＞貸倒引当金繰入額」であれば差額が金融機関の真水の収益であり、「貸倒引当金戻入額＜貸倒引当金繰入額」であれば差額が新規の与信費用である。

c　有税引当と無税引当

　有税引当は、法人税法上の要件を満たさないので税務上は損金計上できないが、企業会計上は費用処理を必要とするものである。有税引当は、実質的には損失であるにもかかわらずその損失額が課税所得に含まれて税支出を伴うので、金融機関の決算上は不利益である。

　無税引当は法人税法施行令96条1項1号〜4号（法令（または施行令）96−1−1、96−1−2、96−1−3、96−1−4という言い方が一般的である）の定めに従って処理されるものである。無税引当には次のようなものがある。なお、実質破綻先・破綻先の引当・償却の考え方は図表35を参照されたい。

① 　長期棚上げ債権に係る形式基準による無税引当（96−1−1）
　　　再生債務者の再生計画等において当該債権の5年超の弁済予定額から担保等でカバーされる金額（Ⅲ分類も含む）を除いた金額
② 　実質基準による無税引当（96−1　2）
　　　債務者の債務超過が相当期間継続し、事業好転見込みなし等の理由により貸金等の一部が回収不能と見込まれる場合の、当該回収不能見込額
③ 　形式基準の無税引当（96−1−3）
　　　債務者の法的整理手続の申立てや銀行取引停止処分等がある場合の担保等のカバー額（Ⅲ分類も含む）を除いた金額の50％相当額

図表35　実質破綻先・破綻先の引当・償却
1．引当（間接償却）

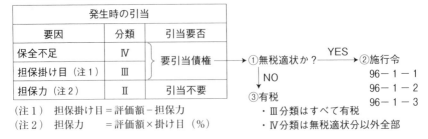

2．直接償却（無税直接償却）
　①形式基準による直接償却～法人税基本通達9－6－1
　　・法的整理（破産を除く）・協定に基づく債権切捨て
　　・書面による債務免除（合理性のきわめて高いもののみ）
　　・破綻先（原則）のⅣ分類の一部（ケースによっては全部）が対象
　②実質基準による直接償却～法人税基本通達9－6－2
　　・貸金等全額回収不能（回収不能であることの疎明が必要）の確定していることが要件
　　・破綻先（原則）のⅣ分類の全部が対象
　　・貸金等の一部のみの直接償却は不可
（出所）　筆者作成

　　④　外国政府等への債権の無税引当（96－1－4）
　　　　当該債権に係る回収不能見込額の50％相当額
　(2)　**貸出債権の償却（無税直接償却）**
　a　貸出債権の償却とは何か
　貸出債権の償却（直接償却）とは、回収や担保処分等が終了し回収不能額が確定した段階でその確定損失額を貸出金等から引き落とし、損失に振り替える手続である。損益計算書上は、貸倒引当金を戻入れしたうえで貸倒損失を計上することになる。個社別にみれば「貸倒引当金戻入額＞貸倒損失額」であれば差額が金融機関の真水の収益であり、「貸倒引当金戻入額＜貸倒損失額」であれば差額が新規の与信費用である。なお、延滞・倒産発生から直接償却までのイメージについては図表36を参照されたい。
　直接償却も有税直接償却、無税直接償却があるが、有税直接償却はまだ無税直接償却の要件を満たすに至らない段階で直接償却をしてしまうものであ

図表36 延滞・倒産の発生から直接償却まで

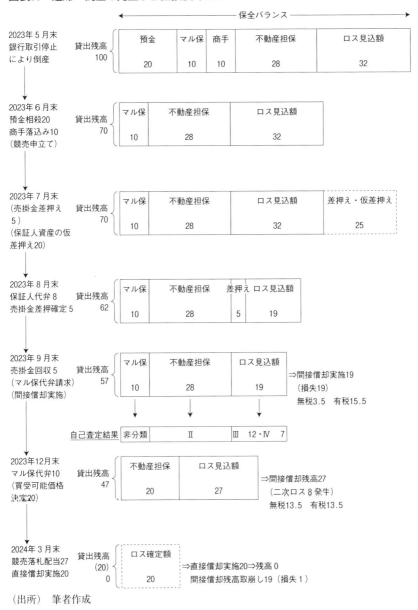

(出所) 筆者作成

第7節 貸出債権の自己査定と引当・償却 201

る。いったん直接償却したものは後日無税要件を充足しても無税直接償却を
することはできないため貸倒損失を税法上の損金に計上することができず、
金融機関にとっては本来享受できたはずの税務メリットを享受できないとい
うきわめて異例な取扱いである。したがって、有税直接償却の対象となる債
権は不祥事に関連した債権、事務処理上の不始末に起因して支払われた損害
賠償金の求償権を貸出形式で処理しているもの、事実上相手方への請求権行
使ができないもの、過去の無税直接償却が税務調査で否認されたものなどで
ある。このため、債権管理回収業務において行われる直接償却はすべて無税
直接償却でなければならない。なお、過去の無税直接償却が税務調査で否認
されると、当該直接償却が有税直接償却であったものとして修正申告および
修正申告に基づく納税を行うこととなる。

b　無税直接償却

　無税直接償却は、法人税基本通達第9章第6節1・2（基通9－6－1、
9－6－2という言い方が一般的である）の定めに従って処理されるもので
ある。無税引当には次のようなものがある。

① 債権の切捨てに係る形式基準による償却（9－6－1(1)〜(3)）

　　会社更生、民事再生、特別清算、債権者集会の協議や行政機関等の
斡旋による当事者間の契約に基づく切捨て相当額で、法律上の貸倒れ
と認定されるもの

② 債務免除に係る形式基準による償却（9－6－1(4)）

　　債務者の債務超過が相当期間継続し、その貸金の弁済が受けられな
いと認められる場合に、書面により明らかにされた債務免除額で、法
律上の貸倒れと認定されるもの

③ 実質基準による償却（9－6－2）

　　債務者の資産状況等により今後まったく回収不能と認められる貸金
等の全額

第2章

債権回収の方法と実際

第1節 | 回収計画の立案

　平常時は融資実行時の取決めに従って弁済がなされているので銀行として
は債権回収などというむずかしいことを考えずに、融資先が自主的に履行す
る弁済を受けていればよいといういわゆる「他力本願」でことがすんでい
た。ところが、ひとたび融資先企業が倒産すると信用崩壊により借金を払い
たくても払えない状態になるため、平常時のロジックはまったく機能しなく
なり、銀行としても、すべて自分の力で、あらゆる手段を講じて取立ての努
力をしなければならないといういわゆる「自力本願」への大転換の渦に巻き
込まれることになる。しかも、融資先のわずかに残った財産をめぐる債権者
同士の非情な「椅子取りゲーム」に勝ち抜かなければならない。

　このようななか、漫然と融資先等に弁済の督促をしているだけでは成果を
あげることはできないので、督促に先立ち実効性のある回収計画の立案が必
要になる。回収計画の要諦は回収実績のあがる可能性の高い事項に的を絞っ
て交渉し、無駄のない手段を選んで手早くことを進めることである。

　もっとも、融資先の規模、業種、業歴、経営者の性格、他の債権者の動
向、あるいはその整理方法等の違いから、あらゆる場合に適した回収計画と
いうものはありえない。状況に応じて最も実効性のある手段を選ぶ必要があ
る。そこで本書では、一般に共通すると考えられる回収計画の立案方法を取
り上げる。実際の事案に取り組むに際しては当該事案の特性に応じて適宜ア
レンジしていただきたい。

1　回収計画立案のための準備

　回収計画立案にあたっては、準備段階としてまず、自行の債権の総額がい
くらか、それが現在どのように保全されているかを把握し、保全バランスを

204　第2章　債権回収の方法と実際

図表37 回収計画立案の準備

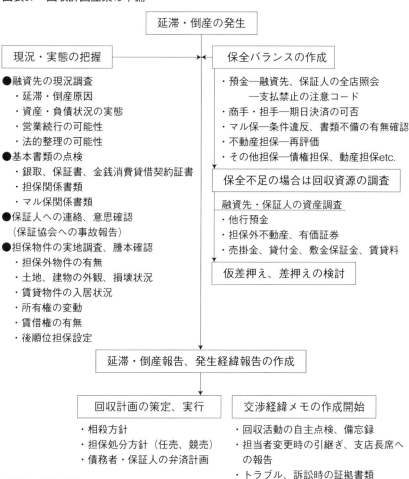

(出所) 筆者作成

作成する必要がある。並行して融資先等の現況、実態を正確に把握し、さらに現在融資先等からの回収資源として何があるかをできるだけ多く確認しておく（図表37参照）。

(1) 自行の保全バランスの把握

　回収計画を立案するためには、当該融資先に対する保全が十分か、不十分な場合はどのくらい保全が不足しているのかを把握することが必要である。

このため、融資先に延滞・倒産が生じた場合は、回収を要する債権の総額と保全状況を比較するために保全バランスを作成する。以下、保全バランス作成にあたっての留意点を述べる。

a 総債権の確認

総債権とは、貸出金はもちろん仮払金（立替払金）、手形債権、諸手数料等、融資先等に対して請求しなければならない債権の総額のことである。総債権の確認にあたっては、次の点に留意する。

① 融資取引状況照会票（金融機関により名称は異なる）に打ち出されない取引はないか。

金融機関によっては私募債、スワップ、オプション等の取引が融資取引状況照会票に打ち出されないことがある。

② 当該融資先が振り出した手形を自行の他の融資先の依頼で割引していないか。

当該融資先の保証人が法人または個人事業主である場合は当該保証人が振り出した手形を他の貸出先の依頼で割引していないかも確認する。

③ 代表者、保証人等に個人ローンはないか。

④ 後納手数料（為替手数料・EB手数料等）等の未収金や立替金等はないか。

⑤ 政府系金融機関（日本政策金融公庫等）の代理貸付はないか。

仮に銀行の政府系金融機関に対する保証割合が80％、融資残高が1,000万円であった場合、銀行が代位弁済した後の求償権は800万円になるが、これについて100万円を回収すると当該政府系金融機関に20％相当額である20万円を回金する義務（「回収金按分充当義務」という）が生じる。つまり、融資残高の100％を自行で回収しなければ免責されない（最判昭62.7.10金融法務事情1167号18頁）ことに注意が必要である。なお、代理貸付の相殺については本章第2節1(2)bを参照されたい。

b　保全の確認

保全の確認に際しては次の点に留意が必要である。

① 　担保の確認

担保の確認については第1章第4節で詳述しているので、そちらを
参照されたい。

② 　取立手形等、法的整理の局面で商事留置権の対象となる預り物の有
無の確認

筆者の経験であるが、円金利キャップ精算金、破綻したゴルフ会員
権譲渡担保に係る再生弁済金等が商事留置権として認められた実例が
ある。

③ 　預金の確認

僚店が別段預金等で預かっている資金、たとえば当座解約口、預金
差押口、諸預り金口に当該融資先関連の資金が残留していることがあ
るので見落としに注意すべきである。民事再生手続および会社更生手
続の場合、債権届出期限経過後は預金相殺を行うこと自体が禁止され
る。

c　第2次回収資源

たとえば決済見込みが不明であるが取扱い方しだいでは回収に結びつけら
れるかもしれない手形、担保力の見込まれない不動産は、保全としてカウン
トすることはできない。しかし、これらの担保からの回収を諦めるのではな
く、「第2次回収資源」として処分方法を工夫すべきである。

中長期の回収計画は「堅実な回収計画」と「甘い回収計画」の2種類を作
成すべきであり、後者の場合、この甘い数字のもとになる手段こそ回収計画
をより実効性の高いものとすることがある。そして、「甘い回収計画」にお
ける主要な回収資源が第2次回収資源である。特に競売では回収額が少ない
か、無剰余取消し（後順位抵当権の場合は無配当）が予想される不動産担保
などは、工夫次第で「大化け」することがある。

⑵ 融資先等の現況把握と回収資源の探査

a 融資先等の現況把握

回収計画立案の準備としての融資先等の現況確認のポイントは、①本人、事業所の現況調査、②財務諸表、帳簿等の入手（入手できない場合は既入手の財務諸表等精査）、③整理方法の確認、④整理計画の妥当性調査・検証、⑤他債権者の動向調査である。その手法は第1章第5節、6節で詳述したので、そちらを参照されたい。

ほかにも、回収計画立案の準備として、⑥債務否認、保証否認、担保提供否認等のおそれはないか、⑦自行が融資先、保証人等とトラブルになっている事項はないか、⑧融資先と保証人（特に第三者保証人）との間にトラブルになっている事項はないか、⑨融資先等が第三者（特に他債権者）とトラブルになっている事項はないかについても調査すべきである。また、可能であれば、従業員から倒産前後の情報や従業員自身の今後についての意向も調査しておきたいところである。

b 回収資源の探査

近時、主債務は「準則型私的整理手続または法的整理手続」、保証債務は「経営者保証に関するガイドラインに基づく準則型私的整理手続」とするパターンが増加しており、金融庁監督指針もこれを推奨している。このパターンでの債務整理手続は利害関係のない公正な第三者が手続を主宰するので、個々の金融機関が回収資源を行う必要はない。

したがって、近時の債権管理回収実務において回収資源の探査が必要となるのは、融資先等の整理が無秩序型または純粋私的整理手続により行われる場合に限定される。その手法は第1章第5節、6節で詳述したので、そちらを参照されたい。

⑶ 基本書類、債権書類の点検

銀行の権利は基本契約や個別の債権契約で守られている一方、これらに不備があれば逆に銀行の権利行使が制約されることになる。つまり、基本書類等は銀行が正当な権利行使（債権回収）を行うためのパスポートなのである。

融資先が倒産してから基本書類の不備を補正しようとしても無理なのが通常であるから、倒産してからあわてて点検するのではなく、平常時から、少なくとも経営悪化の兆候がみられる要注意先段階（遅くとも破綻懸念先段階）までには基本書類等に不備はないかをよく点検し、不備がある場合は直ちに補正するということを心がけるべきである。この意味において、債権回収は延滞・倒産発生からではなく取引開始から始まっているといえる。

　なお、債権管理・回収を進めるにあたりいちばん恐ろしいことは「基本書類等に不備があること」ではなく、「基本書類等の不備に気づくのが遅れること」である。自行が強制手段をとった後で不備が判明すると致命的（場合によっては損害賠償請求される）なので、できるだけ早い段階で入念な点検を行い、不備が判明した場合、直ちに本部所管部に報告し、対応を検討する。

　基本書類、債権書類のチェックポイントは図表38のとおりであるが、留意点は次のとおりである。

① 債権書類現物により、回収を要する債権の種類・金額の確認を行う。

② 徴求書類の記載すべき事項に記載漏れはないか、貸出実行日、貸付金額、貸付期間、金利等の記載は正しいかをチェックする。

　ここでは各種徴求書類の筆跡を突合し代筆の有無を確認することが最も重要な作業となる。極論であるが「本人の筆跡に間違いないが印鑑相違」よりも「印鑑は実印に間違いないが、本人の筆跡ではない」のほうが、債務否認・保証否認等の裁判となった場合に圧倒的に銀行敗訴の危険度が高い傾向にあることに留意が必要である。

③ 貸出稟議書条件との突合せにより条件違反等がないかをチェックする。

④ 各契約書に印刷されている特約条項についてもどのような内容かチェックし、理解しておく。

　特約条項の解釈が「思わぬ落とし穴」となることもあるが、「起死回生のチャンス」を発見することもある。

第1節　回収計画の立案　209

図表38　基本書類・債権書類のチェックポイント

	チェック項目	チェック事項
銀取・金消等債権証書および附属書類	銀行取引約定書、届出書、金銭消費貸借契約書等の現物確認	①　取引約定書、定款、商業登記履歴事項証明書、印鑑証明書、印鑑届等の徴求漏れはないか？ ②　金銭消費貸借契約書、各種特約書等の現物はあるか？ ③　代理人取引の関係届、諸変更届等の徴求漏れはないか？
	契約書類の内容点検	①　各種契約書と印鑑証明書・印鑑届・稟議書等とを照合する。 ②　印鑑相違、訂正印漏れ、記入相違、代筆がないことを確認する。 ③　契約書相互間の日付の正誤等を確認する。
	債務者の権利能力、行為能力の確認	①　定款、寄付行為、商業登記履歴事項証明書等により確認する。 ②　特殊法人、行為無能力者（疑義がある場合、成年後見登記事項証明書・戸籍謄本等を徴求）に注意。 ③　相手方の変動事項を変更届で確認する。
	貸出条件の未補完事項	できあがり担保の追加担保取入漏れ、取締役会・社員総会（場合により株主総会）議事録不備、建物の更正登記未了、資金使途相違等がないか？
保証書および附属書類	保証契約	①　保証人の意思に基づいて保証契約をし、署名・押印がなされているか？ ②　保証人の権限、行為能力に問題はないか？ ③　必要な保証人の徴求漏れはないか？ ④　保証内容は貸出条件どおりか？
	保証条件	①　保証条件の有無を調査し、免責項目の有無（ある場合、免責事項が発生していないか）を確認する。 ②　根保証の場合、保証期間、保証債務の限度内かどうかを確認する。 ③　担保保存義務違反はないか（勝手に期間などを変更したり担保解除したりして保証人を不利な状況にしていないか）？ ④　保証協会の保証免責事項に該当していないか？
借入手形・商手・担手等	手形要件	①　金額、支払期日、振出日、振出地、振出人、受取人、支払地、支払場所などが正しく記載されているか？　〜特に振出日、受取人の記載漏れに注意。 ②　手形金額、支払期日、支払場所等が回議票と一致しているか？ ③　手形要件の記載に不合理なものはないか？ ④　借入手形の場合、振出人の住所、商号（氏名）、代表者、印鑑は印鑑証明書等と一致しているか？
	商手・担手等の裏書	①　裏書は連続しているか？ ②　商手・担手依頼人の裏書の印鑑は届出印と一致しているか？ ③　当行を被裏書人とする裏書がなされているか？
	利益相反行為	手形当事者の行為が利益相反行為に該当する場合、取締役会・社員総会（場合により株主総会）等の承認がなされているか？

（出所）　筆者作成

2 回収計画のつくり方

　前項をふまえ回収計画を策定することになるが、ポイントは複数の回収計画案を列挙し、候補案を比較検討して絞り込み、手順を決めて整理することである。

(1) 複数の回収計画案（候補案）を列挙する

a 回収計画案策定方法（総論）

　本来なら情報収集・分析が十分な段階で回収計画を策定すべきであるが、そうもいっていられないケースのほうが多いのが実情である。そのような場合、初期段階では「いつまでに何を調査すればよいか」ということが最も重要な回収計画になる。状況を正確に把握し、状況に応じた回収計画を何パターンか想定しておくことも重要である。

　このため回収計画は、回収計画立案のための準備を完了してからつくるのではなく回収計画立案のための準備作業を進めながらその進行にあわせて作成していく。具体的には①収集した情報を整理・分析し、仮説を立てる、②収集した情報の分析結果とそれによって成立した仮説に基づき、さらに情報を収集するという作業の繰り返しである。ここでは収集した情報から「何を読み取るか」が重要である。

　収集した情報をもとに回収計画を策定するが、回収計画の善し悪しはアイデアの多少によって決するといっても過言ではない。このため、回収計画は1パターンだけではなく、できるだけ多くのシナリオ（候補案）を列挙する。その際、回収に精通した人の意見を聞くだけでなく、後輩や未経験者も含め、できるだけ多くの意見を聞く。なお、回収に精通した人の意見を聞くにあたり、過去の失敗体験はおおいに参考とすべきであるが、成功体験は時代の変化に伴い偏った考え方となっているおそれがあることに留意が必要である。

　回収計画案策定にあたり債権回収の手段を整理しておく（図表39参照）。債権回収の手段は融資先（主債務者）・保証人等が応諾しなくてはできない方法（任意回収）と融資先・保証人等が応諾しなくても行うことのできる方

第1節　回収計画の立案　211

図表39　債権回収の手段

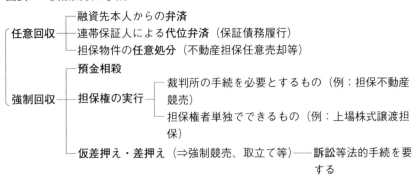

(出所)　筆者作成

法(強制回収)とがある。さらに、強制回収手段は優先的に弁済を受けられるものとそうでないものとがある。優先権のある回収手段として預金相殺、担保にとった財産に対する担保権実行(担保不動産競売、上場株式譲渡担保等)があり、他の債権者と平等な配当しか受けられない回収手段として仮差押え、差押え(強制競売、取立て等)、破産等法的整理手続への参加等がある。後述(本項(2)c)のとおり回収計画は任意回収を基本とするが、状況に応じて適切な方法を選択する。

なお、回収計画を策定するに際しては、その置かれている社会的環境や従来の取引経緯などにも十分配慮し、慎重な姿勢が求められることに留意しなければならない。

b　回収方針の決定

取組姿勢は、保全が確保されているのかどうかによって大きく異なる(図表40参照)。

保全十分であればあわてる必要はない。保全の種類に応じて、その手続上の不備がないかを確認したうえで、それからの回収を確実に行っていけばよい。ただし、信用保証協会保証付融資による保全は、特殊なケースを除き、代位弁済後に必ずといってよいほど遅延損害金の一部が残るので、未収延損金の管理・回収が必要となる(融資先および保証人に説明を要する)ことに留意が必要である。

図表40 回収計画策定にあたっての基本的取組姿勢

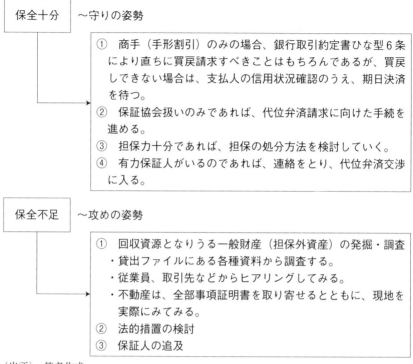

(出所) 筆者作成

　問題は保全が不足しているときの対応である。回収資源となりうる資産を見つけるよう調査し、対象となる資産が見つかれば、場合によってはそれらを保全する措置を講じる必要がある。そして、保証人に直ちに通知するとともに具体的な弁済交渉を開始することも必要となる。また、保証人についても、融資先と同様に回収資源となりうる資産を見つけるよう調査することも必要である。

　これらの作業は延滞・倒産が発生したら直ちに行うことが重要である。時間が経てば経つほど、資産は散逸してしまう可能性が高いからである。また、銀行の回収行動も倒産発生直後であれば相手方に対するインパクトが強いが、時間の経過とともにインパクトは弱まるのが一般的である。したがっ

て、重要なのは「延滞金回収の成否は、初期の段階における対応の巧拙によって決まる」ことを十分認識することである。

c 「支払意思と支払能力の組合せ」と回収方針

　営業店から提出される延滞・倒産報告をみると、保証人欄には決まり文句のように「弁済意思：有」「代弁能力：無」と記載されている。ところが、筆者が実際に融資先や保証人と交渉すると疑わしいと思わざるをえないことが多々ある。回収計画は支払意思と支払能力の四つの組合せに情報収集・分析結果を当てはめて決定するので、ここを間違うと的外れな回収計画しか策定できないことになる。

　以下「支払意思と支払能力が回収計画策定にどのような方向付けをするか」について検討する。

(a) 支払意思と支払能力の両方がある場合

　まず、支払能力を見極める作業を重点的に行い、支払能力にあわせた妥当な支払条件を検討する。次に、自行として許容できる支払条件が見出せた場合、債務者・保証人等との条件交渉を行うこととする。

(b) 支払意思はあるが支払能力はない場合

　まず本当に支払能力がないかを十分確認する。次に支払能力なしと判断される場合、早期貸倒れ処理（無税直接償却）に向けて、その旨の疎明資料を収集する。その際、相手方に協力を求めて精度の高い疎明資料を早期に収集することが肝要である。

　また、若干の支払能力を有する保証人（主債務者は不可）の場合、ある程度の妥協（一部弁済→残額免除または追及放棄）も検討する。ただし、その妥協案が適正であることの疎明資料が必要である。なお、「免除とは請求権を放棄することであり、免除証書を交付する」「追及放棄とは、請求権は放棄しないが事実上請求しない（塩漬けにする）ことであり、相手にはなんら書面は交付しない」の違いに留意が必要である。追及放棄の場合、無税償却後も管理を継続し（弁済能力が回復した場合、回収し償却債権取立益を計上する）、時効期間満了時に弁済能力が回復していなければ、時効完成猶予・更新措置を放棄（償却債権の管理を終了）することによってはじめて銀行の

214　第2章　債権回収の方法と実際

請求権が消滅する（請求権の消滅は相手方の消滅時効援用が必要であるが、実務ではそこまで求めない）。

(c) 支払意思はないが支払能力はある場合

まず、粘り強く交渉することが原則である。交渉と併行して執行対象物を特定するための調査を行う。次に、交渉して駄目だった場合や初めから交渉にならない場合、仮差押え、訴訟提起等法的手段を講じ、支払意思を喚起する。この場合、仮差押取下げと引き換えに一定の任意弁済を行う、または訴訟手続内での和解決着を目指すことになる。それでも駄目なら債務名義（判決）を取得した後、粛々と差押え等による強制的な回収手段を講じることになる。

(d) 支払意思と支払能力の両方がない場合

基本的には上記(b)と同じである。若干の支払能力を有する融資先・保証人の場合、上記(c)と同様の対応も検討するが、費用対効果の見極めが重要になる。ただし、支払意思のない融資先等を放置することはモラルハザードを招きかねないので、無税直接償却に向けた資料収集と並行しつつ、断固とした態度で一定の交渉を行うことは必要である。

d 回収計画の実行シミュレーション

たとえば保証人A氏（保証債務2,000万円）から「50万円一括弁済、残額免除」という申出があり、交渉の末、毎月5万円の36回払い（総額180万円弁済履行後、残額免除）での和解を検討する場合、次のようなシミュレーションが必要になる。

- ① 収入が不安定のなか、さらに高利の借金を重ねて半年後に行き詰まり破産手続申立て（同時廃止）
  - →5万円×6回＝30万円回収
  - →A氏の当初申出条件（50万円一括弁済、残額免除）で和解決着をしたほうがよかった。
- ② 収入は安定していたがさらに高利の借金を重ねて1年半後に行き詰まり破産手続申立て（同時廃止）
  - →5万円×18回＝90万円回収

→A氏の当初申出条件で和解決着をしなくてよかった。

e　回収計画に必要な迅速性・秘密性・公共性

実効性が高く、かつ安全な回収計画を策定するために必要な要素は迅速性、秘密性、公共性である。

(a)　迅 速 性

債務者が倒産すると、その者に対しては通常多数の債権者がいる一方で債務者は債務超過の状態にあるのが通常である。また、債務者が総債務の弁済をすることができない場合、本来は債権者平等の原則から、残余財産は各債権者に平等に支払われることになっている。

ところが、現実には、特に法的整理にならない場合、詐害行為に該当しない限り（債権者によっては、詐害行為に該当するとしても）債務者の意思による弁済は「早い者勝ち」となり、各債権者は債務者のわずかに残った財産から先を争って回収しようとし、遅れて弁済の請求をしても弁済すべき財産は残っていないという状況になる。

そこで、債務者が倒産した場合は、まず他の債権者より先に弁済交渉にあたることが有利に回収するために必要となる。これが「回収計画に必要な迅速性」である。

(b)　秘 密 性

債務者が倒産段階になると、各債権者はわずかに残った財産について先を争って自己の債権の回収を図ろうとする。ところが、担保物件については担保権の対抗要件の順位によって目的物の換価代金が配当されるので、各債権者が先を争って回収しようとしても担保余力がない限り無駄骨に終わる。また、担保外物件であっても各債権者が競合すれば債権者平等の原則が働き、特定の債権者だけが回収することはできなくなる。

そこで、他の債権者の気づいていない債務者の財産を発見した場合、その物件からの回収については、他の債権者に気づかれないうちに自行単独での回収交渉をし、場合によっては（仮）差押えすることで、他の債権者より優先して回収に充当することが可能となる。これが「回収計画に必要な秘密性」である。

(c) 公 共 性

債権の回収は、債務者の財産であればどんな物、どんな方法によって回収してもよいというものではない。法律で差押禁止とされているもの（民事執行法131条、152条）であっても本人の意思により担保とし、弁済を受けることは事実上可能である。しかし、社会的問題が生ずるのが通常であり、真に特別の事情がない限り、そのような保全取入れ、回収は控えなければならない。また、法律で回収が認められるものであっても債務者の生存権等、自行の債権保全よりも優先する合理的理由がある場合はあえて回収しないという選択が必要である（第1章第2節3参照）。これが「回収計画に必要な公共性」である。

なお、貸金業法21条は、貸金業者に対し「人を威迫し又はその私生活若しくは業務の平穏を害するような言動により、その者を困惑させてはならない」と定めている。銀行には貸金業法は適用されない（同法2条1項2号）が、そのような取立方法を、公共的金融機関である銀行がすべきでないのは当然である。

f　倒産後の担保徴求における注意点

融資先等の倒産後に担保徴求を行うことは現実的にきわめて困難であり、仮に首尾よく担保徴求ができたとしても後日その担保が無効となったり否認されたりすることが多い。とはいえ、銀行として多少の危険を冒してでも担保徴求を行わなければならない事案もあるので、倒産後の担保徴求における注意点を整理しておく。

(a)　代表権の確認

会社である融資先等が倒産したようなとき、特に内紛によって倒産したようなときは、倒産直前にその代表者が変更になっていることがあるので、担保設定交渉や設定契約に際しては念のため商業登記簿により現在の代表者を確認しておく。

(b)　所有権の確認

融資先等の占有下にあっても、所有権留保物件やリース物件のような融資先等に所有権がない物件があり、融資先等が半分投げやりになって、このよ

第1節　回収計画の立案　217

うな物件を担保に差し出すことがある。特に動産については注意を要する。

(c) 詐害行為の可能性

詐害行為とは、他の債権者を害するような債務者の行為であって、他の債権者から裁判所に申し立てることによって当該行為が取り消される（詐害行為取消権。民法424条）可能性のある法律行為のことである。一般に債務者が支払不能状態となった後に特定の債権者のみに担保提供する行為は、それが支払不能前の予約に基づくもの等でない限り、債権者平等の原則に反し詐害行為に該当する。

ただし、場合によっては、詐害行為に該当する可能性があってもあえて担保取得することを考えなければならないこともある。また、他の債権者が自行の行為に気づき取消権を行使してくるかは必ずしも明らかでない。また、自行の行為に気づいたとしても当該取消権の行使には種々の厳格な要件があり、取消権行使のためには裁判を起こさなければならないので、一般の債権者が取消権を行使するとは限らない。

(d) 保全命令の確認

融資先等が倒産して破産手続、民事再生手続、会社更生手続等の申立てがあると、一般に裁判所は債務者財産散逸防止のため開始決定までの間、保全命令を発する。保全命令が発令された場合、債務者は裁判所の許可なしでの財産処分（担保設定も含む）を禁止される。ただし、法的整理手続申立ての取下げ・却下等により開始決定まで至らなかった場合は保全命令に反する担保設定も有効になる。

(e) 否認の可能性

融資先等が破産手続、民事再生手続、会社更生手続に入った場合、保全命令が発令されなくても、また、民法上の詐害行為に該当しない行為であっても債務者の支払不能後または支払停止後の弁済・担保提供等はその管財人等によって否認されることがある。ただし、融資先等が必ずしも上記手続に入るとは限らないので、一般的には融資先等が破産手続等を申立てすることが明らかなとき以外は、担保権の設定を受けておくことも検討すべきである。

g 回収資源としての預金流出防止策

預金拘束については第1章第2節で詳述しているが、預金の取扱いについても融資先等の行動をシミュレーションして、その対応を回収計画に織り込んでおく。

(a) 当座預金の解約

銀行は当座勘定取引契約によって当座預金残高の範囲内において取引先に対して呈示された手形・小切手の支払義務を負っているので、取引先が倒産したというだけで当該手形・小切手を不渡りにすることはできない。このため、手形・小切手等が呈示された場合において預金流出を防ぐためには当座預金残金と貸金等とを相殺するか、当座勘定契約を解約して手形・小切手の支払義務を負わない状態にするかのいずれかの方法をとるしかない。

しかし、当座預金残金と貸金等との相殺を行って手形・小切手を残高不足による不渡りとすることは、当座勘定契約による支払義務との関係上トラブルが生じやすい。そこで、一刻も早く当座預金を解約すべきという結論になる。当座預金の解約は内容証明郵便で解約通知書を出状するのが普通であるが、急ぐ場合は直接債務者に解約通知書を手渡し、通知書の受領印を徴求するのも一つの方法である。期限の利益請求喪失事由の場合は同様に期限の利益喪失通知書を手渡す。

なお、どうしても解約が間に合わない場合は当座預金全額を別段預金に振り替えて拘束したうえで支払呈示された手形・小切手等は「資金不足」で不渡返却することになる（第1章第2節1参照）。

(b) 期限未到来の定期預金、異議申立預託金の取扱い

満期日未到来の定期預金や不渡異議申立提供金が返還されていない不渡異議申立預託金であっても、銀行はいつでも期限の利益を放棄して相殺することができる。

問題は自行が直ちに相殺しない場合で融資先等から定期預金の中途解約の申出があったときの対応であるが、期限の利益は債務者（預金の債務者は銀行）のためにあるとされている（民法136条）ので、銀行は期限の利益を主張して預金の払戻しを拒否すべきである。

(c) 弁済期にある預金の取扱い

普通預金、通知預金、満期到来の定期預金については融資先等である預金者からの払戻請求に応じなければ銀行が履行遅滞になる。ただし、銀行には相殺権があるので、その旨を説明して払戻請求を撤回してもらう。融資先等がどうしても払戻請求を撤回しない場合は直ちに相殺の意思表示をして払戻請求を拒絶する（この場合、実際に相殺する）。

(2) 候補案の比較検討による絞込み

a 回収計画案（候補案）の比較検討

回収資源は、その種類によってアプローチの方法が異なり検討事項も異なる。そこで、具体的な回収計画案（候補案）を列挙できたら、同種類の回収資源ごとに回収にあたっての検討事項を比較検討し（主要項目の検討事項につき図表41参照）、次に、他の種類別との回収にあたっての検討事項を比較検討する。

b 回収計画案の絞込み

具体的な回収計画案（候補案）の比較検討ができたら、次に、各候補案について回収可能性（回収の難易度）、回収可能見込額、回収計画遂行に必要な費用・労力、その他予想される問題点を洗い出す。これにより回収計画として採用できるものを絞り込む。ただし、この絞込み作業は最良の回収計画案のみを残すのではなく、複数の回収計画案を残すことがポイントである。

作業にあたっては現況における効果を最優先で考える。ただし、回収計画を遂行しているうちに状況が変化し、現況においてあまり効果の見込めない回収計画が最も効果の見込める回収計画となることもありうるので、現況における効果のみに囚われないことも重要である。

c 回収計画は任意回収を基本とする

回収計画は、任意回収、すなわち融資先等の意思による弁済の実現を目指すものに優先して取り組むものとする。本人の非協力などが原因で任意回収が困難な場合であっても、まず、情により本人に弁済の意思をもたせるよう説得するという回収計画を優先する。また、強制回収を交渉カードとして、融資先等に対してプレッシャーをかけ、任意弁済せざるをえない状況に追い

図表41　回収計画策定時の検討事項（主要項目）

---

(1)　担保処分

処分方法の選択基準⇒①処分価格　②処分期間（換価性）　③所有者の意思
　　　　　　　　　　　　④他権利者との調整

　処分価格の妥当性判断⇒評価額を大幅に下回る場合がむずかしい。時間と二次
　　　　　　　　　　　　　ロスの程度の比較

　処分促進に向けた施策⇒①全店の物件情報の集約、提供　②担保物件の一元管
　　　　　　　　　　　　　理

　処分妨害行為〜所有権移転（抵当権消滅請求）、不法占有等

(2)　保証人追及

　追及手段⇒①督促、催告　②仮差押え・差押え　③訴訟（債務名義、圧力）

　回収方法⇒①任意弁済（分割、一括）　②資産差押えによる強制回収

　弁済能力の調査完遂⇒直接償却（整理）の必要条件

　保証人追及時の問題点⇒①保証否認　②財産隠匿　③一部弁済での保証解除
　　　　　　　　　　　　　　④時効

(3)　法的措置、訴訟案件

　①　法的措置

　　○仮差押えが大半━━━━→ 弁済履行への圧力→弁済方法の交渉
　　　　　　　　┗━━━━→ 実質的な保全確保→差押え→取立て、強制競売
　　　　　　━━→多い事例〜不動産、賃料、売掛債権、給料等の定例収入

　②　訴訟案件

　　○自行原告

　　　・賃金返還請求訴訟 ━━━━━・債務否認、保証否認（保証協会訴訟へ
　　　　保証債務履行請求訴訟　　　　　の補助参加）

　　　　　　　　　　　　　　　━━・差押えのための債務名義取得

　　　　　　　　　　　　　　　━━・時効中断

　　　・所有権移転抹消請求訴訟（詐害行為）

　　○自行被告

　　　・債務（保証債務）不存在確認訴訟

　　　・詐害行為取消訴訟（担保抹消、不当利得）

　　　・根抵当権抹消請求訴訟（担保提供否認）

　　　・損害賠償請求訴訟

（出所）　筆者作成

込むという手法もあわせて検討する。

　実際に強制回収手段をとらざるをえない場合にあっても、その手続の進行
の節目で任意弁済への説得を試みる。たとえば強制回収手段として競売を選
択した場合、現実に不動産の処分が間近に迫っているというプレッシャーを
与えつつ任意処分に移行したほうが処分価格等の面で融資先等にとっても有
利であることを説明し、同意が得られるよう粘り強く働きかける。この場
合、実際に任意処分（できれば、これに加えて対象物以外からの任意弁済）
に同意した時点で競売手続を取り下げることになる。

(3)　手順を決めて整理する

　絞り込まれた複数の回収計画案は次の三つに分類する。

　　①　１日を争い、とにかく早く手をつけるべきもの

　　②　長期戦を覚悟して当方の陣容を固めておくべきもの

　　③　実行のために資料の収集を要するもの

　分類した回収計画案について手順を定め一つのシナリオに編成したものが
当面進めるべき回収計画となる。しかし、最初から完全な回収計画を策定す
るのは不可能に近く、回収計画は時に応じてよりよい計画に修正していくも
のである。そのため、いったん回収計画から外れた計画案も状況に応じてい
つでも復活させられるようにしておくとともに、個々の回収計画案の手順も
適宜優先順位を入れ替えるなど、柔軟にシナリオを修正できる態勢とする。

　また、回収計画の策定にあたり、各事項の担当者、責任者を明確にし、正
確な記録をとり、時に応じて経過報告を受ける態勢を整備することも必要で
ある。

第2節 相 殺

　融資先に延滞・倒産が発生した場合、最も重要な回収手段は「預金相殺」であるが、初期対応で最もリスク（特に破産等法的整理に移行した場合の否認リスク）が高いのも預金相殺である。また、銀行では当たり前のように「相殺」というが、相殺の仕組みは意外と知られていないと思われる。このため、相殺が無効とされたり銀行の相殺権行使がコンプライアンスに抵触したりしないよう、「預金相殺」の理解を深めておく必要がある。

1　相殺の基礎知識と留意点

　まず、相殺の基礎知識（特に要件、方法等）と留意点を押さえておく。

　なお、預金相殺については、第1章第2節に掲げた預金拘束に関する図表（特に図表9〜11）とイメージが重なるので、適宜参照されたい。

(1)　相殺の基礎知識

　銀行業務における「相殺」とは銀行の融資先または保証人に対する貸金等債権（自働債権）と銀行の融資先または保証人への預金等債務（受働債権）とを対当額で消滅させることである。ここでいう「対当額」とは、互いの債権額の重複する部分のことである。相殺通知書で「対等額」との記載が散見されるので注意いただきたい。

a　相殺の要件（民法505条1項）

　相殺の要件は相殺適状（相殺をするのに適した状態）にあり相殺禁止事由がないことである。

(a)　相殺適状

　「相殺適状」とは次の条件がすべてそろっていることをいう（民法505条1項）。

第2節　相　殺　223

① ともに債権を有すること

預金相殺の場合、貸金等債権と預金等債務があること。

② 債権が同種の目的を有すること

預金相殺の場合、貸金等・預金等とも金銭債権という同種の目的を有すること。

③ 両債権がともに弁済期にあること

預金相殺の場合、貸金等の最終期限が経過しているか、または融資先の期限の利益を喪失させていること。

なお、銀行は定期預金等についての満期まで支払を拒絶する権利（銀行側の期限の利益）を放棄することで預金債務の弁済期を到来させることができる（同法136条1項・2項）ので、貸付金等の弁済期が到来していればよい。

④ 性質上、相殺が許されるものであること

性質上許されない場合は、主に行為債務（「労務の提供」等、「物理的な行為をする債務」）等であるから、銀行実務で問題となることはない。

(b) **相殺禁止事由**

相殺禁止事由に該当しない預金を「相殺可能預金」と、相殺禁止事由に該当する預金を「相殺禁止預金」というが、融資先等の預金口座には、相殺可能預金と相殺禁止預金とが混在していることも珍しくない。このため、相殺実行の場面や払戻請求を受けた場面では、これらの色分けが必要となる。「相殺禁止事由」には次のようなものがある。

① 当事者の反対の合意があること（ただし、例外がある。民法505条2項）

銀行実務で該当するケースはない。

② 受働債権（銀行にとっては債務）が次に該当するものであること

ⓐ 不法行為による損害賠償請求権（同法509条）

債権管理回収実務における預金相殺で該当するケースはない。

ⓑ 差押禁止債権（同法510条）

年金等の差押禁止債権も、いったん口座に入金されると預金債権（差押禁止預金ではない）に転化する（最判平10.2.10金融法務事情1535号64頁）ので、債権管理回収実務で差押禁止債権が問題となることはない。ただし、預金者の生存権等への配慮は必要である。

ⓒ 自働債権取得前に差押え・仮差押えされた債務（例外がある。同法511条1項）

債権管理回収実務では通常、差押え等の効力が生じる前に自働債権（貸付金等）を取得しているので、ほとんど問題となることはない。

ⓓ 破産法・民事再生法等による相殺禁止預金（第1章第6節2(2)参照）

ⓔ 「経営者保証に関するガイドライン」または「自然災害による被災者の債務整理に関するガイドライン」における「一時停止等要請」後に入金された預金（第3章第4節3(2)d参照）

ⓕ 立法措置により転化した預金の相殺も制限されている預金（「特別定額給付金」「臨時特別の給付金」等）

③ 自働債権が預金の差押え後に取得した債権であること（例外がある。同法511条）

割引手形の買戻請求権や、支払承諾・代理貸付・私募債の求償権等は、例外に該当するため相殺は可能である。

④ 自働債権に相手方が同時履行の抗弁権、催告・検索の抗弁権等の抗弁権を有していること

債権管理回収実務では相手方が同時履行の抗弁権を有していることはなく、保証人を必ず「連帯保証人」（催告・検索の抗弁権がない）としているので、該当するケースはほとんどない。

b 相殺の方法等

銀行からの一方的な意思表示（通常は配達証明付内容証明郵便による「相殺通知書」）が相手方（預金者）に到達することによって効力が生ずる。ただし、相殺通知書に「○月×日までに弁済しない場合」等条件や期限をつけ

ることはできないことに注意を要する。

　相殺が実行されると債権・債務は相殺適状となった時点にさかのぼって消滅する。

　なお、預金相殺のイメージは、第1章第2節2の図表9を参照されたい。

c　法定相殺と相殺予約

　民法上の一般原則に基づく相殺を「法定相殺」というが、それだけでは銀行の債権管理回収に支障が生じるため、銀行実務では銀行取引約定書により次のような民法の規定にない相殺の方法を貸付先等と特約している（銀行取引約定書ひな型7条）。

① 　ある一定の事由が生じたときに、自働債権について債務者は期限の利益を喪失し、受働債権について期限の利益を放棄して、当然に相殺適状が発生するという法定相殺可能な相殺適状の発生を容易にする特約（相殺予約）

　「期限の到来、期限の利益の喪失、買戻債務の発生、求償債務の発生その他の事由によって、甲（融資先）が乙（銀行）に対する債務を履行しなければならない場合には、乙は、その債務と甲の預金その他の乙に対する債権とを、その債権の期限のいかんにかかわらず、いつでも相殺することができます」（同条1項）。

② 　一定の事由が生じた場合、相殺手続を省略して預金等を貸金等に充当する旨の特約（払戻充当）

　「前項の相殺ができる場合には、乙（銀行）は甲（融資先）に対する事前の通知および所定の手続を省略し、甲にかわり諸預け金の払戻しを受け、債務の弁済に充当することができます」（同条2項）。

　ただし、払戻充当は甲・乙間（当事者同士）では有効であるが第三者（特に破産管財人・差押債権者等）に対抗することができないことに注意が必要である。

③ 　相殺時の充当ルール（差引計算）

　「前2項により乙（銀行）が相殺または払戻充当を行う場合、債権債務の利息、割引料、保証料、清算金、損害金等の計算については、

その期間を乙による計算実行の日までとします。また、利率、料率等は甲（融資先）乙間の別の定めがない場合には乙（銀行）が合理的に定めるところによるものとし、外国為替相場については乙による計算実行時の相場を適用するものとします」（同条3項）。

d　融資先からの相殺

銀行取引約定書ひな型7条の2は、融資先から銀行に対して相殺（逆相殺）する場合のルールを定めている。特約内容のうち主なものは次のとおり。

① 「相殺予約」に該当する特約はない。

② 「書面による相殺通知」「相殺した預金その他の債権の証書・通帳の提出、届出印押印」を義務付けている（同条3項）。

③ 相殺による利息・損害金等は銀行が定めた利率・料率により「相殺通知が銀行に到達した時点までの発生分」で精算する。

④ 融資先からの充当指定に対し、銀行に充当の変更権が与えられている（同約定書ひな型9条の2第1項・3項）。

e　相殺通知の留意点

相対する両債権の弁済期が到来して相殺適状になっても当然に相殺の効力が生じるものではなく（大判大7.11.21民録24輯2222頁）、相殺の意思表示を省略する特約は無効であると解されている（京都地判昭32.12.11金融法務事情163号27頁）。このため、銀行が相殺を行うためには相手方（預金者）に対して実際に相殺の意思表示（相殺通知）を行う必要がある（民法506条1項）。また、銀行取引においては、債務者が住所の変更等の届出を怠ったため銀行からなされた通知などが到達しなかった場合、通常到達すべき時に到達したとみなす旨のみなし到達の特約がなされているが（銀行取引約定書ひな型11条2項）、この特約は当事者間では有効であるものの第三者に対抗することができない（東京高判昭58.1.25金融法務事情1037号43頁）ので、転居先不明により返送された相殺通知は差押債権者に対抗することができないことに注意が必要である（この場合、下記f④のとおり、差押債権者が取立権を取得した段階で差押債権者に対して相殺通知を出状する）。他方、判例

第2節　相　殺　227

は、受取人が正当な理由なく意思表示の受領を拒絶し、または受領を困難または不能にした場合、遅くとも留置期間が満了した時点で到達したと判断できる（大判昭11．2．14民集15巻158頁、最判平10．6．11金融法務事情1525号54頁）としており、現行民法97条2項は当該判例の考え方を明文化している。

　なお、銀行から融資先である預金者に対して相殺する場合、相殺通知の方式については民法にも銀行取引約定書にもなんら制限がなく、実務上は後日の証明に備えるために配達証明付内容証明郵便によるのが一般的であるが、電話や口頭で行ってもよい（同約定書ひな型7条1項参照）。ただし、相殺通知には自働債権および受働債権を具体的に表示するとともに、自働債権が複数口ある場合はどの債権に充当したかを明記（これを「充当通知」という）する必要がある。充当通知を怠ると法定充当とみなされることがありうる（民法488条4項、489条2項）ので注意が必要である。なお、充当通知は相殺通知と別に行うことも可能であるが、弁済後1年以上経過した充当指定権行使を否定した裁判例がある（最判平22．3．16金融法務事情1902号120頁）ことに注意が必要である。

f　相殺通知書の相手方

　相殺は相手に対する意思表示の到達によって効力を生ずる（民法97条1項）ので、相殺通知の相手方を間違えると、相殺の効力が発生しない。相殺通知書の相手方は預金者の状況により次のとおり異なる。

① 　預金者が破産等法的整理手続を行わない場合は預金者に対して通知する。

② 　預金者が法的整理を申し立てた場合は以下のとおり。

ⓐ 　破産の場合、「破産手続開始決定前」は預金者に対して、「破産手続開始決定後は破産管財人に対して通知する。個人破産の場合、「破産廃止または破産終結後」は預金者に対して通知する。

ⓑ 　民事再生手続の場合、手続進行状況に関係なく、原則として預金者に対して通知する。

ⓒ 　会社更生手続の場合、「手続開始決定前」は原則として預金者に

対して、「手続開始決定後」は更生管財人に対して通知する。

ⓓ　特別清算手続の場合、手続進行状況に関係なく、預金者（清算人）に対して通知する。

③　預金者が死亡している場合は以下のとおり。

ⓐ　単独相続の場合、相続人に対して通知する。

ⓑ　共同相続の場合、各相続人に対し相続分に応じて相殺通知を行う。

ⓒ　法定相続人が全員相続放棄している場合、相続財産清算人に対して通知する。

④　相殺する預金が差し押さえられている場合は以下のとおり。

相殺通知は、預金者または取立権を有する差押債権者のいずれに対しても行うことができる（最判昭39.10.27金融法務事情394号11頁、最判昭40.7.20金融法務事情417号12頁）。

ただし、預金者の所在が明らかな場合は、相殺通知は預金者に対して行い、差押債権者にも相殺を実行した旨の事後通知を出状しておくことが望ましい。

g　相殺と消滅時効

相殺の意思表示は双方の債務が互いに相殺に適するようになった時（相殺適状）にさかのぼって効力を生じる（民法506条2項）こととされているため、相殺により貸付金と預金とが対当額で消滅する時点は相殺実行時ではなく相殺適状を生じた時である。相殺の効力が債権の時効完成前の時点に遡及する結果、相殺実行の時点において一方の債権がすでに時効消滅している場合でも、その債権が消滅以前に相殺適状にあったときは、消滅時効完成後であっても相殺することができる（同法508条）。

h　特殊な相殺契約

相殺には次のような特殊な形態もある。

（a）　ペイメント・ネッティング

2当事者間で、同一履行期、同一通貨の債権債務があるときに、これを差引計算する合意である。

第2節　相　殺　229

(b)　オブリゲーション・ネッティング

　2当事者間で、同一履行期、同一通貨の債権債務が発生する場合、新たな債権が発生するたびに履行期の到来を待たずに差引計算する合意である。当事者間では「どの時点をとっても、同一履行期・同一通貨の債権は一つしかない」という法律関係となる。

(c)　一括清算ネッテイング（クローズアウト・ネッティング）

　2当事者間に存在するスワップ取引やデリバティブ取引等の一定の範囲の取引から生ずる債権債務について「当事者の破産等法的整理の場合に、履行期や通貨の種類を問わず、一定の方法によって、単一通貨の現在価値に引きなおして差引計算をする」という合意である。

(2)　相殺の留意点

a　預金者の認定に注意する

　債権管理回収業務で行う相殺の受働債権は融資先または保証人の預金である。預金者の認定について、判例（最判昭52.8.9金融法務事情836号29頁）および学説は客観説を支持している。このため、資金の出捐者でない融資先等が預金名義人や預金行為者であっても当該預金は貸付金債権と相殺することはできない。

　この点、金融機関が預金証書を占有し、債務者を預金者本人と信じたことに過失がなかった場合、預金の出捐者が別人であっても、民法478条の類推適用により相殺は有効であるとする判例（最判昭59.2.23金融法務事情1054号6頁）がある。しかし、預金者の認定に疑義があるからといって担保として徴求していない預金の証書の交付を受けておくのは困難である。近時、金融機関は犯罪による収益の移転防止に関する法律により口座開設の際に顧客の氏名、住所、生年月日、職業（以上、個人の場合）、名称、本店または主たる事務所の所在地、事業の内容、実質的支配者の本人特定事項（以上、法人の場合）ならびに取引を行う目的の確認が義務付けられており（同法4条1項）、銀行が融資先等を預金者本人と信じたことに過失があったと認定される危険性は低くなっていると思われるが、同法の取引時確認が預金者の認定に寄与するかどうかは先例がない。

b　回収金案分充当義務の履行による求償権は相殺できない危険性がある

　政府系金融機関の代理貸付がある融資先の預金が差押えされた場合、政府系金融機関への代位弁済前の銀行の保証債務は支払承諾取引として差押え前に事前求償権を取得する。このため、その後、保証債務を履行することにより弁済による求償権（事前求償権を含む）との相殺をもって差押債権者に対抗できる（京都地判昭52．6．15金融法務事情870号59頁）。

　これに対し回収金按分充当義務（本章第1節1(1)a⑤参照）の履行による求償権に事前求償権は発生していない（民法460条）ため、差押え後に回収金按分充当義務を履行した分は相殺をもって対抗できないとする判例（最判昭62．7．10金融法務事情1167号18頁）がある。しかし、回収金按分充当義務の履行による求償権は差押え前の原因に基づいて生じたものであるから、現行民法下においては相殺をもって差押債権者に対抗できる（同法511条2項）と解される余地はある。ただし、回収金按分充当義務の履行による求償権が差押え前の原因に基づいて生じたものであるか否かについての明確な判例はないので、留意が必要である。

c　手形の交付を要する場合

　銀行取引約定書は手形の呈示を省略することを認める特約および手形の交付に関する同時履行の抗弁権放棄の特約が規定されている（同約定書ひな型8条）。このため、相殺時における手形の呈示・交付はそれほど問題となることはない。

　しかし、預金の差押え・転付債権者や破産管財人・更生管財人等との関係ではこの特約の効力は及ばないので、留意を要する。

d　信用保証協会保証付貸出がある場合

　信用保証協会保証付貸出がある場合、事故報告書提出事由（特に延滞・倒産）発生後はプロパー債権との「同等管理義務」が生じるので、相殺を行う場合は信用保証協会との事前協議を要する。

　このため、事故報告書提出事由発生後に信用保証協会との事前協議を経ないでプロパー債権と相殺すると、保証契約違反として保証免責の対象となる場合がある（信用保証協会保証契約約定書11条2号）ことに注意が必要

である。

e 口座解約後の振込金

受取人の預金口座が解約されている場合、被仕向銀行は仕向銀行からの振込通知に従って指定された預金口座に入金することができず、仕向銀行に対して内国為替取引契約に従った対応（資金返却）をとらなければならない。そのため、当該振込金について受取人が被仕向銀行に対して預金債権を取得することはない。受取人が銀行に対して債権を取得しない以上、相殺の受働債権とすることもできない。

f 別段預金

別段預金で処理している資金は、個々の資金の性格いかんにより相殺できるものと相殺できないものとがある。

(a) 相殺できるもの

当座勘定解約残金、担保定期預金の処分残金等、他の預金同様、取引先に対する銀行の預り金支払債務の性質を有するものは相殺できる。

(b) 相殺できないもの

相殺できないものとして以下があげられる。

① 自己宛小切手の支払資金、担保手形取立代り金等、単に銀行の事務処理の必要上から別段預金に留保しておく資金は相殺できない。ただし、担保手形取立代り金は相殺はできないが、「譲渡担保権実行」により回収することはできる。

② 株式払込金、出資金等の受入金等、支払事務委託、受入事務委託によって受け入れた資金は相殺できない（性質上、受働債権とすることができない）。

g 誤振込預金

たとえば甲銀行の融資先Ａ社の預金に取引先Ｂ社から振込入金（仕向銀行はＣ銀行）があった場合、振込依頼人（Ｂ社）と受取人（Ａ社）との間に振込みの原因となる法律関係が存在するか否かにかかわらず、受取人と預金取引銀行（甲銀行）との間では預金契約が有効に成立する（最判平8.4.26金融法務事情1455号6頁）。これを前提として、甲銀行は当該振込入金とＡ社

に対する貸付金債権を相殺できるかが問題となる。

　誤振込預金との相殺は前掲最判平 8 . 4 .26に基づき「有効」であり、これを否定する裁判例はない。しかし、「被仕向金融機関が、受取人に対する貸金債権を自働債権として、誤振込みにより成立した受取人の預金債権を受働債権としてした相殺は、被仕向金融機関が事実上回収不能であった受取人に対する貸金債権を相殺により回収し、振込人の事実上の損失の下に利得するものであり、振込人に対する関係においては、法律上の原因を欠いた不当利得になる」という裁判例（名古屋高判平27. 1 .29金融・商事判例1468号25号）がある。

　また、振込依頼人から「誤振込み」を理由に組戻し依頼がなされ、受取人が組戻しを承諾した場合は相殺が無効であるという裁判例（名古屋高判平17. 3 .17金融法務事情1745号34頁）もある。

　したがって、実務上、誤振込預金との相殺はできないことになる。

　ただし、たとえば「受取人は間違いないが、受取銀行を間違えただけ」という場合など、厳密には誤振込みでない場合、当該振込みは振込依頼人と受取人との間に振込みの原因となる法律関係が存在し、振込依頼人は当該振込みによって受取人に対する債務を免れる（民法477条）。このようなケースでは、受取人の債権者たる被仕向銀行が受取人に対する貸金債権を自働債権として誤振込みにより成立した受取人の預金債権を受働債権として相殺したとしても「振込人の事実上の損失の下に利得する」わけではないから、当該相殺が被仕向金融機関が振込人に対する関係において不当利得にはならないと解される。したがって、受取人や振込依頼人から誤振込みである旨主張されても「誤振込みでないこと」を証明できれば相殺できる可能性があるので、事実関係の調査が重要である。

2　相殺を急ぐべき場合と急ぐべきでない場合

　相殺は、対立する自働債権と受働債権とが存在すれば双方の弁済期到来後（実際には自働債権の弁済期到来後）はいつでも相殺できる。また、自働債権の弁済期の到来前に預金に対する（仮）差押えや預金者の法的整理手続の

第 2 節　相　　殺　233

開始等があっても原則として相殺権を失うことはない（民法511条1項、破産法67条、71条等）。しかし、相殺は銀行に認められた強力な債権回収方法であり、預金者にとってもインパクトの大きい措置であることから、相殺の時機は適切に判断すべきである。

(1)　相殺を急ぐべき場合

a　早期相殺が原則

相殺予定の預金の相殺を徒に先延ばしすることは、銀行が故意に高利率の遅延損害金を増加させることになる。また、相殺実行までの期間が長ければ長いほど預金への（仮）差押え、預金拘束に関するクレーム、預金者の法的整理手続開始申立てなど、トラブル発生の原因が増加することになる。実務的にはこれらのトラブルによって銀行に損失が生じる危険性は小さいが、トラブル対応に時間や労力を費やさなければならない事態は回避すべきであるから、相殺すべき預金については一刻も早く相殺しておくのが原則となる。特に後述する「同行相殺」（本節3(2)d）は急いで実施すべきである。

また、いわゆる「時機に後れた相殺」が相殺権の濫用とならないかが問題となりうる。相殺適状時から2年半を経過した後に行われた相殺について判例は「既に生じていた貸付金の利息・損害金と預金を信用組合取引約定書7条3項により差引計算しても、信義則に反することはない」（最判平2.7.20金融法務事情1270号27頁）としている。このことから「銀行が預金利率と損害金利率との差を利用して収益を上げることを目的として相殺実行を遅らせている」という事情がない限り、相殺権の濫用とされることはない。しかし、同最判の差戻審（高松高判平4.3.31金融法務事情1345号25頁）では「約定7条にはもともと相殺適状の時から著しく遅滞した時期における相殺の意思表示は含まれていないというべきである」としたうえで「信用組合取引約定書7条の下でなされた相殺の意思表示が、債権債務の各相殺適状時より著しく遅滞してなされた場合には、右相殺の意思表示は、民法506条の定める限度において効果を生ずるものと解すべきである」と判示している。このように、相殺適状日から相殺実行日までの「預金利息と損害金との差額」を否認される危険性があることに留意が必要である。

234　第2章　債権回収の方法と実際

b 手形支払人からの転付命令

融資先等から銀行に対する相殺（逆相殺）においては融資先等から充当指定がなされても銀行に充当の変更権が与えられている（銀行取引約定書ひな型9条の2第3項）。しかし、割引依頼人の預金について差押・転付命令を有する割引手形の支払人が銀行が相殺するより前に自己振出分の割引手形と当該預金との相殺を主張すると、銀行は充当変更権を行使することができない（最判昭54.7.10金融法務事情908号46頁）ことに注意が必要である。このため、割引手形の支払人により融資先等の預金に差押・転付命令が発せられた場合は一刻を争って相殺通知を出状しておかなければならない。

(2) 相殺の時機を考える場合

保証人預金を相殺する場合、充当先を決めかねる場合、強制執行、法的整理手続に参加する場合などにおいては早期相殺の原則にかかわらず適切な時機に相殺を行う必要がある。

a 保証人預金を相殺する場合

銀行の保証人はすべて連帯保証人であることから、法的には融資先に延滞・倒産が生じると融資先本人に対する追及状況にかかわらず、直ちに保証人預金を相殺することが可能である。しかし、連帯保証人といえども主債務者から回収できない場合の補完として保証を徴求している以上、融資先（主債務者）に対して相応の回収努力を行ったうえで保証人預金の相殺を行うという配慮は必要である。また、融資先に関する情報（特に回収資源に関する情報）入手や融資先資産・保証人資産等の高値による任意処分への協力を得るためにも、性急に保証人預金の相殺を行わないよう留意が必要である（とはいえ「時機に後れた相殺」になってはならない）。

経営者保証人の場合、融資先会社と運命共同体であるから融資先会社の預金と同様に扱ってもよいとの考え方もあろうが、保証人本人に対する配慮は経営者保証人の融資先資産の高値による任意処分への協力のインセンティブとなりうる。また、保証人が経営者保証に関するガイドラインに基づく保証債務整理手続（第3章第4節3参照）を行う場合、保証人預金の一部を残存資産とすることもありうるので、その点からも相殺を急ぐべきではない。

第2節 相 殺 235

b　充当先を決めかねる場合

　同一融資先に対する融資でも手形割引（買戻請求権、手形債権）、手形貸付、証書貸付、支払承諾、代理貸付、私募債など複数の科目に分かれていたり、同一科目であっても複数の明細があったりして、倒産直後においてはどの融資と相殺するか判断がむずかしいことがある。特に普通抵当権や特定債務保証を徴求している場合は、充当する先を間違えると致命的な結果となることもある。

　このような場合、相殺適状から相殺実行日まで相当日数が経過しても「時機に後れた相殺」に該当することはないので、相殺の時機は適切に判断すべきである。通常は割引手形・担保手形の期日決済不能の確定や支払承諾・私募債等に対する銀行の代位弁済を待って相殺を行うのが実務の扱いである。ただし、信用保証協会保証付融資がある場合は信用保証協会による代位弁済の前に、保証人預金も含めて相殺を実施するのが一般的である。

c　強制執行、法的整理手続に参加する場合

　債務名義を得て強制執行（不動産・債権・動産などへの差押え→換価・取立て）を行う場合や破産等法的整理手続（会社更生手続を除く）に参加する場合において競合する他の債権者がいるときは、その配当等は債権額按分でなされるので、配当を受領した後に相殺するのが有利である。特に融資先の破産手続においては破産手続開始後に銀行が保証人等から債権の一部の弁済を受けてもその債権の全額が消滅した場合を除き、銀行は当該破産手続において弁済受領前の債権の全額を引き続き行使できる（開始時現存額主義。破産法104条）。

⑶　相殺のできる期限

　上記⑵（特にc）にかかわらず、次の場合は相殺という行為自体が禁止されるので、それまでに相殺しておく必要がある。

　　①　再生債権の届出期間経過（民事再生法92条）

　　②　更生債権の届出期間経過（会社更生法48条）

　　③　破産管財人から相殺をするかどうかを確答すべき旨の催告がなされ、期間内に確答しない場合（破産法73条2項）

3　相殺権の濫用

　相殺権の行使が債権者の行為として妥当とは認められない場合、権利の濫用の法理（民法1条3項）によりその相殺を無効とすることを「相殺権の濫用」という。銀行の行った相殺が正当な場合でも、相殺により不利益を被った者が当該相殺を不満に思い相殺権の濫用を主張して対抗してくることは多い。債権管理回収担当者は相殺権の濫用が認められる場合や相殺が問題とされる場合について理解し、自己防衛を図ることが肝要である。

⑴　相殺権の濫用が認められる場合

　相殺権の濫用となる可能性があるものとして次の行為があげられる。

a　狙い撃ち相殺

　「狙い撃ち相殺」とは、預金の一部に（仮）差押えがなされた場合において債権保全の必要性がまったくないにもかかわらず差押えの効力を排除するため、銀行が差押えされた預金を狙い撃ちして相殺することである。たとえば融資先A社に3口座（①100万円、②100万円、③100万円）計300万円の預金があり、貸付金が100万円であり、①口座100万円が差押えされた場合、銀行が②③口座の200万円についてA社の払戻しに応じ、差押えされた①口座預金と貸出金を相殺したというケースが該当する。

　このような相殺は信義則に反し相殺権の濫用として許されず（大阪地判昭49.2.15金融法務事情729号33頁）、預金者の依頼を受けたものであっても銀行は免責されない。

b　駆け込み相殺

　「駆け込み相殺」とは、銀行が手形の支払義務者が支払不能等の危機状態にあることを知りながら、その者の預金が自行にあることを奇貨として、あえてその手形の所持人の依頼によりこれを割引（これを「駆け込み割引」という）し、こうして取得した手形債権を自働債権とし、手形支払義務者の預金を受働債権としてする相殺をいう。この場合、預金取引店が自店であるときはもちろん、僚店であるときも該当する。

　駆け込み割引による手形債権は根抵当権の被担保債権とならず（民法398

第2節　相　　殺　237

条の3第2項）、駆け込み相殺は法的整理手続では無効とされる（破産法72条1項3号等）

(2) 問題とされることの多い場合

相殺権の濫用には該当しないが問題となることが多い相殺の形態に、次のようなものがある。

a 不渡異議申立提供金との相殺

契約不履行等で不渡りとなった手形の支払人が異議申立てのため支払銀行に預託した不渡異議申立提供金について、当該銀行が手形支払人に対する貸付金債権を自働債権、当該不渡異議申立提供金を受働債権として相殺しても権利の濫用には当たらないと解されている（最判昭45.6.18金融法務事情587号34頁）。

b 担保付債権との相殺

自行融資先の預金に対して差押えがなされた場合において、貸付金に十分な担保がついているときでも担保権の実行より相殺のほうが債権回収手段として簡易であるとして差押えされた預金と貸出金を相殺することは権利濫用とならず、相殺は有効である（最判昭54.3.1金融法務事情893号43頁）。

ただし、担保が公社債、上場株式または優良手形であって、かつ当該担保が特定債権の担保である場合、当該担保は確実性、処分簡易性とも預金と同視できるため、当該特定債権を差押えされた預金と相殺すると上記「狙い撃ち相殺」と同様、相殺権の濫用として相殺を無効とされる危険性が高い。

c 決済確実な割引手形の買戻請求権との相殺

割引依頼人の預金に対して差押えがなされた場合において、銀行が割引依頼人に対する買戻請求権を自働債権、差押え預金を受働債権として相殺した場合、当該買戻請求権に係る割引手形が期日決済確実な手形であったとしても、権利の濫用には当たらないと解されている（最判昭51.11.25金融法務事情809号73頁）。

d 同行相殺

割り引いた手形の手形債権と割引依頼人以外の手形債務者の預金とを相殺することが問題になることがある。このような相殺を、同一金融機関の僚店

238　第2章　債権回収の方法と実際

間にまたがる相殺である例が多いことから「同行相殺」という。たとえば甲銀行乙支店がA社（資力十分）の依頼で同行丙支店取引先B社振出しの約束手形を手形割引している状況で、その後B社が倒産したが乙支店ではA社に買戻請求することなくB社に対する手形債権と丙支店のB社預金を相殺したというケースが該当する。この結果、A社（割引依頼人）は手形の買戻債務を免れ利益を得たのに対してB社（手形債務者）の甲銀行（割引銀行兼支払銀行）以外の一般債権者からみると相殺預金相当額だけ責任財産が減少し不利益を被ることになり、権利濫用を問題にしてくることがある。

　判例は、割引金融機関が振出人に対して手形債権を行使するか買戻請求権ないし遡求権を行使するかは自由な意思により選択決定しうるところであるとして、同行相殺を認めている（最判昭53．5．2金融法務事情861号31頁）。

e　預金が差押えされた場合における「支払意思あり」との陳述後の相殺

　たとえば甲銀行融資先A社の預金がA社の債権者であるB社（差押債権者）に差押えされ、甲銀行は差押命令とともに裁判所から送達された「陳述書」に「支払意思あり」と記載して裁判所へ提出したが、その後、A社の預金と甲銀行の貸付金の相殺を行ったというケースであっても、この陳述によって債務の承認や相殺の抗弁権の喪失という実体法上の効果を生じさせるものではない（最判昭55．5.12金融法務事情931号31頁）。しかし、事案によっては、民事執行法147条2項の賠償責任を負うおそれがあり、仮に賠償責任を免れたとしても無用のトラブルにより多大な時間と労力を費やされるおそれがある。

　このようなことにならないためには、多少なりとも相殺を選択する可能性がある場合はその旨を明記し、陳述書発送後に相殺に係る方針を転換した場合は早急に裁判所に対し訂正の陳述をすべきである。詳細は第1章第2節2⑵を参照されたい。

f　差押禁止債権を原資とする預金との相殺

　差押禁止債権を原資とする預金であっても原則として相殺の受働債権とすることができることはすでに述べた（第1章第2節2(1)）。しかし、このような相殺は問題とされることが多いので留意が必要である。

第2節　相　殺　239

(a) 差押禁止債権

預金相殺との関係で預金者（実際には預金者の代理人弁護士）から差押禁止債権に該当すると主張されることが多いのは次の債権である（ただし、本節1(1)ａ(b)②(b)のとおり、相殺は禁止されない）。

① 全額が差押禁止となる債権

　　扶養請求権、労災の補償を受ける権利、公的年金、生活保護法の扶助等。

② 一部分のみが差押禁止となる債権

　　次の債権の4分の3に相当する部分（ⓐおよびⓑについて月額33万円を超える場合は33万円）が差押禁止となる。

ⓐ 国・地方公共団体以外の者から生計を維持するために支給を受ける継続的給付

　　個人年金保険給付額のうち、生計を維持するのに必要な部分は、これに含まれる。

ⓑ 給料、賃金、俸給、退職年金、賞与等

ⓒ 退職手当等

(b) 原資が年金である場合の留意点

相殺することが法律上認められているのは明らかであるが、当該相殺が預金者の「生存権の侵害」に該当する場合「相殺権濫用による無効」「銀行による不法行為」等が認定されるおそれもあり、銀行の公共性に鑑みると「生活保持の見地から差押禁止の趣旨は十分尊重されるべき」（前掲最判平10.2.10の判決中の意見）であり、実際に相殺するか否かは事案の内容に応じて個別具体的に慎重判断を行う必要がある。また、預金者が保証人の場合は債務者のときよりもいっそうの配慮が必要である。

これらをふまえると相殺すべきケースは①「年金の他に収入がある」または「生活に困らない程度の資産がある」ことが明らかで相殺しても預金者の「生存権の侵害」に該当しない場合および②資産の隠匿を行っている疑いが強く融資先（または保証人）としての誠意が感じられない（債務の整理に非協力的である）状況で「生存権の侵害」に該当する危険性が低い場合に

なる。

　反対に、相殺しない（預金を解放する）ことを検討すべきケースは、①他の回収資源（信用保証協会の保証は除く、念のため）により自行ロス発生の懸念がない場合、②みるべき資産がなく主な収入が年金であり債務整理に協力的な場合、および③みるべき資産がなく収入は年金のみと思われ「口座への入金は年金のみで他の振込み・現金入金等がいっさいない」場合（近時、地裁レベルで、このような場合は「年金それ自体に対する差押えと同視すべき」であるとの判決も散見されている）になる。なお、預金解放する場合の留意点（「相殺が実務上の大原則」であることを忘れないように注意）は、①「本来は解放できないが、あなたの生活保持に配慮して「特別に」解放する」旨を念達すること、②預金解放と引き換えに自行にとって有利な条件・情報等を引き出すよう工夫すること、および③信用保証協会保証付貸出がある場合は事前に同協会の承諾を得ることである。預金解放については、第1章第2節3を参照されたい。

第 **3** 節 督　　促

1　督促の基本

⑴　債権管理回収業務における「督促」

「督促」とは債務の履行を催促することである。延滞している融資先から弁済を受けるために最初に行わなければならないのが督促であり、回収の基本は督促にある。督促しても弁済できない融資先には、それぞれ弁済できない理由があるため、単に督促しただけではなかなか効果はあがらない。

督促は相手によって適した方法があるので、一概にどの方法がよいと決めることはできないが、上手な督促の方法とは要するに融資先を弁済せざるをえない心境に追い込むことにある。そのためにはだれにどのような手段で督促するかが重要になる。また、一般に督促は1回ですむものではなく、むしろ督促を重ねる間に生ずる相手の反応をどのようにして回収に結びつけるかが、督促における最も重要なポイントである。

なお、債権者から債務者に対して債務の履行を請求することについて別段定められた方法はない。要はケースごとに最適な方法をとればよいわけであるが、債務の履行を請求する方法は一般的に、法的手段によらない「口頭」「書面」、法的手段による「訴訟」「調停」等に分類される。

⑵　督促はだれに対して行うか

督促の相手方は、第1章第3節で述べたように多岐にわたる。通常、一つの債権を回収するためにできるだけ多くの相手方に請求するほうが回収の確率が高まるのが当然であるから、債権管理回収業務を効率的に行うためには、できるだけ広くたくさんの相手に督促することが基本である。

債権管理回収に精通していない融資担当者は、まず融資先（主債務者）の

242　第2章　債権回収の方法と実際

みを相手に督促をし、それがうまくいかない場合に保証人や他の相手方に対して督促を始める傾向がある。しかし、そのような方法で督促をしていると後から督促を開始した相手方からの回収が手遅れになる危険性が高まるのは必然であろう。初期段階からできるだけ多くの相手に手早く手を打っておくことが重要である。

もっとも、相手によって督促の方法や順序をどうすべきか個別の配慮を要するケースもあるので、闇雲に督促を行って不要なトラブルを生じさせることがないよう熟慮することも必要である。

⑶　督促を行う際の基本姿勢

督促の目的は、融資先等をどうしても債務を履行せざるをえないような心境にさせることにある。債権管理回収業務の本質を理解していない融資担当者は、ともすれば融資先等に対して「債務の履行を求めていること」を伝えるだけで終始しがちであるが、それでは成果をあげることはむずかしい。督促の実効性を高めるためには情に訴え、環境をつくりだすことにより、あるいはそうせざるをえない状態に相手を追い込むことができるよう工夫する必要がある。各種の方法を利用し、いかにして相手が返済せざるをえないような状態に追い込むかがポイントである。

また、同一手段で同一内容の督促を繰り返していたのでは、いくら強い文言で督促しても、かえって相手に安堵感を与え、相手になめられ、督促の効果を失う。銀行が次にどのような手を使ってくるか、融資先等が督促を受けるたびに心理的に追い詰められていくように工夫を凝らしていくことが肝要である。

ただし、督促もやはり法的に一定の限界はあるから、行き過ぎた督促にならないように注意する必要もある。

⑷　督促のポイント

督促を行うにあたってのポイントは次のとおり。

a　事前の検討

面談・電話など双方向の環境で督促を行う際は、これまでの交渉の経緯を記録により確認し、最も効果的な方法は何か、今回最低限行うことは何か、

相手の回答次第でとりうる対策は何か等を事前に検討しておく。

b　硬軟取り混ぜた対応姿勢の選択

　相手方の心境、性格、立場などを十分に分析し、情に訴える姿勢、弱みを利用する姿勢、強硬に追及する姿勢のどれがよいかを事前に決めておく。ただし、本番では事前に決めた追及姿勢に拘泥することなく、相手方の出方によって臨機応変に硬軟取り混ぜた対応を柔軟に組み替える。

c　行き違いを避ける

　相手方が予告すると逃げを打つタイプである場合はアポなし訪問もやむないが、来訪を求めるときは場所と日時を正確に打ち合わせ、訪問する場合は事前に日時、訪問の目的を連絡しておき、行き違いとならないようにする。

　このような姿勢は単なる督促機会の確保にとどまらず、社会人として当然のマナーであるから、アポ取りにあたっては相手の都合も尊重するなどの配慮を忘れてはならない。当方が相手方の立場や心情を軽視していると、いくら督促を重ねても成果が得られる可能性は低くなる一方であることに留意すべきである。

d　手ぶらでは終わらない

　相手方と会った以上どんなに少額であっても弁済を求め、弁済が得られなくてもなんらかの約束は取り付け（約束は口頭ではなく文書にする）、約束を取り付けられなくても次回の交渉の手がかりとなるものをその場でつかむなど、転んでもただでは起きない心がけをもって、手ぶらでは終わらないようにする。

e　一度約束したことは必ず守る

　相手方が少しでも約束に背いた場合はその場でそれを明確に指摘し、二度と約束を破らないよう厳しく対処することになるが、その前提は、銀行側も一度約束したことは必ず守ることである。

f　勤務先への訪問は、極力避ける

　貸金業法は「正当な理由がないのに、債務者等の勤務先その他の居宅以外の場所に電話をかけ（中略）債務者等の勤務先その他の居宅以外の場所を訪問すること」を禁止している（同法21条1項4号）。銀行には貸金業法の規

制は適用とならない（同法 2 条 1 項 2 号）が、少なくとも度の過ぎた勤務先への訪問は避けるべきである。

g　認められることは認め、認められないことは断る

相手方の言い分には十分に耳を傾け、認められることはできる限り認め、認められないことはその理由を示し明確に断る。その場限りの不明確な応答は後日に問題を起こすだけであるので、絶対に避ける。

h　感情を表に出さない

相手方との面談では、感情を表に出さず相手の言い分・根拠の整合性を確認し、反論は事実をもって行う。

i　相手方の出方に応じた対応を行い、相手が逃げられないようにする

単に弁済を督促しても、融資先等はなんらかの言い訳をして一時逃れしようとするものである。そのようなときは、相手方の言葉尻をとらえ、相手の出方に応じた対応を行い、相手が逃げられないような状況にもっていくことが重要である。

2　督促の手法

督促の第 1 段階は銀行が督促の趣旨を融資先等に知らせることである。その手法も面談、伝言、電話、手紙、内容証明郵便などさまざまなものがある。また、面談の手法も、融資先等に来訪を求めて面談する、銀行側から融資先等を訪問して面談するなどの方法がある。大切なのはそれらの手法を上手に使い分けることである。

(1)　面談・電話等による督促

a　基本は面談による「対面交渉」

「口頭による督促」には電話による督促という方法もあるが、面談による督促のほうが電話よりも相手方（融資先はもちろん、保証人や他の交渉相手も含む。以下同じ）に与える心理的効果が大きいこと、相手方のようす（訪問の場合は部屋のようすも）を観察しながら話ができるのでヒアリングによる情報収集がしやすいことなどから、断然効果的である。そこで、ここでは主に面談督促の際のポイントを取り上げる。電話督促のポイントも基本的に

第 3 節　督　促　245

は同様であるが、電話の場合は相手方のようすの一部しか確認できず、直接顔を合わせていない分、誤解を生じたり感情的な行き違いが起こりやすかったりするので、以下の手法よりも若干謙抑的に対応すべきである。

督促において重要なことは「いかに相手方の支払意思を喚起するか」である。相手方の支払意思を喚起するには相手方を説得しなければならないが、説得方法として最も効果があるのは、やはり面談による督促である。ただし、面談のみでよしとするのではなく、文書・面談・電話等を織り交ぜて粘り強く頻繁に督促することが重要である。

b　最初の請求は最大限で行う

最初の交渉では遅延損害金や回収経費（仮払金がある場合）、未収金（各種手数料等）も含めた自行債権全額の即時一括返済を要求する。最初から妥協した条件を提示すると最終的な和解条件はもっと低くなるから、あえて一番ハードルの高いところから交渉を始めることが絶対的に必要である。交渉がまとまらない場合に順次ハードルを下げていくという交渉展開ができれば、常に自行のペースで交渉を進めることができる。

c　ハードルは徐々に下げる

「人は、他人から何かをもらったとき、それに対してお返しをしなければならない気持ちになる」という心理学上の法則である「お返しの法理（返報性の法則）」を活用する。「お返しの法理」は、たとえば「プレゼントをもらったら、お返しのプレゼントをしなければなんとなく気分が悪い」「誉めてもらったら、相手のことも誉め返さないといけない気分になる」「スーパーで試食品をもらうと、買わずに立ち去ることになんとなく後ろめたさを感じる」等の効果を有する。

これを督促の場面に落とし込むと、当方が「わかりました。では、遅延損害金込みで300万円のところ、20万円譲歩します。ですから、あなたにも譲歩してもらって、280万円の一括で話をつけましょう」というと、一般的には相手方もなんとなく譲歩しなければならないような気分に陥ることが期待できる。

ただし、和解決着を急ぐあまり、ハードルを一気に下げてはならないこと

に注意が必要である。ハードルを一気に下げると相手方は交渉次第でまだまだ金額や条件が下がると考えるので、相手方主導の交渉展開となるからである。また、「お返しの法理」を効果的に使うためにもハードルは徐々に下げる必要がある。他方で頻繁に値引きを行うと足元をみられるので、値引きの幅・タイミングに注意が必要である。

d　ヒアリングを徹底して行う

　督促のポイントの第一は徹底的なヒアリングである。事前調査では調べきれなかった情報も含めて、とにかく相手方本人から情報を収集する。具体的な手法は次のとおり。

(a)　**相手の心を和ませる**

　ストレートに聞いても相手方はすべてを話したがらないので、世間話を交えたり、時には相手方に同情したりして、相手の心を和ませながらヒアリングをしていく。その前提として最低限必要なのが社会人としてのマナーであり、相手方の立場や人格の尊重である（これを欠いた状態では、いくらフレンドリーな会話を試みても相手の心が和むことはない）。

(b)　**相手方の関心のある話題で心を開かせる**

　相手方の関心のある話題は何か探りを入れ、その話題へと相手方を引き込むことで心を開かせる。特に相手方が自営業者の場合は、事業の詳細な内容や今後の事業展開、景気動向などの話が一番心を開く傾向があるといわれている。

(c)　**相手方を理解しようとする姿勢を示す**

　本当に自分が理解しようと真剣に質問を重ねていき、時には自分の考えを話したりアドバイスをしたりすることによって、相手方は徐々に心を開き、いろいろな情報を開示してくれるようになる。

e　自分には決裁権限がなく、あくまで交渉役であるということを事前に説明する

　ヒアリングによる情報収集では具体的に固有名詞や金額等特定できる情報が必要とされるが、相手方は当方からの質問に対してあいまいな表現をすることが多いものである。当方がいろいろと質問すると相手方は「何のために

第3節　督　　促　247

そんなことを聞くのか」ということを最も気にする。そうなると、自分がどのような立場であるかをはっきりさせなければならない。そこで、自分は決裁権限がなくあくまで交渉役であるということを事前に説明することで、相手方の警戒心を取り除くよう試みる。

話法例としては「私があなたの担当者として、当行の決裁権限者（上司や本部）と返済についての条件交渉をします。決裁権限者は、あなたのことを担当である私にいろいろと質問してきます。その時に質問に答えられない点があれば、私はあなたのことを全然把握していないと思われ、私がいくら条件交渉をしても説得力に欠けてしまいます。そのために、あなたのことをすべて知っておく必要があるのです」といったものが考えられる。なお、自分に決裁権限があったとしても、このような役割を演じたほうが債務者は心を開いてくれる可能性は高い。

f　支払意思を見極める

ここでいう「支払意思」とは単に「支払うつもりがある」ということではなく、銀行が求める要素に対する「具体的・現実的で、妥当な返済案を提示する意思」のことを指す。具体的・現実的な返済案であっても妥当かどうかの見極めが重要であるから、相手方のいっている情報が真実か否かを言葉のみでなく裏付けによって客観的に判断しなければならない。なかには半年・１年後の大きな事業の話や夢物語をする者がいるが、そういった話のほとんどは実現しない可能性が高いので話半分で聞き流し相手方のペースに乗らず、「いまをどうするのか」という話にもっていく必要がある。

なお、和解をする前に金額を定めずとも入金要求した場合、本当に支払意思があればたとえ少額であっても入金するものであるから、最終的な返済条件が固まっていない段階であっても返済案の交渉と同時並行で、いくらかでも入金させるように交渉する。この際、入金を要求してもなんら入金してこない相手方は支払意思を疑う必要がある。

g　支払能力を見極める

支払能力は、相手方の資産（動産や債権等も含む）や収入からの返済能力以外に資金調達能力も含めて総合的に判断する。

前者（資産評価）について処分可能な資産の有無を確認し、「たったいま、現金化した場合、いくらになるか」を算出する。その際、他の債権者に入担ずみの資産がある場合、上記算出額から被担保債権額を控除する。後者（現金収支）は、裏付資料で確認する。現金収支の裏付資料には次のものがある。

① 収入

個人の場合：給与明細、源泉徴収票、確定申告書、所得証明書等。

法人の場合：決算書、確定申告書、納税証明書、通帳、具体的な仕事の受注明細書等。

② 支出

債権者一覧表を作成し、各債権者からの請求書・残高証明書等で確認をとる。個人の場合、家計収支状況表等を作成してもらい、生活状態を細部まで把握する。

支払能力は、相手方が提示した返済案が本当に妥当か否かを裏付資料をもとに判断する。その際、実現可能な返済案か否かを見極めるのみでなく「もっと支払ができるのではないか」ということも見極める（客観的判断）。相手方が個人の場合、たとえば返済案が「月々1万円の分割弁済」である一方で保険や投資商品に月々10万円もの支出がある場合、商品内容等を確認し、不要なものは削って返済額を増額してもらう必要がある。相手方が法人の場合、返済案を検討するうえで「役員報酬が高い」「経費を使いすぎている」等ということがないよう細部にわたって確認していかなければ妥当性の判断はできないことに留意が必要である。

h　交渉記録を作成する

行内関係者の意思統一や最適な結論および交渉の経緯を客観的に把握するためには、交渉過程の臨場感がうかがえるような記録を残しておくことが最もよい方法である。

具体的には相手方のいっていることを細かくメモし、そのメモをもとにさらにいろいろな質問を展開する。メモを見直し辻褄があわない点が出てきたら再度質問をすることで事実を確認するとともに、事前調査で判明している

第3節　督　　促　249

情報をわざと伏せて質問する。こうすることで相手方が本当のことをいっているかどうかを見極める。

メモの内容は後刻、交渉記録（取引先メモ）に落とし込む。交渉記録は後で再度見直し、事実関係を整理するとともに、聞き落とした情報はないか、もっと確認すべき情報がないか、どこか辻褄があっていない点はないか等を再確認する。

交渉記録作成のポイントは次のとおりである。

(a) **対話形式にする**

相手方の立場に立って話を聞き出し、内容を記録する。

(b) **簡潔に書く**

相手方の態度・人間性がうかがえるように簡潔に書く。また「いった」「いわない」を回避するため、相手方に話した当方の方針やスタンスも必ず書き留めておく。

(c) **傍証固めも忘れない**

「近隣からの情報」「郵便物の詰まり状況」「家屋・表札等の状況」等も残しておく。なお、「自行が発送した戻り郵便物」は未開封のまま交渉記録と一緒に保管する。

(2) **文書による督促**

書面による債権回収行為は主に「督促状」の出状である。「督促状」というと何か大袈裟な感じがするが要は「請求書」である。

a **督促状の目的と効果**

債権を回収するには、まず、何の債権でいくら請求するかを明らかにしなければならないので、必ず一度は書面で督促をしておく必要がある。特に破綻先や長期延滞先は代表者等となかなか連絡がつかないので、督促状に頼ることも必要になる。

また、督促状の趣旨は主たる債務者（融資先）に対して現状および自行の債権回収に関する意向を周知させることであるが、保証人に対しても同様である。特に保証人に関しては、第1章第5節3(3)でも述べたように、金融庁「中小・地域金融機関向けの総合的な監督指針」において銀行に保証人（特

250　第2章　債権回収の方法と実際

に第三者保証人）への説明義務が課されているほか、民法458条の２（主たる債務の履行状況に関する情報提供義務）や同法458条の３第１項（主たる債務者が期限の利益を喪失した場合における情報の提供義務）との関係もあるので、早い段階で督促状を出状しておくことは自行が説明義務を履行していることの証拠にもなる。督促状を出状してからある程度時間が経過した場合にあらためて書面にて督促状を送付することも大切である。

　督促状の目的は自行の意思を相手方に書面で明確に伝達することであるが、相手方の支払意思を喚起させる内容にしなければ効果がない。そのためには、何を相手方に訴えれば最も効果があがるかをよく考え、文書に盛り込む必要がある。たとえば不動産所有者であれば、競売の申立てに着手する旨等、強制執行も辞さないという債権者としての強い意思も必要である（ただし、脅迫と受け取られかねない書きぶりや、必要以上に威圧的な書きぶりは厳に慎まなければならない）。もっとも、「債権者の強い意思を明確に伝えること」だけでなく柔軟な姿勢を示すことも必要である。追い詰めるだけではなく和解案を盛り込むとか、話合いに応じる旨を盛り込むことで逃げ道を用意してあげるべきである。

　なお、督促は相手方の状況により文書、面談、電話等を織り交ぜて粘り強く頻繁に行うことが必要である。特に文書による督促は、状況に応じ時機を失しない幅広い対応を行うよう心がけることが重要である。

b　文書による督促の留意点

　文書による督促も面談による督促と共通するところは多いが、次のとおり、文書による督促特有の留意点もある。

(a)　経費と効果を考える

　文書による督促は、経費と効果を考えて順次強硬になっていくよう配慮し、機械的に同一文章で出状することのないよう、文章もその点を考慮する。なお、一定のサイクル（たとえば毎月）で出状するのではなく、状況に応じて出状時期・内容を工夫することも必要である。

(b)　普通郵便は柔らかめに

　普通郵便による督促では、督促を重ねるたびに次第にその文言が強くなる

よう配慮し、最初から「支払がなければ、直ちに強制執行をします」といった強硬な文言は使用すべきではない。

(c) **出状の仕方に工夫を**

発信人は「担当者→役席者→支店長→顧問弁護士」と名義を変えて、督促が徐々に威圧的になるよう工夫するとともに、発信方法も「普通郵便→速達郵便→配達記録郵便→書留郵便→内容証明郵便→裁判所構内の郵便局の消印の付された郵便→執行官による送達」と徐々に重大さが高まっているような印象を与えるような工夫を施す。

(d) **返信が必要な内容にする**

督促状が読み捨てにされないよう文章に注意するとともに、返信が必要な内容にするなどの工夫を凝らす。

(e) **返信のない場合は原因を究明する**

反応のない督促状は文章、出状方法または両方が悪いことが考えられるので、原因を究明し改善を図る。

(f) **期限を設定する**

強制執行を行う旨の通告にしても和解案への返答にしても、すべてに期限を設定することがきわめて重要である。期限を設けることでさらに相手方に選択を迫る。なお、期限はそう長くない期間を設定する。2～3カ月先の期限設定では最悪の場合忘れてしまうこともあるので、期間設定は長くても2～3週間程度とすべきである。

(g) **既往の交渉関係を壊すことによるデメリットも十分に比較考量する**

最終的には強制執行等の法的手段をとるための催告書として出状するが、これは「喧嘩の果たし状」を送るのと同じことであるから、既往の交渉関係を壊すことによるデメリットも十分に比較考量のうえ検討することが必要である。

また、金融庁「中小・地域金融機関向けの総合的な監督指針」は、原則として強制執行や競売を申し立てる前に（ただし、執行妨害や資産隠匿の可能性が高い場合は申立て後すみやかに）、十分な説明を行わなければならないとしている。このため、強制執行に入る場合は猶予期間を設けて通告するの

が無難である。

c　内容証明郵便の活用

　強制執行は相手方に与えるダメージが大きい分、相手方が感情的になる場合がある。その際は自行が債権者としてきちんと順序を踏んで手続を進めているという姿勢を示すことが重要であり、そのことを後日証明することも必要である。そのためには督促状を配達証明付内容証明郵便で出状することが重要となる。

⒜　**内容証明郵便の概要**

　内容証明郵便は、同一の文書を3通（送付分、郵便局保管分、差出人控え各1通）作成し、郵便局へ持ち込む。差出人が「□□銀行○○支店　支店長△△」の場合は役印を、「□□銀行○○支店」の場合は押切印を押印する。内容証明郵便は郵便局に控えが1通残るので、送った督促状の内容を証明でき、郵便局の受付印は確定日付になる。なお、配達証明は郵便局員が督促状を配達した旨を証明してくれる仕組みであり、郵便物を受け取った人が受領書に署名するから、いつ・だれに渡したかを証明できる。緊急性を伝えるために内容証明郵便をわざと速達で出状するという方法も効果的なテクニックの一つである。

⒝　**内容証明郵便の作成方法**

　内容証明郵便は次のとおり行数および字数の制限があるが、様式に制限はなく、「ワープロのベタ打ち」でも受け付けてもらえる。大きさもB4版・A5版のどちらでもよい。

　　①　原則：1行20字以内、1枚26行以内、総字数520字以内。

　　②　横書きの場合：①のパターンまたは1行26字以内、1枚20行以内、総字数520字以内。

　　③　記号や特殊文字は、換算字数が異なる場合がある

　　　　たとえば「①」は「「○」＋「1」」として2字にカウントされるので、記号や特殊文字を使用する場合は字数制限を超過しないように注意が必要である。

第3節　督　　促　253

d 状況に応じた出状の工夫

内容証明郵便による督促状は相手方に与えるインパクトが大きい分、相手方の慣れも早いので、普通郵便による督促状以上に、状況に応じて出状時期・内容を工夫することが重要である（特に機械的に同一文章や一定のサイクルで出状することがないよう注意する）。

(a) 第1回目の督促状

督促状出状のねらいは相手方を同一の土俵に乗せることであり、タイミングよく銀行の意向を先方に伝える必要がある。このため、第1回目の督促状には面談のための環境づくりを目的として、自行債権額の確認および自行交渉窓口（担当者名、電話番号、所在地）を明記し、差出人名義を担当者（または担当部署）とする普通郵便で出状する。

督促文作成のポイントは当方スタンスの披瀝、すなわち銀行の誠意ある解決への意欲・決意を伝達することであり、「担保物件はすべて換価ずみである」（裸の債権の場合）や、「問題をこのまま放置できないので、早期に誠意をもって解決したい」「担当者に一報のうえ、面談の機会をつくってほしい」等の文言を中心に組み立てることである。

(b) 第2回目の督促状

第1回目の督促状に対して相手方が反応を示さない場合またはなんらかの接触はあったが目ぼしい進展がなかった場合、第2回目の督促状を出状する。第2回目の督促状出状の目的は銀行の督促意思の明確化と再度面談のための環境づくりを行うことであり、第1回目の督促状出状または相手方との接触から半月程度経過後、差出人名義を「□□銀行○○支店　支店長△△㊞」とする普通郵便で第2回目の督促状を出状する。

督促文作成のポイントは銀行の督促意思を明確に伝達することであり、「当方は誠意をもって解決すべく連絡を依頼したが、まったく反応がなかったことは誠に遺憾である」「貴殿から早急に解決策の提示をいただきたい」「貴殿に誠意がない場合は、不本意ながら債権者として法的手続も検討しなければならない」等の文言を中心に組み立てることである。

254　第2章　債権回収の方法と実際

⒞　第3回目の督促状

　第2回目の督促状に対して相手方が反応を示さない場合またはなんらかの接触はあったが目ぼしい進展がなかった場合、第3回目の督促状を出状する。第2回目の督促状出状の目的は銀行としての最終的態度の披瀝（状況により最後通牒）と再々度面談のための環境づくりを行うことであり、第2回目の督促状出状または相手方との接触から1カ月程度経過後「配達証明付内容証明郵便」で3回目の督促状を出状する。差出人名義は原則として支店長とするが、状況によっては頭取名や弁護士名で出状することも検討する。なお、ここでは想定していないが、3回目の督促状を最後通牒とせず、第4回目の督促状を頭取名、第5回目の督促状を弁護士名で出状することもありうる。

　督促文作成のポイントは銀行の最終意思を明確に伝達することであり、「誠意をもって解決すべく再三にわたり催告した」「貴社から早急に誠意ある解決策の提示をいただきたい」「貴社より早急に誠意ある解決策のご提示がない場合には、貴社に対ししかるべき法的手続を検討することとなる」「早急に解決の機会をつくり、円満に結了したい」等の文言を中心に組み立てることである。なお、最後の最後まで対話に向けた銀行のスタンスを変えないことが重要である。

⑶　**督促手段としての法的手続の利用**

　督促はあくまで相手方の任意弁済を促すものにすぎず、強制力を有するわけではない。そこで、通常の督促では弁済に応じない相手方に対しては、法律の規定に基づき、相手方の意思に反してでも強制的に債務の履行を求める各種の制度を銀行が利用することを交渉カードとすることを検討する。交渉カードとして利用できる手続は次のとおり。

a　支払督促

　支払督促については本章第7節4⑴を参照されたい。支払督促は、債務者の住所地、事務所または営業所の所在地を管轄する簡易裁判所の裁判所書記官が行う処分であり、債権者の申立てにより一方的書面審理によって発せられる（民事訴訟法382条以下）。仮執行宣言付支払督促が発せられると一定期

間（2週間）内に異議の申立てがないときは、債務名義が認められ、直ちに強制執行ができる。このような効力が支払督促の威力の根源であることはもちろんであるが、そもそも裁判所から支払督促が送達されたというだけで、債務者にとってはかなりのインパクトがある。

　また、この手続は、弁護士以外の者（たとえば銀行の債権管理回収担当者。下記ｅのなお書きも同じ）が代理人として申し立てることができるので、費用が低廉である等のメリットがある。ただし、この手続の欠点は支払督促を債務者に確実に送達できるケースでしか利用できないこと、債務者から異議申立てがあると通常訴訟に移行することである。

b　仮差押え、仮処分

　仮差押えについては本章第4節を参照されたい。相手方に執行可能な財産が少しでもあれば当該財産に仮差押え・仮処分を行い、相手方に対する銀行の強硬姿勢を示すことで督促に応じさせることがある。

c　詐害行為取消権

　詐害行為取消権とは、他の債権者を害するような債務者の行為について他の債権者から裁判所に申し立てることによって、当該行為を取り消す手続である（民法424条）。詐害行為取消権は受益者（債務者の詐害行為によって利益を得た者）を被告とすることになるので、相手方にとってのインパクトは大きく、相手方から和解を申し入れられることが多い。詐害行為取消権の行使のための係争物への処分禁止の仮処分（民事保全法53条、54条）にも相当の効果がある。

d　調停、和解の申立て

　調停や和解は一般に債務者が債務の免除などを求めて申し立てるものであるが、債権者たる銀行からでも申立てすることができる（申立権者が債務者に限定されている特定調停を除く）。この申立てを行うと裁判所から呼出しの通知がなされるので、相当の効果がある（民事調停法4条の2、12条の3、民事訴訟法275条）。

e　本訴の提起

　どうしても督促に応じない相手方に対しては債務の履行を求める訴訟を裁

判所に提起するしかないが、本訴の提起前にこれを交渉カードとして督促することで相手方が交渉に応じてくることもある。なお、債権額が140万円以内であり管轄が簡易裁判所になる事案では弁護士以外の者が代理人となることができる（裁判所法33条1項1号、民事訴訟法54条1項ただし書）ので、交渉カードとしてはいっそう使い勝手がよい。

f　強制執行と財産開示手続

相手方に対して債務名義を有している場合、相手方の所有財産に対して差押え（強制執行）をして実際に対象物を換価し配当を得るのが本来の債権回収方法であるが、対象物の換価を行わないことを条件に弁済を受ける内容の和解交渉を行うこともある。差押可能な財産が見つからないときは相手方に対し財産開示手続（民事執行法196条以下）を申し立て、開示された執行可能物に対し強制執行を行うこともできる。また、財産開示手続が開始されると相手方は財産開示手続の期日に裁判所に出頭しなければならないので、その機会を活かして弁済交渉を行うこともある。なお、財産開示手続については本章第7節4(2)を参照されたい。

g　刑事責任の追及

相手方に対し刑事責任を課したところで債権の回収ができるわけではない。しかし、相手方が刑事事件に該当するような財産処分（相手方が融資先等の場合）や強硬な取立て（相手方が他債権者等の場合）を行っていた場合、当該行為の処罰を司法に委ねることにより、当該融資先の整理手続が無秩序型の私的整理手続から破産手続に移行したり、場合によっては執行対象物の発見につながったりしうる。銀行としては相手方にその事実を指摘し、債権回収に結びつけることも考えるべきである。

(4)　督促に関する法的規制

日本では債権者の自力救済は禁止されており、社会通念上是認される範囲を超えた強硬な回収行為は不法行為等による損害賠償責任のように民事上のペナルティが課されるおそれがあり、場合によっては刑事罰の対象となりうる。銀行がこのような行為を犯すことは論外であるが、直接法的規制の対象となっていない行為だからといって債権回収のためなら何をしてもよいとい

うことにはならず、すべての行動にはコンプライアンス上の配慮が求められる。

たとえば貸金業法21条は貸金業者に対して次のような行為を禁止している。

① 威迫行為

暴力的態度、大声、乱暴な言葉遣い、多数人による押しかけ

② 私生活侵害行為

夜間の電話・電報・訪問、反復・継続した電話・ファクシミリ等、プライバシーの公開

③ その他

借金のたらい回し、法的手続申立て後の請求、義務なき者への請求、その他無理な請求

銀行には貸金業法の規制は適用されない（同法2条1項2号）が、上記①〜③の行為はコンプライアンス上問題のある行為であることには疑いなく、規制が適用されないから行ってもよいということにはならない。

なお、同条は弁護士等の債務整理受任後の正当な理由のない債務者本人との接触を禁じており、コンプライアンス上の要請から基本的には銀行もこれに従うべきであるが、受任弁護士の対応があまりにも不誠実であるなどの理由があれば、債務者本人との接触（当該弁護士の解任を求めるなど）もやむをえないと思われる。

3　弁済条件交渉

本項では、督促が奏功し相手方との話合いができるようになった場合の、弁済条件の合意に向けた交渉の手法について述べる。

(1)　実戦における交渉技法

実戦における交渉技法には威圧型交渉、利得型交渉および論理型交渉がある。

a　各交渉技法の特色

まず、威圧型交渉とは相手の感性に訴えて相手の行動を促す方法であり、

258　第2章　債権回収の方法と実際

「感情の起伏の激しい人との交渉」「異常な精神状態にある人との交渉」「大衆を煽動するようなケース」で有効な手法といわれている。銀行の交渉では使わないのが原則であるが、限界事例で役立つこともある。

次に、利得型交渉とは、当方の主張に賛同することが結果的に相手にとって得であることを理解させて自発的行動を促す説得方法である。

そして、論理型交渉とは、論理的筋道を立てて当方の主張を相手方に受け入れさせる説得方法であり、「聞く耳をもつ者」に対して特に有効な説得方法であるといわれている。論理型交渉は当事者の理解を深め信頼関係を高める交渉形式なので、継続して回収交渉を要するケースには最適である。なお、論理型交渉には、①説得される側が相手の論理を納得してはじめて成立するので交渉当事者に不満が残らない、②交渉決裂リスクが小さい、③「その後の交渉」が容易になるというメリットがある。

b 実戦での活用方法

これらの技法を実戦で活用するためには、一つの技法に拘泥することなくそれぞれの特性を活かした組合せを行うべきである。基本型は、交渉の端緒から互いの希望が実現性ある形に固まるまでの間は、論理型交渉を前面に打ち出し、当事者が共有する価値観をベースに、お互いの論理と論理のせめぎ合いのなかで合理的解決を図って相互に利得を得ようとする利得型交渉に持ち込むという展開である。ただし、相手方の性格等によっては利得型交渉を進め、必要に応じて論理型交渉によって交渉の軌道修正を行うこともあり、相手方が不誠実な対応に終始し交渉が膠着状態となった場合の軌道修正のツールとして威圧型交渉を用いたり、交渉が詰めの状況で膠着した場合のダメ押しとして威圧型交渉・利得型交渉・論理型交渉の折衷型の技法を使用したりすることもありうる。

(2) 交渉のための戦略

「戦略」とは「限られた資源をいかに組み合わせ、長期的な目標を立てるか」という、総合的で全局面にわたる兵力運用の方策である。戦略は具体的な行為を意味するので、その内容は明快にして理解しやすいことが必要である。これに対して「戦術」とは戦略に即した「個々の戦闘」の方策である。

第3節 督 促 259

a 「交渉のための戦略」とはどのようなものか

交渉の目的は問題解決を期することであるが、その場合「どの部分を譲り」「どの部分を守るか」という交渉全体の枠組み、すなわちシナリオが重要である。また、対立する利害関係を解決する基本は当事者双方がなんらかのかたちで相手の主張を受け入れ利益のパイを拡大しようとすることである（Win-Win交渉）。

利益のパイを拡大するためには、第一に相互の信頼関係が構築されること、第二に当事者にとって双方に満足できる「Win-Win」の解決策を見つけ出すことが必要である。また、「Win-Win交渉」を成功させる要件は「独断に走らないこと」「互いに協力し合う関係を築くこと」「十分な意思の疎通を図ること」である。Win-Win交渉以前の問題（基本中の基本）であるが、「感情的にならないこと」も重要である。

序章1(2)bで述べたとおり「延滞金の回収」は「極力早く、極力多額の回収を適切に実行していくこと」である。任意回収を行うにあたって「適切な回収」を実現するためには「Win-Win交渉」が必須である。また、一見「ゼロ・サムゲーム」で先手必勝をねらったほうが迅速に回収の極大化が実現しそうであるが、結局は「Win-Win交渉」のほうが迅速かつ多額の回収への早道であることが多いものである。

b 「Win-Win交渉」

一般的に「交渉」といえば「ゼロ・サムゲーム」と考えている人が多いようである。従来、日本においては、交渉といえばいかに自分の主張を相手に受け入れさせるかがポイント（一方の「勝ち」は他方の「負け」）と考えられてきた。これは交渉を一種の駆引きととらえ、一つのパイのうちから相手よりいかに多くとるかという考え方である。このように交渉をとらえると、交渉に勝った場合は多くの利益を手にすることができるが、半面、相手には不平・不満が残ってしまう。このような交渉スタイルを「ゼロ・サム交渉」（または「立場駆引き型交渉」）という。「ゼロ・サム交渉」は「分け前獲得交渉」（「相手を打ち負かす」ための交渉）であり、パイを一定にしてその限られたパイのなかで両者の取り分を争う場合は有効であるが、債権回収の現

場ではこのような考え方で問題を解決することはできない。債権回収は、①回収額の極大化、②迅速かつ安全な損失処理、③融資先や保証人が個人の場合、それらの者の生存権の保障や再スタートの支援、④経営資源の再活用による地域経済活性化への寄与というベクトルの異なる複数のミッションをバランスよく遂行することだからである。

ゼロ・サム交渉の弊害を回避し、対立する利害関係を解決する基本は、当事者双方がなんらかのかたちで相手の主張を受け入れることであり、そのような視点に立った交渉を「Win-Win交渉」（または「原則立脚型交渉」）という。「Win-Win交渉」の本質は、第一に人間の尊厳が認められ相互の信頼関係が構築されること、第二に当事者にとって双方に満足できる解決策を見つけ出すことにある。「Win-Win交渉」は、当事者が互いに情報を共有し信頼関係を築き、創造力を活かして分け合うパイを複数個に拡大できないかを考える点に特徴がある。つまり、交渉の争点（パイ）を一つに限定せず、一つにしかみえないような争点も双方の真のニーズ、限界点等を探り出すことによってこれを複雑化し、複数の争点をめぐる当事者の利害を双方が満足のいくように分配していくことを目指すのである。

c 「Win-Win交渉」を成功させるための方策

「Win-Win交渉」を成功させるには十分な準備、寛大さ、強い動機付け等が必要であり、互いに協力し合い独断に走らず、十分な意思の疎通を図るスタンスが重要である。したがって、「Win-Win交渉」では交渉本番よりも事前準備のほうが重要となる。

具体的な方策として、まず、自分がいったい何を一番に求めているか、何をあまり重視していないか、また、自分はどこまで妥協・譲歩できるか、そして、自分の強み・弱みは何かといったように、「問題」と「自分」とを区別し、自分について整理しておくことが必要である。次に、相手がどんな人物か、相手はこの交渉で何を望んでいるかについて事前に分析し、「相手」について推測しておく。そして、自分と相手の情報を整理することで「問題」を特定化し、交渉の選択肢を増やしていく。最後にチェックリストを作成して情報を整理し、交渉をシミュレートする。

第3節　督　　促　261

⑶　交渉のための戦術

　交渉のための戦術を策定するための前提は、交渉にあたっては自行の論理を理路整然と主張すること、「タイミング」「スピード」に留意すること、交渉において「説得」「忍耐」は不可欠であることをしっかりと認識すること、適時的確に回収方針会議を開催することである。

a　交渉にあたっては自行の論理を理路整然と主張する

　交渉が成立するか否かのカギは、単に直接会って話し合うということではなく「限られた時間内にどれだけ有効な情報を伝達し」「いかに相互の信頼関係をつくることができるか」である。このため、交渉にあたっては、自行の主張を相手が理解できるように整理し、それを相手の考えにあわせて論理的に説明する必要がある。その際、「解決すべき問題点を明確にする」「成果を重視することより、交渉者相互の関係を重視するスタンスをとる」ということに留意する。

b　「タイミング」「スピード」に留意

　一般に物事はすべてタイミングが大切であるといわれているが、特に交渉においてはタイミングはきわめて重要な条件である。タイミングを逸するとどんなに譲歩しても相手に与える効果は薄く、合意できるものも合意できなくなるからである。したがって、相手方から提案が出された場合は、それに対してすぐなんらかの対応をしなければならない。

　また、スピードもきわめて重要である。優柔不断な態度ほど相手の信頼を失うものはない。自行が不利な状況を強いられている場合にあいまいな態度をとることは、自行の立場が弱いことを暴露する結果になる。また、たとえ自行が不利な状況でなくても、あいまいな態度をとることによって、相手方は自行の立場が弱いものと判断し、足元をみてくることがある。

c　交渉において「説得」「忍耐」は不可欠である

　交渉とは、相手をどのように協力させるかの問題である。そのためには、相手の興味や関心を引くように情報を加工する（ただし、「嘘」にしてはならない）工夫が必要になる。よく「ものには言い方がある」というが、威圧的に接すると往々にして無用な感情的衝突が生じる。穏やかに説明し説得す

る姿勢が相手に受け入れられやすい。

また、交渉は人対人のかかわり合いのなかで問題を解決するプロセスであるが、交渉の進展は交渉にあたる担当者の人柄による影響が大きいことにも留意しなければならない。交渉において忍耐を保持していれば自己を冷静に眺め、かつ常に流れを全体的に把握し、総合的に理解することができる。

d　適時的確に回収方針会議を開催

状況により適時的確に回収方針会議を開催して組織としての方針を確認する。論理矛盾のない整合性のある交渉には、あらゆる面からの検討を重ね、担当者が独断に走ることのないようにすることが必要で、そのためにも適時的確な回収方針会議が有用である。

e　具体的な戦術

交渉はできるだけ早く、かつできるだけ高額の回収を実現することを目的とするから、債務者の現状の支払意思と支払能力を確認し、いまできる限界まで返済条件を近づけていく。

具体的な戦術は次のとおりである。

① 相手方の責任感、義務感、自尊心に訴える

② 手順よく、要領よく、常に交渉の主導権をもって進める

③ 当方の本音を悟られることなく、感情に走らず、忍耐強く交渉する

④ 硬軟両様のかたちをとってタイミングを逸することなく、支払条件をゆるめる等の提案をすると同時に、一方では弁済を拒否したら法的手続も辞さないということを匂わせる

⑤ 原則として交渉の中断は避け、ある程度の結論が出るまでは交渉を続ける。ただし、常にクロージングの機会をうかがいながら交渉を進める

⑷　弁済条件交渉の留意点

弁済条件交渉のポイントは、特有の交渉項目に基づき条件交渉を行うこと、期限を設定すること、そして、インセンティブとペナルティを与えることである。

a　特有の交渉項目に基づき条件交渉を行う

(a)　頭金交渉

頭金交渉とは相手方の資金調達能力に期待する交渉である。

ある程度まとまった資金（頭金）が準備可能であれば、多少減額（債務免除）してでも最初にある程度大きな額を弁済し残額は一定期間少額弁済させたり、一括弁済で終了させたりしたほうが自行にとって有利な場合がある。そのような場合に「どれだけまとまった資金を最初に調達できるか」について交渉する。交渉にあたっては、頭金の額が相手の資産状況・収支状況からみて妥当な額であることの疎明が必須である。元本減額のメリットを与えることで相手方にとって支払総額が少なくなるのであれば、たとえ金利負担が必要でも金融機関や親族・知人等から借入れして一括返済したほうが相手方のためになる良心的な提案であるといえる。なお、当然ながら資金の調達先からは闇金等の高利金融を除くことに注意が必要である。

債務免除を伴う弁済条件に合意するためには準則型私的整理手続（第1章第6節1⑵bおよび本章第7節1参照）の利用が必須であるが、債務免除の内容について債権者間で調整がつかない場合はかなり大がかりな方法が必要となる。たとえば特定債務等の調整の促進のための特定調停に関する法律（特定調停法）22条が準用する民事調停法17条は、裁判所が「調停が成立する見込みがない場合において相当であると認めるときは、当該民事調停委員会を組織する民事調停委員の意見を聴き、当事者双方のために衡平に考慮し、一切の事情を見て、職権で、当事者双方の申立ての趣旨に反しない限度で、事件の解決のために必要な決定をすることができる」と規定しており、この決定を「調停に代わる決定」（「17条決定」といわれる）という。上記のような場合、特定調停で条件について十分に揉んだうえで裁判所に17条決定を下してもらうことは有効な方策となる（第3章第4節3⑷b(a)ア参照）。

(b)　保全交渉

保全交渉とは、分割弁済交渉の場合に弁済条件交渉と並行して行う、追加担保・保証取入れのための交渉である。

保全交渉においては不動産、売掛債権、在庫等の追加担保を交渉するが、

延滞・倒産が発生している状況で相手方が担保余力のある資産を有していることは少なく、通常第三者からの支援は不可能に近いので、親族に相談してもらうのが大部分である。担保がない場合は追加保証を交渉するが、追加保証の対象は当該融資先の経営者による経営者保証、関連会社等による法人保証に限定され、融資先の役員等になっていない親族など、いわゆる第三者からの保証徴求は避けるべきである。

　また、「だれか担保を提供してくれる方はいませんか」という問いかけでは「いません」という返事しか返ってこないのが当然であるし、そこで保全交渉が終わってしまう。そこで、保全交渉のポイントは、家族構成や親兄弟の属性情報（職業・年齢・住所・不動産他資産の有無等）を事前に調査（調査できなかった場合は条件交渉に入る前にあらかじめヒアリング）し、たとえば対象物を具体的に示して「○○会社にお勤めのお兄さんに□□の担保提供を頼んでみてください」と具体的に提案するということになる。

(c)　**交換条件**

　こちらは債権者であるから強い態度で交渉に臨むことは簡単であるが、さじ加減を間違えると相手方は開き直ったり情報を隠したりする。このため、満足のできる条件を引き出すためには債務者を「商取引の相手」と認識して交渉する必要がある。

　たとえば「この条件が無理なら、この条件を呑んでいただきたい」というように、常に自行が交渉の主導権を握りながら、少しでも有利な条件を引き出すために「交換条件」を活用する。また、相手方が条件を出した際、自行もカウンター・パンチのごとく交換条件を提示する（話法例として「わかりました、ではお兄さんに△△を担保提供していただくことで、分割弁済に応じましょう」など）。

　このような交換条件を繰り出すことでより有利な展開に持ち込むことができ、相手方が拒否する場合は角を立てずに相手の提案を拒絶できるので、自行が主導権を手放さずに次の提案を繰り出すこともできる。

b　**期限を設定する**

　1回の交渉で合意形成されることは残念ながらあまりない。また、条件交

渉で一定の合意が成立してもその場で返済等の条件履行が行われることはほとんどない。このため、交渉継続の場合でも和解条件の履行待ちの場合でも、必ず期限設定をしなければならない。

(a) **交渉継続の場合、必ず次回交渉期日を定める**

事案にもよるが、次回交渉期日までの期間は原則的には2週間程度、長くても1カ月以内とする。なんらかの事情で1カ月以内に次回面談期日を設定できない場合は、なるべく早い時点で途中経過だけでも電話で確認できるような環境づくりをしておく。

(b) **和解条件が固まったら必ず履行期限を定める**

早めの期限設定により債務者に対し常に解決に向けた意識付けをさせることが重要である。どうしても長期間の期限設定が必要な場合、こまめに途中経過を聴取することとし、あらかじめその旨を相手方に念達しておく。

返済を履行するだけの場合、相手方の資金繰りにもよるが長くても2週間程度とする。一般的に相手方は履行期限が迫らないと動きださないので、1カ月や2カ月などの長期間の期限設定はあまり意味がない。その期限までに履行できなかったとしても期限到来時には必ず再度面談し、状況確認を行う。

自行が提示した交換条件等、和解の前提となる事項の履行期限も上記同様2週間程度とするが、期限までに条件成就することができないことが判明しても、期限到来時には必ず再度面談し、状況確認を行う。

c **インセンティブとペナルティを与える**

(a) **インセンティブとペナルティ**

インセンティブは、相手方が返済に向けて努力した場合になんらかのメリットを与えることで努力と誠意に報いてあげることである。たとえば「一定の条件が履行された場合、支払総額を減額する」、具体的には「延損金の減免」「残額免除」等がインセンティブの例としてあげられる。

これに対しペナルティは、条件不履行または不完全履行の場合に債務者に与えるデメリットである。「法的措置に着手する」等がペナルティの例であるが、相手方が嫌がることを設定する。ただし、「窮鼠猫を嚙む」のたとえ

もあるので不履行があった場合でも問答無用でペナルティを課すのではなく、逃げ道を用意しておくことも忘れてはならない。「逃げ道」の例として「交渉役」（ペナルティを実行・決断するのは交渉役の自分ではなく、決裁権限者であるという設定）がある。これは、不履行となった場合にこの設定を説明したうえで「交渉役である自分が引き続き決裁権限者とはギリギリまで交渉してみる」といって交渉決裂を回避する、または和解当初から「交渉役」の設定を十分説明し、交渉決裂の予防線を張っておくという方法で活用し、相手に最後のチャンスを与える手法である。

(b) インセンティブ、ペナルティの活用法

条件と期限が決まっても、それを確実に履行させるために条件を履行した場合のインセンティブと、不履行の場合のペナルティをあらかじめ決めておく。なお、ペナルティは必須であるが、インセンティブの必要性は「ないよりも履行の可能性が高まる」というレベルにすぎない。ただ、インセンティブ、ペナルティはセットで使うほうが効果的である。相手方にとって履行した場合と不履行となった場合とで自らの利益の落差（天国と地獄との距離がある）が大きくなるためである。

第4節 | 仮差押え

　倒産した融資先に対する貸出の保全が不足している状態のとき、その不足部分を回収するためには融資先や保証人の担保に取り入れていない資産（これを「一般財産」または「責任財産」という）を原資として回収を図るしかない。この場合、融資先等のほうから任意に弁済してくれるのが望ましいのはいうまでもないが、なかなかそうはいかないのが現実である。

　そこで、これらの一般財産を強制的に換価し、債権を回収していくこととなるが、その強制的な換価手続を「強制執行」という（通常、差押えを端緒として行われる）。しかし、差押えをするためには、公の機関が真に債権者であることを認証した書類（これを「債務名義」という）が必要であり、単に金銭消費貸借契約証書や手形があるというだけでは差押えはできない。債務名義として代表的なものが訴訟における確定判決であるが、訴訟（貸金返還請求）を提起し判決をとるまでには相当の時間を要するため、せっかく債務名義を取得し差押えを執行（本執行）しようとしても、その時点で資産が処分されてしまっていれば、何の意味もないことになってしまう。

　そこで、回収資源となりうる一般財産が処分されたり散逸したりすることを防止するための手段（保全執行）が必要となり、この手段を「仮差押え」という。この仮差押えは債権保全を図る手段として非常に重要なものであり、実務上も頻繁に用いられるものである。

　仮差押えは法的には担保権と異なり優先弁済権は認められていないが、仮差押目的物の所有者であり被保全債権の債務者である仮差押債務者との関係では、決して担保権付債権に劣るものではない。場合によっては担保権よりも強力な効果をもたらすこともある。また、仮差押えは仮差押債務者の協力なくして実行でき、債務名義を取得すれば原則として仮差押目的物等を強制

268　第2章　債権回収の方法と実際

換価することが可能であるから、債務者が倒産した場合にこの仮差押えをいかに上手に利用するかが、債権回収の一つの決め手となる。

1 仮差押えの基礎知識

(1) 仮差押えの概要

a 仮差押えの手続

仮差押えは裁判所に申立てする法的手段の一つであり、裁判所が申立ての内容を相当と認め決定を下したときは、対象資産が不動産であれば登記簿上に仮差押の登記がなされる。また、資産が売掛金などの債権であれば当該債権の債務者（「第三債務者」という）宛てに仮差押命令が送達されることになる。

仮差押命令が発令されると仮差押債務者は当該資産を勝手に処分できなくなる。また、仮差押えの目的が債権の場合、第三債務者から仮差押債務者への弁済も禁止される。

b 仮差押えの目的

債権管理回収業務において仮差押えを行う目的は以下のとおり。

① 「差押え」ができるようになるまでの「つなぎ」としての資産凍結

② 支払意思を喚起させるための督促手段

③ 目的物に担保権を有する他の債権者からの譲歩を引き出す手段

上記②について、仮差押えは裁判所からの「命令」というかたちをとるため融資先等が受けるインパクトは非常に大きく、支払意思を喚起するためにきわめて有効な手段である。よく「銀行は世間体があるため手荒な真似はしない」と高をくくっている（銀行をナメてかかる）融資先等がいるが、そのような者には仮差押えに踏み切ることで「銀行は本気だ」（何をされるかわからない）と思わせ、任意交渉が一気に進むことがある。実務においては、仮差押えをしただけの状態で融資先等と弁済交渉し、仮差押えの取下げと引き換えに任意弁済させたり仮差押目的物を任意売却して弁済を受けたりすることが多いのが実情である。また、当該融資先等が営業継続中の場合、不動産に仮差押えが登記されたり取引先（第三債務者）に仮差押命令が送達され

第4節 仮差押え 269

たりすると信用不安が顕在化する。その信用不安を払拭するため融資先等に仮差押債権者たる銀行との和解（弁済による仮差押えの取下げ）へのインセンティブが強く働くことになる。さらに、債務名義取得後の強制執行は粛々と進むので融資先等に「仮差押えの段階で決着したほうが少しでも銀行から有利な条件を引き出せる可能性がある」という意識をもたせることができる。

上記③については、担保権者が目的物を任意売却しようとしても目的物に仮差押えがついていると仮差押債権者に無断で当該目的物を処分できない（仮差押債権者は売却価額や売却条件に不満があれば任意売却を阻止することができる）こと、目的物に担保余力がない場合でも任意売却時に「解除料（判付料、ハンコ代ともいう）」を得ることが可能であることなどがあげられる。仮差押債権者によっては後者を目的として担保設定された不動産に仮差押えを行うこともある。

c 仮差押えの仕組み

仮差押えの仕組みは目的物の種類によって異なるが、銀行が行うのはほとんどが「不動産仮差押え」と「債権仮差押え」なので、この2種類について簡単に仕組みを解説する。

(a) 不動産に対する仮差押え （図表42の(1)参照）

仮差押命令の執行により、仮差押債務者は目的不動産につき売買・贈与等の譲渡行為、質権・抵当権等の担保権設定行為、その他いっさいの処分を制限される。ただし、仮差押命令に違反する仮差押債務者の処分行為等を絶対的に無効にするのではなく、後に強制競売等の強制執行がなされた場合に当該強制執行との関係で当該処分行為等の効力が失われる（相対的無効という）にとどまる。

不動産の仮差押登記後になされた所有権移転登記、抵当権設定登記等は一応有効であるが、後に強制競売で落札された場合、仮差押登記後の所有権移転登記等はすべて裁判所の職権で抹消される。

(b) 債権に対する仮差押え （図表42の(2)参照）

仮差押命令の執行により、仮差押債務者（B社）は目的債権につき債権譲

図表42　仮差押えのイメージ

(1) 不動産に対する仮差押え

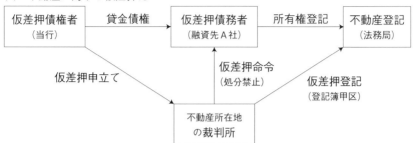

(2) 債権に対する仮差押え

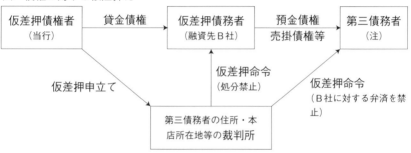

(注)　「第三債務者」：仮差押えの目的物が預金の場合はB社の預金取引銀行、売掛債権の場合はB社の販売先。
(出所)　筆者作成

渡行為、質権・譲渡担保権等の担保権設定行為、その他いっさいの処分を制限される。仮差押命令に違反する仮差押債務者の処分行為等は不動産仮差押同様、相対的無効となる。このため、目的債権が第三者Yに譲渡された場合、B社と譲受人Y等の当事者間では当該債権譲渡が一応有効である。しかし、第三債務者（仮差押えされた債権の債務者）は譲受人Yに弁済すると、仮差押債権者が債務名義を取得した場合、差押債権者（債務名義を取得した仮差押債権者）に二重払いしなければならないので、Yへの弁済を拒絶することになる。

なお、第三債務者が仮差押債務者に弁済した場合、弁済自体は有効であるが、後に仮差押債権者が債務名義を取得して第三債務者に弁済請求した場

合、当該第三債務者は差押債権者に二重払いしなければならない。

(2) 仮差押えの要件

a 三つの要件

仮差押えの要件は、次の三つのすべてを充足していることである。

① 仮差押債権者（自行）が被保全権利として金銭債権等を有していること（民事保全法20条1項）

② 金銭債権について「保全の必要性」があること（同項）

「保全の必要性」とは、債務名義取得まで待っていては強制執行できなくなるおそれ、または強制執行するのに著しい困難を生ずるおそれ等があることをいう。

③ 上記①②について「疎明」がなされていること

「疎明」は「証明」と異なり「一応確からしい」との推測を生じさせる程度の証拠をそろえることをいう。

b 「保全の必要性」

「保全の必要性」として疎明しなければならない事項は次のとおり。

(a) 仮差押債務者の資産状況に関する側面からの疎明

債務者による財産の売却・贈与等による責任財産の流出や隠匿行為、特定の債権者のみに担保提供する行為等によって債務者の資産状況が債務名義取得までの間に著しく悪化する懸念があることが必要である。したがって、「債務者の保有資産の内容・事業の状況・負債の状況」「債務者との交渉経緯」「経済的破綻を示す兆候」等により、必要性と緊急性について疎明することになる。通常は、支店長または融資担当役席が作成した「陳述書」により疎明する。

ただし、仮差押債務者の資産状況が良好で仮差押債権者（自行）の債権が満足を受けられる状態であるときや仮差押債権者が十分な保全を有しているときは、上記事実があっても仮差押命令は発令されない。このような場合は債務名義の取得（貸金請求訴訟の提起等）を先行し、債務名義に基づく差押えにより強制換価手続（強制執行）を行うことになるが、通常は訴訟の段階で和解決着することが多い。

272　第2章　債権回収の方法と実際

なお、後日「不当な仮差押え」（被保全権利や仮差押えの必要性がないのに発せられ執行された仮差押え）と認定された場合、自行に故意・過失があれば不法行為として損害賠償請求されるおそれがあることに留意が必要である。

(b)　仮差押目的物選択の側面からの疎明

　上記(a)の「保全の必要性」が「仮差押えにより債務者に生ずる損害」よりも重いことが必要なので、仮差押目的物が不動産以外の場合は「当該目的物以外の資産に仮差押えを行っても仮差押えの目的を果たすことができない」ことが必要である。仮差押えは仮差押債務者の資産処分権を制限することなので仮差押債務者に一定の損害が発生することは不可避であるが、目的物が「不動産」である場合に比べ「商品」「売掛金」「給与」等の場合は仮差押債務者に回復不能な信用損害を与える可能性があるため、仮差押えがなされることで生じる損害は大きいといえる。

　このため、通常、不動産に担保余力がある場合、裁判所は不動産を仮差押えした後（または同時）でなければ他の資産への仮差押えを認めてくれないことが多い。したがって、「自宅（本店）所在地の不動産登記事項証明により当該不動産に担保余力がない（または他人の所有である）ことを疎明」したり「決算書等や陳述書等により仮差押えの目的とした資産の他に仮差押債務者にとって損害が少ない資産がないことを疎明」したりすることになる。また、仮差押命令発令の条件として供託所（法務局）に保証金を供託する必要がある（民事保全法14条1項）が、保証金の額は債務者に生じうる損害の度合いによって決められる。

　なお、連帯保証人の資産への仮差押えの場合、主債務者の無資力を「保全の必要性」の要件とされることもある。この場合、主債務者の無資力を疎明しなければならないことになる。

(3)　仮差押えの手続

a　手続の流れ

　仮差押えの手続の流れは次のとおり（行内手続の流れについて図表43参照）。

第4節　仮差押え　273

図表43　任意交渉を前提とした仮差押えの手続フロー

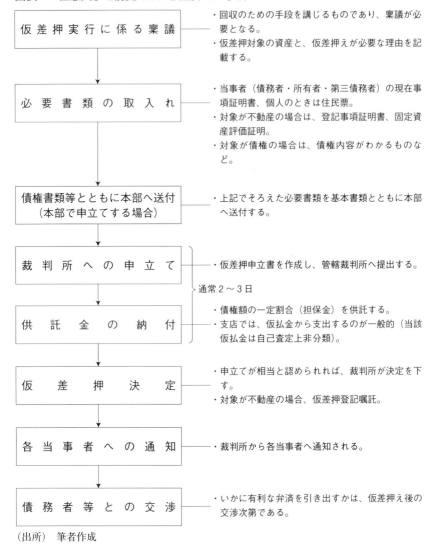

（出所）　筆者作成

【第1段階】仮差押えの判断
　① 執行対象物を調査し、特定する。
　② 仮差押実行後のシナリオを組み立てる。

シナリオとは、仮差押段階で一気に和解決着を図るか、債務名義取得・強制執行まで粛々と進めるか等である。

③　顧問弁護士と協議しながら費用対効果・時間対効果の検討、証拠書類の収集・確認、風評リスクの検討等を行い、本部申請して仮差押えの可否を組織決定する。

【第2段階】資料準備

①　委任状、資格証明、住民票、債権証書、報告書、登記事項証明書、公課証明書等。

報告書は保全の必要性等について疎明する文書であり、支店長名または融資担当役席名で作成する。

②　予納金、保証金（供託金）の準備。

③　債務名義取得のために訴訟提起する場合、訴状に添付する資料、証拠書類等もそろえる。

【第3段階】仮差押えの申立て

顧問弁護士が仮差押申立書を作成し、裁判所へ提出する。

なお、訴訟行為（仮差押えも含む）は、簡易裁判所管轄事件を除き、金融機関職員が当該金融機関の代理人になることはできない（民事保全法7条で準用される民事訴訟法37条、54条1項ただし書）が、実務上の運用により、銀行や信用金庫などがなす仮差押えに限って職員が当該金融機関の「使者」（事実上の代理人）として申立行為（裁判官面接も含む）をすることも認められている。ただし、債務名義の取得（訴訟等）は原則として弁護士でなければ代理人になれないので、強制執行による換価まで視野に入れている場合は、基本的に仮差押えの申立ての段階から顧問弁護士に委任する。

【第4段階】裁判所受付

①　裁判官面接

自行代理人弁護士が、裁判官と面談して保全の必要性や緊急性を説明する。

②　担保決定

第4節　仮差押え　275

裁判所は、仮差押えによって債務者に損害が発生した場合の損害賠償債務の担保として供託すべき保証金の額（保全の必要性・目的物の種類等によって異なる）を決定する。

③　担保供託

裁判所が決定した保証金を裁判所の指定する法務局に供託し法務局が発行した「供託書」を裁判所に提出することで、保全命令（仮差押命令）が発令される。

【第5段階】仮差押命令発令・送達

①　仮差押債務者へ仮差押命令送達。

②　債権仮差押えの場合、第三債務者へ仮差押命令送達（送達時に効力発生）、陳述の催告。不動産仮差押えの場合、物件所在地の法務局へ仮差押登記嘱託。

【第6段階①】債務名義取得

訴訟提起を経た判決の取得、支払督促等。

【第6段階②】仮差押債務者と交渉

物件売却代金による弁済、仮差押え取下げを条件とする任意弁済等の和解条件合意。

【第7段階①】債務名義による本執行

強制競売、債権取立て等による回収。

【第7段階②】和解条件に基づく弁済受領

仮差押えの取下げ。

【第8段階】手続終結

担保の取消しを経た保証金の取戻し。

事案によっては【第6段階①】または【第7段階①】から【第6段階②】へ進むケースや、【第6段階②】から【第6段階①】へ進むケースもある。

b　被保全債権額を超える目的物を仮差押えできるか

(a)　目的物が動産の場合

仮差押債権者の債権（「被保全債権」という）および執行費用の弁済に必要な限度を超えた仮差押えは認められない。仮差押え後に必要限度を超えて

いたことが判明した場合は超過部分について仮差押えが取り消される。なお、「被保全債権」には担保でカバーされている債権額は含まれない（以下同じ）。このような場合は債務名義の取得（貸金請求訴訟の提起等）を先行し、債務名義に基づく差押えにより強制換価手続を行うことになるが、通常は訴訟の段階で和解決着することが多い。

(b) 目的物が不動産の場合

１個の不動産への仮差押えであれば対象不動産が不可分であるため被保全債権を超えた仮差押えも認められる。しかし、複数の不動産への仮差押えの場合、超過部分についての仮差押えは原則として認められない。この場合、当該各不動産が利用形態上別々であれば仮差押えは認められないことになるが、利用形態が一体であっても認められないことが多いようである。

(c) 目的物が債権の場合

一つの債権が被保全債権の限度を超えても「被保全債権額に満つるまで」という留保付きで仮差押えは認められる。ただし、超過部分について他の債権を仮差押えすることはできない（後で判明した場合は取り消される）。

(d) 例　外

「将来本執行に移行した段階で他の債権者との競合が予想されるため、他の財産も保全しておかなければ被保全債権全額の満足を得られない」ことを疎明して裁判官を納得させることができれば、被保全債権の限度を上回る目的物の仮差押えが認められることもある。ただし、裁判官を納得させるためのハードルはかなり高いのが実情である。

c　仮差押えは「早い者勝ち」なのか

仮差押えには「処分禁止効」があり、仮差押え後に目的物を譲り受けた者や担保設定した者は仮差押えが後に本執行に移行した場合には権利を主張できなくなるので、その意味では「早い者勝ち」といえる。

しかし、仮差押えや差押えが競合した場合は、その先後にかかわらず「債権者平等の原則」により債権額で按分した配当しか受けられない。また、先に仮差押えしていた目的物に後から租税債権の差押え（滞納処分）がなされた場合、滞納処分が優先する。また、仮差押えのままでは目的物の処分を行

第4節　仮差押え　277

うこともできず、債務名義を有する他の差押債権者が目的物を処分した場合の代金について配当を受領することもできない。したがって、その意味では残念ながら「早い者勝ち」とはいえない。

　ただし、仮差押債権者には「配当要求」の資格が認められているので、仮差押債権者が配当要求した場合は取り分が供託され仮差押債権者が債務名義を取得すれば、供託されていた取り分（配当）を受領することができる。このため、債務名義のある債権者が目的物に差押え（または強制競売申立て）した後であっても、同一目的物に仮差押えする価値はある。

2　目的物の選択

　仮差押えは、動産を除き申立て時に目的物を特定することが要件となっている（民事保全法21条）。このため、仮差押えをするためには、まず、その目的物を発見することが不可欠である。第1章第5節に記載した方法で目的物を発見したら、次に、そのなかから回収に最も効果のあるものを選んで仮差押えを行う。

(1)　仮差押えに適した目的物

　実際には仮差押債務者の状況や目的物の状況により何が仮差押えに適した目的物かを一概に判定することはできないが、銀行の立場では一般に次のようなものが仮差押えに適した目的物と考えられる。

① 　不動産（未登記物件も含む）

　　登記事項証明書によって容易に確認でき、物件の特定と資産価値という点では最も適格である。

② 　自行扱いの投資信託・国債・保険等のいわゆる「預り資産」

　　第三債務者となる販売会社等が「自行」であるため資産内容の特定がきわめて容易である。

③ 　不渡異議申立預託金（手形交換の場合）、支払不能処分異議申立預託金（でんさいの場合）

　　支払銀行による相殺に注意が必要である。

④ 　売掛金、工事請負代金債権等

第三債務者の信用と現在額に注意が必要である。

⑤　賃料債権

将来分についても継続的債権として仮差押えができる。強制管理（民事保全法47条1項、民事執行法93条以下）の方法も検討する。

⑥　診療報酬債権

将来分についても一定程度長期間にわたって継続的債権として仮差押えができる（最判平11.1.29金融法務事情1541号6頁参照）。

⑦　他行預金、出資金

相殺に注意が必要である。

⑧　敷金、保証金、建設協力金

権利金については、その性質により仮差押えできないものもあることに注意が必要である。

⑨　商品、原材料、半製品

現物の所在地とその保管状況に注意。商取引債権者が引き揚げてしまうことも多く、その内容を捕捉するのが困難なことが多い。

⑩　機械、設備

工場抵当法との関係に注意が必要である。

⑪　給料、報酬、退職金等

差押禁止債権部分がある。

⑫　貸付金、関係会社出資金

実質的に効果がない場合が多い。

⑬　手形、株式

上記のほかにも、ゴルフ会員権・同預託金、自動車、建設機械、船舶、工業所有権（特許権、実用新案権、意匠権、商標権等）、著作権等（著作権、著作隣接権等）などがある。なお、貸金庫の内容物も仮差押えの対象となると解されている（最判平11.11.29金融法務事情1567号10頁）。

(2)　仮差押えに適しない場合

仮差押えは債権回収には強力な手段であるが、目的物によりそれぞれ注意点があると同時に、仮差押債務者の状況などにより、仮差押えに適しない場

第4節　仮差押え　279

合がある。

a　破産等法的整理手続を申立てする可能性が高い場合

目的物の所有者が破産等法的整理手続に入ると仮差押えの申立てができなくなったり、すでに発令されている仮差押命令が中止されたり失効したりするので「費用倒れ」になる。

b　滞納処分による差押えの可能性がある場合

仮差押えは滞納処分の執行を妨げないとされており（国税徴収法140条）、すでに仮差押えした目的物に滞納処分による差押えがなされると、租税債権には優先弁済権が認められているので（滞納処分と強制執行等との手続の調整に関する法律18条、36条の12）、換価代金が滞納税金に満たない場合は「費用倒れ」になる。

c　第三債務者に相殺される可能性がある場合

第三債務者は、差押え時点で有する債権および差押え前の原因に基づき差押え後に取得した債権を自働債権とする相殺により差押債権者に対抗できる（民法511条1項・2項）。仮差押えも同様に対抗できない。特に他行預金、売り買いのある商人間の売掛債権を目的物とする場合は注意が必要である。

d　第三債務者が仮差押債務者と通謀する可能性がある場合

売掛債権等を目的物とする場合、その債権の第三債務者が仮差押債務者と通謀して実在する債権について「支払ずみ」「相殺ずみ（または反対債権あり）」「返品ずみ」などと主張し仮差押えを阻止しようとすることがあるが、このような場合、銀行がその主張が虚偽であることを立証するのはきわめて困難である。

e　目的物の所有者が明らかでない場合

リース物件の所有権はリース会社にあり、クレジット商品など割賦払物件で所有権留保の対象物の所有権は売主に帰属している。このため、このような物件に仮差押えをしても、その所有者から第三者異議がなされると仮差押えは無効となる（民事執行法38条）。特に工場の機械・器具や自動車、建設機械などを目的物とする場合は注意が必要である。

また、仮差押債務者の所有物と思って仮差押えした目的物が実は第三者の

所有物であった（たとえば問屋からの委託物であった）というような場合、所有者との間でトラブルとなり、場合によっては損害賠償請求されることもある。

f 目的物の処分、管理が困難である場合

仮差押えを行っただけでは目的物を換価・処分できず債務名義の取得に長期間を要することもあり、その間に目的物の散逸、変質などにより価値が下落したり換価できなくなったりするおそれがある。このため、その間の目的物の管理が容易であることは不可欠である。

g 目的物が価値の低いものである場合

仮差押えには費用、労力がかかるので、仮差押えの目的物には費用や労力に見合う価値があることが必要である。

h 目的物が道義上問題のあるものである場合

法律上は禁止されていなくても債務者の生存権を脅かすような目的財産（たとえば生活状態のよくない者の家財道具等）を仮差押えすることは、銀行として道義上問題がある。ただし、「債務者及びその同居の親族の生活に欠くことができない衣服、寝具、家具、台所用具、冷蔵庫、洗濯機、畳及び建具」は民事執行法131条で「差押禁止動産」とされているので仮差押えの対象とすること自体ができず、一昔前まで差押可能資産とされていた電子レンジ、カラーテレビ、応接セット、タンス等も、社会一般の生活水準向上、生活スタイルの変化とともに、生活に欠くことができない資産として「差押禁止動産」とする取扱いが増えている。

また、生命保険金は遺族の生活維持という要素が強く「債務者の命と引き換え」というイメージもあるので、仮差押えの目的物としては消極的に解すべきである。この場合は、納得を得て任意弁済をしてもらうべく遺族と交渉すべきである。なお、ここでいう生命保険は死亡保険金のことであり、解約返戻金の仮差押えは「道義上問題あり」とまではいえないことに留意が必要である。

i 目的物が法律によって「差押禁止財産」とされている場合

「差押禁止財産」には「民事執行法131条による差押禁止動産」「特別法に

第4節　仮差押え　281

による差押禁止動産」「民事執行法152条による差押禁止債権」「特別法による差押禁止債権」の４種類がある。仮差押えは、金銭債権の執行保全を目的としている以上、強制執行によって換価することができない財産に対しては、仮差押えも認められない。

(3) 仮差押えの目的物を選択する際の留意点

仮差押えの目的物を選択する際は、仮差押債務者に発生する損害の極小化、目的物選択の優先順位について留意が必要である。

a 仮差押債務者に発生する損害の極小化

(a) 裁判所の立場からの仮差押債務者に発生する損害の極小化への配慮

仮差押えは、仮差押債務者に知られると対象資産を処分・隠匿されるおそれがあるため（迅速性・密行性が求められる）、裁判所は仮差押債務者の意見を聴かずに仮差押命令を発令するので、仮差押債務者に与える損害がより小さくなるよう配慮する。

具体的には、仮差押目的物の種類によって仮差押債務者に与える損害が異なることから、仮差押目的物の種類によって①「保全の必要性」についての疎明の程度を重くしたり軽くしたりする、②仮差押債務者に損失が発生した場合に当該損失を補てんするための「保証金」の金額を増減させる等の措置が講じられる。

(b) 債権者の立場からの仮差押債務者に発生する損害の極小化への配慮

仮差押えは判決等債務名義を取得するまでのつなぎの措置であり、仮差押債権者が本案訴訟で敗訴した場合は仮差押債務者に対して「仮差押えによって債務者が被った損害」を賠償しなければならない。

したがって、銀行としても本案で敗訴した場合の損害賠償リスクを極小化するため、仮差押債務者に与える損害が小さい（損害が小さいほど賠償額も小さい）目的物を選択することが必要である。

b 目的物選択の優先順位

まず、仮差押債務者所有の不動産（自宅や本店より遊休不動産のほうが認められやすい）を選択する。最低限、自宅または本店所在地の不動産が「他人所有」とか「無価値またはオーバーローンで余力なし」であることを疎明

しなければ、他の資産を目的物とすることはきわめて困難である。不動産は仮差押えされても債務者が使用収益することを妨げられず仮差押えだけでは競売等にかけられることもないので債務者の不利益が小さく、「保全の必要性」は最も認められやすいといえる。

次に、債権や動産を選択することになるが、債権や動産にも優先順位があり、ここで選択すべき（「債権保全の必要性」が比較的認められやすい）債権や動産は次のとおり。

　①　債権の場合、預金債権、不動産等からの賃料債権等

　　　預金債権は、押さえておかないと執行不能となる可能性が最も高い債権であるため、不動産等からの賃料債権は押さえられても賃借人が直ちに退去したり債務者が即座に信用失墜したりすることはないためである。なお、預金債権のなかでも「定期預金等⇒普通預金⇒当座預金」という順位がある。

　②　動産の場合、役員用自動車・貴金属・宝飾品等営業と無関係なもの

最後に、次のような「債権保全の必要性」について高度な疎明を求められる債権や動産を選択することになる。

　①　債権の場合、売掛金債権、給与債権等。

　②　動産の場合、商品・釣り銭用手許現金等事業に必要な資産。

3　仮差押えの上手な使い方

債務者は倒産するとなんとか債権者の追及を免れようとし、各債権者は先を争ってその財産から回収しようとする。仮差押えは、そのようななかで債権者の回収資源を確保するために認められている制度であり、法律上その対象物の処分を禁止し、後日強制執行（強制換価処分）を行うまでその散逸を予防することを目的としている。

しかし、実際に仮差押えした目的物について強制執行まで至る例はさほど多くはない。これは実務上、仮差押えが仮差押債務者に心理的圧迫を加え以後の交渉を有利にするという性質を有しているからである。この性質を活用し他の債権者より優先的に回収の実をあげるためには、仮差押えを上手に使

いこなすことが重要である。

　なお、本書では基本的に「なりふり構わず執行対象物を探す」というスタンスでいろいろな方法を検討しているが、仮差押えは仮差押債務者に一定の損害を発生させることが不可避な手続であると同時に想定どおりの回収ができなかった場合は費用倒れになることから、何でも手当たり次第仮差押えしてよいというものではないことにも留意が必要である。

(1)　仮差押えを積極的に検討すべきケース

　融資先には、①支払意思と支払能力の両方がある先、②支払意思はあるが支払能力はない先、③支払意思はないが支払能力はある先、④支払意思と支払能力の両方がない先があり、それぞれの先に対する回収方針は異なることについて本章第1節2(1)cで述べた。上記のうち、①については仮差押えの必要性はほとんどなく、②および④については基本的に仮差押えを行う意味があまりない。また、②について仮差押えを行うとその支払意思まで喪失させ、かえって回収を困難にすることもある。

　他方、融資先に支払意思があっても他の債権者に貴重な弁済資源を差し押さえられてしまえば自行が実際の弁済を受けることはできず、融資先に現在支払意思があってもその支払意思がなんらかのきっかけによって簡単に喪失することも珍しいことではない。また、②④について自行の「支払能力はない」という判断が誤っていたことが後日になって判明することもある。したがって、①②④についても状況により仮差押えの要否を検討する必要はあるが、仮差押えを行う対象は主に③の先となる。

　なお、次にあげるケースでは上記にかかわらず、仮差押えを積極的に検討すべきである。

a　私的整理が行われているが不透明感があり、不公正が疑われる（または債務整理が行われていない）ケース

　破産等法的整理手続に入ると仮差押えの申立てができなくなったり、すでに発令されている仮差押命令が中止されたり失効したりするが、私的整理の場合にはこのようなことがないので、執行対象物が特定できるのであれば仮差押えを積極的に検討することになる。

284　第2章　債権回収の方法と実際

特に、一部の大口債権者が自己に有利な回収を図ったり債務者が財産を隠匿したりしている可能性が高いなど、私的整理が公平・平等かつ誠実に行われていない場合は、早急に仮差押えを申立てすべきである。仮差押えを申し立てることで私的整理を公平・平等かつ誠実な手続に是正させる（場合によっては公平な法的整理手続に移行させる）ことができるかもしれないからである。

b　会社分割や営業譲渡を悪用し第二会社による債務逃れが図られているケース

会社分割が悪用された場合、通常はバッドカンパニー（金融債務が残存する旧会社）がグッドカンパニー（優良資産と商取引債務のみを引き継いだ第二会社）の100％株主になるので、第三者に譲渡される前にグッドカンパニーの株式を仮差押えすることが保全措置として必要である。株式仮差押え後、不正規の第二会社の場合は第1章第3節(3) a で、濫用的会社分割および詐害事業譲渡の場合は第3章第1節2で述べる措置を講ずることになる。

なお、事業譲渡が悪用された場合は譲渡代金を仮差押えするのが第一であるが、債務逃れが明らかな場合は第二会社に移転された旧会社の資産への仮差押えが認められることもあるので、これらの仮差押えも検討する。

いずれの場合も併行して第二会社に対する債務引受交渉を行うことが重要である。

c　融資先振出手形、割引手形、担保手形が第2号不渡事由で不渡りとなったケース

融資先が振り出した手形や、割引手形、担保手形が第2号不渡事由で不渡りとなり、その手形について異議申立てがなされた場合、当該手形債務者が支払銀行に異議申立預託金を積まなければならないので、当該預託金は仮差押えの有望な目的物となりうる。

d　担保余力ある不動産があるケース

基本的には仮差押え後に当該物件の入担交渉を行うのが確実であるが、仮差押えを経ずに行った入担交渉が不調に終わった場合は当該不動産の仮差押えを検討する。仮差押えをしておくと担保余力があれば任意売却・競売を問

わず配当に与ることができ、余力がなくても任意売却であれば判付料がもらえる。

e 未登記建物があるケース

底地が自行担保物件である場合、担保処分に支障をきたすことになるので登記可能な未登記建物には仮差押えをしておく必要がある。また、未登記建物には第三者対抗要件を備えた担保権は設定されていないので、当該未登記物件が底地の担保設定前に建築された建物の場合、「土地利用権」を仮差押えしたことにもなる。このため、底地が自行担保物件でないケースや自行が後順位抵当権を設定しているが先順位抵当権はオーバーローンとなっているケースであっても当該未登記建物を仮差押えしておくと、その後の債権回収が有利になる。いずれの場合も仮差押え後に入担交渉を行うのは当然である。

ただし、仮差押えするためには債権者代位による表示・保存登記が必要であるが、代位登記を行うためには土地家屋調査士の作成した図面が必要なこと、所有者に妨害されることがあることなど、実務上は困難を伴うことも多いので、費用対効果を十分に検討する必要がある。

f 整理屋が関与しているケース

いわゆる「計画倒産」を陰で操る計画的なタイプの整理屋への対策として、積極的に法的措置、特に仮差押えを活用することは効果的である。ただし、同じ整理屋でも暴力的手段を用いるタイプである場合は警察などの援助がないと手を出すことは危険であることに注意を要する。

(2) 仮差押えを行う際のポイント

a 目的物の早期発見

何といっても仮差押えの対象となる一般財産をいかに早く見つけることができるかが最大のポイントである。一定の価値のあるもので資産内容が特定できるものであれば原則としてすべて仮差押えの対象となる。基本的には①換価性の高さ、②処分予想額の高さ、③仮差押え後の管理の容易さの3要素により総合的に判断して選択する。特に自行扱いの投信・保険等、預り資産の有無をチェックし、次に一般財産の調査に入る。預り資産の場合、第三債

務者となる販売会社が「自行」であるため、後述する資産内容の特定がきわめて容易であり、これを見逃すことは絶対にあってはならない。

b 手続の早期着手

時間が経てば経つほど仮差押えの対象となる一般財産は減少すると思われ、融資先等に仮差押えを察知され目的物を隠匿される危険性は高まる。このため、仮差押えを行うのであれば、いかに早く、いかに融資先等に察知されず、手続に着手できるかが成功のカギとなる。

c 弁済交渉のカードとしての目的物の選定

仮差押えの弁済交渉のカードとしての機能を重視する場合、目的物選定にあたり、上記a①～③のほかに「融資先等が押さえられると困る順」という基準を設定することが有用である。融資先等が押さえられると困る物を押さえることによって心理的圧迫を加え、以後の交渉を有利にするという効果が高まるからである。

d 目的物の入担交渉を忘れずに

有望な仮差押目的物は有望な担保ともなりうるから、まずはそれを担保にとれないかを検討する。ただし、相手方に当方が仮差押えを検討していることを感づかれそうな場合は、当該目的物に対して仮差押えを行っておいて、仮差押えの取下げを条件とする入担交渉を行うこともありうる。

万が一相手方に先手をとられて目的物の所有権移転・他債権者への担保提供などがなされた場合は詐害行為取消権を行使できないか検討する。なお、自行への入担が実現した場合は他債権者から詐害行為取消権を行使される危険性もあるので、その場合の対応を検討しておくことも必要である。

e 「不当な仮差押え」と認定されないようにする

被保全権利や仮差押えの必要性がないのに発せられ執行された仮差押えは「不当な仮差押え」として、仮差押債権者に故意・過失があれば不法行為として損害賠償請求される。このため、仮差押えを行う場合は「不当な仮差押え」と認定されるおそれがないことが必要である。

「不当な仮差押え」と認定される危険性が高いのは次のような場合である。

　　① 被保全権利に十分な担保や保証が付されている場合

② 仮差押債務者等に十分な資産があって、少々の財産を処分してもその資力に不安がないような場合

このような場合は、債務名義の取得（貸金請求訴訟の提起等）を先行させ債務名義に基づく差押えにより強制換価手続を行うことになる。もっとも、このようなケースでは訴訟の段階で和解決着することが多い。

f　仮差押えがヒットした後の対応が重要

仮差押えが成功してもそれだけで回収が進むわけではない。あくまでも仮差押えした資産の処分が禁止されるだけだからである。そこで、仮差押え後にどのようにして実際に回収を図るかを検討する必要がある。

オーソドックスな方法としては債務名義をとったうえでの差押え（不動産であれば強制競売）となるが、実際はその前に弁済を受けて解決することが多い。その意味で仮差押えは督促手段としても有効な手段となるから、仮差押えを最終的な回収に結びつけるための交渉・フォローが重要となる。

第5節 手形債権の行使

　銀行の管理回収業務において手形債権を行使する必要が生じるのは主に割引手形、担保手形、商事留置権の目的物たる代金取立手形・留置手形について割引依頼人・担保提供者以外の手形債務者（約束手形の振出人、為替手形の引受人および遡求義務者）に対して手形債務の履行を請求する局面である。割引依頼人および担保提供者に対しても手形債権を行使することはできるが、通常、割引依頼人に対しては買戻請求権、担保提供者に対しては担保権を行使する（買戻請求権や担保権には銀行にとって有利な特約が付されているため手形債権よりも有利な権利行使ができる）ので、手形訴訟を提起する場合を除き、手形債権を行使するのはきわめてまれである。

　手形債権を行使するに際して特有の問題は「手形債権の管理」「手形債務者との交渉」「不渡事由とその対策」である。

1　手形債権の管理

(1)　手形現物の管理

　手形債権には呈示証券性および受戻証券性がある。このため、手形債権を行使するためには債務者に手形を呈示し（手形法38条）、支払を受けるためには手形を交付しなければならない（同法39条）。したがって、手形債権行使の前提として手形現物の管理がきわめて重要となる。

　また、手形を期日に呈示しなくても約束手形の振出人や為替手形の引受人に対して手形債権を失うことはないが遡求義務者（裏書人および為替手形の振出人）に対する遡求権を行使できなくなるので不渡りになることが明らかであっても必ず期日呈示しておく必要がある。

　なお、手形を紛失した場合は、①簡易裁判所に公示催告の申立てをして除

権決定を得る、または②手形振出人に依頼してその支払金融機関に事故届を提出してもらうという対応が必要になるが、実務上は②の手続を行うことになる。

(2) 白地の補充

手形は振出日や受取人の記載がなくても流通しているが（当座勘定規定17条、最判昭46.6.10金融法務事情618号50頁）、このような手形（白地手形）は期日に交換呈示しても法的には支払呈示と認められないため遡求権を行使することができず、支払呈示後に白地補充してもその呈示がさかのぼって有効になるものではない（最判昭41.10.13金融法務事情460号6頁、最判昭34.8.18金融法務事情225号9頁）。このような白地手形を受け入れた場合、銀行は手形割引取引や担保設定によって白地手形の所持人となっており、同手形の引渡しと同時に白地補充権を取得しているので（最判昭34.8.18金融法務事情225号9頁）、自ら白地補充すべきである（もっとも、実務上は割引依頼人等の裏書譲渡人に補充させるべきことは当然であり、銀行自ら白地補充するのは割引依頼人等による補充が著しく困難な場合に限られる）。

(3) その他

融資先等の倒産により連鎖倒産の危機に陥った振出人等から手形のジャンプ（支払延期）の申出がなされることがある。ジャンプの態様には、①手形期日そのものの変更、②満期を変更した新しい手形の差入れ、③手形外での延期（分割弁済）契約締結があるが、通常は②と③をあわせた方法がとられる。

手形のジャンプの要請を受けた場合、ⓐジャンプの必要性の確認、ⓑ保全強化、ⓒ遡求義務者の有無により対応を検討（遡求義務者があるときは交換呈示し、依頼返却の手続をとり、遡求権を確保する）、ⓓ旧手形を返還しない（最判昭29.11.28金融法務事情60号4頁は旧手形を債務者に返還すると新手形により旧手形債権が弁済されたものと解している）、ⓔ割引依頼人、担保提供者、保証人の同意を得る等の対応が必要となる。

2　手形債務者との交渉

　融資先が倒産した場合、まず手形債務者の一覧表を作成する。次に融通手形か否かの調査、手形債務者の信用照会を行い、さらに手形債務者の事業所等で現地調査を行ってその決済見込みを判断する。調査の結果に基づき手形債務者との弁済交渉の要否を決定し、交渉が必要な先に対してはできる限り早い段階で交渉に着手する。

(1)　一覧表の作成

手形債務者の一覧表を作成し、次の項目を整理する。

- ①　債務者名（住所、商号、代表者）
- ②　規模（資本金、業種）
- ③　取引金融機関（支払金融機関、主要取引金融機関）
- ④　数量（手形の枚数、金額）
- ⑤　資力（上場会社か、関係会社か、不動産の有無、支払意思の有無等）
- ⑥　融手関係（融通手形でないか、ハウスビルでないか等）

(2)　融通手形か否かの調査

　一般的に融通手形は手形金額に端数がない、支払期日・支払場所・金額の記載方法などが他の手形と違うなどの特徴がある。また、支払人が会社設立したばかりである、支払金融機関との取引開始後間もなく預金のみの取引であるなどの場合、融通手形であることが多いといわれている。

　融通手形の可能性が高い手形は、決済不能となる危険性が高い手形として、満期前から回収の準備に入る必要がある。

(3)　現地で調査する

　手形の決済見込みの調査方法には、①取引金融機関での確認、②法務局での不動産関係の調査、③信用調査機関への照会、④本人との面談があるが、融資担当者が直接現地（手形債務者の主たる営業所等）に行って確認を行うのが最も確実である。

　手形債務者に関する調査方法は第1章第5節と同様である。なお、現地調

第5節　手形債権の行使　291

査においては手形債務者の営業所や工場の状態等について重点的に調査する。

3　不渡事由と対策

　不渡事由は銀行にとって手形債権をいかにして回収するかの指針の一つである。以下、各不渡事由別に対策を整理する。

(1)　0号不渡事由

　適法な呈示でないこと等を事由としており、不渡届の提出対象外である。0号不渡事由は手形法、小切手法等による事由、破産法等による事由、案内未着等による事由、その他による事由がある。

a　手形法、小切手法等による事由

　手形法、小切手法等による事由は以下のとおり。

(a)　形式不備

　白地を補充して請求する。

(b)　裏書不備

　裏書が連続していない手形でも実質的に手形の譲渡があったものについては、手形債権の行使に支障はなく（最判昭33.10.24民集12巻14号3237頁）、取締役・会社間取引（会社法356条、365条）で取締役会等の承認がない場合であっても善意の相手方には無効を主張できない（最判昭46.10.13金融法務事情629号32頁）ことから、手形の移転関係を調査して、そのまま請求する。

(c)　引受けなし

　為替手形で引受けの署名がない場合であっても裏書人や振出人等の遡求義務者には請求できる（手形法43条）。

(d)　呈示期間経過後

　有効な支払呈示がなされていないため遡求義務者には請求できないが、振出人等手形債務の主債務者には請求できる。

(e)　期日未到来

　期日に再呈示する。

⒡　除権決定

除権決定が出た後でも除権決定の出る前に手形を善意取得していれば手形債権を行使できる（最判昭47.4.6金融法務事情648号22頁）。

b　破産法等による事由

破産法等による事由は以下のとおり。

⒜　法的整理による財産保全処分

支払は受けられないが手形の支払呈示の効力は認められるので、期日に交換呈示しておく。

⒝　法的整理手続の開始決定、清算手続による財産保全処分

法的整理手続に参加する。なお、上記①同様、期日に交換呈示はしておく。

⒞　支払禁止の仮処分

このような仮処分があったからといって手形債権が行使できなくなるわけではないので、通常の不渡りと同じように請求する。なお、故意にこのような仮処分を取得し不渡異議申立預託金なしで１号不渡事由による不渡りを免れようとする濫用事例には、直ちに法的な強硬措置をとることを検討する。

c　案内未着等による事由

案内未着等による事由は以下のとおり。

⒜　依頼返却

依頼返却には支払呈示の効力が認められている（最判昭32.7.19金融法務事情148号9頁）が、手形債務者の依頼に基づかず銀行の裁量で依頼返却をすると支払呈示の効力を否定される懸念が大きい。

⒝　該当店舗なし

手形支払人の営業所または営業所があったところに直接呈示する。

⒞　振出人等死亡

手形の主債務者が死亡した場合、その相続人が手形債務を相続するので当該相続人に対して請求する。

d　その他による事由

上記a〜cに準ずる事由であり、対応も同様に考える。

第5節　手形債権の行使　293

(2) 第1号不渡事由

第1号不渡事由は「資金不足」「取引なし」の2種類である。どちらの事由であっても手形訴訟（民事訴訟法第5編）を利用できるほかは、通常の債権回収と同じである。

手形訴訟は訴訟手続が簡素化されており、通常の訴訟に比べ手形債権者に有利であるが、勝訴判決を得ても手形債務者に支払能力がなければ回収できない。このため、この制度を利用するのは手形債務者に支払能力はあるが弁済請求に応じない場合、または手形債務者を裁判所に呼び出すなど債権者の強硬姿勢を示すことが債権回収に結びつくと考えられる場合などに限定されるものと思われる。

(3) 第2号不渡事由

0号不渡事由にも第1号不渡事由にも該当しない事由によって手形や小切手が支払われない場合は「第2号不渡り」になる。第2号不渡事由には①契約不履行、②詐取、③紛失、④盗難、⑤印鑑（署名鑑）相違、⑥偽造、⑦変造、⑧取締役会承認等不存在、⑨金額欄記載方法相違、⑩約定用紙相違がある。基本的な対応方法は、直ちに異議申立ての有無を確認し、異議申立てがなされている場合は不渡異議申立預託金を仮差押えすべきか否かを検討することである。ただし、⑥の場合は、手形交換所に告訴状などを添付して申請すると不渡異議申立預託金を提供しないで異議申立てが認められるので、注意が必要である。

特別な対応が必要なケースとして、②〜④の場合は公示催告、除権決定が出ているかどうかの確認、⑥の場合は本人のほか偽造者への請求を検討すること、⑦の場合は変造前の署名者と変造後の署名者に対する請求を行うべきことがある。

(4) 不渡事由が重複する場合

不渡事由が重複する場合は次による（電子交換所規則施行細則33条2項）。

① 　0号不渡事由と第1号不渡事由または第2号不渡事由とが重複する場合は0号不渡事由が優先し、不渡情報登録を要しない（同項1号）。

② 　第1号不渡事由と第2号不渡事由とが重複する場合は第1号不渡事

由が優先し、第1号不渡情報登録による。ただし、第1号不渡事由と偽造または変造が重複する場合は第2号不渡情報登録による（同項2号）。

第6節 各種の事例と対策のポイント

　延滞・倒産発生時の初期対応による回収資源の探索（第1章第5節参照）や回収計画策定時の調査（本章第1節1(2)参照）で発見できなかった回収資源が、回収計画に基づき債権回収を進めていくうちに思わぬことで見つかることがある。通常、そのようなかたちで発見される回収資源は何かしらの問題を抱えていることが多いため必ずしも回収に結びつくとは限らないが、なんとか回収に結びつけられないか知恵を絞ってみることが肝要である。

　実際に発生しうる事例は多岐にわたり、発見された回収資源の種類や内包する問題は個々の事案によりまったく異なるのでその対策も一様ではないが、ここでは実務上ありがちなケースに絞って典型的な対策方法を述べる。

1　不動産関係

　不動産は最も有望な回収資源の1つである。しかし、平時においてはその存在を見落としがちであり、いったん存在しないと思い込んでしまうとなかなかその存在に気づけない、他行の担保設定がなされているとその不動産になかなか目がいかないという傾向があるため、ある日突然「思わぬ回収資源」として登場することがある。

(1)　不動産を見つけたら

　融資先等やその親族の郷里や過去の住所地などに本人名義の不動産があることが、ひょんなことから発覚するケースがある。担保が設定されていない不動産やすでに他行に担保提供されているが担保余力が見込める不動産を発見した場合、まず仮差押えの可否を検討する。平時（ただし融資先の業況が悪化しつつある段階以降）であれば入担交渉を優先すべきであるが、この段階ではすでに銀行と融資先等との利害が対立しているので、不用意に入担交

296　第2章　債権回収の方法と実際

渉すると当該不動産を処分される危険性が高い。このため、仮差押え実行後に入担交渉するのがセオリーである。

ただし、当該不動産の所有者（融資先等）に破産等法的整理手続が開始されている場合は仮差押えも担保設定もできない。また、手続が開始されていなくても所有者に法的整理手続利用の可能性がある場合は、これらの手続が開始されると仮差押えが取り消されたり担保設定が否認されたりするおそれがあるので、注意が必要である。

なお、他行の担保権が設定されていても、通常、当該担保権が普通抵当であれば登記された債権額が処分時にそのまま存在することはなく、根抵当権であっても極度額まで被担保債権があるとは限らないので、一見担保余力がないようにみえても仮差押えをあきらめるのは早計である。また、仮差押えは当該不動産が任意売却される場合は思いのほか威力を発揮することもある（本章第4節参照）。

(2)　相続登記未了の不動産を見つけたら

融資先等やその親の郷里やゆかりの地などに融資先等が相続していても相続登記未了の不動産が残っているケースはさほど珍しくはない。このような物件は第三者の権利の登記がなされていなかったり担保権の設定があっても設定時期から被担保債権が存在しないことが推定されたりするので、恰好の仮差押え対象物となる。

この場合、登記上の所有者は被相続人となっているので、債権者代位権（民法423条の7）により登記名義を相続人である融資先等に変更したうえで仮差押えを行う。この代位による相続登記は、銀行が融資先等に相続権のあることを証する戸籍事項証明書、除籍謄本、被相続人の最後の住所地を管轄する家庭裁判所が発行する相続放棄をしていないことの証明書、債権証書などを添付して登記申請することができる（不動産登記法59条7号）。

なお、2024（令和6）年4月1日より相続登記の申請が義務化された（同法76条の2）ので、このような物件があぶり出される可能性は高まっている（ただし、罰則が軽いので実効性はやや疑問がある）。相続登記の義務化の内容は次のとおり。

① 相続（遺言も含む）により不動産を取得した相続人はその所有権取得を知った日から３年以内に相続登記の申請をしなければならない（同条１項）。

② 遺産分割により不動産を取得した相続人は遺産分割が成立した日から３年以内に相続登記の申請をしなければならない（同条２項）。

③ 正当な理由なく①②に違反した場合、10万円以下の過料（行政罰）が課される（同法164条１項）

④ 2024（令和６）年４月１日以前に相続が開始している場合、３年の猶予期間が与えられるものの、上記①〜③の規律が適用される（同法改正附則５条６項前段）

(3) 代金支払ずみだが所有権移転登記未了の不動産を見つけたら

　融資先等の所有不動産につき代金は支払ずみだが融資先等名義に所有権移転登記がなされていない場合、銀行が債権者代位権を行使できるのは融資先等の前所有者に対する所有権移転請求権であり、所有権移転登記請求権ではない（銀行単独で所有権移転登記をすることはできない）。このため、銀行が債権者代位により所有権移転請求権を行使するためには前所有者に対して本訴を提起する必要がある（銀行が勝訴してはじめて銀行単独で所有権移転登記ができる）。

　ただし、前所有者の協力が得られるのであれば、銀行が融資先等に代位して銀行と前所有者との共同申請により融資先等名義に所有権移転登記をすることができる。所有権移転登記がすめば当該不動産を仮差押えできる。

(4) 保存登記未了の不動産を見つけたら

　融資先等の所有不動産であることはたしかであり融資先等を所有者とする表示登記はあるが所有権保存登記がなされていない場合、銀行が債権者代位権により融資先等名義の所有権保存登記を行ったうえで仮差押えすることができる。また、この場合、表示登記の登記事項証明書を添付し申立書に未登記物件である旨を記載することで仮差押えの申立てを行うこともできる（この方法によると裁判所の嘱託により所有権保存登記が行われる）。

　なお、表示登記もなされていない場合は、その物件が融資先等の所有物で

あることを証する書面を添付して表示登記をしたうえで上記の手続をとることになる。

(5) 賃貸不動産を見つけたら

賃貸不動産の場合、不動産そのものの仮差押えだけでなく賃料債権の仮差押えや強制管理の方法による仮差押え（民事保全法47条）も検討する。また、非常に困難であると思われるが、当該賃貸不動産を担保徴求して抵当権の物上代位による賃料差押え（民法372条、304条）や担保不動産収益執行手続（民事執行法180条）を行えないかも検討する。

なお、担保不動産収益執行手続については本章第7節3(2)を参照されたい。

(6) 借地上の建物や借家を見つけたら

不動産を融資先等が使用していても第三者の所有物である場合は仮差押えすることはできない。ただし、地主や家主に敷金、保証金等を差し入れている可能性が高いので、これらについての仮差押えを検討する。

(7) 倒産直前に第三者に所有権を移転していたら

倒産直前に第三者に所有権を移転するような行為が判明したら詐害行為取消権（民法424条）の行使を検討する。詐害行為取消権を行使する場合、まず処分禁止の仮処分を得て、当該不動産についてさらなる所有権移転ができないようにしてから、本訴により詐害行為取消権を行使する。この場合、漫然と判決を得るのではなく処分禁止の仮処分の段階から粘り強く交渉を継続し、和解による早期決着を目指すのが常道である。悪質な場合は銀行が融資先等の破産手続を申し立て、破産管財人による否認権行使を促すことも考えるべきである。

2　その他の財産関係

不動産以外の財産でも何か見つけたらまず押さえにかかる姿勢が重要である。必ずしも有望な回収資源になるとは限らないが対象の財産が融資先等のウイークポイントとなるものであれば当該財産を押さえておくことで有力な交渉カードとなる。実際に押さえるかどうかは費用対効果、労力対効果で判

断することになるが、最初から費用対効果、労力対効果を意識してあきらめてしまうと回収できるものも回収できなくなる。

(1) 店内や倉庫に商品がありそうなとき

　商品、製品、原材料などの動産がありそうな場合、まずこれらについて仮差押えを検討しなければならない。しかし、債務名義を取得して強制執行ができるようになるまでの間の保管場所や管理方法等については悩ましい問題も多く、銀行にはこれらのものを売却するノウハウがないのが普通であるから、なかなか手を出しづらいのも事実である。

　そこで仮差押対象物について「動産の緊急売却」という制度（民事保全法49条3項）を適用できないか検討する。動産の緊急売却の手続とは執行官が民事執行法の規定による動産執行の売却の手続により仮差押えの執行に係る動産を売却し、その売得金を供託する手続である。動産の緊急売却の要件は、仮差押えの執行に係る動産について①著しい価額の減少を生ずるおそれがあること、または②その保管のために不相応な費用を要することであり、これらの要件を充足できれば債務名義の取得から強制執行の手続を待たずに強制換価することができる。

　また、倉庫内の商品などは融資先等が債権者による強引な持出しを警戒して厳重に施錠していることがあり、銀行にはこのような施錠を解除する術がないため、最初からあきらめてしまうことが多い。しかし、動産の仮差押えの申立てにおいては目的物件の特定を要せず、施錠されていても執行官による開扉が認められている（民事執行法123条）ので、簡単にあきらめるべきではない。この場合、事前に執行官に事情を話して打合せのうえ仮差押えを執行することになる（この執行がなされる場合、銀行はできるだけ立ち会うようにする）。

　なお、仮差押対象物の換価による回収額があまり期待できなかったり強制執行までの間の管理が大きなネックとなったりする場合であっても、融資先等が営業を続行している場合は、これらの動産を仮差押えすることがきわめて強力な交渉カードとなるので、このような効果も重視して仮差押えに踏み切るか否かの判断を行うべきである。

⑵　売掛金のあることがわかったとき

　融資先等に売掛金債権があることが判明したら、まず仮差押えを検討する。仮差押えを行うことを決定した場合、その手続は、債権の特定をし、債務者と第三債務者が法人の場合はその商業登記の登記事項証明書をそろえて、弁護士に委任することである。また、次のようなケースでは実質的に仮差押えが成功していても回収に結びつかないことが多いため、仮差押えを実行するか否かを決定する際に対策を検討しておく必要がある。

　　①　融資先等と第三債務者とが共謀して支払ずみ、相殺ずみ、返品ずみ
　　　など虚偽の抗弁を主張してくる（銀行がこれに対して反証するのは困
　　　難）。

　　②　第三債務者に支払能力がない。

　なお、このようなことが懸念される場合であっても融資先等が営業を続行している場合は売掛金を仮差押えすることがきわめて強力な交渉カードとなるので、このような効果も重視して仮差押えに踏み切るか否かの判断を行うべきである。

⑶　取引金融機関に手形が余りそうなとき

　融資先等が自行以外の取引銀行に代金取立手形を有している場合、当該他行に融資先等に対する債権があると商事留置権（第1章第4節1⑴b参照）の目的となり仮差押えを行うことができないのが普通である。しかし、融資先等が当該他行に融資取引がない場合や融資取引があっても担保余力がある場合は、当該手形の仮差押えを検討する。この場合の仮差押えの目的物は手形の返還請求権である。

⑷　診療報酬がありそうなとき

　医師による健康保険扱いの診療については、毎月社会保険診療報酬支払基金または国民健康保険団体連合会などから社会保険料診療報酬金の支払が受けられる。この地位は、法律の規定に基づき保険医療機関として指定を受けることにより発生し継続的に保持される性質のもの（継続的給付に係る債権）である（最判平17.12.6金融法務事情1769号39頁）ため、期限を切らずに差押えができる。もっとも、継続的給付に係る債権に対する仮差押えにつ

いては明文の規定はないものの「保全の必要性」の観点から、1年分についてのみ認める裁判所が多いといわれている（賃料債権や給与債権なども同様）。

(5) 自動車をもっていたら

自動車の仮差押えは、仮差押えの登録をする方法と執行官保管の方法がある（民事保全規則35条）。前者の場合、事故等による自動車の価値の毀損や無断譲渡・解体等による強制執行不能のリスクが大きく、後者は多額の保管費用負担がかかるなど、よほどの高級車でない限り換価・回収を目的とした仮差押えは現実的ではない。しかし、一般的に自動車のオーナーは自動車に対して強い愛着をもっていることが多いので、仮差押えを行うことにより融資先等に対して心理的圧迫感を与えたうえで短期決戦により弁済交渉を進めるという選択はおおいにありうるところである。

(6) ゴルフ会員権をもっていることがわかったら

ゴルフクラブの形態は①一般社団法人組織によるもの、②株主会員組織によるもの、③預託金会員組織によるものに大別され、現在は③によるものがほとんどである。このうち②についてはゴルフ場運営会社の株式を、③については預託金返還請求権とプレー権とをあわせた「その他の財産権」（民事保全法50条4項）に対し仮差押えを行うことになる。なお、①については法人の定款で社員の持分の譲渡が認められている場合に限り仮差押えの対象とすることができるとされている（もっとも、譲渡が認められているケースはまれである）。

(7) 投資信託を見つけたら

融資先等がだれにも担保提供していない投資信託を保有していることが判明した場合、当該投資信託からの回収を図る。投資信託からの回収方法には強制執行と強制執行によらない方法とがあり、口座管理機関（販売会社）が他行である場合は強制執行によるしかないが、口座管理機関が自行である場合は強制執行による方法と強制執行によらない方法とのいずれも選択できる（図表44参照）。

強制執行による場合、まず当該投資信託を仮差押えすることになるが、仮

302　第2章　債権回収の方法と実際

図表44　担保外の投資信託からの回収方法
1．口座管理機関（販売会社）による回収方法の分類

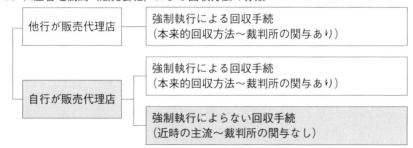

2．自行が販売代理店の場合の回収方法の分類

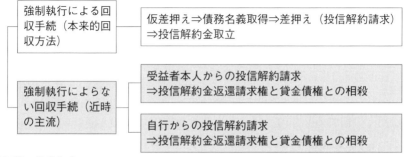

（出所）　筆者作成

　差押目的物は「振替社債等」、当事者は債権者（自行）、仮差押債務者（融資先等）、振替機関等（自行が口座管理機関の場合は自行、他行が口座管理機関の場合は当該他行）の3者となる。なお、仮差押命令の送達を受けた振替機関等は発行者（投資信託委託会社）に対し当該投資信託の銘柄等を通知しなければならない（民事保全法50条、民事保全規則42条、民事執行規則150条の3）。自行で販売した投資信託に対する仮差押えのイメージは図表45のとおり。

　強制執行によらない投資信託からの回収方法は次項で詳述する。

(8)　**「でんさい」の取引があるとき**

　電子記録債権制度、特に「でんさい」は約束手形や売掛債権の問題点を克服し、事業者、特に中小企業の資金調達の円滑化等を図るために創設された

図表45　自行で販売した投資信託に対する仮差押えのイメージ図

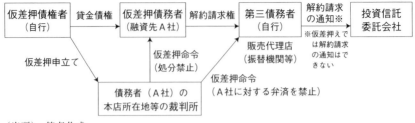

(出所)　筆者作成

新たな金銭債権であり、手形代替取引としての機能が期待されている。でんさいは、支払期日が到来すればでんさい債務者から口座間送金決済の方法で資金が支払われるため、当該資金を捕捉することで融資先等が債務不履行の状況に陥った局面において有力な回収原資となる。

　電子記録債権に関する強制執行等の手続については、最高裁判所規則で定めることとされており（電子記録債権法49条3項）、電子記録債権に対する差押えに関する具体的手続は民事執行規則150条の9以下に定められている。電子記録債権に関する執行の当事者は差押債権者、差押債務者、第三債務者、電子債権記録機関であり、差押命令により、差押債務者は取立てその他の処分または電子記録の請求を禁止され、第三債務者は差押債務者への弁済を禁止され、電子債権記録機関は電子記録を禁止されるという特色がある。でんさい等の電子記録債権も金銭債権であるから上記のほかは債権執行とほぼ同様であり、仮差押えも可能である。

3　担保外の自行扱い投資信託からの回収

　投資信託契約は、「委託者（投資信託委託会社）」と「受託者（信託銀行）」との信託契約、「委託者」と「販売会社（銀行）」との募集販売契約、「販売会社」と「受益者（顧客）」との窓口販売契約（通常は管理委託契約を兼ねた「投資信託取引規定」という定型約款）という三つの契約で組成されているが、窓口販売契約上、販売会社は委託者を代理して受益者と投資信託契約を締結するので、販売会社は投資信託契約の当事者ではない。このため、自

行が販売会社として窓販した投資信託であっても自行の貸出金と投資信託受益権とを相殺することはできない。

しかし、投資信託の解約により受益者が取得する投資信託解約金返還請求権については、受益者が債権者、販売会社が債務者という「当事者」の関係に立つため、投資信託解約金返還請求権と貸金債権とを「相対立する債権」として相殺することができる。このように、投資信託受益権を貸出金とを「相殺できる状態」にすることができれば強制執行のように迂遠な手続によらず迅速・安価な債権回収を実現できる。ただし、窓口販売契約に販売会社が投資信託を強制解約できる旨の約定がないことが多いため、このような約定のない金融機関が投資信託を強制解約することを正当化する根拠が必要となる。

(1) 投資信託受益権からの回収方法

a 自行からの投資信託解約請求スキームの分類

自行からの投資信託解約請求スキームは大別すると次のようになり、どのスキームを選択するかによって受益者（融資先等）に出状する「解約実行通知」の内容が異なる（各スキームの流れは図表46のとおり）。

① 債権者代位権（民法423条）に基づく解約請求から貸金債権と解約金返還債務との相殺につなげるスキーム（以下「債権者代位スキーム」という）

銀行が債権者代位権に基づき受益者の関与なくして投資信託受益権の解約を行うことができ、解約金返還債務と貸付金等債権との相殺も認められることは、現在では異論がない（最決平23.9.2金融法務事情1934号105頁ほか）。このため、債権者代位スキームは担保外の投資信託受益権からの回収方法として最も多く利用されている。

② 銀行取引約定書ひな型4条、7条の特約（準委任契約～民法656条）に基づく解約請求から貸金債権と解約金返還債務との相殺につなげるスキーム（以下「銀取4条スキーム」という）

③ 商事留置権（商法521条）の行使による貸金債権回収（以下「商事留置権スキーム」という）

第6節 各種の事例と対策のポイント 305

図表46 自行（販売会社）からの投信解約請求に基づく回収方法の分類とフロー図

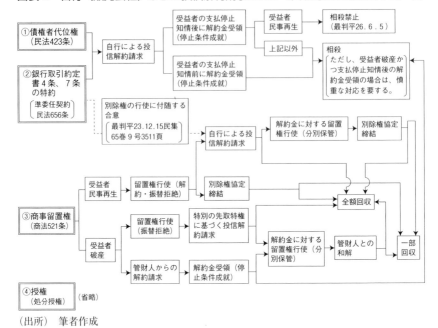

（出所）　筆者作成

　　破産法66条1項（民事再生手続の場合、最判平23.12.15金融法務事情1940号96頁により、別除権の行使に付随する合意としての銀行取引約定書ひな型4条4項）に基づき投資信託を解約し、解約金を貸付金等に充当する方法。ペーパーレス前は現物たる投資信託受益権証券に商事留置権が成立することに争いはなかった。しかし、ペーパーレス化された投資信託に対する商事留置権スキームは、その有効性について学説が分かれており、ペーパーレス化された投資信託に商事留置権が成立するか否かについての判例もないことから、現在ではほとんど使われていない。

④　授権（処分授権。最判昭29.8.24金融法務事情50号10頁、大阪地判平23.1.28金融法務事情1923号108頁）

　　たとえば他人の所有物を自己のものとして第三者に売り渡す場合においても、所有者たる本人がこのことをあらかじめ承諾しているとき

当該売買は有効とされている（堂園昇平「差押えを受けた投資信託の解約金との相殺」銀行法務21・743号17頁）。「授権」について単独のスキーム構築も可能であるが、次の理由からむしろ他のスキーム（特に銀取4条スキーム）を理論的に補強する材料として使用されることが一般的である。

すなわち、「授権」については法律上明文の規定はなく、現行民法の審議の際も明文化が見送られた（法務省ホームページ「法制審議会民法（債権関係）部会資料66A」34頁）ことから、この論点の主張はかなりハードルが高い。このため、本書では「授権」に基づく回収スキームの検討は割愛する。

受益者の属性や置かれている状況等により使用するスキームは異なるため、最適なスキームを選択したり複数のスキームを組み合わせたりする工夫が必要となる。

b 債権者代位スキームに基づく回収手続

「投資信託解約請求から相殺まで」の手続は「債権者代位スキーム」も「銀取4条スキーム」も解約金返還債務との「相殺」で構成されているため

図表47 自行（販売会社）からの投信解約請求に基づく回収方法（債権者代位・銀取特約）のイメージ図

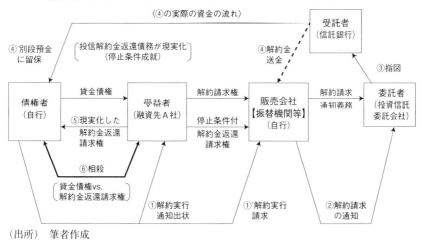

（出所）　筆者作成

図表48　投資信託からの回収スキーム

1．受益者Ⓐが投信を購入する前の状態（振替口座のみ開設ずみ）

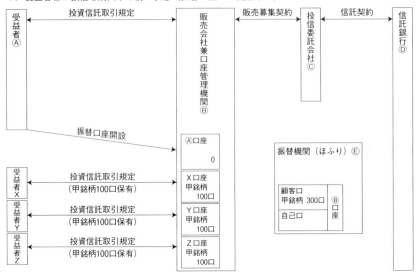

2．受益者Ⓐが投信（甲銘柄）100口を100万円で購入した場合のスキーム図

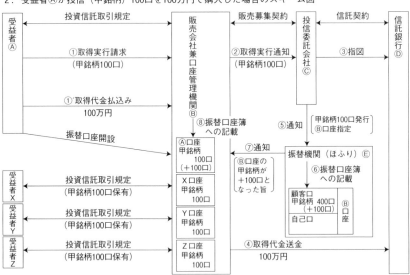

※便宜上、各種手数料、税金等は無視している（3、4の図も同様）。
（出所）　筆者作成

3．受益者Ⓐが投信（甲銘柄100口）を解約した場合のスキーム図

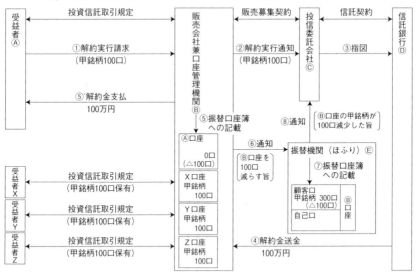

※便宜上、解約金は取得代金と同額にしている（4も同様）。

4．販売会社B銀行が債権者代位権により投信解約請求し、貸金と相殺するスキーム図

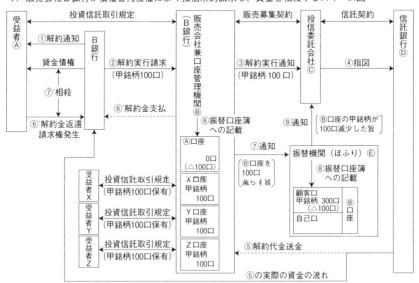

投資信託の強制解約を正当化する根拠が異なるだけで具体的な手続はほぼ同じである（スキームのイメージは図表47のとおり）。これに対し「商事留置権スキーム」は「法定担保権（別除権）」で構成されているため、別途検討が必要となる。

　そこで、ここでは図表48に則して債権者代位スキームを検討する。債権者代位スキームを理解するには、受益者が投資信託を購入する前の状態（図表48の1参照）、受益者が投資信託を購入する仕組み（図表48の2参照）、受益者が投資信託を解約する仕組み（図表48の3参照）を前提として、債権者代位スキーム（図表48の4参照）を説明する。なお、このスキームの「妙」は「A社の債権者たるB銀行」と「販売会社兼口座管理機関たるB銀行」とを解約実行段階では別人格、解約代金受領段階では同一人格として扱うことである。

① 解約通知

　　貸金債権者たるB銀行は投資信託甲銘柄100口について、受益者Ⓐ兼融資先A社に対し債権者代位権行使の通告として解約通知を行う。

② 解約実行請求

　　受益者Ⓐ兼融資先A社の債権者たるB銀行はA社に代位して、販売会社兼口座管理機関ⒷたるB銀行に対して甲銘柄100口の解約実行請求を行う。

③ 解約実行通知

　　販売会社兼口座管理機関ⒷたるB銀行は投資信託委託会社Ⓒに対して、Ⓑの顧客勘定である甲銘柄100口の解約実行通知を行う（Ⓒは、甲銘柄の受益者がだれであるか関知しない）。

④ 送金指図

　　通知を受けた委託者Ⓒは受託者たる信託銀行Ⓓに、甲銘柄100口の解約代金100万円を販売会社Ⓑへ送金するよう指図する。

⑤ 解約代金送金

　　信託銀行Ⓓは甲銘柄100口の解約代金100万円を販売会社Ⓑ（実際には、販売会社Ⓑ兼口座管理機関Ⓑ兼A社の債権者たるB銀行）へ送金

310　第2章　債権回収の方法と実際

する。

⑥　口座管理機関Ⓑの振替口座簿への記載

　　口座管理機関Ⓑは自行内の振替口座簿（Ⓐ口座）から甲銘柄100口を減らす旨の記載を行う。

⑥´　解約金返還請求権発生

　　Ⓑがだに対して甲銘柄100口の解約代金100万円を支払わないので、受益者Ⓐ（兼融資先Ａ社）は販売会社Ⓑ（兼Ａ社の債権者たるＢ銀行）に対する100万円の解約代金返還請求権を取得する。

⑦　振替機関への通知

　　口座管理機関Ⓑは振替機関（ほふり）Ⓔに対して、Ⓑ口座顧客口の甲銘柄を100口減らす旨の通知を行う。

⑦´　相殺実行

　　Ｂ銀行はＡ社に対する貸金債権と100万円の解約代金返還債務とを対当額で相殺する。

⑧　振替機関Ⓔの振替口座簿への記載

　　振替機関Ⓔはだ口座顧客口の甲銘柄を100口減らす旨の記載を行う。

⑨　委託会社への通知（手続完結）

　　振替機関Ⓔは投資信託委託会社Ⓒに対して、Ⓑ口座顧客口の甲銘柄が100口減少した旨の通知を行う。

⑵　投資信託受益権からの回収の留意点

a　受益者に法的整理手続が開始された場合

　受益者（融資先等）に破産・民事再生等の法的整理手続開始決定があった場合、破産法　民事再生法等により「代位される権利への差押え」や「被保全債権に基づく強制執行」が禁止される（破産法42条１項、民事再生法39条１項等）。このため、債権者代位権の「代位される権利（このケースでは投信受益権）への差押えが禁止されていないこと」（民法423条１項ただし書）および「被保全債権が強制執行によって実現できないものでないこと」（同条３項）という要件を充足できなくなるので、法的整理手続開始後は「債権者代位スキーム」は使用不能になる。

第６節　各種の事例と対策のポイント　311

また、最判平26.6.5金融法務事情2005号144頁（以下「平26最判」とい
う）により、受益者の支払停止後に負担した解約金返還債務を受働債権とす
る相殺は破産管財人等から無効を主張される危険性が高い。もっとも、平26
最判は停止条件付債権を受働債権とする相殺を認める規定のない民事再生手
続の事例であり、破産法には停止条件付債権を受働債権とする相殺を認める
規定がある（同法67条2項後段）ので、必ずしも破産管財人の当該主張が認
められるかは先例がないため定かでない。ちなみに、解約金返還請求権は投
資信託を購入した際に生じた停止条件付債権であり、銀行が解約金を受領す
ることにより停止条件が成就すると解されており、平26最判は停止条件成就
が相殺禁止の起点より後に生じているため、相殺禁止の例外である「前に生
じた原因」（民事再生法93条2項2号）に該当しないことが決定的な理由と
なっている。
　平26最判は、販売会社が投資信託契約の当事者でないこと、解約実行請求
前に販売会社が有していたのは投資信託委託会社からの解約金代理受領権に
すぎないことを相殺無効の根拠としており、次の点を見落としている（図表
48の1〜4参照）ため、妥当性には疑義がある。

　①　受益者が投資信託振替受益権を購入するには口座管理機関に振替口
　　　座を開設しなければならない。
　②　受益者が購入した投資信託振替受益権は、口座管理機関の受益者名
　　　義の振替口座簿への記載により取得の効果が生じる（その前提として
　　　振替機関（証券保管振替機構）にある口座管理機関名義の振替口座簿
　　　（顧客口）に当該投資信託振替受益権が記載される必要がある）。
　③　受益者が投資信託を解約する場合、解約金を受領した販売会社が振
　　　替機関にある自行名義の振替口座簿の記載を抹消してもらい、自行内
　　　にある受益者名義振替口座簿の記載を抹消する（受益者が投資信託振
　　　替受益権の所有を失う）ことと引き換えに、解約金を受益者に支払
　　　う。
　④　口座管理機関は受益者の投資信託振替受益権を常時把握できる立場
　　　にあり、振替受益権に対する管理権を有する（委託会社および受託者

は受益者との接点はなく、受益者の個性を把握していない）。つまり、投資信託の解約請求を行う場合、委託者は当該販売代理店分の受益権の銘柄や数量しか通知されないため、どの受益者の振替受益権が解約請求されたかを把握していない。

なお、平26最判後、これらの点を前提として「このような振替投資信託受益権の特性を考慮に入れるならば、一般的に、その販売会社が解約金支払債務をもってする相殺の担保的機能に対して合理的な期待を有していたと解する余地はある」（山田誠一「債務者が有する投資信託受益権からの債権の回収」金融法務事情2023号65頁）という学説も出てきており、今後の議論の蓄積が待たれる。

b 現行民法施行による影響

債権者代位権については2020（令和2）年4月1日に施行された現行民法423条の5により、債権者の被代位権利行使後であっても債務者は被代位権利の行使ができることとされた（改正前は債務者への通知（図表48の4の①解約通知）後は、債務者が被代位権利を行使できないと解されていた）。このため、今後は銀取4条スキームが主流になると思われる。

4 その他

融資先が倒産するとさまざまな事態が生じる。処置や対策を誤ると回収できる債権を回収し損なうばかりでなく、債権自体を失ったり融資先等または第三者から損害賠償請求を受けたりすることにもなりかねないので注意を要する。

ここでは倒産後行方不明となっていた融資先等の居所が判明したときの対応、第三者弁済の申出に対する対応および弁済受領にあたっての留意点について述べるが、ほかにも手形が不渡りになった場合（本章第5節）、整理屋が入っていた場合（第1章第5節4(1)、同第6節3）、他の債権者が商品を引き揚げた事実があったとき（第1章第3節4）、裁判所の保全命令が出ていたとき（第1章第6節2(4)a、本章第7節2）の対応も重要であり、関係個所を参照されたい。

(1) 本人の居所がわかったとき

倒産後行方不明となっていた融資先等と思われる人物を発見した場合、まず、その者が本当に融資先等本人であり人違いでないかを確認しておくのは当然である。貸付金債権等の弁済期から時間が経っているときは消滅時効が完成していないかの確認も行う。時効期間が経過していても債務者等が時効を援用しなければ債権の請求は可能であるが（民法145条）、融資先等との交渉に支障をきたさないよう、念のため確認しておく。

本人と面談することができた場合、本人の現在の収入、勤務先、事業などを確認する。その際、本人の家族構成も確認しておいたほうが便利である。状況により当然交渉の方法も異なるが自己の債務についてどのように考えているかを確認し、弁済についての誠意の有無を見極めたうえで弁済の交渉をする。

(2) 第三者から弁済の申出があったときの対応

a 第三者弁済の可否

現行民法は第三者弁済が有効であることを原則としている（民法474条1項）。ただし、弁済をするについて正当な利益を有する者の弁済は常に有効であるが、弁済をするにつき正当な利益を有しない第三者による弁済について、例外的に、無効となる要件を定めている。

具体的には、①債務者の意思に反する弁済であり、債権者が債務者の意思に反することを知っていたとき（同条2項）、②当該第三者が債務者の委託を受けて弁済することを債権者が知っていた場合を除き債権者の意思に反するとき（同条3項）、③債務の性質が第三者の弁済を許さないとき（同条4項前段）、④当事者が第三者弁済を禁止または制限する意思を表示したとき（同条4項後段）のいずれかに該当すると、弁済をするにつき正当な利益を有しない第三者による弁済は無効となる。

「弁済をするについて正当な利益を有する者」とは、弁済によって当然に法律上の利益を受ける者、たとえば保証人、連帯債務者、物上保証人、担保不動産の第三取得者、後順位担保権者のように弁済をしないと債権者から強制執行を受けたり主債務者に対し自己の権利を失ったりするような地位にあ

る者のことをいい（最判昭39.4.21民集18巻4号566頁、大判昭14.10.13民集18巻1165頁等）、「弁済をするについて正当な利益を有する者でない第三者」（現行民法施行前は「利害関係を有しない第三者」と呼んでいたが意味は同じである）は、上記以外の第三者のことをいう。

このため、弁済をするについて正当な利益を有する者からの弁済を受けないと受領遅滞となるので（同法413条）当然そのまま弁済を受けることになり、弁済をするにつき正当な利益を有しない第三者からの弁済の申出については自行が債務者の意思に反することを知っている場合は弁済の受領を拒絶し、自行が債務者の意思に反することを知らない場合は弁済を受領するか拒絶するかについて自行のルールに従って対応することになる。ただし、いずれの場合も後述のとおり担保権などの権利は弁済者が代位するので担保保存義務（同法504条1項）に留意する。もっとも、実務上締結している担保保存義務免除特約は通常、取引上の社会通念に照らして合理的な理由に該当するので過剰に神経質になる必要はない（同条2項）が、無用なトラブルの発生を回避するため保証人や担保提供者等に対する一定の配慮は必要であろう。

b 弁済による代位

債務者のために（有効な）弁済がなされた場合、弁済をするについて正当な利益を有する者はもちろん正当な利益を有しない者であっても、債務者や債権者の意思にかかわらず弁済した価額に応じて債権者に代位する（弁済による代位、民法499条）。ただし、正当な利益を有しない者が代位した場合、債務者に対して代位を対抗するためには債権者が代位を債務者に通知し、または債務者がこれを承諾することを要し、債務者以外の第三者に対抗するためには通知・承諾が確定日付ある証書によってなされることを要する（同法500条、467条）。

なお、代位弁済が債権の一部についてのみなされた場合、代位者が正当な利益を有する者であるか正当な利益を有しない者であるかにかかわらず、債権者は単独でその権利を行使することができるのに対し、代位者が単独で代位権を行使することは許されず、債権者の同意を得て債権者とともにその権

利を行使しなければならない（同法502条1項・2項）。また、実際に担保権を実行した結果得られた配当については債権者が優先権を有する（同条3項）。なお、念のため、保証書等の特約で保証人等は代位権を行使しないこととしている。

(3) 弁済受領にあたっての留意点

a 弁済の受領場所等

債務者が債権者の住所に弁済の目的物（金銭等）を持参して履行（引渡し）をすべき債務を「持参債務」といい、債務者の住所を履行の場所とする債務を「取立債務」という。民法は履行地の特約がない限り特定物の引渡しを目的とする債務以外は持参債務とし（同法484条1項）、法令または慣習で取引時間が定められているときは、その取引時間内に限り弁済または弁済請求ができるとしている（同条2項）。このため、銀行は融資先に履行場所を指定されても弁済金を同行営業店に持参するよう請求でき、融資先が営業時間（銀行法15条、銀行法施行令5条、銀行法施行規則16条）外に弁済金を持参した場合は受領を拒むことも任意で受領することもできる（最判昭35.5.6民集14巻7号1136頁）。

b 弁済の充当順序

民法は、弁済者が提供した給付が債務の全額の消滅に不足する場合の充当方法として「同種の給付を目的とする数個の債務がある場合の充当」（同法488条）、「元本、利息および費用を支払うべき場合の充当」（同法489条）を定めている。ただし、この定めは当事者間の合意によって変更できるとされており（同法490条）、銀行取引約定書は、弁済または相殺等の差引計算の場合、銀行の債権全額を消滅させるに足りないときは銀行が適当と認める順序方法により充当することができ、融資先はその充当に対して異議を述べないこととしている（同約定書ひな型9条）。

c 弁済証書、受取証書の扱い

銀行は債権の全部について弁済を受けた場合、債権証書を弁済者に交付することが義務付けられているが（民法487条、503条1項）、債権の一部しか弁済を受けなかった場合は債権書類を弁済者に交付する義務を負わない。た

316 第2章 債権回収の方法と実際

だし、一部弁済を受領した場合は債権証書にその代位を記入しなければならない（同法503条2項）。

また、弁済をする者は弁済と引き換えに（同時履行の関係）弁済を受領する者に対して受取証書の交付を請求できることとされており（同法486条）、この受取証書の交付請求権は当該弁済が全部弁済であるか一部弁済であるかを問わず発生する。なお、弁済者は弁済の提供をすれば受取証書の交付があるまで債務の履行を拒絶でき、履行遅滞とはならないと解されている（大判昭16.3.1民集20巻163頁）。このため、銀行は弁済者から請求があれば当該弁済が一部弁済であっても受取証書を交付しなければならない。

d 代物弁済の申出があった場合の対応

代物弁済とは本来の給付のかわりに別の給付をもって行う弁済のことである。代物弁済を行うためには、弁済者が債権者との間で債務者の負担した給付（融資取引の場合、金銭の給付）にかえて他の給付（たとえば、不動産等の給付）をすることにより債務を消滅させる旨の契約をする必要がある（民法482条）。

貸付金債務の弁済は弁済方法の特約がない限り金銭の引渡し（同法493条、587条）または預貯金口座への払込み（同法477条）によって履行しなければならず、銀行は本来の給付にかえて別の給付をもって行う代物弁済を拒むことができる（同法482条）。このため、不動産や有価証券等による弁済の申出は当該別の給付の時価が貸付債権額を上回っていても拒むことができる。ただし、預金小切手（預手）は支払が確実なものとして通常は現金と同様に取り扱われているので、特段の事情がない限り預手による弁済は有効な弁済となる（最判昭37.9.21金融法務事情324号11頁）。

第 **7** 節 | 各種整理手続参加

1 私的整理手続への参加

　融資先に有事が発生すると、無秩序型を選択した場合以外は私的整理手続か法的整理手続により債務整理を行うことになる（第1章第6節参照）。私的整理手続を行う場合、基本的には準則型私的整理手続を選択すべきであり、近時では、純粋私的整理手続を選択するのは特別な事情がある場合に限られる。

　準則型私的整理手続にもいろいろあるが、主債務の整理が「再生型」であるものを対象とする制度が多く、主債務の整理が「清算型」である場合に利用することができる準則型私的整理手続は、2024（令和6）年5月時点では、「中小企業の事業再生等に関するガイドライン（廃業型私的整理手続）」（以下「事業再生等ガイドライン（廃業型）」という）、「地域経済活性化支援機構（REVIC）の特定支援業務」（以下「REVIC特定支援業務」という）および「日本弁護士連合会による特定調停スキーム（廃業支援型）」（以下「日弁連特定調停スキーム（廃業支援型）」という）のみである。なお、特殊なものとして「自然災害による被災者の債務整理に関するガイドライン」（以下「自然災害ガイドライン」という）がある。

　本項では、準則型私的整理手続のうち清算型私的整理手続として最も利用されており、今後、清算型私的整理手続のスタンダードとなることが予測される事業再生等ガイドライン（廃業型）を中心に、各手続を概観する。

(1) 事業再生等ガイドライン（廃業型）

a 事業再生等ガイドラインの概要

　「中小企業の事業再生等に関するガイドライン」は中小企業の事業再生・

318　第2章　債権回収の方法と実際

事業清算（以下「事業再生等」という）に関し、関係者間の共通認識を醸成し、事業再生等に係る総合的な考え方や具体的手続等をガイドラインとして取りまとめ、2022（令和4）年3月4日に公表、同年4月15日に適用開始されたものである。同ガイドラインの公式の略称は「事業再生等ガイドライン」であるが「中小企業版私的整理ガイドライン」「中小版GL」などと呼称されることもある。

同ガイドラインは三部構成になっている。

第一部：本ガイドラインの目的等

第二部：中小企業の事業再生等に関する基本的な考え方

第三部：中小企業の事業再生等のための私的整理手続

上記のうち第三部は「再生型私的整理手続」（4項）および「廃業型私的整理手続」（5項）が定められているが、本書で取り上げるのは「廃業型私的整理手続」である。

b　事業再生等ガイドライン（廃業型）のポイント

(a)　手続機関としての「主要債権者」

「対象債権者」のうち手続の中心となる金融機関は「メイン行」（企業が取引している銀行のなかで借入額が最も多いなど、企業が主力として取引している金融機関であり、通常は1行程度である）であるのが通常であるが、本ガイドラインでは「主要債権者」を手続機関としている（2項(5)）。ここでいう主要債権者は、対象債権者のうち債務者に対する金融債権額のシェアが最上位の対象債権者から順番に、そのシェアの合計額が50％以上に達するまで積み上げた際の単独または複数の対象債権者をいう。

本ガイドラインにおいて中小企業者が手続検討の申出を行う相手方は主要債権者のみである。また、主要債権者は「第三者支援専門家の選任に係る同意権」および「事業再生計画案の作成協議・検討への参加（主要債権者以外の対象債権者は、必要に応じて参加）」が認められているほか、「事業再生計画のモニタリング」の実施機関となる。また、廃業型私的整理手続の主要債権者は「手続検討開始への同意」および「一時停止要請を行うことへの同意」を行う権限を有する。

第7節　各種整理手続参加　319

(b) 手続機関としての「外部専門家」

中小企業者が選任した弁護士、公認会計士、税理士等の専門家であり、中小企業者と顧問契約を結んでいる専門家も含まれる（「経営者保証に関するガイドライン」7項の「支援専門家」とほぼ同義）。再生型私的整理手続では必要に応じて選任することになっている（事実上は必須）が、廃業型私的整理手続の場合、外部専門家は必須の機関である。

(c) 手続機関としての「第三者支援専門家」

原則として中小企業活性化全国本部および一般社団法人事業再生実務家協会のホームページでリスト化された弁護士、公認会計士、税理士等、民間の専門家で、債務者たる中小企業者と顧問契約を結んでいない者をいう。ただし、「対象債権者」全員から同意を得られた場合は、リストにない専門家を第三者支援専門家に選任することもできる。

第三者支援専門家は、中小企業者が主要債権者の同意を得て選任し、公正・中立な立場から事業再生等支援を行う。なお、第三者支援専門家は、再生型私的整理手続では支援開始の段階から関与するが、廃業型私的整理手続の場合は原則として支援開始および弁済計画の作成には関与しない。

c 事業再生等ガイドライン（廃業型）の流れ

手続の流れは図表49のとおりであるが、次のとおり要件をまとめておく。

① 中小企業者が外部専門家とともに「主要債権者」に対し廃業型私的整理手続の検討を申出。

② 外部支援専門家が弁済計画案策定支援等を開始。

③ （必要に応じて）中小企業者は外部専門家とともに「対象債権者」に一時停止を要請。

⇒書面による要請が必須（全対象債権者の同意がある場合を除く）。

⇒すべての対象債権者に対して同時に行われることが必須。

⇒一時停止要請書面には、一時停止の終期（全対象債権者の同意で延長可）を記載しなければならない（Q&A52）。

⇒一時停止要請書面には、外部専門家の氏名、主要債権者全員の同意を得た要請を行っていることを記載する。

⇒対象債権者が一時停止要請に応じた場合、一時停止の終期までに弁済計画を策定し対象債権者に提示しなければならない。

④　中小企業者が、弁済計画案を作成。

⇒中小企業者は、外部専門家および主要債権者と適宜協議・検討のうえ、弁済計画案を作成する（必要により、主要債権者以外の対象債権者も参加する）。

⇒中小企業者が一時停止の終期までに弁済計画案を提出しない場合や弁済計画案の策定状況について対象債権者からの開示の求めに応じない場合、「対象債権者」は一時停止を終了することができる。

⑤　中小事業者が「主要債権者」の同意を得て第三者支援専門家を選任。

第三者支援専門家は原則として弁済計画案策定後に選任されるが、第三者支援専門家が従前の経緯を把握しておく必要がある場合は、初期段階から選任することもできる。

⑥　第三者支援専門家は、弁済計画案を調査し、調査報告書を作成。

⑦　債権者会議開催（第三者支援専門家が調査結果等を報告）。

⇒反対する債権者は、すみやかにその理由を説明しなければならない。

⇒債権者会議で対象債権者の一部が反対した場合でも、その理由をふまえて弁済計画案を修正し、再度債権者会議を開催することができる。

⑧　すべての「対象債権者」の同意により弁済計画成立。

⇒弁済計画案について全対象債権者からの同意が得られないことが明確となった場合、第三者支援専門家は本手続を終了させる。

⇒本手続が終了した場合、対象債権者は一時停止を終了することができる。

⑨　弁済計画成立後のモニタリング

⑵　REVIC特定支援業務

REVIC特定支援業務は、事業の継続が困難な事業者の円滑な退出を促し、

図表49 中小版GLの再生型私的整理手続・廃業型私的整理手続のプロセス

【再生型私的整理手続】

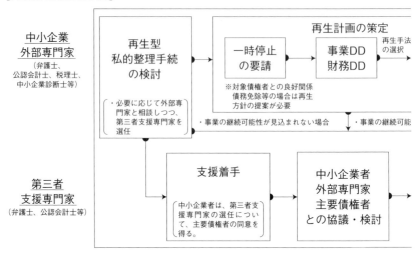

【廃業型私的整理手続】

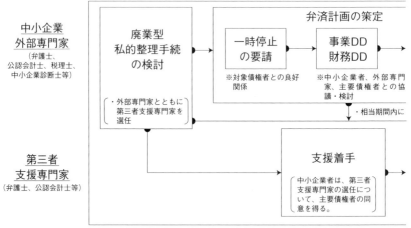

(出所) 中小企業庁事業環境部金融課「アフターコロナに向けて金融機関と弁護士はどの期待」(日本弁護士連合会事業再生シンポジウム資料)

　経営者の再チャレンジや地域経済の新陳代謝を促すことを目的として、経営者保証のついた貸付債権等をREVICが金融機関等から買い取り、事業者(融資先)のすべての金融債務の整理と「経営者保証に関するガイドライン」に

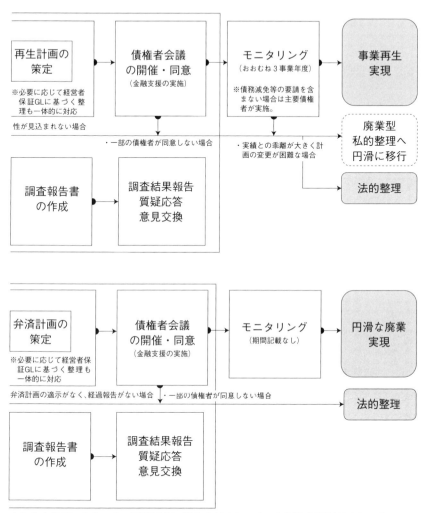

ような支援ができるのか〜事業再生に関するガイドラインと経営者保証ガイドラインへの沿った経営者個人の保証債務の整理を一体で行う事業である。この制度のスキームは図表50、手続の流れは図表51を参照されたい。

　この制度を活用することにより、代表者等保証人は破産せずに金融機関に

第7節　各種整理手続参加　323

図表50　REVIC特定支援業務のスキーム図

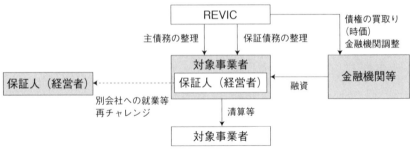

（出所）　地域経済活性化支援機構ホームページ

図表51　REVIC特定支援業務の流れ

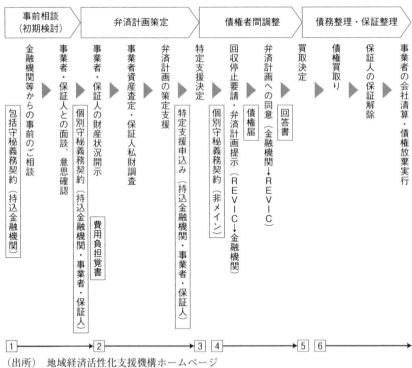

（出所）　地域経済活性化支援機構ホームページ

係る保証債務を整理することができるため、たとえば信用情報登録機関に登録されない、官報等で個人情報が公表されないなど、大きなメリットがあ

る。また、事業者は、金融機関に対する債務以外の債務を支払うことができ、商取引先等の関係者に大きな影響を与えない。ただし、本業務は一般債権者を除外した金融債権者のみによる私的整理手続であるから、現預金および非担保提供資産の換価によって一般債務、租税債務、労働債務等を支払えることが必要条件である。

(3) 日弁連特定調停スキーム（廃業支援型）

日弁連特定調停スキームは、①「事業者の事業再生を支援する手法としての特定調停スキーム利用の手引」、②「経営者保証に関するガイドラインに基づく保証債務整理の手法としての特定調停スキーム利用の手引」、③「事業者の廃業・清算を支援する手法としての特定調停スキーム利用の手引」の3種類が制定されており、①および②は中小企業の抜本的な事業再生や経営者保証に関するガイドラインによる保証債務整理を円滑に進めるため、日本弁護士連合会および経済産業省中小企業庁と最高裁判所民事局との協議により定められた、特定調停手続の特例的運用方法である（①は2013（平成25）年12月3日、②は2014（平成26）年12月12日作成）。また、③は、円滑な廃業・清算ニーズが高まっていることを受けて、特定調停手続の活用により、事業の継続が困難で金融機関に過大な債務を負っている事業者について、「経営者保証に関するガイドライン」の適用により保証債務を処理することも含めて、債務免除を含めた債務の抜本的な整理を行い、かかる事業者を円滑に廃業させて、経営者や保証人の再起支援等を図るため、2017（平成29）年1月27日に作成された。

手続の仕組みは図表52のとおりである。特定調停スキームの詳細は第3章第4節3(4)で詳述する。

(4) 自然災害ガイドライン

自然災害ガイドラインは、災害救助法の適用を受けた自然災害の影響によって、住宅ローン、住宅のリフォームローンや事業性ローン等の既往債務を弁済できなくなった個人の債務者（個人事業主を含む）であって、破産手続等の法的倒産手続の要件に該当することとなった債務者について、このような法的倒産手続によらずに債権者・債務者の合意に基づき、債務整理を行

図表52 日弁連特定調停スキーム（廃業支援型）
POINT：債権者と債務者があらかじめ調停条項の内容について合意。

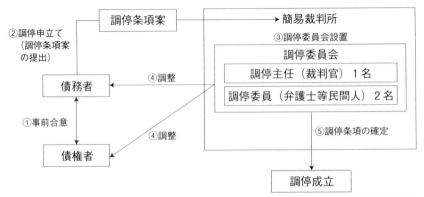

（注）　日弁連特定調停スキーム（廃業支援型）の詳細は、「事業者の廃業・清算を支援する手法としての特定調停スキーム利用の手引き」（日弁連ホームページ掲載）参照。
（出所）　筆者作成

図表53　自然災害ガイドラインの流れ

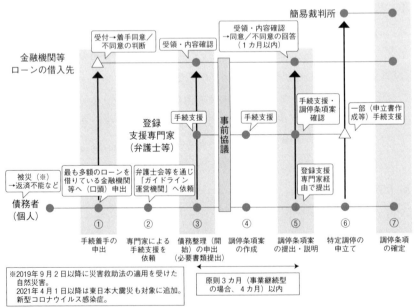

（出所）　一般社団法人東日本大震災・自然災害被災者債務整理ガイドライン運営機関ホームページ

326　第2章　債権回収の方法と実際

うための準則である。

手続の流れは図表53を参照されたい。

2　法的整理手続への参加

法的整理手続は手続への参加方法が法定されており、対応を誤るとその権利を失うことがあるため、あらかじめ法律の規定を確認しておかなければならない。

(1)　会社更生手続への参加

法的整理手続は手続ごとにその厳格さが異なり、最も厳格に手続を定めているのが会社更生手続である。会社更生手続は大企業が対象であり、大企業でも会社更生手続より柔軟に再生が図れる民事再生手続を選択することが多く、実務上、会社更生手続に遭遇することはまれである。

a　会社更生手続の概要

会社更生手続は、会社更生法に基づき、債権者、株主その他の利害関係者の利害を調整しつつ窮境にある株式会社の維持・更生を図るための裁判上の手続である。

裁判所は、一定数の会社債権者または株主の申出があり、かつ手続開始原因がある場合に手続開始の決定をし、更生管財人を選任して更生会社の業務および財産を管理させる。更生管財人が立案した更生計画が関係人集会において可決されれば裁判所は認可決定をし、更生管財人が認可された更生計画を遂行する。同計画が遂行されたとき裁判所は終結決定をし、手続が終了する（会社更生手続の流れおよび対応条文は図表54のとおり）。

b　準　　備

債権届出期日が決まったら次のとおり債権届出の準備を行う。

①　相殺を完了しておく

相殺は債権届出期間が満了すると禁止されるため（会社更生法48条）、相殺通知は、債権届出期間満了日までに更生管財人に到達していなければならない（民法506条1項、97条1項）ことに注意。

②　担保評価をしておく

第7節　各種整理手続参加　327

図表54　会社更生手続の手順

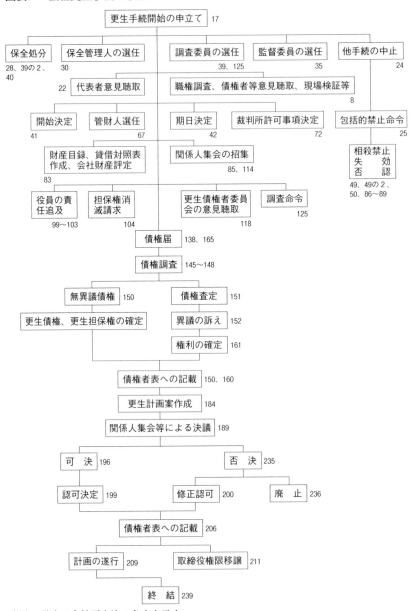

(注)　数字は会社更生法の条文を示す。
(出所)　旗田庸『債権回収〔第2版〕』(金融財政事情研究会、2015年)

会社更生手続においては、開始決定が出ると担保権実行による会社財産からの回収が禁止される（会社更生法50条1項）。また、会社更生手続においては、更生管財人が更生手続開始時の時価により財産の評定を行うこととされている（同法83条2項）ため、担保権者としても手続開始時の時価を把握しておく必要がある。

なお、上場株式担保など簡単に処分できるものは開始決定後に処分し被担保債権を回収しておくべきである。

③　債権届に必要な添付書類を準備する

債権届には一定の書類の添付が義務付けられているので、添付書類の準備は遺漏なく行う。その際、不動産登記事項証明書のように部数が多く、費用もかかり、かつ更生会社や他債権者からの提出書類と重複する可能性のあるものは、事前に裁判所や更生管財人などと打ち合わせ、省略することを認めてもらうなどの工夫をしてみる。

c　更生担保権届

更生担保権は破産手続・民事再生手続における別除権と異なり、担保権者として自由な権利行使は認められておらず、更生債権と同様に、原則として更生計画によらなければ弁済を受けることはできない。このため、更生担保権者が権利行使するためには、更生担保権届（債権届出）により手続に参加する必要がある（会社更生法138条2項）。

なお、会社更生手続においては、更生会社の事業の再生のため必要であるときに、当該財産の価額に相当する金銭の支払により担保権を消滅させる制度（担保権消滅請求制度。同法104条1項）があることに留意が必要である。

d　更生債権届

更生債権は、手続開始決定時点での更生会社に対する金銭債権で、債権届出日の現在額である。債権届出がなされていない債権については、更生会社に対してはいっさいの権利が認められず、債権者の責めに帰すべき理由により届出が1日でも遅れると原則として届出が認められないことに注意が必要である。

第7節　各種整理手続参加　329

⑵　破産手続への参加

a　破産手続の概要

　破産手続は、倒産した企業の混乱を防止し債権者の債権の性質、担保権の有無などを考慮して、法律により企業の財産を換価し、公平な分配をしようとするものである。そして、債権管理回収業務で最も頻繁に遭遇する法的整理手続が破産手続である。

b　破産手続の流れ

　破産手続の流れおよび対応条文は図表55のとおりであるが、ポイントを簡記すると次のようになる。

①　裁判所に破産手続の申立てをする（貸出金の期限の利益は当然喪失する）。

②　裁判所より破産手続開始決定がなされる（同時に破産管財人が選任される）。

③　破産債権者は債権届出期日までに裁判所に債権の届出をする。

④　債権者集会（債権調査期日）が開かれ、破産債権者の債権額が確定する。

　　ただし、債権調査期間を設定し、債権者集会を開かずに書面のみで債権者の債権額を確定することもある。

⑤　破産管財人により清算手続が進められ、配当が行われる。

⑥　裁判所の破産終結決定をもって破産は終結する。

　　みるべき資産がなく破産費用も捻出できない場合、破産手続開始決定と同時に破産廃止の決定がなされる。これを「同時廃止」といい、破産手続は終結する。同時廃止の場合、開始決定はなされるが、破産管財人も選任されず配当もなされない。一般の個人破産の場合、このケースが多い。ただし、法人破産の場合は破産によって法人そのものが消滅するため、破産管財人にすべての財産を処分させる必要があり、最初から費用不足となることがわかっていても同時廃止の決定がなされることはない。

　　開始決定後に費用不足が判明し、破産廃止の決定がなされる場合も

330　第2章　債権回収の方法と実際

図表55 破産手続の手順

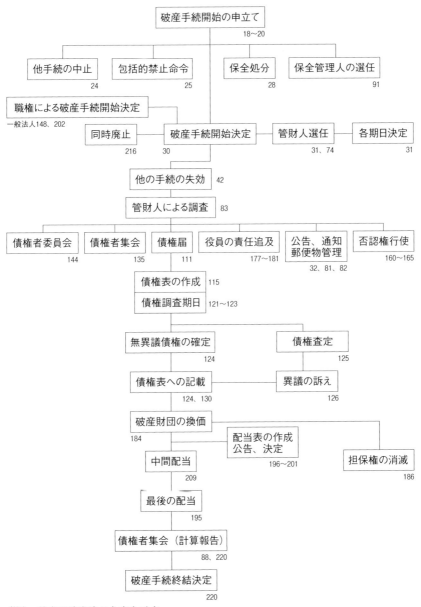

(注) 数字は破産法の条文を示す。
(出所) 旗田庸『債権回収〔第2版〕』(金融財政事情研究会、2015年)

ある。これを上記の同時廃止に対し「異時廃止」という。債権調査の結果費用不足が判明し、異時廃止となるケースと、債権調査を行うまでもなく費用不足が判明し、異時廃止となるケースがある。いずれにしても、一般の債権者には配当がなされない。

c　破産債権届

(a)　破産債権届の意義

　破産手続に参加しようとする破産債権者は裁判所に対して、その有している債権について書面により届出をする必要がある（破産法111条、破産規則1条1項）。破産債権届は破産配当の算出根拠となる。

　また、破産債権届の提出により破産手続参加ができるため時効の完成が猶予され、時効の完成猶予の効力は下記(b)の場合を除き、破産手続の終了から6カ月を経過するまで継続される（民法147条1項4号）。この点につき、債権届出期限が定められていないからといって債権届出を行わなければ、時効の完成は猶予されないことに注意が必要である。また、同時廃止の場合は債権届出を行うことができないので、破産手続開始決定があっても時効の完成猶予がなされることはない。

　なお、破産手続開始決定後に、保証人弁済、保証人預金との相殺、破産者以外の者が所有する担保物件処分による回収等があっても、当該債権の全額が弁済によって消滅したときを除き、債権届出書は、それらの回収がなかったものとして作成する（破産法104条2項）。

(b)　破産債権届の効果

　届出債権額が債権調査手続で「異議ない債権」として確定すると、破産債権者表に記載され（破産法115条1項）、破産債権者表が終結決定または異時廃止決定の確定によって確定すると、裁判における確定判決と同一の効力をもつこととなる（債務名義を取得する。同法221条1項）。この場合、終結決定または異時廃止決定の確定によって時効が更新されるとともに、時効期間は10年間に延長される（民法147条2項、169条1項）。

　債権調査が行われる前に破産手続が廃止された場合、または債権届出期限を定めない場合（「債権届出・調査留保型」という）の債権届出（このケー

スでも、債権届を提出することは債権者の権利であり、提出した債権届は必ず受理される）は、時効の完成猶予の効果はあるが更新の効果はなく、確定判決と同一の効力も認められないので、時効期間は延長されない。このため、廃止決定の確定日の翌日から6カ月以内に新たな時効の完成猶予（または更新）手続をとらなければならない。ちなみに「債権届出・調査留保型」とは、開始決定時点で一般債権者への配当が可能か否か不明の場合、債権届出期限を定めず、後日配当原資が見つかったときに、あらためて債権届出期限を設定する扱いのことである。

　なお、主債務の時効期間が満了すると、保証人は主債務の時効を援用して自らの債務を免れることができるが、主債務者に免責決定（個人破産のみ）、終結決定・異時廃止決定が下された場合、以後、主債務の時効の進行を観念できないので、保証人は主債務の時効を援用することができない（最判平11.11.9金融法務事情1568号42頁）。このため、上記決定以後は、保証債務のみの時効管理を行うこととなる。

(c)　**債権届出の留意点**

　期日未到来割引手形など、破産債権届時点で回収見込み不明の分があれば、その決済見込みが確定するのを待って相殺することとし、破産債権届は相殺前の残高で届け出るのが一般的である。

　破産手続において、開始決定日以降の利息・損害金は「劣後債権」となるため、開始決定日の前日までの利息損害金と開始決定日以降のそれとを分けて届け出る。「劣後債権」とは、届出債権に対する配当を実施したうえでさらに余剰がある場合にはじめて配当が受けられるもので、実際上まず配当はない。また、開始決定時点での債務の額を確定させるため、開始決定日以降の先取り利息を元金から控除して届出する必要がある。

　担保付債権がある場合、別除権の目的である財産および別除権の行使によって弁済を受けることができないと見込まれる債権の額（予定不足額）を破産債権届に記載しなければならないが（破産法111条2項）、この予定不足額が破産配当額を制限するわけではなく、この予定不足額も被担保債権である以上、担保処分により自由に回収に充当できるので、実務的には、この担

保評価はなるべく固くみて届け出ておくほうが一般的には有利である。

d 相 殺

　相殺時期については、一般調査期間経過後または一般調査期日終了後に、破産管財人から「相殺するか否か」を催告された場合（催告で定められた期間内に確答しない場合は、相殺できなくなる。破産法73条）を除き、破産法上の制限はない。しかし、実務上は、届出債権額を確定させるため債権届出前に相殺する。相殺通知の相手方は破産管財人である。ただし、破産手続開始決定前に相殺する場合は、きわめて特殊なケース（保全管理人が選任されている場合等）を除き、通常どおり預金者となる。

　他方、破産管財人も、破産債権者の一般の利益に適合する場合、裁判所の許可を得て、破産財団に属する債権（預金等）をもって破産債権（銀行の貸金等）と相殺できる（破産法102条）。ただし、現実的には、破産管財人から銀行に対して相殺権を行使することが「破産債権者の一般の利益に適合」するケースはほとんどない。

　なお、破産において最も注意を要するのが「相殺が禁止される場合があること」である（第1章第6節2(2)b参照）。

e 否 認 権

　破産手続において相殺禁止と並んで最も注意を要するのが「破産管財人による否認権行使」である。否認権については第1章第6節2(3)bを参照されたい。

f 担保権消滅制度

　破産手続においても担保権消滅制度が設けられている（破産法186条）が、債務者の再生を目的とする民事再生手続や会社更生手続と異なり、債務者の清算を目的とする破産手続においてこの制度が利用される事例はあまりない。民事再生手続や会社更生手続における担保権消滅制度との相違点は次のとおり。

　　① 申立ての条件

　　　○ 民事再生手続：事業の継続に欠くことのできないもの（民事再生法148条1項）。

○　会社更生手続：事業の更生のため必要であると認めるとき（会社更生法104条1項）。

○　破産手続：破産債権者の一般の利益に適合するとき（破産法186条1項柱書本文）。

②　破産手続における担保権消滅制度は、担保権者の利益を不当に害することとなるときは認められない（同項柱書ただし書）。

③　破産手続における担保権消滅制度は、異議のある担保権者のために、担保権実行の申立て（同法187条）および買受けの申出（同法188条）の制度が設けられている。

(3)　特別清算手続への参加

特別清算手続は解散した株式会社に認められた制度であるため、その清算手続において債権届出が必要であり（会社法499条）、この申出をしなかった債権者は、債務者が承知していた債権者と認められない限り、申出債権者等へ支払を完了した後の残余財産からしか弁済を受けられなくなる（同法503条）。通常は残余財産があることはないので、必ず債権届出期間内に届出しなければならない。特別清算手続はグループ会社の再編や私的整理手続（特に第二会社方式）の最終処理として利用され、本来の倒産手続に利用される事例は少ないため、ここでは手続内容の説明は省略するが、第3章第6節(6) bで廃業支援のツールとしての活用法を検討する。

(4)　民事再生手続への参加

a　民事再生手続の概要

民事再生手続は、経済的に窮境にある債務者について、その債権者の多数の同意を得ること、かつ、裁判所の認可を受けた再生計画を定めること等により、事業の再生を図ることを目的とする手続である。債務者、債権者双方にとって使いやすいものであることを大きなねらいとして施行された民事再生手続は、いまや代表的な再生型法的整理手続として定着している。

b　民事再生手続の流れ

民事再生手続の流れおよび対応条文は図表56のとおりであるが、ポイントを簡記すると次のようになる。

第7節　各種整理手続参加　335

図表56 民事再生手続の手順

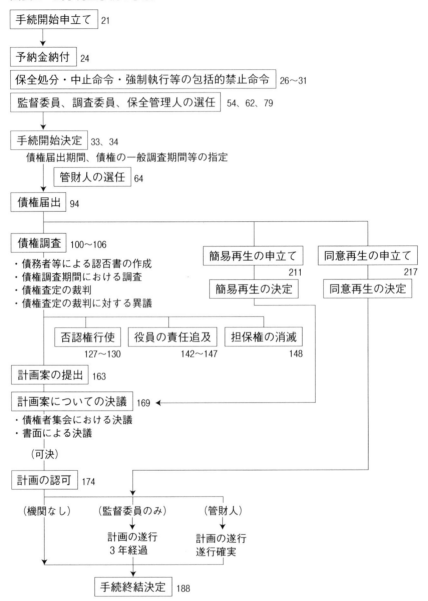

(注) 数字は民事再生法の条文を示す。
(出所) 旗田庸『債権回収〔第2版〕』(金融財政事情研究会、2015年)

(a)　再生手続開始の申立て

　裁判所に民事再生手続開始の申立てがあると、貸出金の期限の利益は、銀行取引約定書ひな型5条1項によって当然喪失する。

　申立てに必要な要件に「破産原因の生じるおそれがあること」があり、手遅れにならない早期の段階での申立てを可能としている。

　債務者は、民事再生手続開始の申立て後も原則としてその財産の管理処分権を失わない。ただし、申立人の財産の管理または処分が失当である等の理由により保全管理命令が発令されている場合は、再生手続開始の決定までの間、裁判所が選任した保全管理人が債務者の業務および財産を管理する（民事再生法79条1項）。

(b)　再生手続開始の決定

　申立ての要件が満たされていると裁判所は手続開始を決定する。決定と同時に債権の届出期間が定められる。再生債務者は民事再生手続開始決定後も原則としてその財産の管理処分権を失わない（民事再生法38条1項）。ただし、再生債務者の財産の管理または処分が失当である等の理由により管理命令が発令されている場合は、裁判所が選任した管財人が債務者の業務および財産を管理する（同法64条1項）。

　また、手続開始後も原則として再生債務者自らが再生計画案の作成等を行うとされるが（これをDIP型という）、裁判所によって監督委員が選任されると、以後の手続は監督委員の監督に服することとなる（これを監督型という）。実際には、法人に係る民事再生手続の大部分が監督型である。

(c)　債権届出

　再生債権者は債権届出期間内に自らの債権を届け出る。

　届出の要領は破産手続における債権届出とおおむね同様であるが、次の3点が異なる。

　　①　預金相殺すべき時期について、破産法では制限がないが、民事再生法では債権届出期間内に相殺を行わなければならない（届出期間が経過すると、相殺すること自体が禁止される）。

　　②　破産の場合は開始決定時点での債務の額を確定させるため、開始決

第7節　各種整理手続参加　337

定日以降の先取利息を元金から控除して届出する必要があるが、民事再生の場合は開始決定日以降の先取利息があっても控除する必要がない。

③　民事再生手続は「劣後債権」という概念がないので、開始決定日の前日までと決定日以降とで区別する必要はない（もっとも、民事再生手続でも、ほとんどすべての再生計画で開始決定日以降の利息・損害金がカットされるので、事実上配当を受けられないことでは変わりない）。しかし、開始決定日以降の利息・損害金は議決権が与えられないため、議決権算定の都合上、届出上は開始決定日の前日までの利息・損害金と決定日以降のそれとを分けて届け出る。

(d)　再生計画案の提出

再生債務者は債権届出期間の満了後、所定の期間内に再生計画案を裁判所に提出しなければならない。なお、再生計画案で、長期分割弁済する債務については原則として最長でも10年の期限としなればならない。

(e)　再生計画案の決議

再生債務者から提出された再生計画案は、書面投票または債権者集会により決議される（ただし、ほぼ全件で書面投票の方法による裁判所が多い）。

再生計画案の可決要件は次の二つである（両方充足する必要がある）。

①　議決権を行使することができる債権者で、書面投票した者または債権者集会に出席した者の過半数が賛成すること（頭数要件）。

②　賛成者の議決権の額が議決権総額の2分の1以上であること（議決権要件）。

書面投票の場合は再生計画案が裁判所に提出され、裁判所が書面投票による決議を行うことを決定した後は原則として計画案を変更することはできない。したがって、再生債権者は再生債務者が提出した再生計画案に対して「YESかNOか」（計画案を丸呑みするか、反対して破産へ追い込むか）の二者択一を迫られることになるので、再生計画案策定の段階（計画案を裁判所へ提出する前までの間）で再生債務者と連絡を密にして、自行として納得できるような再生計画案を策定するよう指導・交渉を行うべきである。

（f） 再生計画の認可

再生計画案が可決されると、裁判所は再生計画認可を決定する。反対に再生計画案が否決された場合は、再生手続は廃止され、破産手続に移行することとなる。

裁判所は、再生計画の認可決定をすると、債権者等に対してその主文等の要旨を記載した書面を送達することになっているが、官報に公告することで書面の送達の代用（代用公告）とすることもある。認可決定後、即時抗告がない限り認可の決定が確定する。

DIP型の民事再生手続は認可の決定が確定すると終結するが、監督型の民事再生手続の場合は再生計画が遂行されたとき（再生計画が遂行されることが確実であると裁判所が判断したときも含む）または再生計画認可決定が確定した後3年を経過したときに終結し、終結までの間は監督委員が計画の履行を監督する。

c 相殺、否認権

相殺や否認権については破産手続とほぼ同様の規律が置かれている。なお、民事再生手続において否認権を行使するのは通常は「否認権限を有する監督委員」であり、管理命令が発せられ管財人が選任されているときは管財人である（再生債務者や申立代理人弁護士には否認権の行使が認められていない）。

d 担保権実行中止命令

再生裁判所は、次の二つの要件が充足されている場合、利害関係人（通常は再生債務者）からの申立てにより相当の期間を定めて、担保権の実行手続の中止を命ずることができる（民事再生法31条1項）。

① 再生債権者の一般の利益に適合していること

② 競売申立人に不当な損害を及ぼすおそれがないこと

条文上は「競売申立人」となっているが、実務上は、債権譲渡担保権者や動産譲渡担保権者による担保権実行に類推適用されることが多い。

担保権実行中止命令が発せられると、担保権の実行が中止されている間

に、再生債務者と担保権者との間で担保権実行にかわる弁済方法、担保物件の処分時期・方法等について交渉し合意（別除権協定）の成立を目指すことになる。

e 担保権消滅許可制度

再生債務者の財産に設定されている担保権（別除権という）について、別除権者はその行使を妨げられない。しかし、その財産が再生債務者の営業上不可欠なものである場合は、別除権を行使（競売）されてしまうと、再生債務者の再建は事実上不可能となる。

そこで再生債務者は裁判所に対し、その財産の価額に相当する金銭を裁判所に納付して、その財産に設定されている担保権の消滅の許可を申立てすることができるものとした。これは、有力なスポンサーの支援を得て再建を図るような再生債務者にとって有用な制度といえる。

3 担保権実行手続等への参加

融資先等の財産に対して担保権の実行、差押え、滞納処分としての公売等がなされ、自行が債権者として手続に参加すれば配当を得られる可能性がある場合は、当該手続に参加すべきこととなる。

(1) 担保不動産競売手続

担保不動産競売手続は、その大部分で強制執行手続たる強制競売の規定を準用している（民事執行法188条）ので、担保不動産競売手続に参加する手続と強制競売に参加する手続はほとんど同じである（担保不動産競売手続の流れおよび対応条文は図表57参照）。

a 自行が競売物件に抵当権を有している場合

裁判所から配当要求の終期に関する通知により債権届の催告がある（民事執行法49条）。この場合、債権届出書に1個の債権ごとに、債権の発生年月日およびその原因、元金現在額、利息、損害金等を区分し、元本に対する利息・損害金の利率、期間、日数も記入する。ただし、将来にわたって発生する損害金については始期のみを記載し「完済に至るまで」と記入すれば足りる。当該競売手続において自行債権全額について配当を受けられないことが

340 第2章 債権回収の方法と実際

図表57　担保不動産競売手続の手順

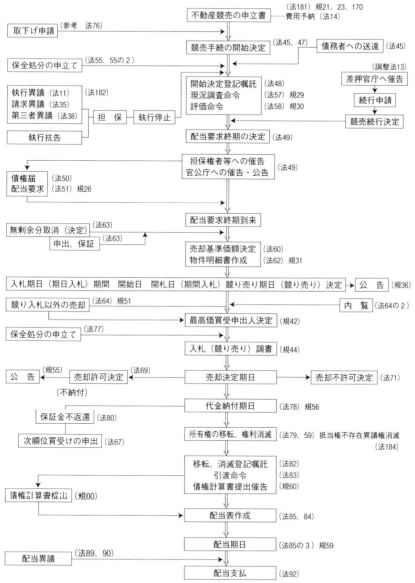

(注)　数字は条文を示す（法は民事執行法、規は民事執行規則、調整法は滞納処分と強制執行等との手続の調整に関する法律）。
(出所)　旗田庸『債権回収〔第2版〕』（金融財政事情研究会、2015年）

明らかな場合は当行債権の元本のみを届け出たり、複数債権のうち一部のみを届け出たりすることもできる（ただし、競売物件が想定外の高額で落札されても、配当手続で届出債権を増額することはできないので、注意を要する）。

　届出をしなくても担保権を失うわけではないが、債権が弁済等により消滅し、または存在しない場合であっても、債権がない旨を表示して届け出なければならない。届け出ない場合、裁判所は根抵当権極度額相当の債権（普通抵当の場合は登記上の債権額＋2年分の利息）があるものとして手続を続行するので、これが原因で競売手続が無剰余として取り消されたり、超過売却に該当して本来売却されないはずの物件が売却されたりした場合など、届出漏れ、届出相違によって損害を受けた者があると、その者から損害賠償を請求されるおそれがあるからである（民事執行法50条）。

　競売物件が売却されると、配当表作成のため債権届出の催告があるので、配当期日までの利息・損害金を計算して届出する。配当期日に配当表を確認し、異議があるときは直ちに口頭でその旨を裁判所に申し出て、以後の手続を顧問弁護士と相談する。建前上は配当期日に配当金が交付されることになっているが、実際は配当期日の数日後に裁判所から自行の指定口座に配当金が振り込まれることが多い。

　なお、第三者が申し立てた競売手続において債権届出をして配当を受領したとしても、被担保債権の消滅時効の進行は妨げられない（最判平8.3.28金融法務事情1453号38頁：債権届出も配当受領も時効の完成猶予事由や更新事由ではない）ことに注意が必要である。

b　競売物件に担保権は有しないが担保余力がある場合

　競売物件の所有者に対して債務名義を有していたり債務名義は有しないが競売物件に仮差押えしていたりするときは、配当要求の終期までに配当要求をする。

　債務名義も仮差押えもないときは、直ちに仮差押えをしたうえで、配当要求の終期までに配当要求をする。

⑵ 担保不動産収益執行手続

担保不動産収益執行手続は、担保不動産から生じる収益を被担保債権の弁済に充てる方法による担保権の実行手続である。担保不動産収益執行手続はその大部分が強制執行手続たる強制管理の規定を準用している（民事執行法188条）ので、担保不動産収益執行手続に参加する手続と強制管理に参加する手続とはほとんど同じである。

複数の抵当権が設定されている対象不動産について複数の抵当権者から担保不動産収益執行の申立てがなされている場合、「収益執行を申立てしている債権者のなかで抵当権の設定登記の順位が一番高い者」が最優先で配当を受けることができる（手続開始の先後は無関係）。競売と異なり、たとえ担保不動産収益執行申立債権者より先順位であっても「配当要求や債権届出」によって収益執行を申立てしていない抵当権者が収益執行手続に参加することは認められていないことに留意が必要である。

なお、担保不動産収益執行と滞納処分との優劣は次のとおり。

① 担保不動産収益執行手続が滞納処分（賃料差押え）前に開始している場合、担保不動産収益執行手続が優先するので、滞納処分庁は担保不動産収益執行手続において交付要求により配当を受けることになり、配当順位は、抵当権設定登記日と法定納期限の先後で決する。

② 滞納処分が収益執行手続より先行している場合は、滞納処分の原則である「先着手主義」が適用され、滞納処分が優先する。

競売手続は滞納処分と強制執行等との手続の調整に関する法律（滞調法）により先着手主義の例外とされ、滞納処分よりも事実上優先する扱いとなっているが、担保不動産収益執行手続は滞調法による調整の対象外となっている。

⑶ 滞納処分としての公売手続

公売処分は、国税徴収法に基づいて税務署長が差押財産を売却する手続である（滞納処分手続の流れおよび対応条文は図表58参照）。

滞納処分は一般債権よりも優先する（同法8条）。しかし、同法79条1項2号は、差押財産の価額がその差押えにかかる滞納処分費および差押えに係

第7節　各種整理手続参加　343

図表58 滞納処分手続の手順

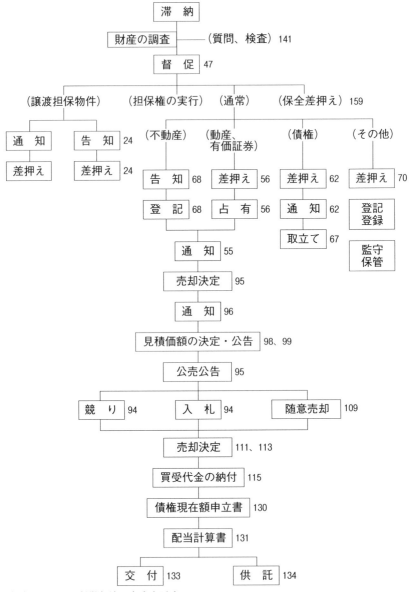

(注) 数字は国税徴収法の条文を示す。
(出所) 旗田庸『債権回収〔第2版〕』(金融財政事情研究会、2015年)

る国税に先立つ他の国税、地方税その他の債権の合計額を超える見込みがなくなったときは、差押えを解除しなければならないとしている（無益執行の禁止）。

このため、公売が行われているということは、当該手続において租税債権の全部または一部の回収可能性が高いことを意味する。このことは、少なくとも当該物件がすでに設定されている抵当権によるオーバーローン状態ではない（少なくとも滞納処分がなければ担保余力が見込まれる）ということなので、自行も当該物件からの回収可能性を追求すべきである。

a　自行が公売物件に抵当権を有している場合

自行が公売物件に抵当権を設定している場合、滞納処分による差押えがなされた旨が通知される（国税徴収法55条）が、そのことに対して特別の対応は不要である。その後、公売物件が公売手続により換価されると、公売通知とともに債権現在額申立書提出の催告があるので、これにより自行債権を届け出ることになる（同法96条）。

なお、先順位抵当権がある公売物件について途中で当該滞納処分が取り下げられた場合、当該物件について相当額の担保余力が見込めることもあり、また、なんとか資金調達して公売を免れようという所有者の意思が働いていることもある。このような場合は、自行に有利なかたちでの不動産処分方法または担保権実行を交渉カードとする受戻し（一定額の解除配当との引き換えによる担保解除）を検討すべきである。

b　公売物件に担保権は有しないが担保余力がある場合

自行が公売物件に担保権を有しない場合、公売物件に配当余力が見込まれるときは、事前に公売物件に仮差押えをしておく。これにより公売で生じた売却代金の残余金が裁判所に交付され、債務名義を取得すると配当がなされることになる（滞納処分と強制執行等との手続の調整に関する法律17条）。

4　支払督促と財産開示手続

融資先の経営が窮境に陥った際、準則型私的整理手続や法的整理手続などの透明性のある方法で自社の再生または清算を行うのが融資先経営者として

第7節　各種整理手続参加　345

の最低限の責任である。ところが、経営者のなかにはこのような最低限の責任すら果たそうとしない者もおり、その後の処理に頭を悩ますことになる。近時このようなケースでは債権売却（バルクセール）により最終処理を行うケースが多いが、銀行実務における不良債権処理の王道は無税直接償却である。銀行が貸付金等について無税直接償却を実施するためには融資先および保証人からの回収不能を疎明しなければならない。

　融資先等が透明性のある債務整理を行わない場合の基本的な対応方法は「とりうるすべての回収手段を行ったうえでの回収不能の疎明→無税直接償却」である。しかし、融資先等が不誠実で弁済交渉や現況確認に非協力的であるため、その収入や資産が不明で回収活動が費用倒れとなる危険性が高い場合は「支払督促→強制執行→財産開示手続」というスキームにより手続費用を抑えて迅速に回収不能を疎明し、早期の最終処理を目指すことが考えられる。

(1)　支払督促手続

a　支払督促手続とは何か

　支払督促手続は金銭その他の代替物または有価証券の一定の数量の給付を目的とする請求について、債権者の申立てにより簡易裁判所の裁判所書記官が債務者に対して債務の支払を命ずる手続である（民事訴訟法382条本文）。支払督促手続は訴訟にかわる債務名義取得手続としての利用が想定されている。

　訴訟を提起する場合、債務名義の取得のみを目的とすることは少なく、通常はある程度の回収期待がある事案について「訴訟提起前」「訴訟中」「判決後・強制執行前」の各段階で和解交渉を行うことを前提としている（図表59参照）。これに対して明確な回収財源も交渉による弁済の期待も見込めない事案では、訴訟の提起は回収期待に比して要する費用や時間が過大であることから迅速な手続進行と低廉な手続費用を重視し、債務者との直接の接点をもたない支払督促手続を優先して選択すべきこととなる。

図表59　実務上の任意交渉と法的措置の組合せ

ステップ①	対象資産に仮差押え⇒任意弁済交渉⇒「任意弁済実現」（＝法的措置終了）または「交渉不調」（＝ステップ②へ進む）
ステップ②	交渉不調⇒訴訟提起⇒訴訟手続内で和解交渉⇒「訴訟上の和解により任意弁済実現」（＝法的措置終了（注））または「訴訟上の和解不調」（＝ステップ③へ進む）
ステップ③	訴訟上の和解不調⇒判決（債務名義取得）⇒弁済交渉⇒「任意弁済実現」（＝法的措置終了）または「交渉不調」（＝ステップ④へ進む）
ステップ④	交渉不調⇒強制執行手続申立て（仮差押えを差押えに切替え）⇒「取立て・強制競売等による回収実現」＝法的措置終了。

(注)　訴訟上の和解でいったん法的措置が終了しても、和解条項が履行されない場合は、和解調書を債務名義として強制執行を行うことになる。
(出所)　筆者作成

b　支払督促のメリット・デメリット

(a)　支払督促のメリット

　銀行にとっての支払督促のメリットは次のとおり。特に②および③は費用対効果に悩む債権管理回収担当者には大きなメリットである。

①　裁判所に出向く必要がないこと

　　支払督促手続の管轄裁判所は、債務者等の普通裁判籍の所在地（原則として債務者等の住所地・主たる事務所等の所在地）を管轄する簡易裁判所である（民事訴訟法383条1項、4条1項）が、書類審査のみで行われる手続であるため、証拠の提出が不要であり、郵便での申立てもできる（同法383条1項）。

②　裁判所に納める手数料が訴訟の半分ですむこと（民事訴訟費用等に関する法律別表第1の10）

③　手続は行員が使者として行うため（申立書は頭取名で行員が起案・提出）、弁護士費用がかからないこと

　　訴訟委任による訴訟代理人は原則として弁護士でなければならないが（民事訴訟法384条、54条1項本文）、支払督促は債権者の一方的な

第7節　各種整理手続参加　347

書面申立てに基づき裁判所書記官がその真偽の審査をすることなく発するので、代理人選任は不要である。

④ 債務者の言い分を聞かずに発せられること（同法386条1項）

⑤ 支払督促に対して債務の履行も異議申立ても行われない場合、支払督促に仮執行宣言を発してもらうことによって債務者の財産に強制執行ができること

(b) **支払督促のデメリット**

他方、支払督促の銀行にとってのデメリットは次のとおりである。

① 債務者の住所不明により郵便物が届かない場合は支払督促が利用できないこと（民事訴訟法382条ただし書）

② 債務者が異議申立てした場合、通常訴訟に移行するため、弁護士費用および差額の申立手数料が必要となること（同法395条）

③ ②の場合、管轄裁判所は対象金額により支払督促を発した簡易裁判所またはその所在地を管轄する地方裁判所となるため（同条本文）、当該裁判所が遠隔地の場合、弁護士の出張旅費等の出費が嵩むこと等がある。

　なお、他の特定の裁判所を専属的管轄とする旨の合意がある場合（銀行取引約定書ひな型14条参照）は、当該合意によって管轄権の生じたほかの管轄裁判所に事件を移送すべきとする裁判例（高松高決昭49.12.4判例時報775号140頁）があるが、実際にはなかなか移送が認められていないようである。

特に②について、支払督促正本に添付される債務者に対する「注意書」に受領時の注意点が列挙されているが、「分割支払にしてほしいなど支払方法について債権者と話合いがしたいという場合」も異議申立てできると書かれているため、債務者に請求を争う意思がまったくなくても安易に異議申立てが行われることがある。また、「現在の収入状況ではとうていお支払できません」とか「債務の全部（または一部）を免除してほしい」など和解成立が見込めない言い分で異議申立てをする者もいる。異議申立てには1,040円ないし2,080円の郵券が必要であり、通常訴訟を弁護士に委任した場合は相当

の費用負担が生ずるのに対し通常訴訟に移行しても債務者の勝訴や債務免除を含む和解の成立の可能性はほぼゼロに近く、通常訴訟への移行は債務者にも不利益に働く場合のほうが多いことから、注意書の項目には債務者目線での改善が望まれる。なお、移行した通常訴訟では被告（債務者）の不出頭・答弁書不提出により直ちに結審する例が多く、その意味でも（少なくとも、融資取引に関しては）現行の異議申立ての制度は債務者にとってもまったく意味のないものになっている。

c 支払督促手続の流れと留意点

支払督促手続の流れは図表60の左側部分のとおり。具体的には次のとおり。

① 申立書を提出する。
② 裁判所書記官による支払督促が発付される（債務者への支払督促送達、申立人への通知）。
③ 債務者の支払督促受領後、異議申立てなく2週間経過すると、申立人は仮執行宣言の申立てができる
④ 裁判所書記官による仮執行宣言が発付される（債務者および申立人への仮執行宣言付支払督促送達）。

図表60 支払督促・財産開示手続を活用した債権回収・整理スキーム

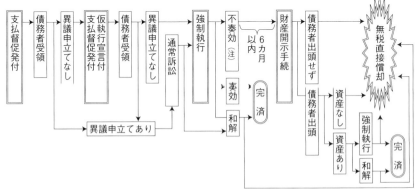

（注） 一部奏効（債権の一部についてのみ奏効）を含む。
（出所） 筆者作成

⑤　債務者が仮執行宣言付支払督促受領後2週間以内に異議申立てしない場合、仮執行宣言付支払督促は確定判決と同一の効力を有し、強制執行の債務名義となる。

　なお、申立書に記載した債務者の住所等に発送した支払督促が送達できない場合、2カ月以内に申立人が送達場所の申出をしなければ、申立てを取り下げたものとみなされること（民事訴訟法388条3項）、債務者の支払督促受領後2週間経過した日から30日以内に仮執行宣言の申立てをしない場合は支払督促が失効すること（同法392条）に留意が必要である。

(2)　財産開示手続

　仮執行宣言付支払督促が確定した後、債務者財産に強制執行を行うことになるが、図表60のスキームの対象事案では強制執行が奏功する可能性はきわめて低く、強制執行の不奏功をもって回収不能を疎明することにも疑義がある。そこで次の手として利用するのが「財産開示手続」である。

a　財産開示手続とは何か

　財産開示手続は、金融債権の債権者が権利実現の実効性を確保する見地から債務者の保有財産の開示を求める制度である。

　この制度の本来の利用目的は、支払能力がありながらその責任を逃れようとする不誠実な債務者の財産を低廉な費用で迅速に探知することであり、銀行もこの目的を第一義に取り組むことになる。しかし、後述のとおり、債務者の不出頭や手続違背に対する罰則の実効性は不十分であり、本来の目的を達するケースはかなり少ない。

　もっとも、本来の目的を達せられないことによって、債務者の回収不能の疎明による早期の無税直接償却が実現することも多い。図表60のスキームは、その性質を最大限に活用するものである。

b　財産開示手続の概要

　申立ての要件（銀行実務に関連しないものは省略）は次のとおり。

①　執行力のある債務名義を有する金銭債権者であること（民事執行法197条1項本文）

②　強制執行を開始することができない場合（たとえば債務者について

350　第2章　債権回収の方法と実際

破産手続等が開始されている場合）でないこと（同項ただし書）

③　強制執行または担保権の実行における配当等の手続において申立人が金銭債権（担保権実行の場合、被担保債権。以下同じ）の完全な満足を得られなかったこと（同項1号）または知れている財産に対する強制執行（担保権実行）をしても、当該金銭債権の完全な弁済を得られないこと（同項2号）

④　強制執行等の終了から6カ月を経過していないこと（同項1号カッコ書）

⑤　原則として債務者が申立日前3年以内に財産開示期日においてその財産を開示した者でないこと（同条3項）

なお、制定当時は債務名義の種類が制限されていたため仮執行宣言付支払督促では財産開示手続を申し立てることはできなかったが、2022（令和4）年4月に現行民事執行法が施行され、改正前民事執行法197条1項本文カッコ書（①の債務名義の制限）が削除されたため、現在では仮執行宣言付支払督促に基づく財産開示手続申立てが可能となっている。

申立手数料（収入印紙）は申立て1個につき2,000円であり（民事訴訟費用等に関する法律別表第1の11の2イ）、同一の債権者が複数の債務名義に基づいて申立てする場合も1個の申立てとなる。ただし、同一の債務名義に複数の債務者が記載されている場合は債務者ごとに別事件として申立てしなければならない。

財産開示手続の管轄裁判所は債務者の普通裁判籍の所在地を管轄する地方裁判所である（同法196条）。財産開示手続は非公開で行われ（同法199条6項）、銀行（申立人）および債務者（開示義務者）が財産開示期日（以下「期日」という）に呼び出される（同法198条2項各号）。

債務者が期日に出頭した場合、裁判所が債務者に自己の財産について陳述させ記録（調書）に残すことにより財産開示手続はその目的を達成して終了するので、銀行（申立人）が期日に出頭する必要はない（同法199条5項）。他方、債務者が期日に出頭せず、あるいは宣誓を拒絶し陳述しない場合、財産開示手続は財産開示の目的不達成により終了する。ただし、債務者が正当

第7節　各種整理手続参加　351

な理由なく期日に不出頭、宣誓拒否、陳述拒否、虚偽陳述等の手続違背行為をした場合、6カ月以下の懲役または50万円以下の罰金に処せられるという罰則がある（同法213条1項5号・6号）。おって、罰則が30万円以下の過料（行政罰）から上記の刑事罰に強化されているが、財産開示手続の執行裁判所が発することのできる過料と異なり、刑事罰は「警察による立件→検察による起訴→有罪判決」という重い手続を必要とされ、立件のハードルが高いことから、不出頭、虚偽陳述に対する罰則の事実上の抑止力の低下を招き、手続違背は悪質化しているという見方もある。

c　回収不能疎明ツールとしての財産開示手続の活用

　財産開示手続の大まかな流れは次のとおりである。

- ①　財産開示手続申立て
- ②　裁判所による財産開示実施決定（民事訴訟法197条）
- ③　期日および財産目録提出期限の指定・告知（同法198条）
- ④　期日における債務者の宣誓・陳述（同法199条）

　財産目録の提出期限は通常、期日の1週間〜10日前と定められ、財産目録の提出がなされれば、期日前に裁判所から写しを入手できる。

　債務者本人が出頭した場合、開示された財産目録では内容が不十分であるときは裁判所の許可を得て申立人（債権者）が直接債務者に内容について質問することができる（同条4項）。財産開示手続において差押禁止財産である衣類や家具等の生活必需品および生活に必要な1カ月間の食料・燃料（同法131条1号・2号）は陳述の対象外であり（同法199条1項カッコ書）、消極財産も原則として対象外であるが、将来の財産、係争中の財産、海外の資産、借名口座等（法の趣旨に反しない限り、過去の財産も）は開示の対象となると解されているので、このような手続を活用し、回収の極大化を図るのが本来の活用法である。

　これに対し図表60の右側部分に示しているスキームの「肝」は、判明した資産について強制執行や和解による満足を得、不足分は回収不能であるとしても無税直接償却することが可能なことである。問題は債務者不出頭の場合や虚偽陳述が疑われる場合であるが、刑事罰のリスクを冒してまで裁判所の

出頭命令に従わない債務者に対して民間企業である銀行が財産開示手続よりも強力な面談交渉や資産調査を行うことは常識的に無理であり、これをもって回収不能の疎明として無税直接償却を実現することが可能であると解される。

第**3**章

債権回収を取り巻く
諸論点

第1節 当事者および債権等の変動に関する論点

1 融資先の変動

債権の管理回収を行う過程で融資先や保証人、担保提供者などに①死亡、②行方不明、③法人成り、④組織再編（合併、会社分割、組織変更等）、⑤第二会社設立、⑥解散、⑦会社代表者不存在などの変動（①～③は個人（自然人）の変動、④～⑦は法人の変動）が生ずることがある。このような変動が銀行の貸付金等の債権にどのような影響を及ぼすか、整理しておく。

なお、③については第1章第3節3(3)b、⑤については第1章第3節3(3) aで詳述しているので、そちらを参照されたい。

(1) 融資先の死亡

a 死亡の事実の確認

死亡の事実は本人の戸籍の全部事項証明（本人の死亡により在籍者がだれもいなくなっている場合は除籍謄本）で確認する。航空機事故・船舶事故等で1年間遺体の確認ができない場合や本人が不在者となって生死が7年間明らかでない場合などは失踪宣告があるまでは死亡したことにはならないが、失踪宣告がなされると前者は事故時、後者は7年間の満了時に死亡したものとみなされる（民法30条、31条）。相続人は被相続人の死亡時を基準として決まるので死亡時（失踪宣告の場合は死亡とみなされる時点）の確認が重要となる。可能であれば、死亡診断書の確認も行うべきである。

b 相続人および遺言の有無の確認

(a) 相続人となる者

被相続人の配偶者は常に相続人となる。また、配偶者とともに相続人となる者は第1順位が被相続人の子、第2順位が被相続人の直系尊属（父・母）、

356 第3章 債権回収を取り巻く諸論点

第3順位が被相続人の兄弟姉妹である。この場合、子が相続開始前に死亡しているとき、または子が相続欠格事由該当もしくは廃除により相続権を失っているときは、その者の被相続人の直系卑属である子（被相続人の孫）が相続人となる（代襲相続）。また、兄弟姉妹が相続人となる場合、一代（甥姪）に限り代襲相続が認められる（以上、民法887条～890条）。ただし、廃除された者や欠格者は相続人となれない（同法892条、893条、891条）。これらの事項は被相続人の戸籍の全部事項証明で確認する。このほか、遺言により相続財産の全部または一定の割合の包括遺贈を受けた者（包括受遺者）があると、その者も相続人として扱われる（同法990条）。

なお、相続人が「法定相続情報証明制度」を利用している場合は相続人から「認証文付き法定相続情報一覧図の写し」の提出を受ければ法定相続人の確認作業は大幅に軽減される。ちなみに「法定相続情報証明制度」とは、法務局に戸除籍謄本等の束を提出し、あわせて相続関係を一覧に表した「法定相続情報一覧図」を提出することにより、登記官がその一覧図に認証を付した写しを交付してくれる制度である（不動産登記規則18条35号、27条の6）。この「認証文」は登記官が「法定相続情報一覧図」と戸除籍謄本等と照らし合わせたうえで付されるので法定相続人の見落としが防止できる。ただし、遺言や遺産分割協議の内容、相続放棄の有無等は戸籍情報ではないため「認証文付き法定相続情報一覧図の写し」では確認できないことに注意を要する（これらについては別途、遺言書、遺産分割協議書、家庭裁判所への相続放棄申述有無を確認する必要がある）。

(b) 相続人がいない場合

法定相続人が存在しない場合（相続権を失っている場合、または法定相続人全員が相続放棄している場合も含む）、被相続人に対する債権は清算手続に入るので、相続債権者は清算手続に参加して支払を受けることになる。なお、この場合でも担保権や保証は影響を受けない。

清算手続は次のように進められる。

① 相続財産法人の組成（民法951条）

② 利害関係人等の請求により家庭裁判所が相続財産清算人（2023（令

和5）年4月1日現行法施行前の相続財産管理人）を選任（同法952条1項）

③　家庭裁判所による、6カ月以上の期間を定めた相続財産清算人選任の旨および相続人捜索の広告（同条2項）

④　相続財産清算人による、2カ月以上の期間（ただし上記③の期間内に満了しなければならない）を定めた各債権者・受遺者への請求申出の公告（同法957条1項）

　　知れたる債権者、受遺者に対しては各別に申出を催告（同条2項、927条3項）する。そして、期日までに届出をしない債権者等（清算人に知れたる債権者等を除く）は失権する（同法957条2項、927条2項）。

⑤　権利の確定

　　上記③の期間内に相続人等の権利を主張する者がないときは、権利関係が確定する（同法958条）。

⑥　相続財産の清算

　　相続財産清算人は相続財産を換金し、届出債権者等および知れたる債権者等に対し順次支払を行い、残余財産があれば確認できる範囲内で届出のない債権者等にも支払うが、そのほかは特別縁故者または国庫に帰属し、以後の債権行使は認められない（最判昭56.10.30金融法務事情995号66頁）。

(c)　**相続財産の管理**

2023（令和5）年4月1日に施行された現行民法には、家庭裁判所は相続開始後、相続の段階にかかわらずいつでも相続財産管理人の選任その他相続財産の保存に必要な処分をすることができることが明文化されている（民法897条の2第1項）。このため、これまで運用が困難であった①共同相続で遺産分割未了の場合、②相続人不存在で相続財産清算人選任未了の場合でも、銀行は家庭裁判所に対し相続財産の保存に必要な処分を求めることが可能となった。

c 相続方法の確認

相続の方法は、相続人が自己のために相続があったことを知った時（相続債務のあることを知った時（最判昭59.4.27金融法務事情1060号13頁））から3カ月以内に家庭裁判所へ限定承認または相続放棄の申述をしなければ単純承認をしたことになる（民法921条2号、915条1項）。また、相続の承認および放棄によって相続関係が確定するため、一方的な撤回を認めれば相続に関する法律関係が不安定になることからいったんなされた相続の承認（限定承認も含む）および放棄は、当該意思表示に無効・取消し原因がある場合を除き、たとえ3カ月の熟慮期間内であっても撤回することができない（同法919条1項・2項）ことに留意が必要である。

なお、相続放棄や限定承認がなされても担保権や保証は影響を受けない。

(a) 相続放棄

相続放棄した者は初めから相続人でなかったことになるため（民法939条）、相続債権者は、その者に対して相続債務の履行を請求できない。ただし、放棄の申述をした相続人が相続財産（相続債務も含む。最判昭61.3.20金融法務事情1132号47頁）の一部でも処分したり隠匿したりした場合は単純承認したものとみなされる（法定単純承認。同法921条1号・3号、最判昭37.6.21集民61号305頁）ので、その者に資力がある場合は法定単純承認であるか否かも調査する。

相続人が相続を放棄するためには自己のために相続があったことを知った時から3カ月以内に家庭裁判所に相続放棄の申述をしなければならず（同法915条1項、938条）、相続人の1人が遺産分割協議において相続によって承継した権利義務を放棄する旨の意思表示をしただけでは相続放棄をしたことにはならない。このため、実務上は家庭裁判所が発行する「相続放棄申述受理証明書」を徴求することによって確認すべきである。

(b) 限定承認

相続人が限定承認の申述をすると被相続人の債権・債務はすべて清算され清算後の残余財産があればそれを相続人が相続するが、清算しても全債務の弁済ができなかったときは、相続人は残債務を承継しない（民法922条）。た

第1節 当事者および債権等の変動に関する論点 359

だし、相続人に相続財産の処分・隠匿の事実がる場合や故意に申述の際の財産目録に重要な資産を記載していないと認められる場合は残債務の弁済責任を免れることができない。

限定承認による清算手続は①各債権者・受遺者への請求申出の公告、知れたる債権者・受遺者への各別の請求申出催告、②相続財産の換金、③各債権者・受遺者への支払である（同法927条～934条）。この場合も、知れたる債権者等以外の債権者等は債権届をしないと届出債権者に劣後する（同法935条本文）。ただし、特別担保を有する者はこの限りでない（同条ただし書）。

d　相続債務の承継

共同相続（2人以上の相続人が単純承認）の場合、積極財産と消極財産とでは承継方法が異なる。ここでいう積極財産とは相続財産のうち現預金、不動産、動産、債券、債権などプラスの部分をいい、消極財産とは相続財産のうち借金などのマイナスの部分をいう。

(a)　積極財産の承継方法

共同相続の場合、相続財産は法定相続人の法定相続割合による共有（所有権以外の財産権については準共有）に属する（民法898条）。この共有財産について特別寄与者への相続分を定め、遺言があればそれに従って分配する（同法900条以下）が、最終的には相続財産の種類や相続人の状態を考慮して共同相続人の協議（遺産分割協議）によって分配する（同法906条以下）。遺産分割協議が整わない場合は家庭裁判所の審判により分配することになる（同法907条2項）。

なお、被相続人の債務について担保がある場合、一方で債務が相続分に応じて分割承継され他方で被相続人が提供している担保物件が共同相続人のうちの一部の相続人の所有になったとしても、担保権の実行は可能である

(b)　消極財産の承継方法

死亡した融資先の金融債務たる借入金債務は可分債務（分割して実現できる給付を目的とする債務）であるから、相続の発生により法律上当然に法定相続分に応じて分割承継され（最判昭29.4.8民集8巻4号819頁、最判昭34.6.19金融法務事情216号10頁）、不可分債務関係や連帯債務関係は生じな

360　第3章　債権回収を取り巻く諸論点

いと解されている（大決昭5.12.4民集9巻1118頁）。このため、当然分割承継される相続債務については各相続人が自らの法定相続分を独立して負担することになり遺産分割の前提となる準共有という法律関係が存在しないので、原則として遺産分割の対象とならず（東京高決昭56.6.19判例タイムズ452号158頁）、遺産分割の合意に基づく債務承継は銀行に対抗できない。また、法定相続分と異なる割合による債務負担とする遺産分割の合意は法定相続分と異なる部分についての相続人相互の免責的債務引受と解され、債権者の同意がなければ効力を生じない（民法472条3項）。したがって、借入金債務は遺産分割により各共同相続人が積極財産をどのように相続したかにかかわらず法定相続分の割合で相続し、共同相続人間の遺産分割協議によって各共同相続人が法定相続分と異なる割合で債務を負担する旨を定めた場合であっても、銀行は各共同相続人に対して法定相続分に従った債務の履行を請求できる。

　また、遺言によって債務の相続分が指定された場合に銀行がその遺言に拘束されるか否かが問題となるが、遺言による相続債務についての相続分の指定は相続債権者の関与なくされたものであるから、相続債権者に対してはその効力が及ばず（最判平21.3.24金融法務事情1871号46頁）、原則として銀行は法定相続分による分割承継を前提とした権利行使ができる（同法902条の2）。遺言執行者が選任されている場合、相続人が相続財産の処分その他の遺言の執行を妨げるべき行為をすると当該行為は原則として無効となる（同法1013条1項・2項）。ただし、相続債権者は遺言執行者の存在を知っているか否かにかかわらず、その債権に基づいて相続財産に対して差押えなどの権利行使をすることができるとされている（同条3項）。

　なお、法定相続分と異なる割合による債務負担とする旨の遺産分割協議や遺言がなされても債権者の同意があれば効力が認められる。このため、債権者（銀行）が法定相続分による割合による債務の承継か遺産分割や遺言による債務の承継かを選択することができる。もっとも実務上は、後者を選択する場合でも遺産分割や遺言による債務の承継をそのまま認めるのではなく、法定相続分による承継を前提とした債務引受契約を締結するのが一般的で

ある。

　反対に、銀行が共同相続人の1人に相続債務の全額を請求するためには、原則として当該相続人に他の相続人の相続債務を債務引受してもらわなければならない。実務上は、共同相続人中、被相続人の事業を承継する者、主要資産を承継する者、またはもっとも弁済能力の高い者に免責的債務引受（同法472条1項）をさせる。この場合、引受人以外の者が担保提供者であるときにはその者の承諾がなければ引受債務に担保権の効力が及ばないこと（同法472条の4第1項）、および引受債務に保証人がいるときはその者の書面または電磁的記録による承諾がなければ当該保証が消滅すること（同条3項〜5項）に注意が必要である。なお、銀行が各相続人に対し個別に債務全額の履行を請求できるようにする必要のある事案では、共同相続人間で相互に併存的債務引受（同法470条1項）を行わせることになる（当該併存的債務引受によって相続人全員が連帯債務を負担する）。

　また、債務者（被相続人）の相続人が被相続人を債務者とする根抵当権を利用して引き続き銀行と取引を行う場合は、相続開始後6カ月以内に銀行と根抵当権設定者（被相続人の場合、抵当不動産の相続人）との合意により、債務者の地位を承継する相続人を定めて登記する必要がある。この期間内に当該手続をとらないと、元本は相続開始の時に確定したものとみなされ（民法398条の8第2項・4項）、相続開始後に相続人との取引によって取得した貸出金債権は根抵当権によっては担保されないことに注意が必要である。なお、相続人が新しく負担する債務をその根抵当権で担保させる場合は、この合意の登記を行った後に債務引受に係る債権を被担保債権の範囲に追加する旨の登記が必要である。

(c)　相続人が保証人である場合

　保証人が主債務を単独で相続した場合、従前の保証人としての地位、単独相続によって包括承継した主債務者としての地位を併有することになる。このため保証人が主たる債務を相続したことを知りながら保証債務の弁済をした場合、当該弁済は特段の事由のない限り主債務者による承認として主債務の消滅時効を更新する効力を有する（最判平25.9.13金融法務事情1990号

114頁、民法152条1項)。

e 保証人死亡の際の留意点

期限の利益の当然喪失事由は銀行取引約定書ひな型5条1項に列挙されているもののみであり、保証人の死亡は同項に記載されていないため、保証人が死亡しても当然喪失事由には当たらない。なお、保証人の死亡は場合によっては同条2項5号の債権保全を必要とする相当の事由(請求喪失事由)に該当する余地はあるが、少なくとも主債務者が約定弁済に懸念ない状況であれば、請求喪失事由にも当たらない。

保証人が死亡した場合、次の点に留意する。

(a) 特定債務保証の場合

特定債務保証は保証債務が保証契約締結の段階で具体的に特定しており保証人の責任は客観化されているので、保証債務が相続の対象となること自体は問題ない。ただし、保証人の相続人が複数の場合、金銭債務は相続開始と同時にその相続分に応じて当然分割承継されるものであるため(上記d(b)参照)、相続人間で連帯して保証債務を承継することはない。

また、「事業のために負担した貸金債務」等を主債務とする保証契約は、その締結日の前1カ月以内に保証人になろうとする者が公正証書で保証意思を宣明しなければ、その効力を生じない(民法465条の6第1項)が、相続は包括承継であるから保証人の死亡によって相続人が負担するのは既発生の保証債務であり、相続人が保証契約を締結するわけではない。このため、事業に係る債務の保証債務を経営者等以外の者が相続する場合であっても被相続人との間で保証契約が有効に成立していれば相続に際しあらためて保証意思宣明公正証書を作成する必要はない(根保証の場合も同様)。

(b) 根保証の場合

個人貸金等根保証契約は主債務者と保証人との人的信用関係に基づいて締結されるのが一般的であることから、保証人の死亡は根保証の元本確定事由とされている(民法465条の4第1項3号)。これにより、保証人の死亡後に行われた融資について相続人は保証債務を負わない(根保証人たる地位は相続人に承継されない)こととなる。しかし、確定した元本については保証人

第1節 当事者および債権等の変動に関する論点 363

の死亡時点で具体的に特定しており保証責任は客観化されているので、保証人の死亡による元本確定時点ですでに存在する保証債務はその後に生じる利息・損害金も含め、極度額の範囲内で相続人に承継される。

⑵ 融資先の行方不明

融資先等が行方不明になっても担保権実行や法的措置は可能である。しかし、本人の所在が不明であるというだけでは、本人からの「回収不能」を疎明できず、任意弁済交渉や無税直接償却に向けた資料作成には融資先等との直接交渉が必要であるため、本人の発見に努めなければならない。そして、本人の探索を行った結果発見が困難な場合は、無税償却要件である「行方不明」の判定を行う。

a 行方不明者の探索の手法

行方不明者の探索に必要なのは調査手法を工夫すること、何か手がかりをつかんだら粘り強く調査を継続することである。一般的には次のような手法で探索する。

⒜ 近隣住民等からの聴取

近隣住民、管理人・管理会社（集合住宅の場合）、町内会長、民生委員などに聴取する。融資先等がどこへ引っ越したかまでは知らないことが多く知っていても教えてくれない可能性が高いが、いつごろから行方不明になっているかはおおよそ確認できる。また、後日の無税直接償却を債務者または保証人の「行方不明」で処理する場合、近隣者2～3軒程度から聴取を行った記録が必要である。また、近隣の人間関係によっては思わぬ情報が入手できることもある。ただし、守秘義務違反とならないよう注意が必要である（⒟、⒠、⒡も同様）。

⒝ 郵便関係

転居しても大切な郵便物があるかもしれないので本人が郵便物の転送を郵便局に依頼し転居届を提出していることがある。郵便局に照会しても教えてくれないであろうが、簡易書留、特定記録郵便、レターパックなどで督促状を出状し、郵便局の「郵便追跡サービス」を利用すれば転居届の有無、転居先住所を管轄する郵便局がどこかについては情報を入手できる。

364　第3章　債権回収を取り巻く諸論点

(c) 役所での調査

住民届や子供の学校の関係で市役所、町村役場などに住所変更手続がなされている場合があるので、その確認をする。債権証書を提示すれば債権者として住民票等を取得することが可能である。

(d) 同業者、組合、商取引先等からの聴取

行方不明がこれらの先に周知である場合は商売上の関係で情報収集を行っている場合もあるし、案外転居先を思い当たる場合もある。

(e) 融資先（保証人が行方不明の場合）、保証人（融資先または他の保証人が行方不明の場合）、親戚等からの聴取

行方不明者と親密な関係にあり転居先を知っている可能性も高いが、知っていても（知っているからこそ）教えてくれないことも多い。「ダメ元」で聞いてみる。

(f) 勤 務 先

「ダメ元」で聞いてみる価値はある。

(g) そ の 他

電話帳（法人の場合）、自動車の登録、インターネット情報等、手当たり次第に当たってみる。

b 行方不明の判定方法

行方不明の判定方法に決まった方式はなくどの程度の調査が必要かはケースバイケースであるが、強いていえば公示送達（民法98条、民事訴訟法110条）の判断基準が参考となる。公示送達は、送達を受ける者に対し書類が送達できない状態にあるときに裁判所の掲示板に書類を裁判所書記官が保管している旨掲示して送達の効力を発生させる制度である。公示送達の可否は一般的には、受送達者の最後の住所地に受送達者が存在していないこと、および就業先がない、または判明しないことを、受送達者の住民票の写し、申立人等が作成した調査報告書、近隣住民に対する聴取書等によって判断されているもようである。調査報告書作成のポイントは①外観や人の出入りの状況、②表札や郵便ポストの表示、③郵便ポストや新聞受けの状態、④電気・ガスメーターの状況、⑤水道栓への止水の札の貼付の有無等である。

第1節　当事者および債権等の変動に関する論点　365

c 融資先等の行方不明への対応

融資先等が行方不明の場合の対応は次のとおり。

(a) 抵当不動産に係る火災保険期限切れ

銀行が契約者になって「債権保全火災保険」を付保する。通常の火災保険は建物そのものを保険の対象としているため建物所有者が被保険者となるが、債権保全火災保険は建物に設定した抵当権の被担保債権が保険の対象であるため、銀行が被保険者となることができる。

(b) 第三者弁済、担保処分

かつて（2020（令和2）年3月31日以前、以下同じ）、融資先が行方不明の状況において第三者から弁済の申出があった場合、および保証人が行方不明の状況において一定の弁済と引き換えに担保や他の保証人の保証を解除する場合、融資先等の同意が得られないことが問題となっていた。しかし、2020（令和2）年4月1日の現行民法施行によりこれらの問題は次のように解決されている。

① 銀行が融資先の意思を知らない場合、融資先の同意を得なくても弁済をするについて正当な利益を有しない第三者からの弁済を受領することができる（民法474条2項）。

② 民法上、担保保存義務は取引上の社会通念に照らして合理的な理由があるときは適用されない旨が明記された（同法504条2項）ため、担保や他の保証人の保証を解除する場合でもその条件（弁済額等）が合理的であれば行方不明の保証人からの同意は不要となった。

かつては銀行が保証人との間で締結している担保保存義務免除特約の有効性が争われることがあったため、担保や他の保証人の保証を解除する場合に行方不明の保証人の同意が得られないことが問題であったが、現行法の施行により銀行のリスクは大幅に軽減されている。

(c) 融資先等への通知

基本的には銀行取引約定書ひな型11条2項の「みなし到達」や「相殺の遡及効」（民法506条2項）によるリカバリ（相殺通知書再出状）により対応可能である。通知の現実の到達が絶対的に必要な場合は公示送達（上記b参

照）によることができる。銀行が貸付債権等を譲渡したり売却したりする場合も同様である。

(d) 債務引受

かつて、銀行の貸付金等について第三者が免責的債務引受する場合は融資先の同意が必要であったため、融資先が行方不明である場合は併存的債務引受によらなければならなかった。しかし、現行民法下では銀行と引受人との契約および原債務者（融資先）への通知により免責的債務引受を行うことが可能であるため（同法472条2項）、融資先が行方不明であっても免責的債務引受が可能となっている。

(e) 行方不明となった融資先等の資産売却等

行方不明となった融資先等から提供を受けている担保物件について任意売却等を行うなど強制執行等によらずに資産処分を行う場合、家庭裁判所に不在者管理人の選任を申立てする（民法25条）。

また、融資先等が死亡し行方不明となっている者以外の法定相続人全員が相続放棄した場合、当該行方不明者について不在者管理人の選任申立てを行い、当該不在者管理人に相続放棄を行わせたうえで相続財産清算人の選任申立てを行うという運用もある。なお、要件を充足すれば当該行方不明者について失踪宣告（同法31条）を申し立てることも可能であるが、失踪宣告は当該行方不明者の死亡を擬制する手続であるから債権回収において使用する手法としては不適格であり時間面でも労力面でも過大な負担が生じることから、上記のようなケースでは利用すべきではない。

(3) 融資先会社の組織再編

a 合 併

合併には新設合併、吸収合併があるが、融資先がどちらの形態で合併しても銀行が法的に不利益を被ることはない。ただし、根抵当権債務者の合併は根抵当権の元本確定請求事由（民法398条の9第3項）であることに留意が必要である。

もっとも、融資先等が合併することによって財務状況が悪化したり損失を受けたりするなど信用に不安が生じる危険があると判断できる場合は個別の

対応が必要である。会社法はこのような場合に債権者に一定期間内に合併への異議申立てすることを認めているので、合併する会社からその旨通知を受けたときは直ちに内容証明郵便で異議ある旨通知しておく。合併会社はこの異議申立てがなされると、その債権の弁済等の措置を講じなければ合併することができなくなる（会社法789条等）。

b 会社分割

会社分割とは、株式会社または合同会社がその事業に関して有する権利義務の全部または一部を分割により他の会社に包括的に承継させる、組織法上の行為をいう。会社分割は分割した事業を既存の別会社に承継させる吸収分割（会社法2条29号）、分割した事業を新設の会社として承継させる新設分割（同条30号）がある。事業を分割する会社（いわゆる「旧会社」）を分割会社（吸収分割の場合、吸収分割会社、新設分割の場合、新設分割会社）、それを包括的に承継する会社（いわゆる「新会社」）を分割承継会社（吸収分割の場合、吸収分割承継会社、新設分割の場合、新設分割設立会社）という。

会社分割は債務逃れのために悪用されることもある（詳細は本節2参照）ため、融資先が会社分割を悪用しないよう注視する必要がある。

c 組織変更

会社の組織変更とは会社の種類（株式会社、合名会社、合資会社、合同会社）を変更することである。組織変更によって会社法の適用条文（法的なメリット、デメリット）が変わることに留意が必要であるが、法人格は変更前と同一であるため債務承認や債務引受等の対応は不要である。ただし、組織変更によって変更前の商業登記が閉鎖され変更後の商業登記が新設されるので、別会社か組織変更かは登記事項証明書などにより確認するとともに定款の変更内容等についてもチェックしておく必要がある。

(4) 融資先会社の解散

清算は任意清算、法定清算、特別清算がある。任意清算は株式会社だけでなく人的会社である持分会社（合名会社、合資会社、合同会社）にも認められ（会社法668条）、特別清算は株式会社のみに認められる（同法510条）。

会社は、解散しても清算手続が結了するまでは清算を目的として存続する（法的には、清算目的であれば新たな借入れも可能）ので、清算人を相手に弁済交渉を継続する（同法476条）。

a　任意清算

任意清算は定款または総社員の同意により残余財産を処分し債権者や社員に分配する方法であり、この方法に異議のある債権者には弁済するか担保を提供するかしないと清算することができない（会社法670条）。任意清算は債務超過に陥る前になされることが一般的なので、債権者に対して問題が生じることは少ない。

b　法定清算

法定清算手続は、清算人から各債権者に対して一定期間内に債権を届出するよう催告し、この期間内に届出をしなかった債権者（知れている債権者を除く）は清算から除斥される（会社法503条1項）。除斥された債権者は届出のあった債権者に弁済して残余財産があったときのみ当該残余財産に対して弁済を請求できる（同条2項）。

c　特別清算

特別清算は債務超過に陥った株式会社について裁判所の監督のもと清算会社と債権者との協定により清算する法的整理手続であり（会社法563条）、協定が成立しない場合は破産手続により清算される（同法574条）。

⑸　融資先会社の代表者の不存在

会社の代表者がいないケースとして代表者の退任（任期満了、辞任、解任など）、代表者の死亡、代表者の行方不明などがある。

退任による代表者不存在の場合は後任の代表者が選任されるまでは退任した代表者が代表者としての責任および権限を有する（会社法346条1項）ので、その者と取引する。

死亡による代表者不存在の場合は債権者として裁判所に代表者の一時代行者の選任を請求する（同条2項）。ただし、訴訟関係で代表者が必要な場合は債権者として裁判所に特別代理人の選任を請求する（民事訴訟法35条）。行方不明による代表者不存在の場合は死亡による代表者不存在の場合に準じ

た取扱いとなる。

なお、代表者不存在となった時点で代理権を有する者がいれば、その者が引き続き取引の相手方となる。

2　濫用的会社分割、詐害事業譲渡

窮境状態にある融資先が事業譲渡等の方法で金融債務だけを免れようと画策する事例は古くから存在した。そのようななか2000（平成12）年に会社分割の制度が創設され、2004（平成16）年の会社法制定で大幅な規制緩和を受けたことにより、会社分割を悪用した金融債務逃れ（以下「濫用的会社分割」といい、事業譲渡も含めた金融債務逃れの手法を「濫用的会社分割等」という）が多発し、大きな問題となった。

その後、濫用的会社分割に対し詐害行為取消しを認める最高裁判決（最判平24.10.12金融法務事情1970号112頁）や2014（平成26）年会社法改正による債権者保護規定の新設等によって濫用的会社分割等は大幅に減少したが、根絶には至っていない。また、経営者保証に依存しない融資慣行の促進を悪用した新たな金融債務逃れの手法も横行しており、それらへの対応は債権管理回収業務において重要な位置を占めている。

(1)　濫用的会社分割等の仕組み

a　濫用的会社分割とは何か

経営が窮境に陥っている債務者（分割会社）が、優良事業および当該事業に必要な資産や事業継続のため協力が必要な一部の債権者に対する債務を新設分割の場合の新設分割設立会社（以下「新設会社」という）または吸収分割の場合の吸収分割承継会社（以下「承継会社」という）に承継させる一方、分割会社には不振事業と不良資産、さらに金融機関に対する債務および公租公課（このような新設会社等に承継されない債権者を「残存債権者」という）を残すという事業再生スキームが「濫用的会社分割」である。濫用的会社分割は次のような「理屈」をもって行われる。

(a)　債務者が恣意的に承継させる権利義務を選択できる

会社分割の対象は、「事業に関して有する権利義務の全部または一部」（傍

370　第3章　債権回収を取り巻く諸論点

点筆者）とされている（会社法2条29号・30号）ため、債務者が債権と債務を恣意的に切り分けて新設会社等に承継させることができる。なお、旧商法下では対象が「営業」とされていたので、このような切分けはできなかった。

(b) 債務履行の見込みがなくてもよい

旧商法下では事前備置書面の必要記載事項に「債務履行の見込があること」があったため債務の履行が見込まれない会社分割は認められなかったが、会社法では当該事項が「債務の履行の見込に関する事項」とされた（同法施行規則183条6号、192条7号、205条7号）。このため、会社法では、会社分割後に債務の履行が見込まれない場合であってもその旨を事前備置書面に記載すれば会社分割の効力に影響を及ぼさないと解されている。

(c) 債権者保護手続が不十分である

分割会社（旧会社）に対して債権の全額を請求できる債権者は会社分割に対して異議を述べることができず（会社法789条1項2号、810条1項2項）、異議を述べることができる債権者がいない場合は債権者保護手続（公告等）自体が不要とされている（同法789条2項、810条2項）。このため、金融債務等を新設会社に承継させず、抜け殻となった分割会社に残したとしても、当該残存債権者に対する債権者保護手続は不要である。また、新設会社等に承継させる債務（以下「承継債務」という）について、債務保証や併存的債務引受等の方法により分割会社が全債権者に引き続き債務を負担することとすれば、残存債権者が知らないうちに会社分割を行うことができる。

b 濫用的会社分割の典型的パターン

濫用的会社分割スキームはどのような手法で行われるか、図表61に沿って検討する。

① 会社分割による事業・資産および債務の移転と移転した債務への債務保証等

分割会社A社は、会社分割により同社の優良資産・優良（コア）事業（以下「承継事業等」という）を新設会社B社に移転することで承継事業等を残存債権者の引当財産から疎開させるとともに、仕入債務

第1節　当事者および債権等の変動に関する論点　371

図表61　濫用的会社分割の典型的パターン

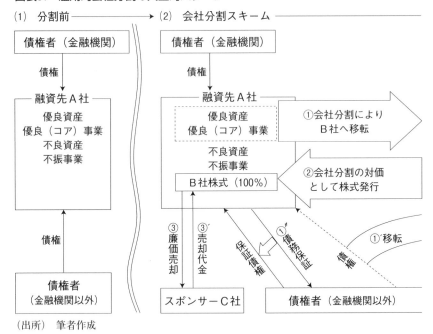

(出所)　筆者作成

　　等、承継事業の継続のため協力が必要な債務をB社に移転させることで承継事業の継続を図る。その際、残存債権者に当該会社分割が行われていることを気取られないよう、A社が承継債務について債務保証または併存的債務引受を行うことにより会社分割の公告等を省略する。なお、承継債務は、客観的に事業継続に必要か否かだけではなく、その他の要素も含めA社の主観的判断で選別される。

②　対価としての株式発行

　　B社は、会社分割の対価としてA社に対して株式を発行し、A社がB社株式を100％保有することで、表面上は残存債権者の引当財産を維持することになる。もっとも、非上場のB社株式の実質的な交換価値は承継事業等に比べきわめて低廉であり、残存債権者の引当財産は著しく減少しているから、この時点で濫用的会社分割はほぼ完成形となる。

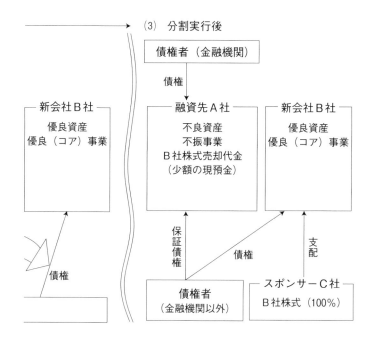

③ スポンサーＣ社に対するＢ社株式の廉価売却

上記①②だけではＡ社がＢ社の支配権を有しておりＢ社株式も残存債権者の引当財産となりうるので、典型的な濫用的会社分割においてはＡ社が本スキームの黒幕であるＣ社にＢ社株式を廉価売却しＢ社への支配権を疎開させることによって完結する。このような詐害性の高い不当な行為が公然となされたとしても、Ｂ社は非公開会社のため当該廉価売却に対して詐害行為取消権を行使することは困難である。この場合、Ｂ社株式の譲渡代金は残存債権者および承継債務の債権者に分配されることもあるが、一般的にはＡ社が倒産までの間に費消してしまう。

なお、実際の事例では、②の段階でクロージングすることも多い。この場合、Ｂ社株式以外には不振事業と不良資産しか有しないＡ社は早晩資金繰りが破綻して倒産し、不透明な私的整理手続によってＢ社株式が二束三文（場

合によっては備忘価格）でスポンサーＣ社に譲渡されることになる。ただし、②でクロージングしてしまうとＣ社が確実にＢ社株式を廉価で取得できる保証はないため、基本形は③によるクロージングとなる。

c　詐害事業譲渡

　事業譲渡とは事業、すなわち一定の営業目的のため組織化され有機的一体として機能する財産を取引行為として第三者へ譲渡する行為をいう。ここでいう事業は得意先関係等の経済的価値のある事実関係を含む。会社分割が財産の包括承継であるのに対し事業譲渡は特定承継、すなわち事業に属する個々の財産、債権、債務等が個別に移転される取引である。このため、詐害事業譲渡には濫用的会社分割のような「理屈」は存在せず理論的には事後的な対応策がとりやすいが、半面、財産の移転が個別に行われるため対応が後手に回り実効性のある対策をとるには手遅れとなるケースも多い。

d　オーナー経営者の所有株式廉価売却と役員退職金支給による実質株式譲渡代金の清算

　近時、オーナー経営者の経営者保証を徴求しない扱いが増加しているため、非公開会社において金融債務を保証していないオーナー経営者が所有株式を備忘価格で譲渡（たとえば１株１円、総額１万円）し、その後の株主総会において①新オーナーの取締役就任（経営者保証は拒絶）、②旧オーナーの取締役退任および③旧オーナーへの多額の役員退職金（たとえば２億円）の支払を行うという実質的事業譲渡が行われることがある。このケースでは、旧オーナーは実質２億１万円の譲渡代金を得て責任を放棄、新オーナーは株式取得費用を１万円しか負担していないから、その後会社を食い物にして破綻させても十分な利得を得ることができる。債権者がこのような脱法スキームを事前に防止することははなはだ困難であり、事後の対応も決め手となるような方策は見出しがたいという、新たな濫用スキームが登場している。

(2)　濫用的会社分割等への対応策

a　濫用的会社分割等が行われた場合の対応策

　濫用的会社分割等が実行された場合、経済合理性・風評リスク等のハード

374　第３章　債権回収を取り巻く諸論点

ルを越えられる限り断固たる措置を検討すべきである。具体的な対応策は次のとおりであるが、どれを選択するかはそれぞれの事案に応じて「回収額の極大化＞難易度＞リスク＞アナウンス効果」というウェイト配分により決定する。なお、②以下の手続の詳細は、関係する判例等を参照願いたい。

① 新設会社等への直接請求権行使

分割会社が残存債権者を害することを知って会社分割を行った場合、残存債権者は新設会社等が承継した財産の価額を限度として新設会社等に対して直接債務履行を請求できる（会社法759条4項～7項、764条4項～7項）。この請求権は詐害行為取消権と異なり裁判手続によらない権利行使が可能とされている。この権利の行使期間は「知った時から2年間」（時効ではなく除斥期間）であるが残存債権が弁済期未到来または条件未成就の場合は行使できないため、このような場合は請求の予告をすることで除斥期間の経過を阻止できることとされている。

なお、会社法は事業譲渡についても同様の規律が設けられている（同法23条の2）ので詐害事業譲渡にも有効な対応策である。

② 会社法22条1項（商号続用責任）の類推適用の主張（最判平20.6.10金融法務事情1848号57頁、東京地判平22.7.9金融法務事情1903号14頁等、商法17条）

③ 詐害行為取消権の行使（民法424条、最判平24.10.12金融法務事情1970号112頁）

④ 法人格否認の法理による旧会社に対する請求権の新会社への行使（福岡地判平22.1.14金融法務事情1910号88頁、福岡地判平23.2.17金融法務事情1923号95頁、東京地判令3.2.12金融法務事情2168号72頁等）

⑤ 分割会社に対する債権者破産申立て・破産管財人による否認権行使（東京高判平24.6.20金融法務事情1960号143頁、福岡地判平21.11.27金融法務事情1911号84頁、福岡地判平22.9.30金融法務事情1911号71頁等）

第1節　当事者および債権等の変動に関する論点　375

⑥　濫用的会社分割等に関与した取締役への責任追及（会社法429条、最判昭44.11.26金融法務事情569号22頁、なお民法709条）

⑦　会社分割を指導したコンサルタント等、不適切な行為をするようにアドバイスする等の加担をし、またそれに対する高額な報酬を得て債務者の資産を減少させた者に対する、不法行為に基づく損害賠償請求　約40社の会社の分割を手がけたコンサルタント会社の実質的経営者らが弁護士法違反の容疑で摘発された事例があり、このようなケースでは損害賠償請求が認められるであろう。

⑧　事業譲渡に伴う譲受会社の併存的債務引受を主張（札幌地判平24.12.18金融・商事判例1424号56頁）

b　濫用的会社分割を予防するための対策

　濫用的会社分割等の最大最良の予防策が平素からの融資先管理であることは論を俟たない。しかし、脱法行為は手口を巧妙化させて存続しようとするのが常であり、濫用的会社分割等についても今後さまざまなバリエーションが出現する可能性がある。濫用的会社分割等が実行された場合、その対応には多大な時間・コスト・労力を要することから濫用的会社分割を予防するための対策を講じておくことは重要である。完全な予防策は存在しないが、現状考えられる予防策として次のようなものがある。

(a)　ABL

　売掛金債権、在庫商品等にABL（特に集合動産譲渡担保、将来債権も含む集合債権譲渡担保）が設定されていることによってABL担保権者を新設会社等の非承継債権者とするメリットが失われるので債務者に濫用的会社分割等を実行するインセンティブが生じないため、未然防止策としては最も実効性が高い。また、ABLの管理を通じて債務者の動向を把握する精度が高まることから債務者の不穏な動きをより早く察知することができる。ただし、ABLは取引が正常な段階でなければ取入れが困難であり、債務者の不穏な動きを察知した段階で取入れすることはほぼ不可能である。

(b)　経営者保証

　濫用的会社分割等を防止するために経営者保証は有用である。しかし、経

営者保証に依存しない融資の推進の見地や保証制度の弊害の解消の見地から安易に経営者保証を徴求すべきではない。この場合の経営者保証の徴求方法としては「主債務者が支払不能もしくは事業の継続に支障をきたすことなく弁済期にある債務の弁済が困難な状態に陥った場合、またはこれらの状態に陥るおそれがある場合において、主債務者に関し、準則型私的整理手続が成立し、または法的整理手続の申立てがなされたこと」をコベナンツとする解除条件付保証契約（有事対応型解除条件付保証契約）のような代替的手法によるべきであろう。

(c) **金融債権者の断固たる対応**

濫用的会社分割等のスキームは一般的には経営コンサルタントや弁護士でなければ組み立てられず、当該スキームを主宰する経営コンサルタントや弁護士は「濫用的会社分割等の失敗事例」の情報に敏感であるから少なくとも断固たる措置を取り続ける銀行の取引先に対しては当該スキームの適用に消極的になると考えられる。

3 債権の変更

本節1および2で債権の管理回収を行う過程で生じる融資先や保証人、担保提供者などの変動をみてきたが、債権の内容にも変更の必要性が生じることがある。その代表的な例が債務引受、債権譲渡、第三者弁済、延期、更改、免除および保証人・担保の変更である。このうちすでに解説した第三者弁済（第2章第6節4(2)参照）を除く事項についての法律関係と主な留意点を解説する。

(1) 債務引受

債務引受とは、それまでの債権関係の同一性を維持しつつ債務を引受人に移転することをいう。債務引受の形態は「併存的債務引受」「免責的債務引受」の2種類があり、債務引受に類似した法律関係に「履行引受」「契約上の地位の移転」がある。

a 併存的債務引受

(a) 併存的債務引受の締結方法

併存的債務引受とは従来の債務者（融資先等）を免責させずに引受人が債務者の債権者（銀行）に対して負担する債務と同一内容の債務を負担することをいい、債務者の債務と引受人の債務とは連帯債務の関係になる（民法470条1項）。このため、保証契約と同様、債務者の意思に反して契約することも認められ（大判大15.3.25民集5巻219頁）、併存的債務引受を債権者と引受人との契約で行った場合は債務者に通知しなくてもその効力が生じる（同条2項）。この点につき、銀行の事務規定は債権者・引受人・債務者の三者間契約が困難である場合は債務者に通知を行うこととしているが、これは併存的債務引受が行われた事実を債務者に認識させるためであって、併存的債務引受の効力を発生させるためではない（ただし、銀行実務としては三者間契約が最も望ましいのはいうまでもない）。

上記のほか、併存的債務引受は債務者と引受人との契約によってもすることができ、債権者の引受人に対する承諾がなされたときにその効力を生じる（同条3項）。この場合の併存的債務引受は第三者のためにする契約に関する規定（同法537条）に従う。

(b) 併存的債務引受の留意点

併存的債務引受が成立すると、引受人は債務者の負担する債務と同一内容の債務を負担する関係上、債務者の有する抗弁事由を主張できる（民法471条1項）。また、引受人は、債務者が解除権や取消権を行使した場合に債務者がその債務を免れるべき限度において、債権者に対して債務の履行を拒むことができる（同条2項）。ただし、引受人は契約の当事者となるわけではないので解除権や取消権という契約上の地位に基づく権利は行使できない（大判大14.12.15民集4巻710頁）。

なお、併存的債務引受により連帯債務関係が生じることから、かつて（2020（令和2）年3月31日以前、以下同じ）は債務者または引受人の一方に消滅時効が完成するとその者の負担部分については他方もその義務を免れる（時効完成の絶対的効力事由：改正前民法439条）ことが債権管理上の注

意点にあげられていた。しかし、現行民法は改正前民法439条を削除し時効完成を連帯債務の一般原則である相対的効力事由としているので、現在では当事者間で特段の合意がない限り債務者または引受人の一方に消滅時効が完成しても他方はその影響を受けないこととなっている（現行民法441条）。反対に連帯債務者の1人に対する履行の請求を絶対的効力事由とする改正前民法434条も削除されているので、履行の請求を絶対的効力事由とする特約を締結するか全員の時効管理を遺漏なく行うかが求められる。

(c) 併存的債務引受と担保・保証

併存的債務引受は、引受人という新しい債務者が原債務者と並んで債務者となることから、債務の履行を確保するという点において保証と同様の担保的機能を有し、債務者の資力に負の変動は生じないため担保・保証に影響はなく、保証人や物上保証人の承諾は不要である（民法472条の4第1項本文参照）。

また、併存的債務引受が行われても従来の債務者に対する債権はそのまま存続するので、既存の根抵当権で引受債務も引き続き担保される。ただし、既存の根抵当権では引受人に対する債権は担保されない（同法398条の2、398条の7）ので引受債務を既存の根抵当権で担保するには当該引受債務を根抵当権の被担保債権に追加する必要がある。なお、普通抵当権の場合であっても抵当権を実行するためには債務者の追加的変更の登記がなされている必要があるので、この段階で変更登記をしておく必要がある。

b 免責的債務引受

(a) 免責的債務引受の締結方法

免責的債務引受は債務者が債権者に対して負担する債務と同一の内容の債務を引受人が負担し債務者がその債務を免れる方式による債務引受であり（民法472条1項）、①債権者と引受人となる者との契約で成立し（同条2項前段）、債権者の債務者に対する通知で効力を生じる（同項後段）方法、②債務者と引受人となる者との契約と、引受人となる者に対する債権者の承諾（同条3項前段）による方法がある。なお、条文上明記されていないが、債権者・引受人・債務者の三者間契約が認められることには異論がない。銀行

実務においては上記①②にかかわらず後日のトラブル発生を防止するため可能な限り三者間契約によるべきである。

(b) **免責的債務引受の留意点**

免責的債務引受は併存的債務引受と異なり、原債務者と引受人とが連帯債務の関係にならないだけでなく、引受人は債務履行に関する負担を最終的に自らが引き受ける意思を有しているため求償権を発生させる基礎を欠き（大判昭15.11.19法学10巻416頁）、引受人は引受債務を履行しても原債務者に対して求償権を取得しない（民法472条の３）ことに注意が必要である。後日説明義務違反の主張がなされることがないよう、この点は引受人に対し契約締結前に十分説明しておくべきである。

なお、債務者の有する抗弁権等に関する規律は併存的債務引受と同様である（同法472条の２第１項・２項）。

(c) **免責的債務引受と担保・保証**

免責的債務引受に際し、債権者は、あらかじめまたは同時に引受人に対して意思表示することにより、債務者が負担していた債務の担保として設定された担保権や保証を引受人が負担する債務に移転することができる（民法472条の４第１項本文・２項・３項）

しかし、免責的債務引受は、引受人が、債務者が債権者に対して負担する債務と同一内容の債務を負担し債務者は自己の債務を免れるという制度であるため（同条１項）、債務者の資力に変動を生じ保証人や物上保証人に事実上の不利益を及ぼすおそれがある。そのため、移転の対象となる担保権や保証を引受人以外の者が設定しているときは、その者の承諾（保証人の場合は文書または電磁的記録による承諾）を得なければならない（承諾がなければ担保・保証は消滅する）こととしている（同条１項ただし書・３項～５項）。

なお、引受債務が確定前の根抵当権の被担保債務である場合、引受債務は債権者と原債務者との取引によって生じた債務であって債権者と引受人との取引で生じた債務ではないため、債務引受により債務者の変更が生ずると、その根抵当権の債務者を引受人に変更登記しても、その債権は根抵当権により担保されないことになる（同法398条の２、398条の７）。このため、引受

債務を根抵当権で担保するには当該引受債務を根抵当権の被担保債権に追加する必要がある。これに対し引受債務が普通抵当権の被担保債務である場合や元本確定後の根抵当権の被担保債務である場合、引受債務は当然に担保される（ただし、後日の担保実行に備えて債務者の変更登記をしておくことは必要である）。

c 履行引受

履行引受は、従来の債務者とそれにかわって支払う者（以下「引受人」という）との履行引受契約によって生じる。債務引受に類似の制度であるが、履行引受の引受人は債務者に対して債務履行義務を負うだけであり債務は移転しないため、債務引受とはまったく異なる。また、「第三者のためにする契約」（民法537条）と類似の効果を生じるが、引受人は履行しなければ債務者に対し債務不履行責任を負うが債権者に対して直接債務不履行責任を負うことはないため、第三者のためにする契約とも異なる。したがって、履行引受は引受人が債務者に対して負担する「債権者に対して第三者弁済を行う義務」と解されている。この場合、引受人は債務者の委託を受けて弁済する第三者ということになる。

債権者は、弁済をするについて正当な利益を有する者でない第三者からの弁済を拒むことができるのが原則である（同法474条3項本文）。しかし、履行引受がなされていることを債権者が知っていた場合は、引受人が弁済をするについて正当な利益を有する者でない第三者であってもその弁済を拒むことはできない（同項ただし書）。

債権者は、履行引受を承認しても引受人に債務履行を請求できないので、引受人に対して債務引受契約を締結するよう交渉すべきである。

d 契約上の地位の移転

契約上の地位の移転とは契約上の債権・債務を移転する債権譲渡や債務引受と異なり、債権者・債務者という契約上の地位を引受人に包括的に承継させる契約である（「契約引受」ともいう）。契約の一方の当事者から第三者に対して契約上の地位の移転がなされると契約のもう一方の当時者は当該第三者に対して以後の取引をすべて同じ扱いで継続しなければならない（民法

539条の2。なお賃貸借契約に関して605条の2、605条の3)。

契約上の地位の移転が取引に与える影響のうち最も重大なのが契約当事者として有する契約の取消権や解除権が引受人に帰属することである。このため、契約上の地位の移転をするためには契約の相手方の承諾を要することとされている。

銀行の融資取引において契約上の地位の移転がなされることはほとんどないが、融資先等が商取引上の契約について契約上の地位の移転を行い銀行の回収資源を毀損することはありうる（平時においては、商取引上の契約について契約上の地位の移転を行ったことが当該融資先の信用悪化につながることもある）ので、留意が必要である。

(2) 債権譲渡

債権譲渡とは債権者が自己の有する債権を債権の同一性を変えることなく契約によって第三者に移転することである。債権譲渡は債務の肩代り、債権の回収、資産の流動化、担保などの目的に利用されるが、銀行の融資実務における債権譲渡は主に債権回収を目的とするものと、債権流動化による不良債権の整理を目的とするものである。また、近時では事業再生を目的とする債権譲渡も重要性を増している。

a 債権回収を目的とする債権譲渡

債権回収を目的とする債権譲渡は①債権者が担保の目的で債務者から第三者に対する債権の譲渡を受ける（債権譲渡担保）、②債権者が金銭による弁済にかえて債務者の第三者に対する債権の譲渡を受ける、③債権者が債務者の第三者に対する債権の譲渡を受けその代金を当該債務者に対する債権と相殺するなどの方法で行われるが、銀行の融資実務において利用されるのはほとんどが①の方法である。詳細は第1章第4節3(4)を参照されたい。

b 債権流動化による不良債権の整理を目的とする債権譲渡

債権流動化とは債権を譲渡してこれを資金に置き換えることをいう。銀行の融資実務における債権流動化は主に回収困難な不良債権をある程度まとまった規模で一括売却（バルクセール）することによって損失を確定し、税務会計上の処理を行うことに利用されている。

バルクセールの一般的な手順は①債務者への事前通知、②秘密保持契約締結、③デューデリジェンス（譲渡対象債権情報の開示）、④譲渡対象債権情報に関する質疑応答、⑤売却基準日（価格決定の基準日であり、基準日前の回収金は譲渡側（銀行）に帰属し、基準日後の回収は買受人に帰属する）、⑥入札、⑦落札者の決定、⑧プレ・クロージング（譲受人による引渡書類の確認）、⑨債権譲渡契約締結、⑩クロージング（譲渡代金支払、債権書類等の引渡し）である。ここで注意しなければならないのは根抵当権について譲渡日前（通常は基準日まで）に被担保債権の元本を確定しておかなければならないことである。

なお、金融庁は監督指針において貸付債権の流動化に関し、①譲渡債権の債務者の保護に配慮することおよび②債務者等を圧迫し、またはその私生活もしくは業務の平穏を害するような者に対して貸付債権を譲渡しないことを求めていることに留意が必要である。

c　事業再生を目的とする債権譲渡

事業再生の手法としての債権譲渡は産業再生機構（2007（平成19）年解散）、地域経済活性化支援機構（REVIC）、各種再生ファンド、サービサー等が金融機関から再生先企業に対する貸付債権等を譲り受けることである。その目的は、対象債権者全員の同意が必要な私的整理手続において再生計画の成立を容易にすることであり、通常は譲渡された債権の一部を再生計画に基づいてカットすることになる（実際は金融機関からの債権買取時に再生計画に基づく債権カット相当額等をディスカウントしているので、金融機関が債権カットしていることになる）。

なお、事業再生は本書の射程外であるため詳細は割愛する。

(3)　延期、更改、免除と担保・保証

主債務の延期、更改、免除等は担保・保証に対して影響を及ぼすことが多い。特に主債務の更改が認められると旧債権は新債権の発生により消滅し、その担保・保証は消滅するので、主債務の変更が更改とみなされることがないよう注意が必要である。なお、融資実務においては基本的に貸付債権を更改することはない。

a　延期（弁済期限の延長）

(a)　延期の担保・保証に関する影響

　弁済期限の短縮は期限短縮分だけ融資先の期限の利益を奪うことであり債務の加重に当たる。主たる債務の目的または態様が保証契約の締結後に加重されたときであっても保証人の負担は加重されないこととされているため（民法448条2項）、保証人に対して期限短縮の効力を及ぼすためには保証人の同意が必要である。この場合、保証人が複数の連帯保証人であっても特段の合意がない限り個々の連帯保証人の同意は相対的効力しか有しないため（同法458条、441条本文）、同意した連帯保証人ごと個別に期限短縮の効力が及ぶことになる。なお、銀行は同意しなかった連帯保証人に対して短縮前の弁済期が到来するまで保証債務の履行を請求できず、当初弁済期までの遅延損害金も当初の約定利率でしか請求できない。また、物上保証を得ている場合も期限短縮について物上保証人の同意が得られていなければ短縮前の弁済期が到来するまで担保権を実行できず、当初弁済期までの遅延損害金も当初の約定利率でしか担保されない。

　これに対し債務の弁済期限の延長は融資先および保証人にとって当初の期限から延長後の期限まで債務を返済しなくてもよいという利益、すなわち新たな期限の利益を与える有利変更に当たり、保証人の同意は不要である（ただし、実務上はトラブル防止の観点から特段の事情がない限り変更契約書には保証人の署名を得ておくべきである）。

　一方、物上保証人にとって弁済期限の延長は物上保証の責任期間が長期化するため不利益変更にみえるが、通常、弁済期限の延長がなされるのは融資先が当初期限に弁済できないことが原因であり、弁済期限の延長によって担保権が実行される危険を回避でき、当初弁済期限到来時以降発生すべきであった遅延損害金が延長後期限までは発生せず被担保債権増加リスクを回避できるというメリットのほうが責任期間長期化というデメリットよりも大きいので有利変更と解され、債務の弁済期限の延長は担保権に影響を及ぼさない。なお、弁済期限の変更は更改（同法513条1号）には該当しないと解されており（大判大12.6.13民集2巻401頁参照）。弁済期限を延長または短縮

しても債務の同一性は失われない。

⑵　**延期を行う場合の留意点**

主債務の延期を行う場合、次の点に注意する。

① 　保証人や物上保証人に対する権利は原則として延期した期間が満了するまで行使できなくなる。

② 　強制執行認諾文言付公正証書による貸付金については、弁済期の延長を公正証書によって行わなければ当初の公正証書が執行証書として認められなくなる危険性がある。

③ 　手形の書替えは、旧手形を返還すると保証人・物上保証人等から更改または代物弁済であると主張される危険性がある。

　　もっとも、手形の書替えは従来、旧手形を現実に回収して新手形を発行する等特別の事情のない限り単に旧手形債務の支払を延長するものであると解されており（最判昭29.11.18民集 8 巻11号2052頁）、近時の裁判例は、手形書替えは貸付債権の期限の延期であり更改ではないとする傾向にある（東京地判平 8 . 9 .24金融法務事情1474号37頁、東京地判平10. 2 .17金融・商事判例1056号29頁等）。

　　また、2020（令和 2 ）年 4 月 1 日に施行された現行民法513条は、更改が当事者による従前の債務にかえて新たな債務を発生させる契約であることを明記しており、契約当事者である銀行が更改の意思を有していない、すなわち手形の書替えにより旧債務を消滅させる意思を有していない以上、更改契約は成立していないことになる。

b　免　　除

担保・保証には付従性があり主債務について免除がなされると担保・保証も消滅する。ただし、主債務の整理が法的整理手続で行われている場合は主債務の整理が担保・保証に影響を及ぼすことはない（破産法253条、民事再生法177条、会社更生法203条、会社法571条）。

問題は私的整理手続（主に再生型私的整理手続）で主債務がカットされた場合である。この点に関する裁判例は付従性の適用を肯定するもの（東京地判平 8 . 6 .21判例タイムズ955号177頁）と付従性の適用を否定するもの（東

京地判昭51．8．26判例タイムズ348号239頁）とに分かれている。そこで実務
上は、担保について再生計画により弁済額を確定（または、再生計画合意ま
でに処分完了）し、保証債務について従来は主債務者にしか免除の効力を及
ぼさないといった「相対的免除構成」による措置（保証人による新たな債務
の負担と解されている）を講じてきたが、近時では「経営者保証に関するガ
イドライン」（本章第4節3）に基づく債務整理（一定額の弁済＋残債務免
除）が主流となっているため、このような問題が生じるケースはあまりな
い。

第 2 節　担保関係の変動に関する論点

　事業性融資に関していえば担保は平時においてその機能を発揮することはなく、一般的には担保設定から長期間が経過し融資先の有事により債権の回収が困難になった場合にはじめてその機能を発揮することになる。そのため、その期間に担保物件や担保権に各種の変動が生じることがあり、その対応を誤ると後日になって思わぬ損失の拡大を招くおそれがある。

　通常、期中管理が不十分で担保物件や担保権に変動が生じた際の対応が誤っていた場合は債権回収の局面では手遅れであることが多いが、それでもその変動の効果を正しく理解していれば若干なりともリカバーすることができるかもしれない。そこで、本節では不動産担保を中心によく生じる事象を取り上げ、管理の要点を述べる。

1　担保物件の変動

　まず、担保物件に生じる物理的変化、担保物件の変更（増し担保、担保物件の一部解除・差替え）、担保物件の利用関係変更についてみていく。

(1)　物理的変化

　土地に生じる主な物理的変化として「更地への建物新築」「土地の造成工事」「面積の増減」等がある。また、建物に生じる主な物理的変化として「増改築」「合併・分割、合棟・分棟、区分建物の合体」「移築」「取壊し」「建物の区分」「罹災」等がある。

a　土地に生じる物理的変化

(a)　更地への建物新築

　抵当権設定契約には抵当権者の承諾なしに建物を新築しない旨の特約がなされているが、抵当権設定者がこの特約に違反して新築している場合に抵当

権者が特約違反を理由に建物の新築工事を中止させる仮処分を申し立てることは原則として認められず、完成した新築建物の収去（取壊し）命令を申し立てることも認められない。また、更地に設定した抵当権の効力は新築された建物に及ばない。したがって、上記特約に抵当権設定者が違反してもその効果は期限の利益喪失事由の発生にとどまることになる。

　この場合、新築建物を追加担保として徴求できればそれに越したことはないが、債権回収の局面では追加担保徴求は困難であることが多い。新築建物が融資先または保証人の所有物であれば当該建物を仮差押えし、債務名義取得後に底地とともに強制競売手続に付すべきである。しかし、第三者による新築または新築後第三者に建物が譲渡された場合は当該建物に仮差押えすることができない。

　このため、底地の抵当権者が不当な損害を被らないよう、建物所有者が底地を占有するについて抵当権者に対抗できる権利を有していない限り、抵当権者は建物に抵当権が設定されていなくても底地とともに建物を競売（一括競売）することができることとしている（民法389条）。ただし、抵当権者に優先弁済権が認められるのは土地代金のみである。

　なお、更地に抵当権が設定された後に新築された建物には法定地上権が成立しない（大判大４.７.１民録21輯1313頁、最判昭36.２.10民集15巻２号219頁）とされている。ただし、抵当権設定後に新築された建物であっても、抵当権設定時に抵当地上に建物が存在しそれが取り壊されて新築されたものである場合、当該抵当権者はもともと底地に抵当権祖設定した者であるから当該建物に法定地上権が成立するとする判例（最判昭52.10.11金融法務事情843号25頁）があることに留意が必要である。

　⒝　土地の造成工事

　抵当地に対して造成工事が始まったとしてもそれ自体を原因として抵当権者の利益が害されることは考えがたく、通常は抵当地の価値の増大につながることが多い。ただし、トラブル防止の観点から次の点に留意すべきである。

ア　造成の許可の確認

　監督官庁の許可等がなされていない場合や許可事項等に違反している場

合、さらに施工業者等とトラブルが生じた場合は途中で工事を中止しなければならない事態に陥りかねず、そのようなことになれば担保価値が毀損するおそれがある。このため、工事着手前に必要な許可・届出がなされているか確認する。また、その際に造成目的、許可・届出内容、工事の施工業者等にも調査しておく。

イ　完成図による位置確認

抵当地が施工区画の一部の土地である場合、抵当地が私道部分、排水・浄水施設用地、緑地予定地などの公共目的部分にされていないか等を確認する。そのうえで担保価値の下落が懸念されるような配置がなされている場合は直ちに計画の変更を求める。

ウ　分・合筆手続の確認

抵当権が設定されている土地を分筆する場合、抵当権者が分筆後のいずれかの土地について抵当権を消滅させることを承諾しない限り、分筆後の土地に抵当権の登記が転写され、共同担保目録が作成される（不動産登記規則102条1項）。このため、分筆には抵当権者の承諾は不要であるが分筆により抵当地の担保価値が毀損するおそれがないか確認しておく必要がある。

抵当権が設定されている土地を他の土地（登記の目的、申請の受付年月日・受付番号、登記原因・原因日付が同一の抵当権が設定されている土地を除く。同規則105条）と合筆する場合、あらかじめ当該抵当権をいったん抹消しなければならない（不動産登記法41条6号）。この場合、合筆と同時に新たな抵当権の設定登記をさせるとともに新たな抵当権について順位等が不利益変更されていないか確認する。

エ　法定担保権が成立しないか確認

宅地の造成が計画の失敗、不許可、天災、工事資金の不足、内紛等で中断すると、造成業者や工事業者から留置権を行使されたり不動産工事または保存の先取特権を行使されたりする危険性がある（第1章第4節1(1)参照）。留置権や不動産保存の先取特権等は登記の先後にかかわらず抵当権に優先するので工事計画の良否、融資先等や造成業者等の信用状況について調査しておくべきである。

(c) 面積の増減

登記記録上の土地面積（地積）と実測による土地面積が異なることは珍しくない。面積相違の原因は、単に登記の際の面積が誤っているケースが多いが、自然現象（海や川による浸食、寄洲）、埋め立て、自然の隆起、時効取得等であるケースもある。

登記記録上の面積は所在地、地目等とともにその土地を特定するための方法として表示されているのであり、たとえ登記記録上の面積が実測と相違していても抵当権は特定された土地全体に及ぶ。しかし、土地の評価は実測で決まるので実測と登記上の面積とが相違する場合はできるだけ早く所有者（抵当権設定者）に表示変更の登記をさせるべきである。

b 建物に生じる物理的変化

(a) 増 改 築

増改築が抵当権に及ぼす影響は、増改築の結果、①増改築の前後で建物の同一性が認められるか、②増築部分について独立性が認められるかによって判断される。

同一性が認められれば増改築後の建物にも抵当権の効力が及ぶが同一性が否定されると抵当権が消滅するので新たに所有権保存登記を行い、抵当権を設定し直す必要がある。また、増築部分について独立性が認められなければたとえ別棟となっていても抵当権の効力は増築部分に及ぶが、増築部分に独立性があると認められると増築部分に抵当権の効力は及ばない（ただし、既存建物部分については存続する）ので、増築部分を別に所有権保存登記し抵当権を追加設定する必要がある。この同一性および独立性は物理的な点、社会常識的観点から判断される。

また、抵当権の効力は目的物の従物に及ぶので、抵当建物に付属建物が新築された場合は抵当建物の従物たる当該付属建物に抵当権の効力が及ぶ。ただし、当該付属建物が従物であるというためには、主たる建物に従属してその経済的効用を助けるものでなければならない。なお、所有者が当該付属建物の登記をしない場合、その付属建物が主たる建物とその効用をともにする状態にあることが客観的に認められれば債権者代位権（民法423条）により

銀行が単独申請によって変更登記をすることができる（不動産登記法59条1項7号、不動産登記例3条4号、7条3項）。

　なお、抵当権設定契約書には抵当物件の増改築を行うためには銀行の承諾を要する旨の特約がされているので、銀行の承諾なしに増改築をすることは期限の利益喪失事由に当たる（銀行取引約定書ひな型5条2項3号）。さらに、増改築により担保価値が下落したり担保権が消滅したりした場合は刑事責任（刑法262条）が生ずる余地がある。工事が完了していない場合は抵当権者として裁判所にその工事の差止めを求めることもできる。

(b)　合併・分割、合棟・分棟

　建物の合併は2棟の建物について物理的な変更を加えず1棟を他の1棟の建物の付属建物とするものである（不動産登記法54条1項3号）。抵当権の付着した建物には原則として合併が認められない（同法56条5号）ので、土地の合筆と同様いったん抵当権を抹消したうえで新たな抵当権の設定登記をさせるとともに新たな抵当権について順位等が不利益変更されていないか確認する。これに対して建物の分割は付属建物を物理的な変更を加えずに主たる建物から独立の建物として登記するものである。この場合、土地の分筆に関する不動産登記規則102条が準用され抵当権は新建物に転写され共同担保目録が作成されるので、抵当権の効力は保全される。

　建物の合体とは2個以上の別個に登記された建物について物理的変更を加えることにより構造上全体として1個の建物とすることをいい、隣接する建物間に渡り廊下等の工事をすることで1個の建物とするケース（合棟）、隣接する区分所有建物の隔壁を除去して一つの区分所有建物にするケース（区分所有の消滅）がある。建物の合体の登記をする場合、抵当権者の「抵当権の消滅に関する承諾情報」が提出されると旧建物の抵当権は消滅するが、「抵当権の消滅に関する承諾情報」が提出されなければ旧建物の抵当権の登記に移記される（不動産登記規則120条4項）ので、抵当権の効力は保全される。これに対して建物の分棟とは1個の建物として登記された建物について物理的変更を加えることにより数個の建物として登記することであるが、実務の扱いは建物の分割と同様である。

（c）移　　築

　建物の移築には建物は解体せずにそのまま地上に浮かせレールなどにより他の場所へ移動させて据え付ける「曳行移築」、建物を一度解体して別の場所で同じ材料を用いて同じ構造の建物を建てる「解体移築」がある。

　曳行移築の場合、移転前の建物と移転後の建物は所在地が変わっただけで同一の建物である（最判昭31. 7 .20民集10巻 8 号1045頁）から、その建物を目的とする抵当権の効力にはなんら影響はない（ただし、同一地番の土地内部での移転の場合を除き、所在地の変更登記は必要）。これに対し解体移築の場合、従前の建物は解体により消滅し材料はいったん動産に転化するから、たとえ同一材料を使って建て直しても、それは同一不動産とはならないと解されている（最判昭62. 7 . 9 金融法務事情1173号41頁）。このため抵当建物が解体移築された場合は至急所有者に所有権保存登記をさせ、あらためて抵当権設定登記をしなければならない。

（d）取 壊 し

　抵当建物が取り壊された場合、その事由にかかわらず抵当権は当然に消滅する。また、抵当建物を取り壊して建て替えた場合、抵当建物が取り壊されれば建替え後の建物と抵当建物とは同一性がないので、抵当権は目的物が滅失したことにより消滅する。したがって、抵当建物の抵当権の効力は建替え後の建物には及ばない（最判昭40. 5 . 4 金融法務事情414号 6 頁）。

　このため、抵当権者としては、建物取壊しに着手する前であればあらかじめこれを差し止める妨害排除予防請求権が物権的請求権として認められ、建物取壊し着手後であっても建物滅失前であれば抵当権に基づく妨害排除請求権により抵当建物を毀滅しないよう求めることができる（大判昭 6 .10.21民集10巻11号913頁）。

　また、建物滅失後であっても毀損したのが融資先であれば期限の利益喪失（上記(a)参照）により被担保債権の弁済を求めることになり、抵当権設定者または第三者である場合は損害賠償請求権（民法709条）を行使することになる。後者の場合、抵当権設定者が行為者に対して損害賠償請求権を有するときは抵当権者が当該損害賠償請求権に物上代位することができる（大判大

5.6.28民録22号1281頁）。ただし、抵当建物が毀損されても他の担保により被担保債権の保全が十分である場合、不法行為は成立しないとされている（最判昭3.8.1民集7巻10号671頁）ことに注意が必要である。なお、たとえ行為者が所有者であっても刑法262条（自己の物の損壊等）に基づき刑事責任が生ずることになる。

(e) 罹　　災

建物が罹災した場合、火災保険に質権を設定していれば保険請求を行うことになるが、質権が設定されていなければ直ちに当該不動産の所在地を管轄する地方裁判所に抵当権に基づく物上代位権（民法372条、304条）の行使として保険金に対する差押命令を求める。銀行の物上代位と他の一般債権者による差押えとが競合したときは他の一般債権者による差押えと物上代位権者の抵当権設定登記との先後によって優劣を決することとされている（最判平10.3.26金融法務事情1518号35頁）。

(2)　担保物件の変更

a　増し担保

特定債権を担保する普通抵当権の増し担保として新しい物件を担保にとる場合、共同担保目録の提出は必要であるが特に共同担保の登記をしなくても自動的に共同抵当権になる（民法392条参照）。しかし、根抵当権について増し担保として新しい物件を担保にとる場合はその設定と同時に共同担保の登記（不動産登記法83条1項）をすれば「共同根抵当権」（民法398条の16）と、当該登記をしなければそれぞれ別個の根抵当権である「累積式根抵当権」（同法398条の18）となるため、そのいずれかを選択する必要がある。

共同抵当権、共同根抵当権については、後順位担保権者との利害を調整する同法392条および393条の規定が適用される（第1章第4節5(5)d参照）が、累積式根抵当権には、この規定は適用されない。

また、共同根抵当権の場合、極度額は累積されないがどの物件からでも極度額まで優先弁済権を行使できる。なお、共同根抵当権を設定する場合、被担保債権の範囲、債務者、極度額が同一でなければならず、その変更等はすべての不動産について登記しなければその効力を生じない（同法398条の17

第1項）、一個の不動産についての元本確定、極度額の減額請求、根抵当権の消滅請求がなされるとすべての不動産について効力を生じる（同法398条の17第2項、398条の21第2項、398条の22第2項）という性質がある。

これに対し累積式根抵当権は各物件の極度額が合算される、物件ごとに異なる内容の登記の設定ができる、物件ごとに異なる変更・処分ができるというメリットがある。半面、登録免許税が共同抵当権は追加する物件一つにつき1,500円（登録免許税法13条）であるのに対し累積式根抵当権は追加する各根抵当権につき極度額の1,000分の4と共同根抵当権に比べて高い、極度額の配分を誤ると不足額を他の物件から補うことができない、一部の物件が毀損した場合に他の物件に代替することはできない、さらに評価や一括処分の際に問題が生じやすいというデメリットがある。

これらをふまえると、共同抵当権と累積式根抵当権の選択基準は次のとおり。

① その効用および処分において両者を一体として担保取得したほうが有利な場合（たとえば同一所有者の敷地と地上建物、隣接する二つの物件等）は共同根抵当権

② それぞれ先順位抵当権があって担保価値の算定が困難である物件の場合は共同根抵当権

③ 担保物件の一部について処分した際に生じる処分価額不足を他の物件で補う必要がある場合は共同根抵当権

④ 物件ごとに担保評価を厳密に行うことができる場合は累積式根抵当権

⑤ 個別の処分が容易であり単独の物件でそれぞれ極度額いっぱいの満足が得られる場合は累積式根抵当権

⑥ 所有者が異なり所有者が共同担保とすることに難色を示す場合は累積式根抵当権

⑦ 一部の物件に対する元本確定事由、根抵当権消滅請求等を他の物件に及ばないようにしたい場合は累積式根抵当権

b　担保物件の一部解除および担保物件の差替え

　担保物件を一部解除する場合は担保保存義務（民法504条１項）に注意すべきである。一般に担保保存義務は取引上の社会通念に照らして合理的な理由があるときは適用されず（同条２項）、さらに融資取引では銀行と保証人との間で担保保存義務免除特約締結しているので担保保存義務が問題となるケースは少ない（ただし、担保物件の第三取得者は担保保存義務免除特約を承継しないことに注意が必要である）。

　しかし、当該解除が取引上の社会通念に照らして合理的かどうかは銀行側に主張・立証責任があり、担保保存義務免除特約の効力も「信義則違に反しあるいは権利の濫用に該当するものとすべき特段の事情がない限り」という限定付きで容認されている（最判平２.４.12金融法務事情1255号６頁ほか）ので、漫然と担保物件の一部解除を行うということがないよう留意が必要である。したがって、任意売却代金が評価額を下回る担保解除（特に無償解除）をする場合は代位権者から事前に承諾を得るべきであり、やむをえず承諾なしに解除せざるをえないときは合理性を立証できるように理論武装しておく必要がある。

　なお、担保物件の差替えは追加担保と一部解除との組合せであるから、これについても同様の対応が必要である。

c　３条目録への記載

　工場に備え付けられた機械・器具は譲渡担保権、工場抵当権、工場財団抵当権の目的とすることができることから、これらの担保権が競合することがありうる。特に譲渡担保権と工場抵当権とが競合する場合（たとえば譲渡担保権が設定されている物件が３条目録に記載される場合）の優先劣後が問題となる。

　この場合の優先劣後は３条目録への記載と譲渡担保権の対抗要件取得との先後で決する。なお、判例（最判平６.７.14金融法務事情1405号37頁）は、抵当権の設定登記による対抗力はその設定当時の土地・建物の従物にも及ぶ（最判昭44.３.28民集23巻３号699頁）という考え方について「ありえないではない」としつつも従物か否かの実際上困難な判断を関係者に強いるのは妥

当でないとして、工場抵当権においては3条目録への記載が第三者対抗要件であると判示している。

(3) 利用関係の変更

a 農地の宅地転用

抵当権の目的が農地（採草放牧地を含む）である場合、抵当権実行による買受人となれるのは農地法により農業委員会においてその資格が認められたものに制限されている（同法3条）。このため、現況がすでに宅地である場合は抵当権の実行に先立ち次の対応をしておく必要がある。

① 事前に都道府県知事の許可（同法4条）を得て宅地に転用する。

② ①の許可を得た後、地目変更の登記を行う（宅地転用の許可があっても登記が宅地に変更されていなければ競売手続では農地として取り扱われる）。

b 線引きの変更

国土利用計画法、都市計画法、道路法、建築基準法等、不動産の利用を規制する法律による規制は一般に線引きという方法によってなされる。これらの法律によってどのような規制を受けるかは担保価値に大きく影響する。

担保取得時には線引きを確認するのが一般的であるが線引きは変更されることがあり担保取得時と担保実行時では線引きが異なることがありうる。このため、線引きの変更のつど自行の担保物件にどのように関係するか把握しておく必要がある。そして、線引きの変更により担保価値が下落することが想定される場合は、直ちに保全の強化を図るべきである。

2 担保権の変動

担保権の変動には①目的物に対する（仮）差押え、②被担保債権に対する（仮）差押え、③目的物の所有権の移転、④抵当権者の変更、⑤被担保債権の弁済期の変更、⑥抵当権の債務者の変更、⑦抵当権の譲渡、順位の変更、⑧根抵当権の元本の確定、⑨根抵当権の極度額、被担保債権の範囲の変更と確定という論点が考えられるが、①は、担保権の変動というより期限の利益喪失事由や根抵当権の元本確定事由（上記⑧）として論点になることが多

く、通常の融資業務において②に該当する場面は考えがたいので、それ以外
の論点をみていく。

(1) 所有権の移転

所有権移転の原因には特定承継（売買、贈与など）、包括承継（相続、合
併等、会社分割）、取得時効がある。

a 特定承継

担保物件の所有権が売買等により第三者に移転した場合、次の点に留意す
る。

(a) 抵当権設定契約の特約条項の継続

抵当権の目的物が第三者に譲渡されても抵当権の効力に影響はない。しか
し、抵当権設定契約書の特約条項は第三取得者に承継されない。特約条項に
は目的物についての保全義務（無断譲渡禁止も含む）・火災保険付保義務
（質権設定義務）、通知・承諾義務、費用負担義務、担保保存義務免除特約等
があり、抵当権を保全するうえで重要なものが多数あるので、すみやかに第
三取得者との間で特約を締結する必要がある。

(b) 取壊しの危険の確認

第三取得者が抵当権目的物について有効利用を目的として取得した場合、
銀行に無断で取り壊される危険がある。当該物件が取り壊された場合や取り
壊されそうになった場合の対応は本節 1 (1) b (d)を参照されたい。

(c) 抵当権消滅請求への対応

第三取得者から抵当権消滅請求（民法379条）がなされると、その取得代
価または評価額の受領と引き換えの抵当権消滅を認容するか 2 カ月以内に抵
当権に基づく競売申立てを行うかの選択を迫られることになる（同法383条）。

(d) 根抵当権の元本確定請求の可能性

抵当不動産を売買などで取得した第三取得者は民法398条の19第 1 項の元
本確定請求権者の地位を引き継ぐので、承継人たる第三取得者による元本確
定請求の可能性を確認する。

(e) 抵当権設定者への損害賠償請求等の要否

抵当権設定者（売主）に対する無断譲渡禁止特約違反による損害賠償請求

（抵当権設定者が融資先の場合は重ねて増担保請求）を検討する。

b　包括承継

担保物件の所有者が死亡したり合併・会社分割により消滅会社となったりした場合、次の点に留意する。

(a)　相続人の合意の登記

元本確定前の根抵当権の債務者がが死亡すると6カ月以内に相続人の合意の登記を完了させなければ当該根抵当権は相続開始時にさかのぼって担保債権の元本が確定する（民法398条の8）。

(b)　根抵当権の元本確定請求の可能性

物上保証人が死亡した場合、その相続人が民法398条の19第1項の元本確定請求権者の地位を引き継ぐ。また、合併または会社分割した消滅会社が物上保証人であった場合、存続会社が同条1項の元本確定請求権者の地位を引き継ぐのでこれらの者による元本確定請求の可能性を確認する。

c　取得時効

抵当権は債務者および抵当権設定者に対しては、被担保債権と同時でなければ時効によって消滅しない（民法396条）。しかし、債務者または抵当権設定者でない者が抵当不動産を時効取得した場合、抵当権はこれによって消滅する（同法397条）。

このようなことにならないよう抵当権設定者の抵当不動産の占有状況について定例的に調査しておく必要がある。

(2)　抵当権者の変更

通常の融資取引では抵当権者の変更という事態は想定されないが、銀行が被担保債権について信用保証協会等から代位弁済を受けたり債権売却（バルクセール）を行ったりするケースは珍しくない。普通抵当権は被担保債権の代位弁済や債権売却によって信用保証協会やサービサー等に当然に移転する。また、根抵当権の被担保債権について代位弁済や債権売却する場合も根抵当権を銀行から信用保証協会やサービサー等に移転することが多い。この場合に注意しなければならないのは、被担保債権とともに根抵当権を移転する場合、代位弁済または債権売却を行う前に被担保債権の元本確定を行う必

要があるということである（民法398条の7第1項）。

⑶　被担保債権の弁済期の変更

抵当権の登記において弁済期は登記事項となっておらず、元本確定の前後を問わず根抵当権の登記についても弁済期は登記事項となっていないので、被担保債権の弁済期が変更されても登記を変更する必要はない。なお、弁済期の変更については本章第1節3⑶aを参照されたい。

⑷　抵当権の債務者の変更

抵当権の債務者の変更が発生する局面は①被担保債権について債務引受がなされたとき、②債務者について相続開始や合併等があったとき、③根抵当権の債務者を変更したときである。このうち①については本章第1節3⑴a⒞・b⒞を、②については本章第1節1⑴・⑶を参照されたい。

元本確定前の根抵当権は債務者を別人に変更したり別人を追加したりすることができる（民法398条の4第1項後段）。この変更は、根抵当権者と根抵当権設定者との合意のみで行うことができ、債務者となっていた者はもちろん後順位の担保権者その他の第三者の承諾は要しない（同条2項）。しかし、元本確定後の根抵当権は債務者を変更することができない（同条3項）。

⑸　抵当権の譲渡、順位の変更

普通抵当権および元本確定後の根抵当権にはその抵当権を他の債権者に利用させる抵当権の譲渡・放棄、順位譲渡、順位放棄が、元本確定前の根抵当権には「枠」としての根抵当権の処分である全部譲渡、分割譲渡、一部譲渡が認められている（民法376条、398条の11〜398条の13）。なお、抵当権の順位の変更および転抵当権（抵当権を他の債権の担保とすること）は抵当権および根抵当権（確定の前後を問わない）を問わず認められている（同法374条、376条1項、398条の11第1項ただし書）。

⑹　根抵当権の元本の確定

根抵当権は一定の事由（下記bに列挙）の発生により元本が確定する。根抵当権の元本の確定とは根抵当権によって優先弁済を受けられる元本債権が定まることをいう。根抵当権の元本確定期日の定めがない場合、根抵当権設定者（目的不動産の所有者）は根抵当権設定後3年経過しなければ元本の確

第2節　担保関係の変動に関する論点　399

定を請求することができないが（民法398条の19第1項前段）、根抵当権者は
いつでも元本の確定を請求できる（同条2項前段）。これに対して元本確定
期日を定めた場合は根抵当権設定者にも根抵当権者にも元本確定請求は認め
られず（同条3項）、下記bに列挙した元本確定事由が生じない限り確定期
日の到来（当日の午前零時）によって根抵当権の元本は確定する（同法398
条の6第1項参照）。

a　元本確定の効果

　根抵当権は極度額が登記されているため極度額を限度として確定した元本
および利息・損害金の全部について優先弁済を受けることができ（民法398
条の3第1項）、根抵当権の元本が確定すると当該根抵当権は確定時に存す
る元本および利息・損害金とその元本債権から確定後に生ずる利息・損害金
の全額について極度額を限度として担保することとなる。これに対し元本確
定後に生じた元本債権は、確定前に生じた被担保債権の元利金と合算して極
度額を下回る場合であっても当該根抵当権では担保されない。

　また、根抵当権の元本が確定すると被担保債権の元本が具体的に特定する
こと、付従性や随伴性を有することなど普通抵当権と共通の性質が生じるが
（同法398条の7第1項参照）、普通抵当権に転化するわけではない。たとえ
ば優先弁済権の範囲が異なること（同法375条、398条の3第1項）、根抵当
権には減額請求（同法398条の21第1項）や消滅請求（同法398条の22第1
項）が認められることなど、異なる点も多い。

b　根抵当権の元本確定事由

　根抵当権は、次に掲げる事由が生じたときに担保すべき元本が確定する。

(a)　根抵当権者による競売申立て等

　根抵当権者が抵当不動産について②担保不動産競売、⑥担保不動産収益執
行、ⓒ物上代位による不動産賃料等の差押えのうちのいずれかを申し立てた
場合、②および⑥については手続の開始が、ⓒについては差押えがあったと
きに限り、根抵当権の元本はその申立ての時に確定する（民法398条の20第
1項1号）。

400　第3章　債権回収を取り巻く諸論点

(b) **根抵当権者による滞納処分差押え**

根抵当権者たる税務当局による滞納処分があると、根抵当権の元本はその差押えの時に確定する（同項2号）。

(c) **第三者による競売申立て等**

抵当不動産に対し第三者の申立てによる競売手続の開始または滞納処分による差押えがあった場合は根抵当権者がそれを知ってから2週間を経過した時に根抵当権の元本が確定する（同項3号）。ただし、いったん元本が確定しても、その後、差押えの解除等によりそれらの手続が効力を失えば、元本が確定したものとしてその根抵当権またはこれを目的とする権利を取得した者があるときを除き、確定の効力が生じなかったものとみなされる（元本確定の覆滅：同条2項本文・同項ただし書）。

(d) **債務者または根抵当権設定者に対する破産手続開始決定**

債務者または根抵当権設定者に破産手続が開始されると根抵当権の元本はその開始決定の時に確定する（同法398条の20第1項4号）。なお、上記(c)同様、手続が効力を失えば元本確定が覆滅する。

(e) **そ の 他**

以上のほか、根抵当権者の相続開始（同法398条の8第1項）、根抵当権者または債務者の合併・会社分割を理由とする根抵当権設定者の元本確定請求（同法398条の9第3項本文、398条の10第3項）などがある。

c **共同根抵当権の元本確定**

共同根抵当権は全部の目的不動産について被担保債権の範囲・債務者・極度額が同一でなければならない（民法398条の17第1項参照）ため、目的不動産の一つにでも差押えなどの元本確定事由が生じるとすべての目的不動産上の根抵当権の元本が確定する（同条2項）。

d **根抵当権の減額請求・消滅請求**

元本確定前の根抵当権は被担保債権の消滅によって極度額が影響を受けることはない。また、抵当権には被担保債権が存在する限り不可分のものとして存在するという性質（不可分性）があり、被担保債権の一部が弁済等により消滅しても抵当目的物全体について抵当権を実行できる（民法372条、296

条）ため、一部解除（減額）に応じる必要はないのが原則である。

　しかし、根抵当権は元利金が極度額まで担保され（同法398条の２第１項）、極度額の範囲内で確定後に発生する利息・損害金は増加し続けるため、普通抵当権に比べ負担が過大とならないよう、元本確定後の被担保債権額（利息・損害金を含む。以下同じ）が極度額を下回っている場合、根抵当権設定者や第三取得者は現に存する債権の額と以後２年間に生ずべき利息・損害金とを加えた額に極度額を減額するよう請求できることとされている（根抵当権減額請求。同法398条の21第１項）。反対に元本確定後の被担保債権額が極度額を上回っている場合、根抵当権者は極度額以上の回収が期待できないのであるから、物上保証人や第三取得者、用益権者（債務者・保証人は除かれることに注意）は極度額相当の金額を支払う（または供託する）ことにより根抵当権の消滅を請求できることとされている（根抵当権消滅請求。同法398条の22）。

(7) 根抵当権の極度額、被担保債権の範囲の変更と確定

　根抵当権の極度額は、元本確定の前後を問わず後順位担保権者等の利害関係人の承諾があれば変更することができる（民法398条の５）。また、根抵当権は確定事由が生じた時点において登記されていた被担保債権を極度額の範囲内で担保する抵当権であるため、被担保債権の範囲は確定前であれば変更することができるが、確定後は変更することができない（同法398条の４第１項前段）。この変更は根抵当権者と根抵当権設定者の合意のみで行うことができ、債務者となっていた者はもちろん、後順位の担保権者その他の第三者の承諾は要しない（同条２項）。

402　第３章　債権回収を取り巻く諸論点

第3節 保証に関する論点

1 保証人の責任の範囲

⑴ 普通保証と連帯保証の異同

保証には普通保証（通常保証、単純保証ともいう）と連帯保証がある。連帯保証とは保証人が債務者と連帯して債務を負担する保証形態である（民法454条参照）。連帯保証は保証人が主債務者と連帯して保証することを保証契約において特約した場合に生じるのが原則であるが、主債務が主債務者の商行為によって生じたとき、または保証契約自体が商行為であるときは特約がなくても当然に連帯保証となる（商法511条2項）。普通保証と連帯保証との異同は次のとおり整理できる。

a 普通保証、連帯保証に共通の性質

⒜ 保証債務の付従性

普通保証、連帯保証を問わず、保証債務は付従性（その成立・変更・消滅等において主債務と運命をともにすること）を有するので主債務が無効の場合は成立における付従性により保証債務も無効となり（大判昭13.2.4民集17巻87頁）、主債務が弁済等によって消滅すると消滅における付従性により保証債務も消滅する（主債務が時効により消滅した場合も保証債務は当然に消滅する）。さらに、変更における付従性により、主債務がその同一性を失わずに変更がなされると保証債務もこれに応じて変更される。たとえば主債務の軽減に当たる期限延長がなされた場合は、保証債務も主債務の限度に減縮される（民法448条1項）結果、保証債務の期限も当然に延長される（大判明37.12.13民録10輯1591頁）。ただし、保証人保護の観点から付従性が否定されるケースもあり、具体的には主債務の目的または態様が保証契約の締

結後に加重（金利引上げ、弁済期限短縮等）されたときは、保証人の負担は加重されないこととされている（同条2項）。

なお、保証人は主債務者の有する抗弁権（主債務の不存在・消滅の抗弁、同時履行の抗弁権等）を行使でき（同法457条2項）、主債務の時効も援用できる（同法145条参照）。また、保証人は主債務者が有する相殺権、取消権、解除権を行使することはできないが、主債務者がこれらの権利の行使によって免れるべき限度において保証債務の履行を拒むことができる（同法457条3項）。反対に、主債務者に対する時効の完成猶予および更新は保証人に対してもその効力を生ずる（同条1項）。

(b) 保証債務の随伴性

被保証債権が譲渡されたり代位弁済されたりした場合は保証債務の随伴性により保証債務も主債務に伴って移転する（最判昭45.4.21金融法務事情582号30頁）。これに対し、主債務が免責的債務引受される場合は主債務者の資力に変動が生じ保証人に不利益が及ぶおそれがあるため、保証人の書面（または電磁的記録）による承諾がなければ保証債務が消滅する（民法472条の4第3項〜5項）ことに注意が必要である。

(c) 保証契約成立の要件

融資契約は、主たる債務者Aが債権者Bから借りた金銭を消費しAがBに対してあらかじめ定めた返済方法に従って返済を行う「AB間の契約」であるのに対し、保証契約は、AがBに債務を履行しない場合に保証人CがAにかわってBに対しその履行を行うという融資契約とは別個の「BC間の契約」である。このため、両者は必ずしも同時に締結される必要はなく、融資契約の成立後に締結した保証契約は有効である。また、保証契約は保証人保護のため要式性を求められており、書面または電磁的記録によらなければ効力を生じない（民法446条2項・3項）。

なお、銀行の保証実務においては、主債務者から保証人に対して保証委託がなされるのが一般的であるが、保証委託契約は保証人が保証債務を履行した場合の求償権の範囲を画する効力を有するにすぎないため（委託を受けた保証人につき同法459条1項・2項、442条2項、委託を受けない保証人につ

404　第3章　債権回収を取り巻く諸論点

き同法462条1項、主債務者の意思に反する保証人につき同法462条2項）、保証委託契約が無効でも保証契約にはなんら影響を及ぼさない（大判大正6.9.25民録23輯1364頁）。

b　普通保証、連帯保証の相違点

普通保証、連帯保証の相違点は主債務者・保証人間の連帯関係の有無という点にある。

(a)　保証債務の補充性の有無

保証人は、主債務が履行されない場合に二次的に履行責任を負うのが原則である（補充性。民法446条1項）。普通保証は、債権者Bが保証人Cに債務の履行を請求した場合、Cには①まず主たる債務者Aに催告するよう請求できる催告の抗弁権（同法452条）、②Cが、Aに弁済の資力があり、かつその財産に対する執行が容易であることを証明すれば、Bに対しまずAの財産に強制執行するよう請求できる検索の抗弁権（同法453条）、ならびに③共同保証の場合、Cは主債務の額を平等の割合（たとえばほかに保証人Dがいるときは2分の1）についてしか保証債務を負わないという分別の利益（同法456条、427条）がある。

これに対し連帯保証は、主たる債務者と連帯して債務を負担するという特殊な保証形態であることから、その性質上補充性を欠き催告・検索の両抗弁権を有さず（同法454条）、分別の利益もない（大判大8.11.13民録25輯2005頁）ため保証人各自が全額履行の責任を負う（大判大6.4.28民録23輯812頁）。このため、主債務の弁済期限経過または期限の利益喪失により債権者は直ちに連帯保証人に債務全額の履行を請求でき、連帯保証人はこれを拒めない。

また、連帯保証人が債務者にかわって弁済した場合、債務者に対しては弁済額が自己の負担部分を超えるか否かにかかわらず求償権を取得する（同法459条、462条）が、他の連帯保証人に対しては主債務の全額または自己の負担部分を超えて弁済した場合に限り、各自の負担部分について求償権を取得する（同法465条1項、442条。最判昭46.3.16金融法務事情612号25頁、最判平7.1.20金融法務事情1419号32頁）。

(b) 保証人に対する請求の効力

履行の請求（訴訟の提起等）は時効の完成猶予事由とされているが（民法147条1項1号）、普通保証人に対する履行の請求の効力は主債務者には及ばない。

これに対し連帯保証人に対する履行の請求には連帯債務に関する規定が適用されるので、連帯保証人に対して履行の請求をすると主債務者に対してもその効力が生じる旨の特約（履行の請求を絶対的効力事由とする旨の特約）があれば主債務者にも及び（同法441条ただし書、458条）、主債務の時効の完成が猶予される。ただし、履行の請求を絶対的効力事由とする旨の特約がなければ連帯保証人に対する履行の請求は相対的効力しか認められず（同法441条本文）、主債務の時効の完成が猶予されないこととなるので留意が必要である。

(2) 根 保 証

根保証とは、一定の継続的取引関係から現在および将来において生ずる不特定の増減変動する債権を保証するという保証形態である。

a 個人根保証契約

法人でない者が保証人となる根保証契約を個人根保証契約といい、個人根保証契約の保証人は極度額を限度としてその履行をする責任を負う（民法465条の2第1項）。個人根保証契約の極度額は主たる債務の元本、主たる債務に関する利息、違約金、損害賠償その他その債務に従たるすべてのものおよびその保証債務について約定された違約金または損害賠償の額の合計の上限である。このため、個人根保証契約は極度額を定めなければ効力を生じない（同条2項）。また、個人根保証契約は保証契約の一種であるから極度額の定めは書面または電磁的記録によらなければ効力を生じないこととされている（同条3項）。

根抵当権については、元本の確定前に債権者から被担保債権を譲り受けた者や債権者のためにまたは債権者にかわって弁済した者はその債権について根抵当権を行使することができない（同法398条の7第1項）とされている（随伴性の否定）が、根保証については、元本確定前に被保証債権の譲渡や

406 第3章 債権回収を取り巻く諸論点

代位弁済が行われると、これによって被保証債権の移転を受けた者は、根保証契約の当事者間で随伴性を否定する別段の合意がなされていない限り、保証人に対し保証債務の履行を請求できると解されている（最判平24.12.14金融法務事情1973号103頁）。

b　個人貸金等根保証契約

個人貸金等根保証契約とは、個人根保証契約のうち主たる債務の範囲に金銭の貸渡しまたは手形の割引を受けることによって負担する債務（貸金等債務）が含まれるものである（民法465条の３第１項）。個人貸金等根保証契約は個人根保証契約の一形態であるから個人根保証契約の規律に服する。

個人貸金等根保証契約は元本確定期日を定めなくても有効に成立するが、その場合、契約締結日後３年を経過する日が元本確定期日となる（同条２項）。他方、元本確定期日を定めることもできるが、契約締結日後５年を経過する日より後の日を元本確定期日と定めたり元本確定期日が契約締結日後５年以内であっても書面または電磁的記録によって定められていなかったりした場合、当該元本確定期日の定めは効力を生じない。この場合は元本確定期日の定めがないものとして取り扱われ、契約締結日後３年を経過する日が元本確定期日となる（同条１項・４項、446条２項・３項）。なお、元本確定期日を契約日から５年超の日とすることを趣旨として付された自動更新の特約は無効であると解されている。この場合「元本確定期日を契約日から５年超の日とすることを趣旨として付された自動更新の特約」のみが無効であると解されているので、契約締結日後最初に到来する確定期日（ただし契約締結日から５年以内の日を期日とするものに限る）をもって主たる債務の元本が確定することに留意が必要である。

個人貸金等根保証契約の留意点は次のとおり。

①　保証人は確定した元本について保証するのであって元本確定期日以降に実行された貸付金については保証債務を負わない。

②　保証契約締結日前に実行されている貸付から生じた債権も根保証の対象となる。

③　元本確定後に弁済期限が到来する貸付金債権であっても元本確定期

日到来時にすでに存在していれば当該貸付金債権は確定した元本に含まれるので保証の対象となる。

④　保証人は元本確定時に存する主債務の元本確定後に生じた利息・損害金等についても極度額の範囲内で保証債務を負う。

c　元本確定事由

個人根保証契約は元本確定期日が到来したときのほか①保証人の財産についての強制執行または担保権実行の申立て時（手続が開始された場合に限る。以下同じ。民法465条の４第１項１号）、②保証人の破産手続開始決定時（同項２号）、③主たる債務者または保証人の死亡時（同項３号）に主たる債務の元本が確定する。個人貸金等根保証契約は上記①〜③に加え④主たる債務者の財産についての強制執行または担保権実行の申立て時（同条２項１号）および⑤主たる債務者の破産手続開始決定時（同項２号）に主たる債務の元本が確定する。

2　特殊な保証と保証に類似するもの

保証には一般の保証と異なる形態のものや保証と類似するが民法上の保証ではないものもあるので注意が必要である。融資実務でよく見かけるものについて検討する。

(1)　保証予約

保証予約とは、将来債権者から請求された場合または一定の事由が生じた場合等に保証契約を負担するという契約である。保証予約には次のような形態がある。

a　保証契約締結義務型

債権者による保証契約締結の請求がなされた場合に保証予約をした者に保証契約を締結する義務が生ずる類型である。保証予約者が任意に承諾しない場合は、承諾を求める訴えを提起しなければならない。

b　予約完結権行使型

債権者の予約完結権行使により保証契約が成立する類型である。予約完結権の行使は要式行為ではないので口頭でも有効である（実務上は、緊急性が

高いなど特段の事情がない限り配達証明付内容証明郵便で予約完結権を行使する）が、保証予約者が行方不明の場合は最終的に公示送達による必要がある。

c 停止条件付保証契約

停止条件としての一定の事由が生じた場合に自動的に正式な保証契約が効力を生ずる類型である。①および②と異なり保証契約は（効力は生じていないが）当初から成立している。

(2) 損害担保契約

a 損害担保契約の概要

「損害担保契約」は、一方の当事者が他の当事者に対してある一定の事項についての危険を引き受け、これにより生ずる損害を担保することを目的とする契約である（民法等、法律上の明文規定はない無名契約の一種）。保証は要式契約であり（民法446条2項・3項）、付従性・随伴性・補充性を有していることから主債務の存在を前提としているが、損害担保契約は不要式契約であり、付従性・随伴性・補充性を有しないことから主債務の存在を前提としないため、主債務が成立原因の瑕疵により無効・取消しとなっても損害担保契約には影響を及ぼさないという違いがある。また、保証債務は主債務よりも重いことが許されないが（同法448条1項・2項）、損害担保契約にはそのような制限はない。

損害担保契約は保証契約によることが不適当な場合や主債務の成立に問題がある場合等に利用される。具体的には地方公共団体による損失補償契約、提携ローンについて提携先が行う損害担保契約、主債務者の状況を知りえない場合の損害担保契約、外国で保証が禁止または制限されている場合の損害担保契約、輸出手形および輸出金融の損害担保契約、異例扱いについての損害担保契約などがある。なお、企業間取引契約で設けられる「表明保証条項」の法的性質も損害担保契約であるという見解が有力である。

b 損害担保契約の留意点

損害担保契約には、その成立要件等について法令上の明文規定がないため、その法的効力が認められるか否かは要件・効果に関する記載の有無・内

容、契約締結の経緯・交渉経過等、諸般の事情をふまえて判断される。

このため、次の項目について明確に定めておく必要がある。

① 損害の内容および損害額の算出方法

② 担保される期間と極度額

③ 担保義務者と主債務者との関係

④ 担保義務者と保証人・物上保証人との関係

また、損害担保契約上の債権は抵当権の被担保債権とすることができるが同債権が「銀行取引によるいっさいの債権」に含まれるかについては疑義があり、根抵当権の被担保債権とする場合は被担保債権の範囲に「○年○月○日損害担保契約によって生ずる債権」を追加して登記しておく必要がある。

なお、個人が保証人として「事業のために負担した貸金等債務を主債務とする保証契約」「主債務の範囲に事業のために負担する貸金等債務が含まれている根保証契約」を締結する場合、当該保証人がいわゆる「経営者保証人」に該当するケースを除き公正証書での保証意思宣明が必要であるが（民法465条の6第1項・3項、465条の9）、個人と締結する損害担保契約にもこの規定が類推適用される可能性があることに注意が必要である。

(3) 経営指導念書

銀行が融資を行う際、当該融資先の親会社等がいわゆる「経営指導念書」を銀行に対して差し入れることがある。経営指導念書は親会社等が当該融資先の経営につき十分指導、監督を行うこと、銀行に対して迷惑をかけないことなどが記載された書面である。親会社等は自らが法的に保証（または保証予約。以下同じ）や損害担保と同様の責任を負うことが経営指導念書に明確に記載されていれば債権者に対して子会社の債務不履行についての責任を負うことになる。

しかし、経営指導念書は内容が抽象的であり具体的義務を定めないことが多く、親会社等が銀行に対して道義的な義務を負担することは明らかであるが保証や損害担保契約としての効力には疑義があると解されている。裁判例も、経営指導念書は法律上の位置付けや性質が不明確であるとして保証や損害担保契約としての効力を否定するものが多い（東京地判平11. 9. 30金融法

務事情1584号85頁、東京地判平12.12.20判例タイムズ1108号204頁等）。また、これらの裁判例では、念書の文言のほか念書差入れの際の具体的状況から当事者の効果意思が斟酌されることとされており、通常、親会社等は保証や損害担保を回避するため子会社の信用を補完するものとして念書を差し入れていることから、念書の記載内容にかかわらず親会社の法的責任が認められない可能性は高い。このため、一般的に経営指導念書は銀行にとって十分な債権保全策とは言いがたいとされている。

第4節 経営者保証ガイドライン

1 「経営者保証に関するガイドライン」の概要

　「経営者保証に関するガイドライン」（以下「経営者保証GL」または「GL」という）は日本商工会議所、一般社団法人全国銀行協会を事務局とし、中小企業団体・金融機関団体の関係者、学識経験者、法務・会計の専門家等を委員、中小企業庁、金融庁、財務省、農林水産省、法務省、最高裁判所事務総局の担当官をオブザーバーとする「経営者保証に関するガイドライン研究会」により、2013（平成25）年12月5日に公表され、翌2014（平成26）年2月1日より運用開始された経営者保証に関する準則である。

(1) 経営者保証GL本則

　経営者保証に関する準則たる経営者保証GL（後述する「事業承継特則」との関係では「経営者保証GL本則」という）は経営者保証の課題・弊害を解消し中小企業・小規模事業者等（以下「中小企業」という）の活力を引き出すことにより日本経済の活性化に資することを目的として保証契約時・見直し時および保証債務の整理時における主たる債務者、保証人、対象債権者の対応を定めたものである。経営者保証GLに法的拘束力はないが関係当事者（特に金融機関）には自発的に尊重され遵守されることが期待されている。

a 経営者保証GLの構成

　経営者保証GLは「目的（第1項）」「経営者保証の準則（第2項）」「ガイドラインの対象となり得る保証契約（第3項）」「経営者保証に依存しない融資の一層の促進（第4項）」「保証契約時の対象債権者の対応（第5項）」「既存の保証契約の適切な見直し（第6項）」「保証債務の整理（第7項）」「その

他（第8項）」の8項で構成されている。このうち第4項から第6項までを「入口部分」と、第7項を「出口部分」というのが一般的である。

経営者保証GLは利害関係の異なるさまざまな関係者で組織される「経営者保証に関するガイドライン研究会」が策定しているため、各関係者の対立や妥協の積上げにより非常にわかりにくい表現となっている。そのため、具体的な実務に経営者保証GLを当てはめる指針として、経営者保証GLに即して具体的な実務を行ううえで留意すべきポイントを取りまとめた「「経営者保証に関するガイドライン」Q&A」（以下「Q&A」という）も経営者保証GL本体と同時に制定されている。

その後、実務の積上げにより経営者保証GLの解釈を改定する必要が生じるつど、経営者保証GLを補完する準則または指針として「「経営者保証に関するガイドライン」に基づく保証債務の整理に係る課税関係の整理」「事業承継時に焦点を当てた「経営者保証に関するガイドライン」の特則」「廃業時における「経営者保証に関するガイドライン」の基本的考え方」などが策定されている。また、これにあわせてQ&Aも6回（2024（令和6）年6月時点）改定されている。

b　経営者保証GLの適用対象となる保証契約

経営者保証GLは、次のすべての要件を充足する保証契約に適用される（経営者保証GL本則3項）。

① 保証契約の主たる債務者が中小企業（ただし、下記 c (a)参照）であること

② 保証人が個人であり、主たる債務者である中小企業の経営者であること（ただし、下記 c (b)参照）

③ 主たる債務者および保証人の双方が弁済について誠実であり、対象債権者の請求に応じ、それぞれの財産状況等（負債の状況を含む）について適時適切に開示していること（ただし、下記(3) d (a)参照）

④ 主たる債務者および保証人が反社会的勢力ではなく、そのおそれもないこと

第4節　経営者保証ガイドライン　413

c　経営者保証GLのプレーヤー

経営者保証GLの手続は「主たる債務者」「保証人」「対象債権者」「支援専門家」というプレーヤーによって進められる。

（a）　主たる債務者

経営者保証GLの対象となる主たる債務者は中小企業・小規模事業者等を想定しているが中小企業基本法に定める中小企業者の範囲を超える企業、株式会社以外の法人（社会福祉法人等）、個人事業主もGLの対象となりうる（GL1項注1・注3、Q&A3）。

（b）　保　証　人

いわゆる「経営者」（「実質的な経営権を有する者」「営業許可名義人」「経営者とともに事業に従事する配偶者」「経営者の健康上の理由のため保証人となる事業承継予定者等」）を対象とする。また、第三者保証人や実質的に保証と同様の効果を期待される併存的債務引受により連帯債務者となった経営者も含まれる（GL1項、同項注2、3項(2)①・②・注5、Q&A4）。

（c）　対象債権者

対象債権者は入口部分と出口部分とで定義が異なる。

入口部分の対象債権者は「中小企業に対する金融債権を有する金融機関であって、現に経営者に対して保証債権を有するもの、あるいは、将来これを有する可能性のあるもの」である。これに対して出口部分の対象債権者は「保証債務の整理（＝保証債務の全部または一部の免除等）を行う場合において、成立した弁済計画により権利を変更されることが予定される保証債権者」であり、信用保証協会（代位弁済前も含む）や、既存の債権者から保証債権の譲渡を受けた債権回収会社（サービサー）、公的金融機関等も対象債権者に含まれる（GL1項、Q&A1－1）。

なお、弁済計画の履行に重大な影響を及ぼすおそれのある債権者がある場合、当該債権者を対象債権者に含めることができる（Q&A7－28）。

（d）　支援専門家

支援専門家とは、保証人の債務整理を支援する弁護士、公認会計士、税理士（代理人弁護士、顧問税理士等も可）等の専門家であってすべての対象債

414　第3章　債権回収を取り巻く諸論点

権者がその適格性を認める者をいう（GL5項(2)ロ、Q&A5－7、5－8）。対象債権者による支援専門家の適格性の判断はGLに基づく債務整理の相談や一時停止等の要請を受けたとき、対象債権者が当該要請の応否の判断を行うとき等に行われる（Q&A7－9）。なお、支援専門家の位置付け等については本節3(1)dを参照されたい。

d　入口部分概観

(a)　経営者保証に依存しない融資慣行

中小企業金融において経営者保証が必要とされる理由には次のようなものがある。

①　業務、経理、資産所有等に関する企業と経営者等との関係が明確に区分・分離されておらず実質的に一体となっている（経営者の規律付けによるガバナンス強化の必要性）。

②　財務基盤が概して強固ではない（企業の信用力補完の必要性）。

③　適切な開示情報の不足により借り手と貸し手との間にいわゆる「情報の非対称性」が存在することが多い（情報不足等に伴う債権保全の必要性）。

経営者保証GLはまず、主たる債務者や経営者に対し上記①～③の経営実態を改善することを求め、金融機関にはこのような経営改善がなされている（または改善しようとしている）場合に、経営者保証を求めない可能性や代替的な融資手法を活用する可能性について、主たる債務者の意向もふまえて検討することを求めている。

これをふまえ「経営者保証に依存しない融資慣行」とは何かを整理すると、主たる債務者・保証人においては法人・個人の一体性の解消等、一定の経営改善を図ることをいう（GL4項(1)）。他方、対象債権者においてはこのような経営改善がなされている（または改善しようとしている）場合に、経営者保証を求めない可能性や代替的な融資手法（停止（解除）条件付保証契約、ABL、金利の一定の上乗せ等）を活用する可能性について主たる債務者の意向もふまえて検討することをいう。このため、金融機関には経営者保証の機能を代替する融資メニューの充実も求められている（同項(2)）。

第4節　経営者保証ガイドライン　415

そして、融資取組みに際して保証を徴求する場合、経営者保証の必要性のていねいかつ具体的な説明および適切な保証金額の設定を行わなければならない（GL 5 項）。さらに、保証徴求により金融機関には「当該事業者との間で、保証解除に向けたリレーションに取り組まなければならない」という新たな義務が発生することに留意が必要である。

(b) 保証契約見直し時、事業承継時の対応

金融機関は、主たる債務者の経営の改善が図られたこと等により主たる債務者および保証人から既存の保証契約の解除等の申入れがあった場合は、GL 4 項(2)に即して保証の解除に向け真摯かつ柔軟に検討する必要がある。

また、保証契約の変更等の申入れがあった場合は、申入れの内容に応じてGL 4 項(2)または 5 項に即してあらためて経営者保証の必要性や適切な保証金額等について、真摯かつ柔軟に検討することが求められる（GL 6 項(1)）。保証契約の変更には、事業承継時の対応も含まれているが、事業承継については本項(2)で述べる。

e 出口部分（保証債務の整理）概観

経営者保証GLに基づく保証債務整理手続は、原則として、利害関係のない中立かつ公正な第三者が関与する私的整理手続およびこれに準ずる手続（以下「準則型私的整理手続」という）が求められている。ここでいう「利害関係のない中立かつ公正な第三者」とは、中小企業活性化協議会、事業再生ADR等における手続実施者、地域経済活性化支援機構（REVIC）、中小企業の事業再生等に関するガイドライン（以下「事業再生等ガイドライン」という）における第三者支援専門家、特定調停における調停委員会等をいう。したがって、保証債務整理手続は、中小企業活性化協議会による再生支援スキーム（以下「活性協スキーム」という」）、事業再生ADR、私的整理ガイドライン、REVICの特定支援業務、事業再生等ガイドライン、特定調停のうち、いずれかの手続を選択することになる（GL 7 項(1)ロ、Q&A 7 － 2 前段、7 － 5 ）。

ただし、保証人が合理的理由に基づき、支援専門家等の斡旋による当事者間の協議等に基づきすべての対象債権者との間で弁済計画について合意に

至った場合は、準則型私的整理手続によらず対象債権者が経営者保証GLの手続に即して対象債権者に残存する保証債務の減免・免除を行うことが可能とされている（Q&A7－2後段）。もっとも、無税償却時の課税リスクを考慮すれば金融機関がこのようなスキームに同意できるケースはきわめて限定的であるといわざるをえない。

なお、具体的な保証債務整理手続については本節3で詳述する。

(2) 事業承継特則

a 「事業承継時に焦点を当てた「経営者保証に関するガイドライン」の特則」の策定経緯とその意義

事業承継を阻害する要因として経営者保証を理由に後継者候補が承継を拒否するケースが一定程度あること、特に従業員承継・役員承継では家族の反対が強いことが指摘されている。これに対し経営者保証GLは主たる債務者の事業承継時において後継者についての保証徴求の可否は経営方針や事業計画に変更が生じるか否か、前経営者についての保証解除の要否は前経営者が引き続き実質的経営権・支配権を有するか否かを主な判断基準としている（GL6項(2)）。しかし、このような規律だけでは実効性が不十分であったため、経営者保証GL施行後も経営者の高齢化の進行は加速する一方で後継者不在を原因とする中小企業の休廃業・解散件数は年々増加傾向にあった。

このような状況を打開するため、経営者保証GL本則を補完するものとして、事業承継時の経営者保証の取扱いについての具体的な着眼点や対応方法などを記載した「事業承継時に焦点を当てた「経営者保証に関するガイドライン」の特則」（以下「事業承継特則」または「特則」という）が2019（令和元）年12月に策定され、翌2020（令和2）年4月に適用開始された。

b 事業承継特則の概要

事業承継特則は次のような構成となっている。

① 「はじめに」（1項）

「特則策定の趣旨・目的」「特則の位置付け」

② 「対象債権者における対応」（2項）

「(1)前経営者、後継者の双方との保証契約」「(2)後継者との保証契

第4節　経営者保証ガイドライン　417

約」「(3)前経営者との保証契約」「(4)債務者への説明内容」「(5)内部規程等による手続の整備」

③ 「主たる債務者及び保証人における対応」（3項）

「(1)法人と経営者との関係の明確な区分・分離」「(2)財務基盤の強化」「(3)財務状況の正確な把握、適時適切な情報開示等による経営の透明性確保」

④ 「その他」（4項）

適用開始日等

この特則は、経営者保証GL本則を補完することを目的としている関係上、この特則に定めのない事項については経営者保証GL本則および同Q&Aが適用され、用語の定義についても特に断りのない限り経営者保証GL本則および同Q&Aと同様とされる。

(a) 二重徴求の原則禁止（事業承継特則2項(1)）

事業承継特則の最大のポイントは「事業承継時における新旧経営者からの保証の二重徴求の原則禁止」である。特則2項(1)には、事業承継特則の二重徴求の原則禁止の例外事例も掲載されているが、これらの事例の拡大解釈による二重徴求は認められないことに注意が必要である。

(b) 後継者との保証契約（事業承継特則2項(2)）

金融機関は、後継者に経営者保証を求めることにより事業承継が頓挫する可能性や円滑な事業承継による地域経済の持続的な発展、金融機関自身の経営基盤への影響などを考慮し、経営者保証を不要とするための3要件（①法人と経営者との関係の明確な区分・分離、②財務基盤の強化、③財務状況の正確な把握・適時適切な情報開示等による経営の透明性確保）が未充足の場合でも、総合的な判断として経営者保証を求めない方向で真摯かつ柔軟に検討しなければならない。

また、後継者からの保証徴求の必要性を判断するにあたっては、第1段階対応として保証の要否を検討し、第2段階対応として後継者からの保証徴求がやむをえないといえるかどうかを別途検討し、無保証、保証徴求、代替的融資手法のいずれかを選択することになる。

418　第3章　債権回収を取り巻く諸論点

(c) 前経営者との保証契約（事業承継特則2項(3)）

役員でなく支配株主でもない前経営者に保証を残すことは2020（令和2）年4月1日に施行された改正民法の趣旨に反するので、前経営者に対して直ちに、または近い将来、保証履行を求めなければならない特段の事情がない限り事業承継に際して前経営者の保証を解除すべきである。

ただし、事業再生局面で実施される事業承継で主債務のカットを伴う事案では、前経営者に対しては経営者保証GL本則7項に基づく保証債務履行を求めたうえで、残る保証債務を免除することになる。そして、主債務の事業再生手続で、主債務者がカット後に残存した主債務の弁済を継続することを内容とする主債務の再生計画が策定される場合、主債務者が継続して負担する債務についての経営者保証をどうするか決める際の判断基準として事業承継特則が適用されることになる。

(3) 廃業時における基本的考え方

a 「廃業時における「経営者保証に関するガイドライン」の基本的考え方」の策定経緯とその意義

経営者保証GLにおける保証債務整理手続のうち主債務者の事業再生に伴う「一体型」はすでに浸透・定着がみられるが、2020（令和2）年度の「破産会社の社長破産率」は約7割（東京商工リサーチ「「破産会社の社長破産率」調査（2021年8月）」）にのぼり、主債務者の廃業に伴う「単独型」が実務慣行として浸透していないことが問題視されている。特にコロナ禍において会社廃業を決意した経営者が再起による将来の展望を描けず個人破産を選択する傾向が強くなっていたことに加え、金融機関側も延命措置一辺倒とせざるをえない風潮や担当者の行動制限が厳しく経営者保証GL利用の支援に取り組みにくかったことが主債務者廃業事案における経営者保証GLの活用をいっそう阻害していると考えられる。このため、2021（令和3）年11月19日に閣議決定された「コロナ克服・新時代開拓のための経済対策」では「倒産時の個人破産を回避するため、経営者保証に関するガイドラインの内容を明確化し、活用を促す措置を検討する」こととされた。

これを受け主債務者廃業事案における経営者保証GL利用の阻害要因と

なっていた不明確な論点の明確化を図るとともに対象債権者、主債務者・保証人および支援専門家について、経営者保証GL活用の観点から求められる対応を明記するものとして「廃業時における「経営者保証に関するガイドライン」の基本的考え方」（以下「基本的考え方」という）が、2022（令和4）年3月4日に策定・公表された（2023（令和5）年11月22日一部改定）。基本的考え方が目指すのは主債務者廃業の局面においても保証人は個人破産を回避しうることが「周知」されることで、経営者が早期に経営改善、事業再生および廃業を決断し主債務者の事業再生等の実効性の向上に資するとともに保証人が新たなスタートに早期に着手できる社会を構築し、ひいては地域経済全体の発展に資することである。

b　基本的考え方の構成

基本的考え方は次のような構成となっている。

①　はじめに（1項）

　　策定経緯とその意義

②　基本的考え方の位置付け（2項）

③　基本的考え方改定の背景（3項）（2023（令和5）年11月22日一部改定により追加）

④　対象債権者の範囲の明確化（4項）

　　「(1)リース債権者」「(2)固有債権者」

⑤　対象債権者における対応の明確化（5項）

　　「(1)ガイドラインに基づく保証債務の整理への誠実な対応」「(2)保証債務の履行」

⑥　主たる債務者及び保証人における対応（6項）

⑦　支援専門家における対応（7項）

⑧　その他（8項）

基本的考え方は経営者保証GLの趣旨・内容について変更を加えるものではない（基本的考え方1項）ため、用語の定義についても、特に断りのない限り、経営者保証GLおよび同Q&Aと同様とされている（基本的考え方2項）。

c　対象債権者の範囲の明確化（基本的考え方4項）

(a)　リース債権者の位置付けの明記

　経営者保証GLにおいてリース債権者は対象債権者として明記されていなかったが、実務上は「弁済計画の履行に重大な影響を及ぼす恐れのある債権者を対象債権者に含めることができる」（GL7項(3)④ロ、Q&A7−28）という規定を根拠にリース債権者を対象債権者に含めるという扱いは可能であった。また、筆者の経験上、リース債権者は金融機関と同じ目線で保証債務整理に協力していた。しかし、支援専門家の知識不足により機械的にリース債権者を対象債権者に含めないケースが多かったようである。このようなケースでは銀行等とリース会社との利害調整がうまくいかず保証債務整理が頓挫することもあり、これを原因として弁護士がますます経営者保証GLに基づく保証債務整理を敬遠する傾向が強まった可能性がある。そこで基本的考え方は2022（令和4）年3月4日に策定・公表された「中小企業の事業再生等に関するガイドライン」第三部1(1)に平仄をあわせるかたちでリース債権者が対象債権者に含まれることを明記した（基本的考え方4項(1)）。

(b)　固有債権者の扱いを明記

　基本的には「保証債務は経営者保証GLの財産評定基準時に存する資産を弁済原資とする一括弁済」「固有債務は経営者保証GLの財産評定基準時以後の新得財産を弁済原資とする分割弁済」という棲分けになる。ただし、上記(a)のとおり、経営者保証GLは弁済計画の履行に重大な影響を及ぼすおそれのある債権者がある場合、当該債権者を対象債権者に含めることを認めており、保証人の再スタートに必要で当該固有債権者および金融機関が同意できる場合はGLの対象債権者に含めることを認めるべきである。このため、基本的考え方は固有債権者も対象債権者に組み込むことを推奨し、固有債権者にも保証人から当該固有債務の整理に関する協議を求められたときは誠実に対応することを求めている（基本的考え方4項(2)）。なお、金融機関としては固有債権者を排除したほうが回収の極大化にはなるが、筆者の認識では金融機関が固有債権者を排除した事例はない。

　ただし、固有債務のうち金融機関が債権者である個人ローンについては、

ほぼ全件が保証会社の保証付きであり、保証債務の付従性の関係上、当該ローンの債務免除は保証会社による代位弁済後でなければならないことに留意が必要である。GL 8 項(5)は保証債務の整理を行った事実および主債務者について信用保証協会や保証会社の代位弁済が行われた事実を信用情報登録機関に報告、登録しないことを求めているが、基本的考え方は同項を改正したわけではないため、保証人の固有債務の代位弁済の事実は信用情報登録機関に報告、登録される。したがって、保証人が個人ローンの弁済を継続することが可能であれば経営者保証GLの対象に含めるべきではない。なお、金融機関の個人ローンは延滞が発生しない限り、主債務者が経営破綻した事実のみをもって期限の利益を喪失させることはないのが一般的である。

d　対象債権者における対応の明確化（基本的考え方5項）

(a)　経営者保証GLに基づく保証債務の整理への誠実な対応（「合理的不同意事由」の明確化）

　経営者保証GLに基づき保証債務整理がなされる場合、対象債権者は「合理的不同意事由」がない限り当該債務整理手続の成立に向けて誠実に対応することとされている（GL 7 項(3)柱書）。このため、保証債務整理に消極的な金融機関が「合理的不同意事由」の判断基準である、いわゆる「誠実性要件」（弁済について誠実・適時適切な情報開示）を問題とすることが多い。しかし、経営者保証GLは「合理的不同意事由」を「ガイドラインの適確要件を充足しない場合」および「保証人の、一時停止等の要請後に無断で財産を処分した、必要な情報開示を行わないなどの不誠実対応により、債務整理手続の円滑な実施が困難な場合」に限定している（Q&A 7－7）。具体的には一時停止等要請段階での誠実性要件の検証を「債務不履行や財産の状況等の不正確な開示の金額及びその態様、私的流用の有無等を踏まえた動機の悪質性といった点を総合的に勘案して判断すべき」（Q&A 3－3）としているので、貸出金が延滞していることや粉飾決算がなされていることのみをもって誠実性要件違反と判断することは禁物である。したがって、この段階での判断ポイントは「私的流用」「資産隠匿」の有無となる。少なくとも会社の延命を目的とする粉飾決算については、態様がよほど悪質（たとえば粉飾に

422　第 3 章　債権回収を取り巻く諸論点

よる融資金詐欺が疑われるようなケース）でない限り、誠実性要件違反には
ならないと解される。この状況に対処するため、2017（平成29）年6月の
Q&A改定において新たに「金額及びその態様、私的流用の有無等を踏まえ
た動機の悪質性といった点を総合的に勘案して判断すべき」との判断基準が
示された。しかし、残念ながら保証債務整理手続においてこの判断基準は浸
透していたとは言いがたい。

　このような理解に基づき、基本的考え方は対象債権者に対し「主たる債務
者及び保証人が財産開示に非協力的ではないか、対象債権者に経済合理性が
ないか等の合理的不同意事由の有無につき、ガイドライン第7項(1)イ)からニ)
に基づき判断」すべきとし、粉飾決算が合理的不同意事由に直結しないこと
を明らかにした（基本的考え方4項(1)注6）。これにより金融機関が「粉飾
決算を合理的不同意事由としたがる傾向」が是正されることが期待される。

(b)　保証債務の履行（「ゼロ円弁済」の明文化）

　元来、経営者保証GLは「ゼロ円弁済」を否定していない。ところが、実
務上、保証人から相談を受けた弁護士が「金融機関がゼロ円弁済を認めない
だろう」と決めつけて経営者保証GLの利用を躊躇したり、金融機関がゼロ
円弁済は経営者保証GLのルール上認められないと誤信して弁済計画に同意
しなかったりした結果、保証人を破産させて再スタートの機会を奪うケース
が多く、このような誤解がインセンティブ資産の誤った解釈（単なる例示に
すぎない「一定期間の生計費」「華美でない自宅」がインセンティブ資産の
上限であり、それ以外の資産はインセンティブ資産にできないという誤解）
とともに、経営者保証GLに基づく保証債務整理の普及を阻害する大きな要
因となっていた。

　そこで、基本的考え方はインセンティブ資産の判定ルールの再確認を行う
とともに「ゼロ円弁済」を正面から認め、従来の経営者保証GLの誤った運
用の改善を目指している（基本的考え方5項(2)）。これにより、従来、支援
専門家の金融機関に対する過剰な忖度によって、本来ゼロ弁済とすべき事案
について経営者保証GLの活用を断念したり無理な弁済計画を策定したりす
ることがあったが、基本的考え方によってそのような弊害が解消することが

期待される。

e　主たる債務者および保証人における対応（基本的考え方5項）

　有事に陥った企業の経営者は、自社の現況を客観的に判断できていない
か、仮に自社の窮境に対し危機感を強く抱いていたとしても現状打破はほぼ
不可能と考えて企業の延命に汲々としていることが多いと思われる。そし
て、これが原因で事業再生・事業清算の決断が遅れ「主たる債務者が準則型
私的整理手続または法的整理手続の申立を現に行ない、またはこれらの手続
が係属し、もしくは既に終結していること」という経営者保証GLの利用要
件（GL7項(1)ロ）に必要な費用を捻出することができなくなり、経営者保
証人が経営者保証GL利用による再起の途を断たれ、経済的破綻へと追い込
まれることが多いのが現状である。

　基本的考え方は、このような事態を回避するため主たる債務者・保証人に
対し平時から金融機関との経営者保証を不要とする経営態勢の構築に向けた
コミュニケーションを深め、相互の信頼関係の基盤を強固にするための端緒
とすることを求めている。また、中小企業が早期事業再生・廃業等の決断を
躊躇する理由の一つに従業員・取引先に迷惑をかけたくないという感情があ
る。基本的考え方は、これを解消するため廃業の検討を始める段階での金融
機関や支援専門家への相談を奨励し、従業員・取引先を含めた地域経済への
影響をふまえた廃業スキームの構築を求めている。その際、事業の売却先を
検討する等、当該地域における雇用を守るための取組みについても、可能な
範囲で検討を行うものとされている。

f　支援専門家における対応（基本的考え方7項）

　経営者保証GLが適用開始されてからしばらくの間は金融機関・弁護士と
もに知識不足が常態であったため経営者保証GLに基づく保証債務手続は「予
測可能性が乏しい」という理由で、特に弁護士が同手続を敬遠する傾向に
あった。その後、経営者保証GLに基づく保証債務整理手続の事例が蓄積さ
れ予測可能性は高まってきたが、新たに「弁護士にとって、私的整理は破産
に比べて著しく手間と時間がかかるのに得られる報酬は微々たるもの」とい
う「支援専門家の経済合理性」の問題が弁護士業界で広く知られるようにな

り、保証人本人が経営者保証GLの利用を希望する場合であっても支援専門家が経営者保証GLに基づく保証債務整理手続の利用を敬遠し個人破産申立てに誘導するという阻害要因の変容がみられた。

そこで、基本的考え方は支援専門家に経営者保証GLに基づく保証債務整理の可能性を追求すること（保証人の個人破産回避）を強く求めている（基本的考え方7項）。また、基本的考え方に記載するだけでは弁護士への周知方法としては不十分のため、金融庁および中小企業庁は連名で日本弁護士連合会宛文書「「経営者保証に関するガイドライン」に基づく保証債務整理の浸透について」を発出することで弁護士の意識改革による経営者保証GLの利用促進を図っている。

g　基本的考え方の改定

基本的考え方の取りまとめ以降、主債務者廃業事案における保証人破産回避の取組みは進んだが、政府が事業者支援のあり方を「コロナ禍での資金繰り支援フェーズから、一歩先を見据えて、事業者の実情に応じた経営改善・事業再生フェーズに転換」したことをふまえ、2023（令和5）年11月22日に基本的考え方が改定された。

改定の内容は、企業経営者に退出希望がある場合の早期相談の重要性についてよりいっそうの周知を図っていく観点から、廃業手続に早期に着手することが保証人の残存資産の増加に資する可能性があること等を明確化するものである。

2　経営者保証GLと金融庁監督指針

金融庁監督指針は「主要行等向けの総合的な監督指針」「中小・地域金融機関向けの総合的な監督指針」等、金融庁の金融機関に対する監督事務に関し、その基本的な考え方、監督上の評価項目、事務処理上の留意点等について、体系的に整理した「金融機関の監督を直接担当する職員向けの手引書」である。金融庁は金融機関に対し経営者保証GLを融資慣行として浸透・定着化させるための内部管理態勢を整備すべきことを監督指針に明記するなど、経営者保証GLは、金融検査上重要な位置付けがなされている。

金融庁監督指針は経営者保証GLを遵守することを求めているので、本節1(1)で「経営者保証GLに法的拘束力はない」と述べたが、金融機関にとっては法令（銀行法等）上の拘束力があることになる。そこで、監督指針が金融機関に経営者保証GLをどのように運用することを求めているかについて確認しておく。

(1) 経営者保証GL制定時の監督指針改正

金融庁は経営者保証GLが公表された（2013（平成25）年12月5日）直後、全国銀行協会等の金融機関関係団体に対し、「「経営者保証に関するガイドライン」の積極的な活用について」（平成25年12月11日付金監第2681号）を発出し、金融機関へ次のとおり要請を行っている。

① 営業現場の第一線まで経営者保証GLの趣旨や内容の周知徹底を図るとともに顧客に対する幅広い周知・広報の実施、社内規程や契約書の整備等、所要の態勢整備に早急に取り組むこと

② 経営者保証GLの適用に関する準備が整った場合は適用開始日を待たず先行して経営者保証GLに即した対応を開始すること

③ 中小企業等からの相談にはその実情に応じてきめ細かく対応し、必要に応じ外部機関や外部専門家とも連携しつつ、経営者保証GLの積極的な活用に努めること

そして、金融庁は経営者保証GL施行（2014（平成26）年2月1日）にあわせ監督指針を改正しているが、特に重要な改正点は「「経営者保証に関するガイドライン」の融資慣行としての浸透・定着等」の新設であり、そこには次のような項目が明示されている。

① 経営者保証への対応方針の明確化

② ガイドラインに示された準則の職員への周知徹底

③ 社内規程やマニュアル、契約書の整備、本部による営業店支援態勢の整備

④ 主債務者、保証人からの経営者保証に関する相談に対して、適切に対応できる態勢の整備

⑤ 停止条件付きまたは解除条件付保証契約、ABL等の経営者保証の

機能を代替する融資手法のメニューの充実および顧客への周知

⑥　主債務者たる中小企業等から資金調達の要請を受けた場合に、経営者保証を求めない可能性等を債務者の意向もふまえたうえで検討する態勢の整備

⑦　保証債務の整理にあたっては、関係する他の金融機関、外部専門家（公認会計士、税理士、弁護士等）および外部機関（中小企業再生支援協議会（現：中小企業活性化協議会）等）との十分な連携・協力

　上記以外にも、ⓐ経営者保証GLへの対応として保証契約締結に際しての「丁寧かつ具体的な説明」、ⓑ保証契約締結の「客観的合理的説明」、ⓒ各金融機関の「貸付に関する基本的な経営方針」に「できる限り担保・保証に頼らない」「経営者保証に依存しない融資の一層の促進」を盛り込むこと、ⓓ事業承継時における保証契約の見直し、ⓔ保証債務履行時の対応、ⓕ金融仲介機能を発揮する局面に「経営者保証を求めない可能性」や「代替的な融資手法を活用する可能性」の検討を含めること等が随所に盛り込まれた改正となっている。

　なお、上記監督指針の改正に際し、金融庁が「行政当局においても、本ガイドラインの運用にあたっての金融機関の内部管理態勢の実効性等を確保するため、必要に応じ報告を求めることや、重大な問題があると認められる場合には、業務改善命令の発出を検討する必要があります」との立場を明確に示していることに留意が必要である。

⑵　経営者保証改革プログラムをふまえた監督指針改正（2022（令和4）年11月1日）

a　経営者保証改革プログラム

　2022（令和4）年10月28日に閣議決定された「物価高克服・経済再生実現のための総合経済対策」は、個人保証に依存しない融資慣行の確立に向けた施策を年内に取りまとめることを盛り込み、これまでの取組みをさらに加速させることとした。これを受け同年12月23日に経営者保証に依存しない融資慣行確立のための具体策として「経営者保証改革プログラム」が経済産業省・金融庁・財務省の連名で策定・公表された。経営者保証改革プログラム

は経済産業省・金融庁・財務省の連携のもと①スタートアップ・創業、②民間融資、③信用保証付融資、④中小企業のガバナンスの4分野に重点的に取り組むこととしている。

経営者保証改革プログラムには金融庁監督指針の改正（同日、金融庁から公表）等の各種施策が盛り込まれており、同プログラムにおける民間金融機関融資への対応は主にこの改正監督指針に基づいて実施されている。監督指針改正の趣旨は、第一に、保証を徴求する際の手続を厳格化することで安易な個人保証に依存した融資を抑制するとともに事業者・保証人の納得感を向上させること、第二に、「経営者保証ガイドラインの浸透・定着に向けた取組方針」の作成、公表の要請等を通じ経営者保証に依存しない新たな融資慣行の確立に向けた意識改革を進めることである。改正監督指針は2023（令和5）年4月1日から適用されている。

b 改正監督指針の要点

改正監督指針における具体的な取組内容は以下のとおりである。いずれも金融機関が個人保証を徴求する手続に対する監督強化に関するものである。

(a) 金融機関が個人保証を徴求する際の詳細な説明とその結果の記録

金融機関は経営者等と個人保証契約を締結する場合、保証契約の必要性等に関し事業者・保証人に対して個別具体的に「どの部分が十分でないために保証契約が必要となるのか」「どのような改善を図れば保証契約の変更・解除の可能性が高まるか」という内容の説明をするとともに、その結果等を記録することが求められる。

ただし、これは個人保証そのものを制限する趣旨ではなく、金融機関が保証徴求の際に、保証の必要性を事前に十分検討しなかったり顧客の納得を得るための十分な説明を行わなかったりすること（慣行として保証を徴求すること）をなくすことが趣旨であるとされている。

(b) 金融庁への報告義務

金融庁は金融機関に対し、2023（令和5）年9月期実績報告分より①の結果等を記録した件数について金融庁に報告することを求めている。

(c) 金融庁に経営者保証専用窓口を設置

2023（令和5）年4月1日より金融庁のホームページ「当庁に設置されている各種窓口のご案内」に「経営者保証ホットライン」（情報提供窓口）を設置し、電話、e-mail等により、事業者等から「金融機関から経営者保証に関する適切な説明がない」などの相談を受け付けている（担当は監督局総務課監督調査室）。

(d) 特別ヒアリングの実施

金融庁は、状況に応じて、金融機関に対し特別ヒアリングを実施することとしている。

(3) 経営改善・事業再生支援等の本格化に向けた監督指針改正（2023（令和5）年11月27日）

a 経営改善・事業再生フェーズへの転換

2023（令和5）年7月以降、民間ゼロゼロ融資の返済が本格化していることをふまえ、問題を先送りせず金融機関による経営改善・事業再生支援のいっそうの推進を図ることを目的として、改正監督指針が2023（令和5）年11月27日に公表された。当該改正の「肝」は、事業者支援のあり方をコロナ禍での資金繰り支援フェーズから一歩先を見据えて事業者の実情に応じた経営改善・事業再生フェーズに転換することである。

b 改正監督指針の要点

改正監督指針における具体的な取組内容は以下のとおり。なお、監督指針改正に伴い、2023（令和5）年11月22日に「廃業時における「経営者保証に関するガイドライン」の基本的考え方」の改定が、2024（令和6）年1月17日に「中小企業の事業再生等に関するガイドライン」およびQ&Aの改定が、それぞれ公表されている。

 ① 一歩先を見据えた早め早めの対応の促進

  ⓐ 事業者の現状のみならず状況の変化の兆候を把握し、一歩先を見据えた対応を求める。

  ⓑ 状況の悪化の兆候がある事業者に正確な状況認識を促すとともに、プッシュ型で提供可能なソリューションを示し早め早めの対応

を促すことを求める。

ⓒ　信用保証付融資が多い事業者やメインでない事業者等への支援について、信用保証協会や他の金融機関との早めの連携を求める。

②　顧客に対するコンサルティング機能の強化

ⓐ　事業再生ガイドライン等、提案するソリューションの充実を求める。

ⓑ　早期の経営改善に関する計画策定等のソリューションを、公的制度も活用しながら提案し、その実行状況を継続的かつ適切にモニタリングするよう求める。

③　政府系金融機関・支援専門家（税理士、弁護士等）・支援機関（中小企業活性化協議会等）との連携を求める。

3　経営者保証GLに基づく保証債務整理

経営者保証GLに基づく保証人への対応として入口対応である保証をとらない融資は、その条件等が金融機関にも浸透し利用実績が伸びつつある。また、出口対応である保証債務整理も、融資先（主債務者）が事業再生を行う際に保証債務の整理も再生計画に盛り込むという、いわゆる「主たる債務との一体整理型」については事例の蓄積により一般的なものとなっている。しかし、融資先が事業清算する場合の保証債務整理、特に主債務の整理が法的整理手続である場合に利用される、いわゆる「保証債務単独整理型」については利用例がいまだ十分でなく、その積極的活用が課題となっている。

そこで、本項では「経営者保証GLに基づく保証債務整理手続の基礎知識」を整理したうえで具体的な保証債務整理手続の手法を解説する。なお、債権管理回収実務において経営者保証GLを利用するのは通常、融資先が法的整理手続を行う局面であることから、主に「保証債務単独整理型」についてみていく。

なお、経営者保証GLの目的は「保証人を破産させない」ことではなく「保証人の再起を支援する」ことであり、「保証人を破産させない」ことは「保証人の再起を支援する」ための手段の一つにすぎない。言い換えれば経営者

保証GLは「保証人が新たなスタートを早期に着手できる社会を構築し（中略）地域経済全体の発展に資すること」（基本的考え方1項）を目的とする制度であり「金融機関が保証人から破産手続を上回る債権回収を行うこと」を支援するための制度ではないことに留意が必要である。

(1) 経営者保証GLに基づく保証債務整理手続の基礎知識

経営者保証GLに基づく保証債務整理手続を利用するためには一定の要件を充足している必要がある。また、手続の形態は「主たる債務との一体整理型」「保証債務単独整理型」があるが、いずれのパターンも保証債務の整理手続には準則型私的整理手続を利用することが義務付けられている。さらに、この制度を活用するためには金融機関にとってのメリット（下記 e 参照）や保証人にとってのメリット（下記 f 参照）も理解しておく必要がある（金融機関にとってのメリットと保証人にとってのメリットの相関関係について図表62参照）。

a 経営者保証GLに基づく保証債務整理手続の要件・特色等

(a) 経営者保証GLに基づく保証債務整理手続を利用するための要件（利用要件）

経営者保証GLに基づく保証債務整理手続を利用するためには以下のすべての要件を充足しなければならない（GL 7 項(1)）。

① 保証契約が3項に定める要件（本節1(1)b 参照）をすべて充足する保証契約である。

② 主たる債務者について法的整理手続（破産手続、民事再生手続、会社更生手続、特別清算手続）または利害関係のない中立かつ公正な第三者が関与する私的整理手続およびこれに準ずる手続（準則型私的整理手続。本節1(1)e 参照）が現に申立てずみである（これらの手続が係属中ないし終結ずみである場合を含む）。

③ 「主たる債権者の整理手続＋経営者保証GLに基づく保証債務整理手続」が「主たる債務者および保証人が破産した場合」に比べて多くの配当が見込まれる「など」、対象債権者にとっても経済合理性が「期待できる」。

第4節　経営者保証ガイドライン　431

図表62　経営者保証GLによる対象債権者のメリットと経営者保証人のメリット

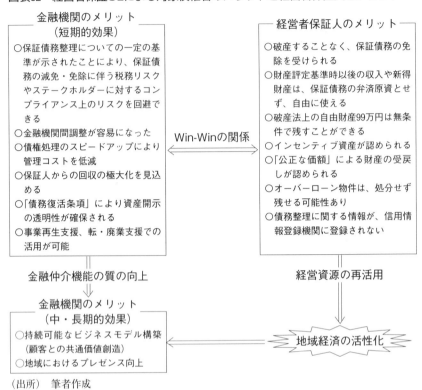

（出所）　筆者作成

④　保証人に破産法252条1項（10号を除く）に規定される免責不許可事由が生じておらず、そのおそれもない（必要に応じ、たとえば保証人の表明保証等により確認する）。

(b)　**利用要件としての「経済合理性」**

経済合理性の判定方法はQ&A7－4に記載されているが、この判定は弁済計画が示されないとできないため、事実上、利用要件として機能していない。このため「破産手続による回収見込額がガイドラインによる回収見込額を上回ることが期待できるケース（主債務者または保証人に資産隠匿の疑いがあり破産管財人による調査が必要な事案等）」に該当しない限り経営者保証GLの要件は充足すると解すべきである。結果的に経営者保証GLに基づく

債務整理の申出時点で経済合理性がなかったとしても後日策定される弁済計画でインセンティブ資産が認められないだけで経営者保証GLに基づく保証債務整理手続を成立させることは可能である（本節1(3)d(b)参照）。

(c) 利用要件としての「弁済について誠実」「財産状況等について適時適切に開示」

経営者保証GLに基づき保証債務整理がなされる場合、対象債権者は「合理的不同意事由」がない限り当該債務整理手続の成立に向けて誠実に対応することとされている（GL7項(3)柱書）。経営者保証GLにおける「合理的不同意事由」は「ガイドラインの適確要件を充足しない場合」および「保証人の、一時停止等の要請後に無断で財産を処分した、必要な情報開示を行わないなどの不誠実対応により、債務整理手続の円滑な実施が困難な場合」に限定されている（Q&A7－7）。具体的には一時停止等要請段階での誠実性要件の検証を「債務不履行や財産の状況等の不正確な開示の金額及びその態様、私的流用の有無等を踏まえた動機の悪質性といった点を総合的に勘案して判断すべき」（Q&A3－3）としているので、貸出金が延滞していることや粉飾決算がなされていることのみをもって誠実性要件違反と判断することは禁物である。

したがって、この段階での判断ポイントは「私的流用」「資産隠匿」の有無となる。少なくとも会社の延命を目的とする粉飾決算については、態様がよほど悪質（たとえば粉飾による融資金詐欺が疑われるようなケース）でない限り誠実性要件違反にはならないと解される。この状況に対処するため、2017（平成29）年6月の経営者保証GLQ&A改定において、新たに「金額及びその態様、私的流用の有無等を踏まえた動機の悪質性といった点を総合的に勘案して判断すべき」との判断基準が示された。なお、基本的考え方は対象債権者に対し「主たる債務者及び保証人が財産開示に非協力的ではないか、対象債権者に経済合理性がないか、等の合理的不同意事由の有無につき、ガイドライン第7項(1)イからニに基づき判断」すべきとし、粉飾決算が合理的不同意事由に直結しないことを明らかにしている（基本的考え方4項(1)注6）。

第4節　経営者保証ガイドライン　433

b　法的整理手続との相違点

(a)　保証債務整理手続成立の要件

保証債務整理を法的整理手続で行う場合、破産手続または民事再生手続のいずれかを選択することになる。破産手続では債務整理に債権者の同意は不要であり、民事再生手続では原則として多数決で債務整理を成立させる（給与所得者等再生は債権者の同意が不要）。これらの手続では、成立した債務整理の効果は内容に同意しない債権者に対しても及ぶ。

これに対し、経営者保証GLに基づく保証債務整理は私的整理手続であるから対象債権者全員が同意しなければ成立しない。

(b)　財産の処分の要否

法的整理手続においては原則として手続開始決定時に有する財産を処分しなければならず、民事再生手続では開始決定後の収入の一部も債務の弁済原資とされる。

これに対し経営者保証GLに基づく保証債務整理手続では、経営者保証GL申出の手続である一時停止等要請の効力発生時（以下「財産評定基準時」という）以後の収入は弁済原資としない。また、一定の要件を充足し対象債権者全員の同意を得られれば財産評定基準時に保有する資産の一部（ケースによっては大部分）を残せる可能性もある。

(c)　情報公開・信用情報登録の有無

法的整理手続の場合、保証人の情報が官報掲載等によって公開されたり事故情報として信用情報機関に登録されたりする。

これに対し、経営者保証GLに基づく保証債務整理手続では保証人が債務整理手続を行っていることは対象債権者（通常は金融機関のみ）しか知りえない。またGL 8 項(5)は、対象債権者が保証人の債務整理に関連する情報（代位弁済に関する情報も含む）を信用情報機関に登録しないこととしている。

c　「主たる債務との一体整理型」「保証債務単独整理型」

主たる債務の整理手続が再生型・清算型のいずれであっても経営者保証GLに基づく保証債務整理手続は利用可能であるが、主たる債務の整理手続の種類によって保証債務の整理手続の種類が異なる。

(a)　主たる債務との一体整理型

　主たる債務の整理手続が「再生型」の準則型私的整理手続である場合、保証債務整理手続は保証債務整理についての合理性、客観性、対象債権者間の衡平性を確保する観点から主たる債務の整理手続と同一の準則型私的整理手続により一体整理することが原則となる。具体的には、主たる債務の弁済計画を策定する際に保証人による弁済もその内容に含めることとする。また、「清算型」の場合であっても主たる債務の整理手続として準則型私的整理手続たるREVIC特定支援業務、事業再生等ガイドライン（廃業型）または日弁連特定調停スキーム（廃業支援型）を利用する場合は一体整理することが原則となる。

(b)　保証債務単独整理型（いわゆる「のみ型」）

　主たる債務の整理手続が「再生型」であっても金融債務以外の債務（商取引債務等）のカットが必要な場合など準則型私的整理手続が困難なケースでは法的整理手続たる民事再生手続や会社更生手続を選択せざるをえないことになる。また、「清算型」の場合は金融債務以外の債務を全額払えるのであれば一部の準則型私的整理手続の利用も可能であるが、実際には大部分の事業清算事案で法的整理手続たる破産手続（まれに特別清算手続）が利用されている。

　主たる債務の整理手続として法的整理手続を選択した場合、制度上、保証債務整理手続を一体で行うことができないこと、経営者保証人に法的整理手続等の経済的破綻を回避させるのが経営者保証GLの目的であることなどから、保証債務整理手続は必然的に単独での整理手続とならざるをえない。この場合の保証債務整理の方法として選択できる準則型私的整理手続は現在のところ活性協スキーム（のみ型）、REVIC特定支援業務、特定調停の3種類に限られるが、実際には大部分の事案で特定調停が利用されている。

(c)　保証債務単独整理型」の留意点

　「保証債務単独整理型」の場合、主債務の整理手続終結前に経営者保証GLの申出がなされた場合は、破産法上の「自由財産」（現金99万円等）に加え主たる債務の早期再生・早期清算によって対象債権者にもたらされる経済的

利益を上限とする「インセンティブ資産」が認められる。これに対し主たる債務の整理手続終結後に経営者保証GLの申出がなされた場合は「インセンティブ資産」が認められないため、破産法上の「自由財産」以外の資産はすべて換価・処分して保証債務の弁済原資としなければならない（Q&A7－20）ことに留意が必要である。

d　支援専門家の経営者保証GL上の位置付けと営業店における対応方法

(a)　支援専門家の経営者保証GL上の位置付け

支援専門家は経営者保証GLに基づく保証債務整理手続に必須の機関（GL7項(3)①）であり、通常は保証人の代理人弁護士が支援専門家を兼任する。

(b)　支援専門家の役割

経営者保証GLは支援専門家の役割について四つを明記している（Q&A7－6）。

① 　保証債務に関する一時停止や返済猶予の要請

② 　保証人による表明保証の適正性確認

③ 　対象債権者の残存資産（下記(3)d参照）の範囲の決定の支援

　　「保証人への支援」ではなく「債権者への支援」であることに注意が必要である。

④ 　弁済計画の策定支援

なお、経営者保証GLに明文はないが「保証人にガイドラインの趣旨を理解させ、早期再生・清算の決断を後押しすること」および「対象債権者との信頼関係の構築」も支援専門家の重要な役割と解されている。

(c)　営業店の対応方法

通常の保証債務整理手続では保証人の代理人弁護士と金融機関とは対立関係にあることが多く、弁護士は金融機関にとって「脅威」であるととらえている営業店担当者も少なくないと思われる。しかし、経営者保証GLは対象債権者が支援専門家の適格性を総合的に判断することとし（Q&A5－7）、対象債権者による支援専門家の適格性判断は保証人から経営者保証GLに基づく保証債務整理の相談や一時停止等の要請を受けたとき、および対象債権者が当該要請の応否を判断するときに行うとしている（Q&A7－9）。この

ことから、明文規定はないものの、金融機関は保証人に対し支援専門家の解任を求めることができると解される。

したがって、経営者保証GLに基づく保証債務整理においては相手が弁護士であるからといって萎縮することなく、支援専門家を金融機関、保証人の双方にとってWin-Winの解決を図るためのパートナーととらえ、主張すべきところははっきりと主張しつつ信頼関係の醸成に努めるべきである。

e　対象債権者（金融機関）のメリット

経営者保証GLに基づく保証債務整理手続の金融機関にとってのメリットには、次のとおり、短期的効果をもたらすものとして(a)～(f)が、中長期的効果をもたらすものとして(g)および(h)がある。

(a)　**保証債務の整理に関する一定の基準が明確化されたことによる税務リスクやコンプライアンス上のリスクの軽減**

金融機関が合理的な理由なく保証債務を減免・免除した場合、保証人に対する「利益供与」ないし「寄付行為」として税務リスクやコンプライアンス上のリスクがある。しかし、ガイドラインに沿って一定の経済合理性が認められる範囲であれば保証債務の減免・免除について無税償却が否認されることはなく（Q&A7－32）、ステークホルダー（株主・預金者等）に対する背任行為や善管注意義務違反にも当たらないと解される。

(b)　**金融機関間調整が容易になったこと**

経営者保証GL施行前には立場上債務免除を伴う保証債務整理手続に合意をすることが困難であった信用保証協会（特に代位弁済前）や一部の政府系金融機関についても、経営者保証GLに基づく債務整理に関しては銀行等民間金融機関と同じ土俵で合意することが可能となった（Q&A1－1）。

(c)　**保証債務整理の大幅なスピードアップと管理コストの低減が期待できること**

経営者保証GLを活用すれば、主たる債務が準則型私的整理手続または法的整理手続により事業再生・事業清算を行うこととなった段階で、経営者保証GLに基づく保証債務整理手続の申出をさせることにより保証債務整理の大幅なスピードアップが期待できる。また、債務整理の迅速化によって金融

第4節　経営者保証ガイドライン　437

機関の管理コストが低減できることになる。

(d) 対象債権者の回収極大化が見込まれること

　経営者保証GL施行前は保証人に対して青天井で保証債務の履行を求めざるをえず、保証人は全財産を弁済提供しても通常は保証債務の免除を受けられないため資産の隠匿に躍起となったり任意処分に非協力的態度をとったりすることが一般的であった。金融機関も債権回収は強制執行に頼らざるをえず多大な経費支出や低廉な処分価額による回収を余儀なくされていた。

　経営者保証GLでは「保証債務の免除を前提とした保証債務履行」という考え方がとられている。このため、経営者保証GLに基づく保証債務整理手続では対象債権者が把握していなかった保証人資産が開示されて弁済原資に組み込まれたり、把握していた資産であっても保証人が当該資産を任意で処分したりすることにより、保全費用・債務名義取得費用・執行費用の負担や強制執行による処分価額下落を回避することができる。この結果、当初予測していたよりも回収額が増加したというケースは珍しくない。

(e) 「債務復活条項」により資産開示の透明性が確保されること

　経営者保証GLでは「保証人資産の隠匿目的の贈与等が判明したり、資産に関する表明保証の内容が事実と異なることが判明したりしたとき等には、免除した保証債務額に免除期間分の延滞利息を付加して追加弁済を行う」旨（以下「債務復活条項」という）の保証人・対象債権者間の書面契約が義務付けられている。この「債務復活条項」によって保証人の資産隠匿への誘惑に対して強い牽制が働くため、透明性の高い保証債務整理手続の実現に寄与するものと考えられる。

(f) 再生支援・廃業支援のツールとして活用できること

　「金融仲介機能のベンチマーク」において金融仲介機能の質の向上に関する項目として掲げられている事業再生支援や転・廃業支援は保証人の処遇がネックになることが多く、「経営者保証人の破産を回避し、場合によってはある程度の資産も残すこともでき、経営者の再起を可能にする制度」としての経営者保証GLは強力なツールといえる。これらのソリューションの実行により金融機関も「主たる債務整理による税務メリット」「早期担保処分に

よる回収極大化」等、主たる債務に関するさまざまなメリットを享受することができる。

(g) 持続可能なビジネスモデル構築

中小企業の経営資源の中核たる「経営者」に再スタートの機会を与えることは、地域の人口減少や少子高齢化が進むなか、限られた経営資源を有効活用することであり、地域経済の活性化に大きく寄与することになる。その結果、金融機関自身も安定した経営基盤と新たな収益機会を確保することができる。このような顧客との「共通価値の創造」を構築することが金融機関として持続可能なビジネスモデルの一つの有力な選択肢といえる。

(h) 地域におけるプレゼンス向上

金融機関が限られた経営資源を有効活用することで地域経済の安定化と活性化に取り組むことは当該金融機関の地域におけるプレゼンスの向上につながり、長い目でみれば当該金融機関の企業価値の増大にも大きく寄与するという効果が見込まれる。

f 保証人のメリット

経営者保証GLに基づく保証債務整理手続の保証人にとってのメリットには、次のとおり。

(a) 破産することなく保証債務の免除を受けられること

経営者保証GLに基づく保証債務整理手続は準則型私的整理手続を利用することが義務付けられている。このため、保証の全額について債務を履行できなくても破産することなく保証債務の免除を受けることができる。

(b) 財産評定基準時以後の収入や新得財産は自由に使えること

経営者保証GLに基づく保証債務整理手続においては財産評定基準時以後の収入や新得財産は保証債務の原資としてはならない（GL7項(3)④イb、同ロ、Q&A7-23・29）ため、保証人は財産評定基準時に保有する財産をもって保証債務を履行すればその後のことを心配せずに再スタートできる。

(c) 破産法上の自由財産99万円は無条件で残すことができること

破産法で自由財産として認められる資産は無条件で保証人の手元に残すことができる。具体的には「現預金等99万円相当の資産」（破産法およびQ&A

第4節 経営者保証ガイドライン 439

では「現金99万円」としているが、キャッシュレスが進んだ現代では現金を99万円保有していることはまれなので、実務上、対象を現金には限定しない運用である）、「生命保険等の解約返戻金、敷金、保証金、電話加入権、自家用車等で、処分見込み額が20万円以下のもの」「その他個別の事情で斟酌すべきもの」等が該当する（Q&A 7 −23）。

(d) 一定の要件を充足すれば、インセンティブ資産を残すことができること

対象債権者にとっての経済合理性（一般的には回収見込額の増加額）の範囲内において、一定の財産をいわゆる「インセンティブ資産」として保証人の手元に残すことができる（下記(3) d (d)参照）。具体的には「一定期間の生計費としての99万〜363万円の現預金」（1月当り33万円を基準として雇用保険の給付期間を「目安」とする）「華美でない自宅」「その他の資産」等が該当する（GL 7 項(3)③ニ、Q&A 7 −14）。

(e) 処分対象資産の受戻しが可能であること

保証債務整理手続において処分対象資産とすべき資産のうち保証人がどうしても残したい資産がある場合、当該資産の公正な価額を財産評定基準時以後の収入や新得財産を原資として対象債権者への弁済を行うことにより当該資産を保証人名義のままで残すこと（「受戻し」という）も可能である。具体的には当該資産の公正な価額について財産評定基準時以後の収入で原則5年以内の分割弁済を行う、または親族等からの借入れ等によって一括弁済するなどの方法が考えられる（GL 7 項(3)④ロ、Q&A 7 −25）。

(f) 自宅がオーバーローンであれば処分せず手元に残せる可能性があること

経営者保証GLに基づく保証債務整理計画は「担保権者その他の優先権を有する債権者」の権利に劣後する（GL 7 項(3)④ロ）。このため、たとえば自宅に設定されている抵当権の被担保債権が自宅の価値（下記(3) c (b)参照）を上回る額の住宅ローン債権で担保権者がローンの約定弁済を許容している場合は、当該自宅にはそもそも経営者保証GLによる資産換価ルールが適用されないため、当該自宅を無条件で保証人の手元に残すことができる。

(g) **保証債務整理の事実が信用情報登録機関に登録されないこと**

上記ｂ(c)のとおり、経営者保証GLは、対象債権者が保証人の債務整理に関する情報を信用情報機関に登録しないこととしている。キャッシュレス社会への移行をふまえると、信用情報機関に登録されないことは、保証人にとって最大のメリットといえる。

g **経営者保証GLに基づく保証債務整理手続の流れ**

「保証債務単独整理型」における手続の大まかな流れ（図表63参照）としては、まず営業店での対応として「保証人への説明」と情報収集を行う。その後、営業店と本部専担部署との共同作業により「事前準備」と「初期対応」を行った後、本部専担部署による「スキームの策定」「スキームの実行」を行うことが望ましい。本書ではそのような流れを前提として具体的な対応を検討する。

(a) **保証人への説明⇒事前準備⇒初期対応**

主たる債務者が法的整理を申し立てた（または申し立てることが決まった）場合、営業店担当者が保証人に一般的な経営者保証GLの説明を行うとともに各金融機関が制定しているチェックシートに基づき、当該保証人が経営者保証GLの適用対象となるか否かや保証債務の整理に経営者保証GLを利用するか否かについて確認する。保証人が経営者保証GLを利用する意向を示した場合、本部専担部署にその旨報告するが、並行して主債務者・保証人の状況について情報収集する。ここまでが営業店での対応である。

そして、収集した情報をもとに営業店と本部専担部署との協議により取組方針、概略スキームおよび役割分担を決定する。

これをふまえ、本部専担部署の担当者が保証人に対して経営者保証GLの詳細な説明、経営者保証GL利用の意向の最終確認を行い、支援専門家（原則として弁護士）を選任させる。ここまでは営業店担当者と本部専担部署担当者との共同作業となる。

支援専門家が選任されると本部専担部署担当者が支援専門家と協議して概略スキームの調整を行う。

第4節　経営者保証ガイドライン　441

図表63 「保証債務単独整理型」の基本フロー図

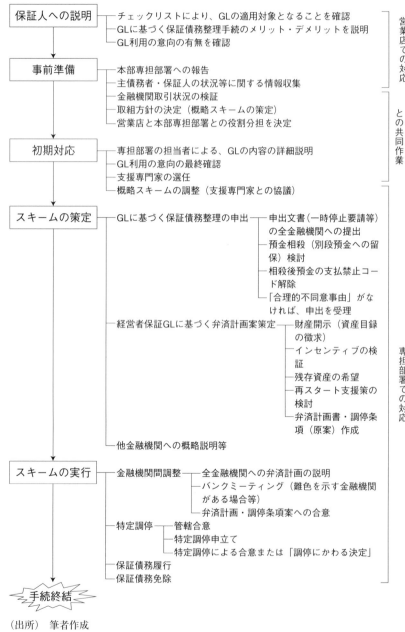

(出所) 筆者作成

⒝　スキームの策定⇒スキームの実行

　ここから先は本部専担部署担当者と支援専門家との協働作業により、経営者保証GLに基づく保証債務の整理手続を進める。なお、図表63は「保証債務単独整理型」の大部分で利用される「日弁連特定調停スキーム」を想定している。

⑵　一時停止等要請への対応

a　一時停止の意義と効果

　一時停止の効果は、債権者平等の原則により対象債権者が債務整理手続外で保証人の責任財産を原資とする債務減少行為を行うことを阻止することである（一般的効果）。

　これに対し経営者保証GLにおける一時停止等の要請は保証債務整理手続の「正式な申出」であるとともに保証人の行為制限や弁済計画策定の基準時と位置付けられている。このため、一時停止の一般的な効果のほかに次の効果がある（図表64参照）。

　①　経営者保証GLに基づく保証債務整理手続が開始する。

図表64　経営者保証GL（単独型）における一時停止等要請の効果

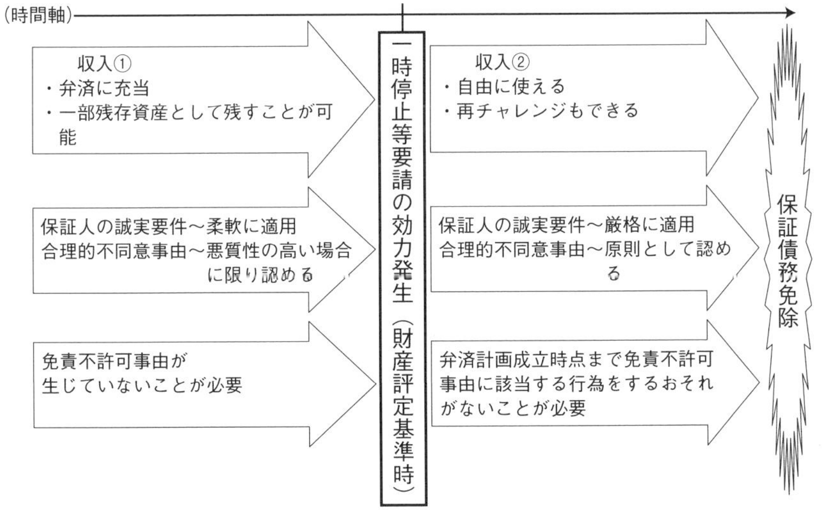

（出所）　筆者作成

第4節　経営者保証ガイドライン　443

②　その後の収入や新得財産は自由に使える。

　　　経営者保証GLに基づく保証債務の弁済計画は一時停止等の要請の効力が生じた時点を財産評定の基準時とし、当該時点での保有資産のみを原資として策定するとされている（GL 7 項(3)④）。

③　その後の行為には保証人の誠実要件が厳格適用され、対象債権者の合理的不同意事由が原則として認められる。

　　　誠実義務違反や合理的不同意事由が一時停止等の効力発生前に生じた場合、誠実要件は柔軟に適用され、合理的不同意事由は悪質性の高い場合に限り認められる。他方、保証人は、一時停止等の要請後の行為がより厳格に規制される（Q&A 3 － 3 、 7 － 7 、 7 － 12）。

b　一時停止等要請の要件

　一時停止等要請は次のすべての要件を充足していなければならない（GL 7 項(3)①）。

①　保証人から「保証人（一体型の場合は主たる債務者と保証人）と支援専門家との連名の書面」（「弁済猶予のお願い」というタイトルが一般的である）により「全対象債権者に対して同時に」一時停止等の要請があること

②　「主たる債務者および保証人が弁済等に誠実であり、対象債権者との間で良好な取引関係が構築されてきた」と判断できること

③　合理的不同意事由がないこと

c　一時停止等要請への対応

　一時停止等の要請は対象債権者が応諾したときに効力が生じる（Q&A 7 － 11）。しかし、一時停止等の効力発生時は財産評定基準時となるため、債権者が複数の場合にこれを厳格に解釈すると債権者ごとに弁済計画の基準財産が異なるという不都合が生じることになりかねない。このため実務上は、要請書の日付を一時停止の効力発生時とする、または事前相談を受けている場合は支援専門家に要請書を全債権者に同日FAXし原本は郵送または直接交付させる扱いとしている。万が一債権者ごとに要請書の受領時が異なる場合は後日、弁済契約書（特定調停の場合は調停条項）において財産評定

444　第 3 章　債権回収を取り巻く諸論点

基準時をどの時点とするか合意する必要が生じることに留意が必要である。

また、弁護士によっては債務整理の受任通知と一時停止等の要請書を混同していたり保証人と連名していなかったり等、一時停止等の要請の要件を充足していないケースもあるので注意が必要である。

d　保証人預金の取扱い（図表65参照）

単独型の場合、一時停止等の要請は主たる債務者の法的整理申立て以後でなければできないため、一時停止等の要請時点ではすでに主たる債務の期限の利益が喪失し、保証人預金は拘束（支払禁止コード設定）されているので、当該預金の取扱いが問題となる。

主たる債務者廃業事案の場合、保証人預金の取扱いが保証人の再起の成否を決することが多く、手続の円滑な遂行のためにも金融機関の対応方法を標準化する必要がある。また、経営者保証GLの趣旨に鑑み、破産法34条3項1号やQ&A7－23にかかわらず自由財産は「99万円相当の資産」と解すべきであり、預金は自由財産を構成する主要財産となる。

(a)　財産評定基準時後における預金の取扱い

経営者保証GLは財産評定基準時以後の新得財産は弁済原資としないことを明記している。このため、財産評定基準時たる一時停止等の効力発生時より後に入金された預金は財産評定基準時以後の新得財産、すなわち経営者保証GLに基づく保証債務整理手続では無条件で認められる残存資産に該当す

図表65　保証人預金の取扱い（注）

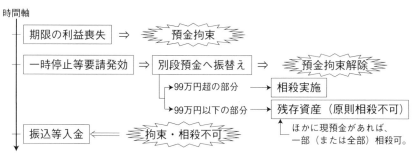

（注）　預金取引は普通預金のみ、ほかに現預金はないものと仮定。
（出所）　筆者作成

第4節　経営者保証ガイドライン　445

るため（Q&A 7 −23）、相殺できないと解される。

　また、預金拘束はあくまでも相殺原資確保という債権保全の手段として正当化されるにすぎず、相殺できない預金を拘束することは預金債権の債務者たる銀行の債務不履行ないし不法行為となる。したがって、銀行は一時停止等の効力発生後直ちに財産評定基準時以前から存在する預金を相殺するか、保証人口座から払い出して別段預金に留保し、保証人が預金口座を自由に使用できるようにしなければならない。

(b)　財産評定基準時に存在する預金の取扱い

　経営者保証GLに基づく弁済計画は担保権者その他の優先権を有する債権者に対する優先弁済後の資産を原資とすることとされている（GL 7 項(3)④ロ）。このことから、一時停止等の効力発生前に入金された預金と保証債務とは原則として相殺できる。

　他方で、自由財産は保証債務整理手続では無条件で認められる残存資産に該当するため、現金および他の預金と合算して99万円となる部分は相殺できないと解すべきである。したがって、別段預金に留保した預金については99万円超の部分について相殺し、99万円以下の部分については弁済計画が提示された段階で自由財産とならない部分について相殺する。ただし、自行預金の自由財産とならない部分（99万円超の部分を含む）について保証人の再起を重視し相殺せず残存資産に組み入れたとしても保証人に対する利益供与とはならないであろう。

(3)　弁済計画策定

a　弁済計画策定の準備

　弁済計画を策定するためには、まず保証人が保有している資産を明らかにすることが必要である（財産開示）。次に、当該資産による弁済能力はどの程度であるかを算定するとともに残存資産の希望が経営者保証GLのルールを充足しているか否かを判定する材料として保証人保有資産の価値を算定する必要がある（財産評定）。

b　財産開示

　経営者保証GLに基づく財産開示は保証人が作成する「資産目録」により

行われる。ここで注意しなければならないのは、経営者保証GLにおける財産開示は「保証人の自己申告による財産を対象」（GL 7 項(3)④イ b 。傍点は筆者による）とすること、すなわち、対象債権者は「性善説」に従うことが求められていることである。

(a) 財産開示の対象

資産目録に記載すべき資産は原則として財産評定基準時における保証人保有資産のうち「差押禁止動産」（生活必需品等）を除くすべての資産である。少なくとも弁済計画において弁済原資とすべき資産および残存資産として希望する資産については、資産目録に網羅されている必要がある。また、相殺対象預金、貸付金、保険、有価証券類、自動車、不動産等については評価額がゼロであっても記載を要することに注意が必要である。破産法上の自由財産または拡張自由財産に該当する資産やオーバーローンの不動産は経営者保証GLにおいて換価処分の対象とはされていないが、記載漏れのないよう支援専門家に念達しておく必要がある。ただし、差押禁止動産に該当しない場合でも、個人破産申立て時の資産目録の運用に準じて、早期処分価額20万円以下の動産（自動車等の特殊な物を除く）は資産目録に記載されていなくても、資産の隠匿には当たらない。

なお、財産開示手続における金融機関の対応は保証人の弁済計画策定（残存資産、弁済額および保証債務免除額の算定）の準備作業にとどまらず、保証人の再スタートへの配慮が求められることに留意が必要である。このため、財産開示手続を通じ、保証人の再スタートを支援するうえで必要な財産の選別や当該資産を残存資産とすることの可否、当該資産を残存資産とできない場合の対応等まで視野を広げることが求められる。

(b) 資産目録の検証方法

金融機関には開示された資産内容の真正性を直接確認できる方法が限られているため、開示された資産に疑義のある点については支援専門家にその点に関する調査およびエビデンスの提出を求め、支援専門家から合理的な説明がなされた場合には当該財産開示の真正性が担保されているものとして、財産評定の手続を経て弁済計画策定手続に入る。

第 4 節　経営者保証ガイドライン　447

ここで注意しなければならないのは、保証人は債務整理に関して専門家ではないため資産隠匿の意図がなかったとしても錯誤または過失により資産の一部が資産目録から漏れてしまうことがありうることである。たとえ過失による表明保証違反であっても原則として債務復活条項が発動される（Q&A7−31）ので、支援専門家に対し財産開示を保証人任せとせず、支援専門家自らが財産開示に積極的に関与することを求めておく必要がある。

c　財産評定

　財産評定は弁済計画策定の基礎となる手続である。弁済計画の内容以前に保証人資産の評価に関して金融機関と支援専門家との見解の相違が尖鋭化し弁済計画策定が難航して手続が長期化することにならないよう、資産評価の基準について金融機関と支援専門家との共通理解を確立することが望まれる。

(a)　資産目録の作成基準時

　資産目録は、財産評定基準時である「一時停止等の効力が発生した時点」で存在する保証人資産について同時点での資産価値を評価しなければならない（GL7項(3)④イb）。これと異なる基準時で財産評定を実施し基準時の補正が困難な場合、「調停条項」または保証人との「債務弁済契約書」において「財産評定基準時に関する合意」を行わなければならないことに注意が必要である。

(b)　財産評定の基本ルール

　経営者保証GLにおける「財産評定」で使用される「評価額」は原則として「早期処分価額」である。経営者保証GLには保証人の資産を処分・換価して得られる（であろう）金銭の評価基準は明記されていないものの、「公正な価額」を評価基準とすることを想定している。

　ここでいう「公正な価額」の算定は「法的倒産手続における財産の評定の運用に従う」（Q&A7−25）ことから、「公正な価額」は「正常価額（時価）」ではなく「早期処分価額」を指す。そして、この法的倒産手続における財産の評定とは民事再生法による財産の評定（民事再生法124条）を指し、その場合の処分価額は市場で売却する際の正常な価額ではなく原則とし

448　第3章　債権回収を取り巻く諸論点

て強制競売の方法による場合の価額となる。ただし、弁済計画策定段階ですでに処分が終了している場合や処分未了ながら処分価額が確定している場合は早期処分価額ではなく当該処分価額が評価額となる。当該処分価額が早期処分価額を上回っているときはその差額が保証人のインセンティブに算入されるので（Q&A7−16※）、増額部分を資産目録に明記し、弁済計画におけるインセンティブに反映させる。

(c)　**財産評定の手法**

具体的な早期処分価額の算出方法は図表66のとおり。保証人に「経済的破綻をさせない」「再スタートの機会を与える」という経営者保証GLの趣旨を鑑みると残存資産をなるべく多く認められるよう、評価額は極力低めに算定することが求められる。

たとえば経営者保証GLにおける保証人所有不動産の評価は、①インセンティブ資産の検討、②当該不動産についてオーバーローン物件であるか否かの判定、③処分対象資産の受戻しを行う際の公正価額算定、④対象債権者の担保権が設定されている場合の別除権評価額算定等を目的として行われている。このため、財産評定における資産評価は経営者保証GLのルールにのっとった「理論値」であるということで、「実際に処分したらいくらになるか」ということは求めていない。不動産を処分する場合でも②早期処分価格と実際の処分価格の差額はインセンティブとなる（Q&A7−16※）、⑤処分価格の一部を残存資産に含めることができる（Q&A7−14−2）という扱いを認めている以上、財産評定における評価額はギリギリ合理性が説明できる水準まで圧縮することが経営者保証GLの趣旨に適っている。

(d)　**メイン行による事前検証**

支援専門家のなかには財産評定の手間を省くため、または経営者保証GLの理解度の低い対象債権者に忖度して、時価額や固定資産評価額等をそのまま評価額として財産評定を行う者がおり、これによって保証人の再起を阻害する事案もある。このため、メイン行による財産評定の事前検証はきわめて重要である。

この作業により抽出された問題点または疑問点につき支援専門家が誠実に

第4節　経営者保証ガイドライン　449

図表66　財産評定における早期処分価額の算出方法（代表例）

１．不動産（強制執行を前提として算出）

①固定資産評価額を使用する場合

　｛（土地固定資産税評価額÷0.7）＋（建物固定資産税評価額）｝×0.7（競売市場修正率）×0.8（買受可能価額）

《早期処分価額計算例》

　　土地固定資産評価額　5,000,000円、建物固定資産評価　3,000,000円

　　早期処分価額＝（5,000,000円÷0.7＋3,000,000円）×0.7×0.8＝5,680,000円

②一般的に金融機関が使用している簡易評価を使用する場合

　　ａ．時価の算出（土地）

　　　　近隣の公示価格×（対象地路線価／公示地路線価）×対象地面積×時点修正率

　　ｂ．時価の算出（建物）

　　　　再調達原価×（耐用年数－経過年数）／耐用年数×床面積

　　ｃ．早期処分価額の算出

　　　　（ａ＋ｂ）×0.7（競売市場修正率）×0.8（買受可能価額）

《早期処分価額計算例》

　　〈土地〉近隣の公示価格5万円／㎡（路線価4万円／㎡）、対象土地200㎡・路線価3万円／㎡（双方とも過去2年間価額に変動なし）

　　〈建物〉木造住宅、再調達原価17万円／㎡、築後15年、耐用年数20年、延べ床面積110㎡

　　ａ．50,000円×（30,000円／40,000円）×200㎡＝7,500,000円

　　ｂ．170,000円／㎡×（20年－15年）／20年×110㎡＝4,675,000円

　　早期処分価額＝（7,500,000円＋4,675,000円）×0.7×0.8＝6,818,000円

③不動産業者の査定を使用する場合

　《早期処分価額計算例》

　　Ａ社査定額（早期処分価額として査定）：6,000,000円

　　Ｂ社査定額（早期処分価額として査定）：5,500,000円

　　Ｃ社査定額（早期処分価額として査定）：5,000,000円

　　早期処分価額＝6,000,000円（最も高いＡ社査定額を採用）

２．上場株式（相続財産評価に準じて算出）

　財産評定基準時現在の終値と財産評定基準時の属する月以前3カ月間の毎日の終値の各月平均価額のうち最も低い額。

３．投資信託（相続財産評価に準じて算出）

　財産評定基準時現在の基準価額－（源泉徴収税額＋解約手数料）

４．自家用車（破産法ルールに準じて算出）

　インターネットによる簡易評価額。ただし、新車時の車両本体価格が300万円未満である国産普通自動車については、初年度登録から7年（軽自動車・商用の普通自動車は5年）以上経過している場合は、損傷状況等から無価値と判断できる限り、査定評価を省略して0円と評価とすることも可。

（出所）　筆者作成

対応することは当然であるが、メイン行も保証債務整理手続成立に向けた議論を真摯な姿勢で行わなければならない。これにより後日、他の対象債権者と支援専門家との間で見解の相違が先鋭化した場合はメイン行が債権者間調整を担当する態勢を構築すべきである。

d　保証債務の履行基準

　経営者保証GLにおける保証債務の履行基準は財産評定基準時に保証人が保有する資産から対象債権者への保証債務履行の弁済原資とせず、保証人の手元に残すことのできる資産（以下「残存資産」という）として対象債権者が認めた資産を除いたすべての資産を処分・換価して保証債務履行の原資とすることを原則としている。弁済計画策定にあたり対象債権者は保証債務の履行に際して支援専門家とも連携しつつ「保証履行能力・従前の履行状況」「経営者保証人の帰責性」「保証人の経営資質・信頼性」「事業再生・事業清算の時期（回収見込額の増加額）」「破産法等との整合性」等を総合的に勘案して残存資産の範囲を決定する。

(a)　残存資産

　残存資産といわれるものには「経営者保証GLの手続外で認められる資産」「原則として無条件で認められる資産」「経済合理性を上限に認められる資産」がある（図表67参照）。

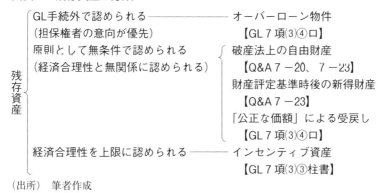

図表67　残存資産の分類

（出所）　筆者作成

第4節　経営者保証ガイドライン　451

(b) 経営者保証GLの手続外で認められる資産

いわゆる「オーバーローン物件」が「経営者保証GLの手続外で認められる資産」に該当する。オーバーローン物件とは資産価値（ただし、早期処分価額）を上回る担保権が設定されており、担保権者が処分を望んでいない資産のことである。

経営者保証GLは「担保権者その他の優先権を有する債権者」が経営者保証GLに基づく弁済計画より優先することを明記している。当該資産の処分対価を弁済原資に組み入れることができない以上、担保権者の同意なしで当該資産を換価処分する旨の弁済計画を策定することはできない。したがって、オーバーローン物件は後述する「インセンティブ」がゼロのケースや、主たる債務の整理手続終結後の申出としてガイドラインの手続内では破産法上の自由財産以外の残存資産が認められないケースであっても、当然に残存資産となる。

なお、実務上、オーバーローンの自宅について「華美か否か」にこだわる金融機関が散見されるが「華美でない自宅」は経営者保証GLの手続内で認めるインセンティブ資産の「目安」であるから両者はまったくの「別物」である。それゆえ、オーバーローン物件は「華美」であっても残存資産となることに留意が必要である。

(c) 原則として無条件で認められる資産

経営者保証GLの手続内で経済合理性と無関係に残存資産として認められるものが3種類ある。

ア　破産法上の自由財産

現金99万円のほか、いわゆる拡張自由財産として通常の破産手続でも認められる評価額20万円以下の自動車・生命保険などが該当する。実務上、評価額20万円を超える生命保険で健康上の理由から解約すると再加入できないもの、本人や家族の医療費、親族の介護費用、就学中の子供の学費等についてインセンティブでカバーできない場合や主債務の整理手続終結後の申出の場合に、拡張自由財産の適用の可否が問題となることが多い。拡張自由財産については、保証人を破産させないことが経営者保証GLの趣旨であるから保

証人を破産よりも過酷な状況に追い込むことはありえないという大前提で、破産手続よりは柔軟に検討しなければならない。

イ　財産評定基準時後の新得財産

　これは経営者保証GLに明文の規定がある（Q&A 7 −23）。その意義や内容については、上記(2) a を参照されたい。

ウ　公正な価額による受戻し

　処分対象資産であっても「公正な価額（上記 c (b)参照）による受戻し」が認められている。受戻しの方法は財産評定基準時以後の収入等（借入れも含む）を原資とした一括弁済または原則 5 年以内の分割弁済である。

　これも経営者保証GLに明文規定（ 7 項(3)④ロ）があり、受戻しの原資は財産評定基準時後の新得財産であるから、理論上もインセンティブの有無にかかわらず当然に認められることになる。

(d)　**経済合理性を上限に認められる資産**

　インセンティブ資産が「経済合理性を上限に認められる資産」に該当する。主たる債務について早期の事業再生・事業清算等に着手したことによって対象債権者の回収見込額が増加した場合、破産法上の自由財産に加え回収見込額の増加額を上限としてインセンティブを認めるという規定である。主たる債務の整理方法が清算型の場合のインセンティブの算出方法は図表68のとおり。この規定により認められる残存資産を「インセンティブ資産」という。ちなみに、「インセンティブ」および「インセンティブ資産」という用語について、経営者保証GLに明文の記載はない。

　インセンティブ資産として認められうる資産としてQ&A 7 −14では雇用保険の給付期間を「目安」とした一定期間の生計費および華美でない住宅等が例示されているが、インセンティブ資産として認められる残存資産はこれに限られるものではない。Q&A 7 −14に列挙されている「一定期間の生計費」「華美でない自宅」等は、あくまでもインセンティブ資産を検討するうえでの「目安」にすぎず経営者保証GLの要件ではない。たとえば一定期間の生計費は年齢にかかわらず363万円を目安（上限ではない）とする、華美でない自宅は外観ではなく「その自宅を残すことが正義に反するとまではい

第 4 節　経営者保証ガイドライン　453

図表68 経営者保証GLにおける「インセンティブ」(清算型の場合)

主債務者からの回収見込額の増加額　　保証人からの回収見込額の増加額

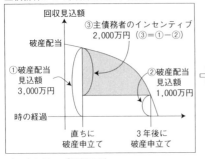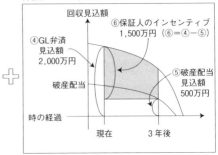

インセンティブ計算の例
(◎主債務者のインセンティブ)
① 主債務者が直ちに破産申立てした場合の破産配当見込額＝30,000,000円
② 主債務者が3年後に破産申立てした場合の破産配当見込額＝10,000,000円
③ 主債務者のインセンティブ＝①－②＝30,000,000円－10,000,000円＝20,000,000円
(◎保証人のインセンティブ)
④ ①のケースで保証人が経営者保証GLに基づく準則型私的整理を行った場合の弁済見込額＝20,000,000円
⑤ 保証人が3年後に破産申立てした場合の破産配当見込額＝5,000,000円
⑥ 保証人のインセンティブ＝④－⑤＝20,000,000円－5,000,000円＝15,000,000円

上記事例におけるインセンティブ（インセンティブ資産の上限）
　主債務のインセンティブ＋保証人のインセンティブ＝③＋⑥＝20,000,000円＋15,000,000円＝35,000,000円

(出所)　筆者作成

えない住宅」か否かで判断する、生計費以外にも生命保険、医療費、介護費用、学費等は広く認めるなど、目安やQ&Aの形式的な文言にとらわれることなく柔軟に認めるべきである。

また、生命保険、自動車等で評価額が20万円を超えるものについて20万円までの部分は拡張自由財産、20万円を超える部分についてはインセンティブ資産とする（インセンティブが不足する場合は、不足部分を公正な価額での受戻しの対象とする）など、柔軟に検討することが求められる。

e　弁済計画案

経営者保証GLに基づく弁済計画の策定は、確定した資産目録のうちどの資産を残存資産としどの資産を換価処分して弁済原資とするかという保証人

資産の選別作業が中心となる。筆者の経験上、支援専門家は弁済額や残存資産の額といった「数字の合理性」に、金融機関は個別の残存資産の「内容の妥当性」にこだわる傾向があり、価値観の違いから議論がかみ合わないことがある。このため、メイン行と支援専門家とが目線合わせをしたうえで協働して具体的な弁済計画策定作業を行うことが必要である。

(a) **残存資産の選定**

残存資産の選定にあたっては①経営者の経済的破綻の回避、②主たる債務の早期再生・清算により対象債権者が享受した利得の保証人への一部還元、③経営者の再スタートを後押しすることによる地域経済活性化への貢献という経営者保証GLの趣旨に準拠することが求められる。したがって、金融機関側が「数字の合理性」という判断基準に大きく歩み寄るとともに、個別の残存資産の「内容」についても経営責任の追及という観点ではなく保証人の再スタートを支援するという観点からの妥当性判断を行うべきである。

(b) **弁済計画案の必要的記載事項**

保証債務の弁済計画案には原則として次の事項を記載しなければならない。

① 保証債務のみを整理する場合は、主たる債務と保証債務との一体整理が困難な理由および保証債務の整理を法的整理によらず経営者保証GLで整理する理由（GL7項(3)④イa）

② 財産の状況（GL7項(3)④イb）

　財産評定の基準時は一時停等の効力が発生した時点とする。財産評定は保証人の自己申告による財産を対象として、残存資産を除いた資産を処分するものとして行う。

③ 保証債務の弁済計画（GL7項(3)④イc）

　弁済計画の期間は原則5年以内とされているが、個別事情を考慮して、関係者間の合意により5年を超える期間の弁済計画を策定することも可能（Q&A7－24）。

　なお、弁済計画上いわゆる「ゼロ円弁済」とすることが明文で認められている（基本的考え方5項(2)）ことに留意が必要である。

第4節　経営者保証ガイドライン　455

④ 資産の換価・処分の方針（GL 7 項(3)④イ d ）

　保証債務の減免を伴う弁済計画の場合、原則として残存資産を除いた資産はすべて処分する計画とする。ただし、処分・換価対象資産の「公正な価額」に相当する額の弁済（原則 5 年以内の分割も可）と引き換えに当該処分・換価対象資産を手元に残すことも認められる（GL 7 項(3)④ロ、Q&A 7 −25・29）。

⑤ 対象債権者に対して要請する保証債務の減免、期限の猶予その他の権利変更の内容（GL 7 項(3)④イ e ）

　保証人が対象債権者に対して保証債務の減免を要請する場合には、財産評定基準時における残存資産を除くすべての資産を処分・換価して得られた金銭をもって、担保権者その他の優先債権者および債権額 20 万円以下（変更後の全対象債権者の合意により金額変更可）の保証債権者への弁済後の残額を全対象債権者に債権額按分で弁済し、その余の保証債務について免除を受ける内容を記載する(GL 7 項(3)④ロ)。

(c)　**保証債務の一部免除を伴う弁済計画の要件**

　以下のすべての要件を充足する場合、対象債権者は保証人からの保証債務の一部履行後に残存する保証債務の免除要請について誠実に対応するものとする（GL 7 項(3)⑤）。

① 保証人はすべての対象債権者に対して保証人の資力に関する情報を誠実に開示し、開示した情報の内容の正確性について表明保証を行うこととし、支援専門家は対象債権者からの求めに応じて当該表明保証の適正性についての確認を行い、対象債権者に報告すること（GL 7 項(3)⑤イ）

② 保証人が自らの資力を証明するために必要な資料を提出すること（GL 7 項(3)⑤ロ）

③ GL 7 項(2)の手続に基づき決定された主たる債務および保証債務の弁済計画が、対象債権者にとっても経済合理性が認められるものであること（GL 7 項(3)⑤ハ）

④ 保証人が開示し、その内容の正確性について表明保証を行った資力

の状況が事実と異なることが判明した場合（保証人の資産の隠匿を目的とした贈与等が判明した場合を含む）は、免除した保証債務および免除期間分の延滞利息も付したうえで追加弁済を行うこと（保証債務復活条項）について保証人と対象債権者とが合意し、書面での契約を締結すること（GL 7 項(3)⑤ニ)

　なお、要件④の「表明保証違反」については保証人の過失による表明保証違反も含まれるが、当該過失の程度をふまえ、当事者の合意により当該資産を追加的に弁済に充当することにより免除の効果が失効しない取扱いとすることも可能である（Q&A 7 −31）。

(4)　準則型私的整理手続における合意

　経営者保証GLに基づく保証債務整理は、準則型私的整理手続により弁済契約または特定調停が成立することによって完結する。本書の射程である「主たる債務者廃業事案」の保証債務整理手続で利用される準則型私的整理手続は保証債務単独整理型手続である①日弁連特定調停スキーム、②活性協スキーム（のみ型）、③REVIC特定支援業務および主たる債務との一体整理型手続である④事業再生等ガイドライン（廃業型）、⑤日弁連特定調停スキーム（廃業支援型）がある。

　近時「④事業再生等ガイドライン（廃業型）」の利用が増加しつつあるが、このスキームの大前提は、金融債務以外の債務（税金、取引債務等）は全額弁済できることであるため、主債務者廃業事案の大部分が主債務の整理に破産等法的整理手続を利用しているのが実態である。したがって、ここでは現状において主債務者廃業事案の大部分で利用されている「①日弁連特定調停スキーム」をベースとして「準則型私的整理手続における合意」を解説する（図表69参照）。

a　特定調停手続の申立て

(a)　事前合意書の取りまとめ

　「日弁連特定調停スキーム」では、通常の特定調停のように調停の場で弁済計画の合意を形成するのではなく、まず保証債務の弁済計画案について保証人と対象債権者との間で十分に議論を尽くし大筋について事前合意を形成

図表69 一般的な特定調停手続と日弁連特定調停スキーム

(1) 一般的な特定調停手続

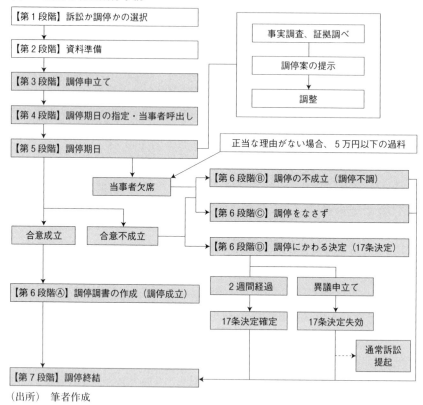

(出所) 筆者作成

（通常、対象債権者ごとに合意書を作成）した後に特定調停の申立てを行うことになる。したがって、特定調停を申し立てる前の段階で弁済計画案について（できれば弁済計画案に基づく調停条項案についても）、少なくとも大筋の合意を形成しておく必要がある。経営者保証GLは「合意書」の作成を義務付けていないが日弁連特定調停スキームを利用する場合に「合意書」の提出を義務付けている裁判所が多いため、弁済計画案への大筋合意が形成されると支援専門家は特定調停申立てに先立って各対象債権者に「合意書」の提出を求めるのが一般的である。

(2) 日弁連特定調停スキーム

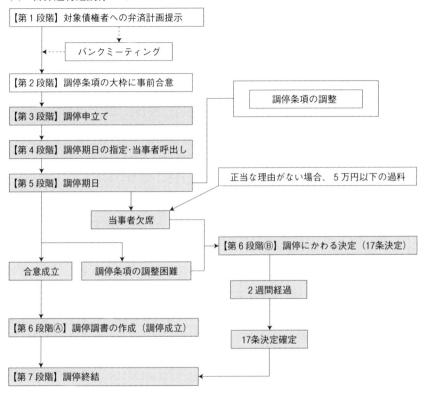

　弁済計画（調停条項）案は、特定調停において当事者間に合意が成立し、これを調書に記載したときに成立することになっている（特定調停法22条で準用する民事調停法16条）ので、合意書には特定調停のテーブルに着くこと以外の意味はなく、法的拘束力はない。また、「合意書」における合意のレベルは、あくまでも「大筋合意」（「明確な反対意思はない」という程度の暫定的合意）であり、合意書を提出しても細部については特定調停の場で修正が可能であり、特定調停の場では形式上調停条項案に不同意としたうえで後述する17条決定を求めること（消極的合意）も可能である。

(b)　弁済計画（調停条項）案の組織決定

対象債権者の最終的な意思決定（行内稟議による最終決定事項）は「合意書」によって大筋合意した内容ではなく、特定調停手続において調停委員会が検証し当事者の意見をあらためて聴取したうえで必要に応じて修正がなされた最終的な調停条項案に対して行われるのが原則である。

ただし、実務上は特定調停申立書に添付された調停条項案を精査したうえで調停条項案について「その骨子に変更がない場合は期日に合意する」「○○の部分を△△と修正することを条件として期日に合意する」「その骨子に従った17条決定を求め、当該決定に異議を申し立てない」というような稟議を行い、第1回期日での手続終了を目指すのが一般的である。

(c)　管轄合意

特定調停の管轄裁判所は、特定調停法22条で準用する民事調停法3条1項が相手方（対象債権者）の住所等所在地としているが、特定調停の運用上、広く自庁処理を認めているため、保証人保護の観点から実務上は申立人（保証人）の住所地としていることが多い。しかし、日弁連特定調停スキームの申立裁判所は住所地を管轄する地方裁判所の本庁に併設された簡易裁判所とされている。このため、申立代理人（支援専門家）が当事者全員から管轄合意書を取受けする必要があり、管轄合意は上記(a)の「合意書」にセットされているのが一般的である。

(d)　調停期日に係るスケジュール調整

裁判所は、対象債権者の都合を無視して調停期日を設定するだけでなく、調停期日がいったん定められると期日の変更には応じないことが多いのが実情である。対象債権者の都合が悪い日に期日指定されると合意が次回期日（通常は1カ月後）に持越しとなるなど解決まで長期化することが懸念される。そのようなことにならないよう、支援専門家兼申立代理人が特定調停を申し立てる前に対象債権者とのスケジュール調整を綿密に行ったうえで申立ての段階で対象債権者の不都合を回避できる期日設定を裁判所と調整してもらうことが必要である。

また、「日弁連特定調停スキーム」では第1回ないし第2回調停期日での

合意成立を目指すことになるので、出席者のスケジュールのみならず調停条項に関する組織決定に要する期間まで含めた日程調整も必要であることに留意が必要である。

b　特定調停手続におけるにおける弁済計画（調停条項）案の合意

(a)　調停調書作成時の留意点

経営者保証GLによる保証債務の減免・免除が後日の無税直接償却で税務否認を受けないためには経営者保証GLが定めるルールを充足した調停条項が必須であるため、調停条項の作成は支援専門家任せにせず金融機関自身が積極的に関与することが重要である。また、GL7項(3)④は、「保証債務の弁済計画」に係る書面合意（特定調停の場合、調停条項）、合意事項が明記されている。これに対し調停委員会は調停条項について債務名義性を重視し極力簡潔な調停条項への変更を求める傾向があるため、対象債権者の後日の無税償却で問題とならないよう、合意事項を網羅した調停条項の作成を粘り強く交渉する必要がある。

なお、調停条項の必要的記載事項は次のとおり（一体型の場合に作成する弁済契約書の必要的記載事項も同じ）。

① 当該保証債務整理手続が経営者保証GLの適用要件を充足していることに関する保証人・対象債権者間の確認条項

② 保証債務を経営者保証GLで整理することについての保証人・対象債権者間の確認条項（GL7項(3)④イa）

具体的には「主たる債務と保証債務の一体整理が困難な理由」「保証債務の整理を法的整理によらず、本ガイドラインで整理する理由」である。

③ 財産評定基準時の合意（GLの規定と異なる財産評定基準時を設定する場合のみ）

④ 財産の状況（GL7項(3)④イb）についての保証人・対象債権者間の確認条項

⑤ 保証債務の現在額の確認および保証債務の弁済方法（GL7項(3)④イc）に関する条項

第4節　経営者保証ガイドライン　461

⑥　資産の換価・処分方法（GL 7 項(3)④イ d ）に関する条項（残存資
　　産の内容も明記する）

⑦　対象債権者に対して要請する保証債務の減免、期限の猶予その他の
　　権利変更の内容（GL 7 項(3)④イ e ）に関する条項

⑧　債務復活条項（GL 7 項(3)⑤ニ）
　　債務復活条項は、解除条件付保証債務免除契約であると解されてい
　　る。

⒝　合意形成が困難な場合の対応

ア　「17条決定」の活用

　対象債権者の事情によっては、残存資産の内容や主たる債務者との倒産前
後の経緯により積極的な合意について組織決定が得られない事例もありう
る。このため、弁済計画についての合意形成が困難な場合、いわゆる「17条
決定」を活用する。

　民事調停法17条は、裁判所が「調停が成立する見込みがない場合（当事者
の合意が不可能な場合）において相当であると認めるときは、当該民事調停
委員会を組織する民事調停委員の意見を聴き、当事者双方のために衡平に考
慮し、いっさいの事情をみて、職権で、当事者双方の申立ての趣旨に反しな
い限度で、事件の解決のために必要な決定をすることができる」（カッコ内
は筆者による追記）と規定している（特定調停法22条により特定調停手続に
も準用されている）。この決定が「調停に代わる決定」である（民事調停法
17条が定める決定であるため、一般的には「17条決定」という）。当事者が
17条決定の告知を受けた日から 2 週間が経過した場合、当該決定が確定し
「裁判上の和解」と同一の効力（確定判決と同一の効力）が認められる。他
方、17条決定に異議のある当事者が当該決定の告知を受けた日から 2 週間以
内に異議申立てをした場合、当該決定は失効する。

　当事者の合意に基づく調停調書には調停委員会の判断（当該調停案がなぜ
公正かつ妥当で経済合理性を有すると判断したか）が記載されないが、17条
決定書には第三者である調停委員会の妥当性判断が明記されるので金融機関
にとっては保証債務整理の透明性を高めるという効用もある。このため、17

条決定の利用は「弁済計画に積極的合意はできないが、弁済計画の成立を積極的に否定する意思まではない」と判断する場合に、「調停において合意もせず、17条決定に対して何もしないで確定させる」というかたちで事実上弁済計画を成立させるために利用することから、「消極的合意」ともいわれる。通常17条決定は対象債権者ごとに下されるので、万一対象債権者の一部が異議申立てをした場合に備えて、決定に「前項までの内容は、申立人および相手方らのうち一部の者から適法な異議の申立てがあったときは、当該当事者と他方当事者との間のみならず、本件当事者全ての関係で効力を生じないものとする」という文言を入れてもらう必要がある。なお、17条決定を利用する場合、後日の無税償却のため、裁判所に「確定証明書」を発行してもらう必要がある。

イ　同意しない債権者の除外

弁済計画の成立のためにはすべての対象債権者の弁済計画への同意が必要である。ただし、ほとんどすべての対象債権者が同意したにもかかわらずごく一部の対象債権者の同意が得られない場合において、これらの債権者を対象債権者から除外することによっても弁済計画に与える影響が軽微なときは同意しない債権者を除外することによって債務整理を成立させることも可能とされている（Q&A 7 − 8 ）。

このため、同意しない債権者の主張があまりにも不合理で歩み寄りの余地がなく、当該債権者の債権が小額であるなど弁済計画の履行や保証人の再スタートに与える影響が軽微なときは、当該債権者を除外して弁済計画を成立させることもやむをえないケースもあると思われる。

(c)　**主たる債務との一体型整理スキームの留意点**

主たる債務との一体型整理スキームの場合はスキーム外で債権者が支援専門家との間で合意書面を締結する必要がある。特に弁済計画における資産隠匿等判明時の「債務復活条項」は解除条件付保証債務免除契約であるから、保証人と対象債権者との書面による合意がなければ効力が担保されないため、必ず書面合意が必要である（GL 7 項(3)⑤ニ）。スキームの主宰者（中小企業活性化協議会等）や支援専門家任せにして書面合意を失念すると、後日

の無税直接償却段階で経営者保証GLの要件を充足していないとの問題が生ずる危険性がある。

c　手続終結後の留意点

(a)　弁済計画に基づく保証債務の履行

ア　弁済計画実施状況の確認

対象債権者が主たる債務者や保証人に対して弁済計画の実施状況の報告を請求することは可能であり、主たる債務者等は当該請求に対して誠実に協力することが求められる（GL 2 項(2)、3 項(3)）。ただし、主たる債務者等が当該請求に協力しなかったことをもって直ちに弁済計画に関する当事者間の合意が否定されるものではないことに留意が必要である（Q&A 8 － 4）。

イ　弁済計画履行完了

経営者保証GLに基づく保証債務整理を行った保証人については当該保証人が債務整理を行った事実その他の債務整理に関連する情報（代位弁済に関する情報を含む）を、信用情報登録機関に報告、登録することが禁じられている（GL 8 項(5)）。対象債権者の具体的な対応としては、保証債務の履行が「ゼロ円弁済」の場合は弁済計画について対象債権者と合意に至った時点（または17条決定が確定した時点。以下同じ）、一括弁済による場合または分割弁済の場合は債務が完済された時点（一括弁済による場合は弁済計画について対象債権者と合意に至った時点とすることもありうる）で「債務履行完了」として登録することになる。これにより、信用情報機関への事故情報の登録が行われないことになる（Q&A 8 － 5）。

なお、「債務履行完了」により残存する保証債務の免除の効果が生じるが経営者保証GLに沿って対象債権者としても一定の経済合理性が認められる範囲で保証債務の減免・免除が行われた場合、保証人および対象債権者ともに課税関係は生じない（Q&A 7 －32）。

(b)　弁済計画に基づく保証債務の履行が滞った場合等の対応

ア　弁済計画の見直し

主たる債務者および保証人が経営者保証GLに即して策定した弁済計画を履行できない場合、主たる債務者、保証人、対象債権者は弁済計画の変更等

につき誠実に協議を行い、適切な措置を講ずるものとされている（GL 8 項(4)）。

イ　資産の隠匿や財産の状況に関する表明保証の虚偽が発覚した場合

　解除条件付保証債務免除契約の解除条件が成就するので、弁済履行後であっても免除した保証債務が利息付きで復活する。この場合、残存資産はもとより基準時以後の収入や新得財産で当初の保証額全額の返済を求めることになる（GL 7 項(3)⑤ニ、Q&A 5 － 9）。

　ただし、当該資産の隠匿や財産の状況に関する表明保証の虚偽についての悪質性により対応を検討すべきであり、たとえば当該処分資産の評価額を財産評定基準時現在の資産として取り扱ったうえで評価額の70％を残存資産として取り扱い、その30％の金額について弁済組入額として取り扱うという和解的な解決を図る等の柔軟な対応を検討すべきである。

第 4 節　経営者保証ガイドライン　465

第 5 節　消滅時効

　融資債権は、弁済、相殺、更改、免除、混同、時効などによって消滅する。このうち銀行の融資実務では更改、免除、混同などにより融資債権が消滅することはほとんどなく、弁済は第2章第6節4⑵で、相殺は第2章第2節で詳述した。

　そこで、ここでは最後の論点である消滅時効について解説する。

1　消滅時効の概要

　時効には取得時効、消滅時効がある。このうち取得時効とは所有の意思をもって他人の物を何年も占有していた者や所有権以外の財産権を自己のためにする意思をもって行使した者にその権利が認められる制度であり（民法162条、163条）、消滅時効とは権利をもっていながら長期間にわたり放置した者に対してその権利を失わせる制度である。

　取得時効が完成すると反射的にそれまでの所有者等の権利が消滅するが、銀行の融資実務で権利の消滅が問題になるのは債権の消滅時効である。

　所有権には消滅時効という概念はないが所有権以外の財産権はすべて消滅時効の対象である（民法166条1項・2項）。

⑴　債権の消滅時効とは何か

　消滅時効とは、権利を有する者がその権利を行使せずに一定の時間（時効期間）が経過することによって財産権が消滅することをいう。主債務（貸付金債権）が時効によって消滅すると付従性により保証人、物上保証人、抵当不動産の第三取得者等は債務等を免れる。ただし、現行民法は連帯債務者の1人についての時効の完成は原則として相対的効力事由（同法441条）とした（時効の完成を絶対的効力事由とする旧民法439条を削除した）ので、連

466　第3章　債権回収を取り巻く諸論点

帯債務者の1人について時効が完成しても他の連帯債務者には影響はない。

時効の効力は時効期間開始の時（起算日）にさかのぼって発生する（同法144条）ため、時効消滅した貸付金債権は起算日に消滅したものとして扱われる。貸付金債権の場合、時効の起算日はその返済期限が到来した時、期限の利益喪失日（銀行取引約定書の定めにより期限の利益を喪失した場合）、または時効の更新事由が生じた日（同法147条2項、148条2項、152条1項）のそれぞれ翌日（初日不参入～同法140条）となる。

ただし、時効による債権消滅の効果は時効期間の経過とともに確定的に生ずるものではなく、時効による権利の得喪が完全な効力を生じるためには時効の利益を受ける者（援用権者）から時効の利益を受けるという意思表示（時効の援用）がなされる必要があり、裁判所は消滅時効期間の完成の事実があっても当事者の援用がない限り判決の理由とすることができない（同法145条）。なお、時効を援用できるのは、債務者はもちろん保証人、物上保証人、抵当不動産の第三取得者その他権利の消滅について正当な利益を有する者である（同条カッコ書）。そこで、先順位抵当権の被担保債権の時効消滅が自らの被担保債権の配当増額に直結する後順位抵当権者が時効援用権者となりうるかが問題となるが、判例は、先順位抵当権の被担保債権の時効消滅による配当増加は抵当権の順位上昇でもたらされる反射的利益にすぎず、後順位抵当権者は直接利益を受ける者には該当しないとして後順位抵当権者の時効援用権を否定している（最判平11.10.21金融法務事情1571号120頁）。

なお、抵当権は、債務者および抵当権設定者に対しては、その担保する債権と同時でなければ時効によって消滅しないとされている（同法396条）が、目的物の第三取得者には抵当権のみの時効の主張が認められている（大判昭15.11.26民集19巻2100頁）

(2) 時効期間

債権の消滅時効は①「債権者が権利を行使することができることを知った時から5年間行使しないとき」（主観的起算点～民法166条1項1号）、または②「権利を行使することができる時から10年間行使しないとき」（客観的起算点～同項2号）のいずれか早い時点で完成する。

第5節 消滅時効 467

銀行は、貸付金の弁済期限の到来や貸付先に関する期限の利益喪失事由の発生を容易に了知できるので、銀行の貸付金債権については通常、②よりも早く到来する①が適用され、これらの事由の発生を知った時（主観的起算点）から5年間経過すると消滅時効が完成する。ただし、時効が完成した債権であっても時効の援用がない限り請求訴訟の提起も可能であり、債務者が行方不明などで欠席裁判となるような場合、口頭弁論において債務者が時効援用することはありえないから、勝訴判決を得てこれを確定し、時効期間を伸長することもできる。

なお、民法169条1項は、確定判決によって確定した権利については10年より短い時効期間を定めるものであってもその時効期間は10年とすることとしている。ちなみに、債権または所有権以外の財産権は、権利を行使することができる時から20年間行使しないときは、時効によって消滅する（同法166条2項）。

2　時効の完成猶予・更新とその方法

消滅時効の完成を阻止する事由（時効障碍事由）には「時効の完成猶予」「時効の更新」という二つがある。

(1)　時効の完成猶予と更新

「時効の完成猶予」とは、一定の事由が発生すると時効期間の進行自体は止まらないが、本来の時効期間の満了時期を過ぎても所定の時期を経過するまでは時効が完成しないという概念である。これに対し「時効の更新」とは、一定の事由の発生によって進行していた時効期間の経過が無意味なものになり新たにゼロから進行を始めるという概念である。債権の消滅時効は原則として債権者の権利行使の意思が明らかにされる手続により「完成猶予」となり、権利の存在について確証が得られた場合（確定判決、債務承認等）や完成猶予事由である手続のうち一定のもの（強制執行等）が終結すると「更新」される。

このため、消滅時効の進行をリセットするためには原則としてまず「時効の完成猶予」事由の発生によって時効の完成が妨げられ、「時効の更新」事

由の発生によって時効期間をリセットするという2段構えの手続が必要となる。

　なお、時効の完成猶予・更新の効力は相対的であり完成猶予・更新の当事者およびその承継人の間だけに生じるのが原則であるが（民法153条1項〜3項）、主たる債務の担保を目的とする保証債務は主たる債務と運命をともにする性質（付従性）を有しており、民法は主たる債務者に対する履行の請求その他の事由による時効の完成猶予・更新の効力は保証人に対してもその効力を生じることを明記している（同法457条1項）。

(2) 時効の完成猶予事由と更新事由

a 裁判上の請求等による時効の完成猶予および更新

　「裁判上の請求」を例にとって時効の完成猶予と更新の関係をみていくと、債権者の権利行使の意思が明らかにされる手続である訴えの提起によって「完成猶予」となった段階（民法147条1項1号）を経て判決の確定のように権利の存在について確証が得られ、あるいは手続が完結した段階で「更新」となる（同条2項）。この場合、訴えの提起による時効の完成猶予の効力発生時は訴状が被告（債務者）に送達された時ではなく訴状を裁判所に提出した時であると解されている（大判大4.4.1民録21輯449頁）。

　他方、確定判決または確定判決と同一の効力を有するものによって権利が確定（時効更新）することなく完成猶予事由が終了した場合（訴えの取下げ、請求棄却等）は、その終了の時から6カ月経過した時（当初時効期間が6カ月経過後に満了する場合は当初時効期限）に時効が完成する（同条1項）。このほか支払督促（同項2号）、訴え提起前の和解・調停（同項3号）、破産手続参加・再生手続参加・更生手続参加（同項4号）も同様の扱いとなる。

　なお、連帯保証人に対する裁判上の請求による時効の完成猶予・更新の効力は主債務者との別段の合意がない限り主債務者には及ばないとされていること（同法458条、441条）、主債務者に効力が及ぶ場合でも保証債務の時効期間は同法174条の2第1項により10年に伸張されるが主債務の時効期間は伸張されない（大判昭20.9.10民集24巻82頁）ことに留意が必要である。ま

た、破産終結決定がされて消滅した会社を主債務者とする保証人は主債務について時効による消滅を観念する余地はないから主債務について消滅時効を援用することはできない（最判平15.3.14金融法務事情1680号58頁）と解されており、主債務者の破産終結後は保証人についての保証債務の時効管理を行うこととなる。

b　強制執行等による時効の完成猶予および更新

「強制執行」を例にとって時効の完成猶予と更新の関係をみていくと、債権者の権利行使の意思が明らかにされる手続である債務者財産への差押え等によって「完成猶予」となった段階（民法148条１項１号）を経て執行手続で満足が得られずに債権が残った場合、手続の終結時に更新となる（同条２項）。ただし、物上保証人所有不動産に対する担保不動産競売手続の場合、時効期間満了前に競売開始決定正本が主債務者に送達されていなければ時効の完成猶予・更新の効力が生じない（同法154条）。

他方、申立ての取下げまたは法律の規定に従わないことによる取消しによって完成猶予事由が終了した場合は、その終了の時から６カ月経過した時（当初時効期間が６カ月経過後に満了する場合は当初時効期限）に時効が完成する（同条１項）。このほか担保権の実行（同項２号）、形式競売（同項３号）、財産開示手続（同項４号）も同様の扱いとなる。

なお、第三者が申し立てた不動産競売手続において抵当権者が行う債権届出は、その届出に係る債権に関する裁判上の請求、破産手続参加またはこれらに準ずる時効中断（現行法では完成猶予）事由には該当しない（最判平元10.13金融法務事情1241号29頁）と解されており、たとえ被担保債権の一部について配当を受領した場合であっても残債権の消滅時効は中断（現行法では完成猶予および更新）事由には該当しない（最判平８.3.28金融法務事情1453号38頁）ことに注意が必要である。

c　仮差押え等による時効の完成猶予および更新

仮差押えや仮処分は被保全債権の権利確定に至るまで債務者の財産等を保全する暫定的なものにすぎないため、その事由が終了した時から６カ月を経過するまで時効の完成が猶予されるが更新の効力までは認められていない

470　第３章　債権回収を取り巻く諸論点

（民法149条 1 号・ 2 号）。

　なお、判例（最判平10.11.24金融法務事情1535号55頁）は、仮差押えによる時効中断（現民法では完成猶予）の効力は仮差押えによる執行保全の効力が存続する間は継続するとしている。

d　催告による時効の完成猶予および更新

　催告とは裁判外において債務の履行を請求することであり一般的には債務者に対して内容証明郵便により催告書を出状するという方法がとられている。催告を行うと催告書が債務者に送達された時から 6 カ月間は時効が完成しないという効力が生じる（民法150条 1 項）。

　ただし、催告による完成猶予期間中に裁判上の請求（同法147条 1 項 1 号）等の完成猶予事由が生ずれば時効の完成猶予の効力は持続するが、催告による完成猶予期間中に再度の催告を行ったり権利について協議を行う旨の合意（下記 e ）がなされたりしても再度の時効完成猶予の効力は生じない（同法150条 2 項、151条 3 項）。

e　権利について協議を行う旨の合意による時効の完成猶予および更新

　書面による「権利について協議を行う旨の合意」がなされると次のいずれかの時期まで時効は完成しない（民法151条 1 項）。

　　①　その合意があった時から 1 年を経過した時

　　②　その合意において当事者が定めた協議を行う期間（ 1 年未満に限る）を経過した時

　　③　当事者の一方から相手方に対して協議を拒絶する旨の書面による通知がなされたときは、その通知の時から 6 カ月を経過した時

　ただし、上記により時効の完成が猶予されている間になされた再度の合意により、通算 5 年までの延長は可能である（同条 2 項）。

f　債務承認による時効の更新

　債務の「承認」とは時効の利益を受ける債務者が債権者に対してその債権の存在を知っていることを表示することであり、承認の方法には文書または口頭での債務承認のほか、内入弁済、利息の支払、手形の書替え、弁済猶予の要請等も含まれる。

第 5 節　消滅時効　　471

このような時効完成を阻止する債務者の一方的行為は時効の完成猶予のプロセスを経ることなく、直ちに時効更新の効力が生じる（民法152条1項）。

　債務者による貸付金の一部の弁済は時効更新事由の「承認」に当たり（最判昭49.5.30金融法務事情724号30頁）、債務者が充当すべき債務を指定していないときは、すべての債務について時効はその時から新たに進行する（民法152条1項、最判令2.12.15金融法務事情2160号69頁）。ただし、銀行取引約定書ひな型7条1項・2項に基づいて銀行が行う相殺・払戻充当の処理や連帯保証人による弁済には、時効更新事由としての債務承認の効果は認められない（前者につき東京高判平8.4.23金融法務事情1470号32頁、民法506条1項参照。後者につき同法458条、441条参照）。債務の承認による時効の更新は更新の事由が生じた当事者およびその承継人の間でのみその効力を有するとされており（同法153条3項）、主債務については、主債務者に対する時効の完成猶予または更新は保証人に対して効力を生ずるという例外規定（同法457条1項）があるものの、保証債務に対する時効の完成猶予または更新についてはそのような規定はない。このため、連帯保証人の承認によって保証債務の時効は更新されるが主債務の時効は更新されず、主債務の時効が完成すれば保証人は主債務の時効を援用して債務を免れることができる（同法145条、大判昭8.10.13民集12巻2520頁）。

3　時効の利益の放棄

　時効完成前にあらかじめ時効の利益を放棄することを許すと、永続した事実状態を尊重して法律関係を安定させようとする時効制度の公益的目的に反するばかりでなく、債権者が債務者の窮状に乗じて放棄を強制するおそれがあるため、時効の利益は時効完成前に放棄することができないとされている（民法146条）。また、時効の完成を容易にする特約、たとえば時効期間を短縮する特約は有効であるが、時効の完成を困難にする特約、たとえば時効期間の延長などの特約は無効である。

　これに対し、時効期間満了後に債務者が時効の援用をしない旨明示（時効の利益の放棄）したときは、以後、時効の援用はできない。また、主債務者

自身が時効完成を知らず時効完成後に一部弁済（債務の承認）をした場合、その後債務者が消滅時効の援用をすることは信義則上許されないと解されており（時効の援用権の喪失。最判昭41. 4 .20金融法務事情441号 6 頁）、放棄とほぼ同じ効果が生じる。ただし、保証人、物上保証人および抵当不動産の第三取得者等は主債務の時効を援用して自らの債務等を免れることができ（上記 1 (1) a 参照）、このことは、これらの者が時効を援用する前に債務者が時効の利益を放棄した場合も同様であると解されている（大判昭 5 .12.25民録22輯2494頁）。

第 5 節　消滅時効　473

第6節 廃業支援

　中小企業は日本の企業数の約99.7％、雇用の約7割を占めており、多くの付加価値を生み出しサプライチェーンの中核を担うなど、日本の産業の基盤を支え、生活必需品の供給者や地域コミュニティの中心として地域の経済や社会を支える存在である。

　ところが、業績不振や過剰債務によって、仮に事業や債務を整理したとしても事業の改善・再構築が見込めない企業が事業の将来展望を描くことができないまま事業を継続し、その結果、経営者自身の再チャレンジが困難になるだけでなく、従業員や取引先等に迷惑をかけるおそれが顕在化しつつある企業が増加基調にあり、そのことが地域の人口減少や少子高齢化と相まって、地域経済活性化の足枷となっているといわれている。特に金融円滑化法（中小企業者等に対する金融の円滑化を図るための臨時措置に関する法律）施行以後、経営の抜本的な改善策が見出せずリスケの繰り返しまたは長期延滞の状態にありながら営業は継続している中小企業への対応は喫緊の課題となっている。

　このような状況下、2023（令和5）年11月22日に改定された「廃業時における「経営者保証に関するガイドライン」の基本的考え方」（以下「基本的考え方」という）は、企業経営者に退出希望がある場合の早期相談の重要性についてよりいっそうの周知を図っていく観点から、廃業手続に早期に着手することが保証人の残存資産の増加に資する可能性があること等を明確化している。従来、金融機関は事業改善支援や事業再生支援には相応の取組みを実施してきたが、廃業支援についてはいまだノウハウが確立していない。そこで、本節では金融機関主導での廃業支援について述べる。

1 金融機関における廃業支援

　ここでは、廃業支援の具体策を検討する前提として、廃業および廃業支援とはどのようなものかを整理し、そのうえで銀行が融資先に対して廃業支援を行う目的や効果を確認しておく。

(1) 廃業支援とは何か

a 「廃業」とは何か

　廃業支援を検討する前に「廃業」とは何かを整理しておく。

(a) 最広義の「廃業」

　最も広い意味での「廃業」という用語は「事業を辞める」ことを指し、理由のいかんを問わない。すなわち、最広義の廃業には「業況順調ながら後継者不在等の理由により資産超過の状態（資産が負債を上回る状態）で事業を辞める」という形態から「赤字体質の債務超過会社が破綻事象の発生によって第三者から強制的に経営存続の途を断たれる」という形態まで幅広い概念が包摂されている。

　「最広義の廃業」を形成する主な廃業形態には「休・廃業」「自主廃業」「倒産」があるが、それぞれの形態はまったく異なるわけではなく重なり合う部分もある。最広義の廃業事案の一般的な流れは図表70のとおりである。

(b) 「休・廃業」という用語のなかで使用される「廃業」

　「休・廃業」という用語は「資産超過状態での事業停止」（東京商工リサーチ）や「企業活動停止が確認できた企業のなかで倒産に分類されない事案」（帝国データバンク）などと定義されている。ここで「企業活動の停止」のうち「将来的な企業活動再開の可能性がある場合」を「休業」、「将来的な企業活動再開を全く予定していない場合」を「廃業」と定義することが考えられる。しかし、実際には「廃業」しているにもかかわらず官公庁には「休業届」を提出していることが多いなど両者の境界線は不明確であることから、あえて「休・廃業」を「休業」「廃業」に区分する実益はない。また、「休・廃業」に該当する「廃業」はほとんどが後述する「自主廃業」の一形態である。

第6節　廃業支援　475

図表70 廃業事案の一般的な流れ

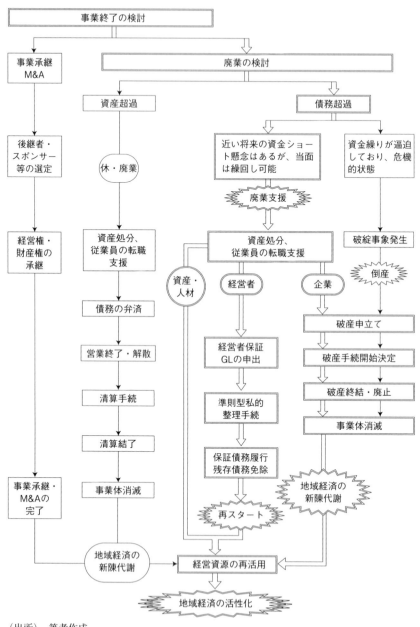

(出所) 筆者作成

「休・廃業」という用語のなかで使用される「廃業」は、ライフステージが「成熟期」ないし「成長鈍化期」にある企業が後継者不在等の理由により資産超過の状態で事業を廃止することを指すと解される。したがって、このような「廃業」を後押しする金融仲介機能は「事業承継支援」であることが一般的である。

なお、廃業を決意した経営者が債務超過に追い込まれて「倒産」することがないよう、ある程度経営余力のあるうちに計画的に事業を終了することを支援する取組みを「廃業支援」ということがあるが、これは金融仲介機能たる「事業承継支援」の変型にすぎない。したがって、この意味で使われる「廃業支援」は本節で使用する「廃業支援」とはまったく別の概念であるから、本書では省略する。

(c) 「自主廃業」

「自主廃業」とは「経営の先行き不透明感などを理由に自主的に企業活動を廃止すること」と定義付けることができる。「自主廃業」の代表的なパターンは次のとおり。

① 企業の業況は順調であり資産超過の状態にあるが経営者が高齢であるにもかかわらず後継者不在の状況が解消される見込みがないために廃業を決断するパターン（通常、廃業前の債務者区分は正常先）

② 現段階では企業の業況は順調であるが当該企業を取り巻く経営環境の悪化などから仮に経営を継続すればいずれ債務超過に陥るおそれがあるため資産超過であるうちに廃業することを決断するパターン（通常、廃業前の債務者区分は正常先または要注意先）

③ 企業の業況は相当程度悪化しており当該企業を取り巻く経営環境が好転する兆しもなく赤字体質からの脱却が困難で将来的には債務の履行に支障をきたすおそれがあるため傷が深くなる前に事業の継続を断念するパターン（通常、廃業前の債務者区分は要注意先または破綻懸念先）

④ 過大な債務超過に陥っていながら金融債務の条件変更や仕入債務の延払い、あるいは経営者の私財投入等によって資金繰りが維持される

ことで当面の事業継続が可能であっても、手遅れにならないうちに自ら事業継続を断念し法的整理手続や私的整理手続による債務整理を申し立てるパターン（通常、廃業前の債務者区分は要注意先、破綻懸念先または実質破綻先）

⑤　業況が危機的状況にあり近々の破綻事象（後述）発生が不可避となった企業が破綻事象発生前に法的整理手続や私的整理手続による債務整理を申し立てるパターン（通常、廃業前の債務者区分は破綻懸念先または実質破綻先）

　上記①②③のうち資産超過の場合のパターンは「休・廃業」にも該当する。このような先に対する銀行の支援は金融仲介機能としての「経営改善支援（または事業承継支援、事業再生支援）」の変形であり、ここで取り上げる金融仲介機能としての「廃業支援」には該当しない。

　また、上記③のうち債務超過の場合と④⑤のパターンは結果的に「倒産」と同じ形態での債務整理がなされるので、「自主廃業」と「倒産」が重なり合う。このような先が金融仲介機能としての「廃業支援」主な対象である。

(d)　「倒産」

　「最広義の廃業」の一形態としての「倒産」の定義は「赤字体質の債務超過会社が破綻事象（たとえば資金繰り破綻による「支払の停止」、銀行取引停止処分、債務不履行による期限の利益喪失、主要取引先からの取引打切り宣告、資産差押え等）の発生によって第三者から強制的に経営存続の途を断たれること」とされている（詳細は序章1(1)b参照）。この状況に至った融資先を支援するための金融仲介機能は存在せず、通常の債権管理回収業務の対象となる（ただし、経営者保証人は経営者保証ガイドライン（以下「経営者保証GL」または「GL」という）を活用した支援の対象となる）。

　なお、破綻事象発生前に企業自らが事業を断念し、法的整理手続（破産等）や廃業型私的整理手続等の債務整理手続を申し立てる場合は、厳密には「倒産」の定義に合致しないが「事実上の倒産」といわれ、「倒産」の概念に含めることが一般的である。「事実上の倒産」は「自主廃業」の結果といえるため「倒産」と「自主廃業」とが重なり合う形態であることになる。ここ

478　第3章　債権回収を取り巻く諸論点

で取り上げる金融仲介機能としての「廃業支援」は、上記(c)の③のうち債務超過の場合と④⑤のパターンに該当する融資先について「事実上の倒産」の状況に導きつつ、経営資源の再活用と経営者保証人の再起を支援することである。

b 「廃業支援」の定義と手法

(a) 「廃業支援」の定義

「廃業支援」は「業績不振や過剰債務によって経営危機に陥った状態にある事業者において事業や債務を整理してもなお赤字体質からの脱却が困難であると判断される場合に、取引金融機関が当該事業者の円滑な事業清算を支援することを通じて経営者の再出発に向けた環境を整備するとともに、限られた経営資源を有効活用（再活用）することによって地域経済の活性化に寄与すること」と定義できる。簡単にいえば金融機関主導で停滞企業に「自主廃業」を促し、地域の新陳代謝と経営資源の再活用により地域経済の活性化に寄与することである。

(b) 「廃業支援」の手法

従来、廃業支援の手法として活用されてきたのは主に主たる債務者に係る債務整理手続について破産手続、民事再生手続または特別清算手続といった法的整理手続を利用し、保証人である経営者に係る債務整理手続について経営者保証GLに基づく準則型私的整理手続（大部分が日弁連特定調停スキーム）を利用するという手法である。この場合、主たる債務の整理手続と保証債務の整理手続とが別々に行われることになる。これに対し2022（令和4）年以降「中小企業の事業再生等に関するガイドライン（以下「事業再生等ガイドライン」という）」（廃業型）の活用事例が増加傾向となっており、このスキームでは主たる債務の整理手続と保証債務の整理手続とが一体処理される。

ただし、後者（事業再生等ガイドラインによる廃業スキーム）は対象債権者（主に金融機関）以外の債権者（一般取引債権者等）に対する債務全額の弁済が可能であることが前提である（対象債権者以外の債権者に債権カットを求めることができない）ため、当面は前者（主たる債務は法的整理手続、

第6節　廃業支援　479

保証債務は準則型私的整理手続）が主流であることに変わりはないものと思われる。また、事業再生等ガイドラインによる廃業スキームは事業再生支援で使用されるのとほぼ同様の手法であるため、本書では廃業支援に特有の前者についてのみ取り上げることとする。

(2) 金融機関が廃業支援を行う目的、効果

a 廃業支援を行う目的

　近時、事業再生支援の対象とならないほどに事業の劣化が進行していながら無理に事業を守ろうとして経営者の私財まで事業に投入し、最後には企業・経営者とも力尽き、企業は倒産、経営者は再起の途を断たれるという悲惨な結果が懸念される中小企業が増加している。営業が継続されている限り当該企業の雇用は守れるという見方もあるが、企業の資金繰りの悪化が進めば従業員にとっても給料が遅配となり貯蓄で生活をしのいだ挙句、ある日突然職を失うという悲劇的な出来事に遭遇しかねない。金融機関としても、このような状況が長期間継続されることで主たる債務者や保証人のストック資産やキャッシュフローが赤字補てんに費消されていくようすについて手を拱いて眺めなければならないだけでなく、多額の与信費用（貸倒引当金積増し）、多額の管理コストおよび税務コストの負担を余儀なくされることになる。

　日本の開・廃業率は欧米と比べると大きく見劣りしており地域経済の新陳代謝が不十分であることが地域の人口減少や少子高齢化と相まって地域経済活性化の足枷となっているという現実をふまえると、廃業支援は地域金融機関が今後重点的に質の向上を図っていかなければならない金融仲介機能の一つであると考えられる。言い換えれば廃業支援という金融仲介機能の質の向上を図っていくことは日本の産業の基盤を支え、生活必需品の供給者や地域コミュニティの中心として地域の経済や社会を支える中小企業に活力を与える取組みとして、金融機関（特に地域金融機関）に課せられた責務であるといえる。このため、今後は、金融機関が廃業支援への積極的な取組みを通じて金融仲介機能の質の向上を図ることによって地域経済の活性化に寄与することが、金融機関自身の「持続可能なビジネスモデル」の確立に結びつくというスタンスが求められることになる。

b 廃業支援を行う効果

(a) 短期的視点で見込まれる効果

　銀行が主体的に廃業支援に取り組むことで得られる短期的効果は、融資先企業の資産劣化を食い止めることによる回収の極大化、早期処理による管理コスト低減と税務メリットの享受があげられる。また、融資先やその経営者にとっても、「刀折れ矢尽きる」という状況に追い込まれ再起の途を断たれることを回避できる。したがって、廃業支援は金融機関にとっても経営者にとってもWin-Winの結果をもたらすことになる。さらに、融資先の経営資源の再活用や経営者の再スタートによって地域経済の活性化に寄与できることも重要な効果である（詳細は本節2(3)参照）。

(b) 中・長期的視点で見込まれる効果

　廃業支援を積極的に展開することは中小企業の経営資源の中核たる「経営者」に再スタートの機会を与えること、すなわち、地域の人口減少や少子高齢化が進むなか限られた経営資源を有効活用することは地域経済の活性化に大きく寄与することになる。その結果、銀行自身も安定した経営基盤と新たな収益機会を確保することができる。このような顧客との「共通価値の創造」を構築することが銀行として持続可能なビジネスモデルの一つの有力な選択肢といえる。

　銀行が廃業支援と経営改善支援・事業再生支援とを両輪として地域経済の安定化と活性化に取り組むことは当該行の地域におけるプレゼンスの向上につながり、長い目でみれば当該行の企業価値の増大にも大きく寄与するという効果が見込まれる。

2　対象企業の選定と廃業時の課題への対応策

　廃業支援を行うにあたり、どのような融資先が対象となるか、融資先に廃業支援を行うためにはどのような課題があるか、当該課題へどのように対応するべきかという悩ましい問題がある。以下、順に述べる。

(1) 対象企業の選定基準

　対象企業を選定する手法として①財務的側面からのアプローチ、②経営的

側面（経営者の資質等）からのアプローチ、③その他の側面からのアプローチがある。

a　財務的側面からのアプローチ

(a)　主たる事業が構造的赤字体質である

大幅な債務超過でありかつ収益力が乏しいため「事業の再構築」「財務の再構築」の両面からの支援をもってしても自力再生が困難な融資先は、一般的に事業再生支援による再生は困難であるため廃業支援の対象となる。特に主たる事業が構造的赤字体質である場合は「事業の再構築」そのものが困難であるだけでなく「財務の再構築」によって金融債務をカットしても状況は好転しないので、事業継続の断念（廃業）を選択せざるをえない。

なお、「事業の再構築」とは事業の選択と集中や新たなビジネスモデルの構築によって損益状況の改善を図る取組みであり、具体的施策には成長部門への経営資源の再配分、新規事業の立上げ、不採算事業からの撤退、人員削減による規模の適正化などがある。「財務の再構築」とはバランスシート上の資産・負債・資本の各項目を見直すことによって財務体質の改善を図る取組みであり、具体的施策には不要資産の売却、DDS（デット・デット・スワップ）、DES（デット・エクイティ・スワップ）、負債の圧縮（銀行からみれば債権放棄）、債務の移転（銀行側からみれば再生ファンドやサービサー等への債権売却による売却損の計上）などがある。

(b)　手元資金や資産を食い潰すことによって資金繰りを維持している

キャッシュフローが赤字でありその改善の見込みが立たないため手元資金による自転車操業や後ろ向きの資産処分によって資金繰りを維持している融資先は、いたずらに事業を継続しても財務状態は劣化の一途をたどることになる。このような先に対しては、商取引債務や公租公課はおろか労働債権までも毀損した挙句に経営破綻するという「最悪の結果」に至る前に、廃業支援を取り組むべきである。

(c)　赤字資金による資金繰りに依存している

仕入債務の延払い、支払手形のジャンプ、経営者の親族・知人からの恩借といった赤字資金によってなんとか目先の資金繰りを維持することが常態化

し、解消の見込みのない債務が増加し続けている融資先は廃業支援の対象に該当する。このような先については事業再生支援によって金融債務のみをカットしたとしても再生は困難であるから、最悪の事態を回避するため早期に廃業支援に着手すべきである。

(d) 企業単位でみても事業単位でみても再生の可能性が低い

主たる事業のみならず従たる事業も構造的赤字体質であるため企業単位はおろか事業単位でも再生の可能性が低い先については、業種転換による生残りが可能であると判断できる場合（この場合は事業再生支援を優先して検討する）を除き、廃業支援を検討することになる。

(e) 資金繰りが厳しく、近い将来資金ショートが予想される

廃業支援は融資先の事業継続を前提としないので将来的な資金繰りの心配はない。しかし、廃業支援における主債務の整理は原則として破産手続や特別清算手続等の法的整理手続を選択することとなるので当該整理手続の費用が必要となる。このため、近い将来資金ショートが予想される先については最優先で廃業支援の対象先に選定し、資金ショートが発生する前に廃業に着手させることが肝要である。

(f) 公租公課の滞納が過大である

国税・地方税・社会保険料等の公租公課に係る債権（租税債権等）は金融債権や商取引債権（これらを「一般債権」という）に優先する。また、民事再生手続のような法的整理手続においても一般債権の配当は租税債権等に劣後するので、租税債権等の滞納が過大な先は事業再生支援の対象にならず、廃業支援以外に選択の余地はない。

b　経営的側面（経営者の資質等）からのアプローチ

(a) 経営者が、事業継続の困難さに気づいていない

経営が窮境に陥っている中小企業の経営者は、事業継続に固執し目先の売上げ確保や資金繰りに追われて、自社の窮境に気づかなかったり自社の現況を客観的に判断できなかったりするのが一般的である。また、自社の財務内容が悪いという事実を受け入れようとしない経営者も多く、銀行が抜本的な事業再生を提案しても聞き入れないケースも見受けられる。廃業支援には、

第6節　廃業支援　483

このような経営者に対し事業継続の困難さについての「気づき」を与えるという、きわめて重要な役割がある。

(b) 経営者が資金繰り等を把握していない

資金繰り等を把握していない経営者は上記(a)に該当していることが多いと思われる。債務者区分が破綻懸念先となっている融資先の経営者が自社の資金繰り等を把握していない場合は事業再生支援を行う機会を逸していることが考えられるので、廃業支援の対象とすることを検討する必要がある。

(c) 経営者が保証債務の顕在化や地元での風評を気にするあまり思い切った決断ができない

経営者が自身の個人保証の問題や地元での評判などについて必要以上に気にしすぎることが企業の早期再生に向けて思い切った決断をすることを阻害し、その結果として抜本的な事業再生支援を行う機会を逸しているケースは非常に多いと思われる。このような経営者に対しては経営者保証GLを絡めた廃業支援を提案し、決断を促すことが有効である。

(d) 経営者が事業意欲を喪失している

経営者が事業意欲を喪失している状態で赤字体質の事業を継続していると、時間が経てば経つほど当該企業のB/Sの毀損が進むだけで当該企業にとっても金融機関にとってもよいことはない。このような状態を放置すると商取引債務や公租公課はおろか労働債権までも毀損した挙句に経営破綻するという「最悪の結果」を惹起することになるので、早急に廃業支援に取り組むべきである。

(e) 経営者が資金繰りを理解できない

事業の採算やキャッシュフローよりも目先の売上げを優先する売上至上主義の経営者は、往々にして資金繰り等を理解できないことが多い。事業再生を成功させるために最も重要な事業採算やキャッシュフローの改善を実行していくためには、日々（または毎月）の資金繰りをきちんと理解することが必須である。したがって、経営者が資金繰り等を理解できない状況を改善できる見込みがない場合は廃業支援を検討するしかない。

⒡　経営者が既存の事業に対する強いこだわりを捨てることができない

　赤字体質の既存事業への強いこだわりを捨てきれず第三者の提案を受け入れる度量のない経営者では経営改善はおろか事業再生も成功させることはきわめて困難である。経営者がこの点を改善できないと判断される場合は廃業支援を検討すべきである。

⒢　経営者に困難を乗り切る強い意志や責任感が不足している

　経営者（または経営陣）に窮境に陥った事業を立て直すための困難を乗り切る強い意志や責任感が不足していると判断される場合は、経営改善や事業再生を成功させることはきわめて困難であるから、廃業支援を検討することになる。

c　その他の側面からのアプローチ

⒜　条件変更が常態化している

　金融円滑化法施行後、金融機関による条件変更対応が当然との意識が強くP/Lを改善して元本を返済しようという意識が希薄となり、テールヘビーの返済計画のままの条件変更から抜け出すことができなくなっている融資先が多く存在し、コロナ禍によってその傾向に拍車がかかっている。このような先はすでに抜本的な事業再生支援を行う機会を逸しているケースが多く、一般的には廃業支援の対象となる。

⒝　既存事業が陳腐化し将来性が見込めない

　大幅な債務超過でありかつ収益力が乏しい企業について、主たる事業が構造的赤字体質となっている原因が、当該既存事業が陳腐化し将来性が見込めないことである場合は、事業再生支援による窮境からの脱却は困難であることが多い。このような場合、手遅れにならないうちに当該既存事業に見切りをつけさせ廃業支援に取り組むことが望ましい。

⒞　将来性を見込める転換事業を見出せない

　既存事業が陳腐化し将来性が見込めない企業が将来性を見込める転換事業を見出せない場合は、廃業支援しか途はないものと判断せざるをえない。

⒟　既存の専門的能力や人的・物的資産を他の分野に転用する余地がない

　事業再生支援においては再生に必要な資金の調達や再生期間（事業再生が

第6節　廃業支援　485

軌道に乗るまでの期間）中の資金繰りの維持が重要な課題となる。このため、既存の専門的能力や人的・物的資産を他の分野に転用する余地があるか否かは事業再生を成功させるために重要な要素となる。特に比較的大規模な機械装置等の設備を主要な経営資源とする業種については、当該設備等を他の分野に転用する余地がない場合、事業再生支援は困難であると考えられる。

(e) 事業の根幹が経営者等の人脈や技術力にある

融資先が事業継続に大規模な設備を必要とせず事業の根幹が経営者等の人脈や技術力にある場合、事業再生により再起を図るよりも企業自体を廃業させて負債を整理し経営者に一から再スタートさせたほうが経営資源の有効活用になるケースもある。

(f) 金融機関調整が困難と予想される

債権者平等の意識が強まるなか、自らに負担を寄せてまで調整しようというメイン行の意識が低下していたり、企業の業況がよかった時期に融資を実行した「ぶら下がり」の非メイン行が、いざ再生局面となると弁済計画に難色を示したりするなど、金融機関調整が困難なケースがある。事業再生支援のように事業継続を前提とする債務整理は一般的に活性協スキーム、REVIC再生支援業務、事業再生等ガイドライン（再生型）等の「準則型私的整理手続」が利用されるが、準則型私的整理手続を成立させるためには対象債権者（主に金融機関）全員の合意が必要であるから、金融機関調整が困難と予想される先については事業継続を前提とする事業再生支援は困難を極めることになる。このような先については、民事再生手続等の法的再生手続を利用した事業再生支援も可能であるが、民事再生手続においても再生計画を成立させるためには総債権者（頭数）の２分の１かつ総債権額の２分の１の賛成が必要であるから、それすらも困難と見込まれる場合、廃業支援以外の選択肢はない。

(2) 廃業時の課題への対応策

事業継続を前提としない廃業支援は事業再生支援と異なり再生事業の「成功」という高いハードルが存在しないので、廃業時に発生する課題は事業再

図表71　廃業の阻害要因と解決策

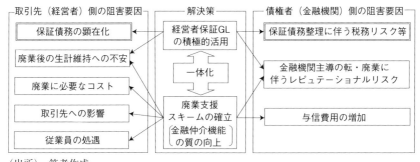

(出所)　筆者作成

生時に発生する課題に比べると比較的シンプルである。

　融資先の廃業を決断することを阻害する要因は、融資先側の要因として①保証債務の顕在化、②廃業後の生計維持への不安、③取引先への影響、④従業員の処遇、⑤廃業に必要なコストが、金融機関側の要因として⑥保証債務整理に伴う税務リスク等、⑦金融機関主導の廃業に伴うレピュテーショナルリスク、⑧与信費用の増加がある。このうち①保証債務の顕在化および⑥保証債務整理に伴う税務リスク等については経営者保証GLの積極的活用で相当部分が解決するので、残された阻害要因の解決策たる「廃業支援スキーム」を確立することが必要となる（図表71参照）。なお、⑦金融機関主導の廃業に伴うレピュテーショナルリスクについては融資先側の阻害要因を解決することで回避できると考えられ、⑧与信費用の増加についても早期処理による税務メリットでカバーできる。

　そこで、ここでは、支援対象企業の取引先への影響、経営者の処遇、従業員の雇用問題、および廃業コストについて廃業時の課題と課題への対応策（図表72参照）について解説する。

a　支援対象企業の取引先への影響

(a)　**廃業時の課題**

　事業再生支援の場合、主債務の整理は準則型私的整理手続を利用するので直接損失を被るのは金融債権のみで、商取引債権は全額保護される。これに

図表72　廃業時に発生する課題と対応策

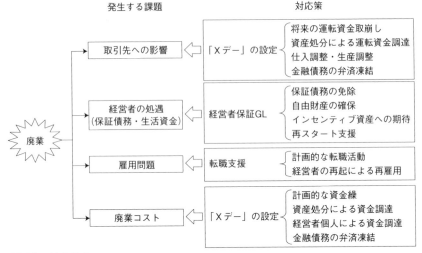

(出所)　筆者作成

対し廃業支援においては、支援対象企業が廃業を実行（破産手続等の申立て）した場合、商取引債権も金融債権も等しく扱われるので当該企業の取引先への影響は避けられず、場合によっては連鎖倒産を招来する危険性もある。また、廃業支援には「経営者の再スタート」を支援するという重要な目的もあるので商取引先債権の保護について配慮が必要であることも多いと思われる。

しかし、当該企業が窮境を脱する見込みがない場合に放っておけば、資金繰りを維持するため取引先に対して仕入債務等の延払いや手形のジャンプ等を要請し当該取引先に対する支援対象企業の債務は徐々にふくらんでいくのが通常であるから、早期廃業によって結果的には取引先への悪影響を最小限に抑えることができる。

(b)　課題への対応策

廃業支援を実施する場合、あらかじめ当該企業の「Xデー」（破産手続等申立日）を定め、廃業に向けた準備を行う。「Xデー」以降の運転資金は不要であるから、将来の運転資金に振り向けるはずであった資金を「Xデー」

までの運転資金として活用したり資産を処分して運転資金を調達したりすることや、「Xデー」を仕入れが最も少なくなる時期に設定することで廃業に向けて仕入れを圧縮して取引先になるべく迷惑をかけないかたちで廃業を実行することが考えられる。

また、金融機関主導の廃業支援では、全金融機関の合意により金融債務の元利金の弁済凍結（または延滞の黙認）を行うというかたちで「Xデー」までの運転資金支援を行うことも可能である（その仕組みについて本節3(4)c(c)参照）。

b　経営者の処遇

(a)　廃業時の課題

経営者が保証人となっている場合、支援対象企業の廃業により保証債務が顕在化し、対象債権者が経営者に対して一斉に保証債務の履行を請求することになる。このことが、経営者が廃業の決断に躊躇する最も大きな理由となっている。

また、廃業により支援対象企業からの収入がなくなることから廃業後の生活資金の確保も大きな課題となる。

(b)　課題への対応策

経営者保証GLにより、経営者保証の問題や廃業後の生活資金の確保については相応の配慮が可能である。具体的には、早期廃業の決断により対象債権者の回収見込額の増加額等の経済合理性が、今後3年間廃業が遅れた場合に比べて増加すれば、当該増加額（インセンティブ）を上限としてインセンティブ資産（一定期間の生計費や華美でない自宅等）を残すことができ、インセンティブがゼロであっても破産法上の自由財産（現金99万円）や拡張自由財産（評価額20万円以下の自動車や保険等）は無条件で残すことができる。

また、廃業支援を実施する場合、上述のとおりあらかじめ当該企業の「Xデー」を設定するので、それまでの間に経営者は転職活動を行うことや支援者を確保して再スタートを図ることもできる。経営者保証GLにより「財産評定基準時」（一時停止等要請の効力発生時）以後の収入は保証債務の弁済

第6節　廃業支援　489

原資としないことが認められているので、廃業後の生活資金は確保しやすいものと考えられる。

c　従業員の雇用問題

(a)　廃業時の課題

支援対象企業が廃業すると当該企業の従業員は雇用を喪失することが不可避となる。このため、廃業支援に対し「企業がゾンビ化しても営業が継続されている限り当該企業の雇用は守れる」という批判を耳にすることもある。

しかし、対象企業の資金繰りの悪化が進めば従業員は給料が遅配となり貯蓄で生活をしのいだ挙句ある日突然職を失うという悲劇的な出来事に遭遇しかねないのも事実であるから、上記批判は当たらないのではないかと思われる。

(b)　課題への対応策

支援対象企業が引き続き営業継続したとしても早晩倒産に至る危険性が高いことを考えると、従業員にとっても事前に計画的な転職活動を行ったほうが切れ目なく就業できる可能性があり、転職活動を行うのであればできるだけ若いうちのほうが有利である。

そこで、一般的には支援対象企業の「Xデー」までに経営者が従業員の転職先を探す、または従業員に転職活動を促すことが考えられる。また、経営者自身が経営者保証ガイドラインによる再スタートを実現し、自ら立ち上げた新規事業で従業員の再雇用を図ることも検討させる。

さらに、廃業準備期間中に金融機関が担保として取入れしている重要な営業施設（工場・ホテル等）を任意売却する際、買受人に対する売却条件として当該施設に従事している従業員の雇用を提示する（または、買受人からの買受条件として提示される）という例もある。なお、きわめてハードルが高いので実現性は著しく低いが、支援対象企業が破産した場合であっても破産法36条に基づく事業継続を経て同法78条2項3号に基づく事業譲渡を行うケースがあり、従業員の雇用が継続されることもありうる。

d 廃業コスト

(a) 廃業時の課題

支援対象企業は事業再生支援と異なり再生事業が軌道に乗るまでの運転資金は不要であり、廃業手続自体に要する費用も事業再生の手続に要する費用より低廉であることが多いといえる。ただし、主たる債務を破産等法的整理手続によって整理するので破産手続等の申立費用が必須である。申立費用は支援対象企業の規模や事案の性質、申立裁判所の方針、さらには申立代理人弁護士の考え方や交渉力によって差異があるが、最低限300万〜500万円程度は必要であると一般的にはいわれている。

(b) 課題への対応策

費用の調達方法として支援対象企業の手持ち資金または担保に提供していない資産の売却による自賄い、経営者の私財による負担、経営者の親族やスポンサーからの支援という方法が考えられる。また、当該企業や経営者の手持ち資金に余裕がなく第三者による支援も得られない場合、「Xデー」までの間は金融機関への元利金返済を凍結して申立費用を貯めさせることも検討する。

(3) 廃業支援のポイント

廃業支援のポイントは、いかに支援対象企業の有する経営資源を有効活用するか、いかに経営者の決断を促すかである。

a 経営資源の有効活用

廃業支援の究極の目的は「地域経済の活性化」である。この目的を達成するためには再スタートに向けた環境整備や円滑な事業整理のための支援を行い「地域経済の新陳代謝を促す」ことが最低限の必要措置である。しかし、これだけでは実効性のある「地域経済の活性化」の実現には不十分であり、事業の改善・再構築が見込めないため将来展望を描くことができない事業者（または円滑な事業整理によって地域経済から「退出」した事業者）が有する「経営資源の有効活用（または再活用）」をも視野に入れた支援が必要である。

中小企業の主な経営資源には①設備・不動産、②人材、③技術力、④商圏

図表73 経営資源の有効活用

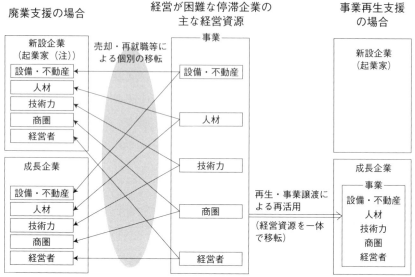

(注) 廃業支援により再スタートする停滞企業経営者も含む。
(出所) 筆者作成

があるといわれているが、実は⑤経営者という経営資源こそ中小企業の経営資源の中核であると考えられる。以下、これらの経営資源の有効活用について若干の解説を加える（図表73参照）。

(a) 設備・不動産

　経営が窮境に陥っている中小企業が保有する「設備・不動産」は、事業再生支援では当該企業の再生または他の成長企業への事業譲渡による再活用が比較的容易である。ところが、当該企業が「ギリギリまで事業継続に固執した挙句「力尽きて」破綻」（以下単に「破綻」という）した場合、設備・不動産の再活用は困難であることが多い。この点、廃業支援の場合、廃業を実行する以前から計画的に設備・不動産の再活用策を講じることも可能である。

　具体的には、廃業支援の方策として設備・不動産の売却による再活用が考えられる。この場合、売却対象先は事業譲渡（対象先は成長企業）と異な

り、成長企業のみならず「新設企業（起業家）」にまで間口を拡大することが可能である。しかも、当該企業が破綻した場合は設備・不動産の売却ができたとしても一般的にはかなりの安値処分を余儀なくされるところ、廃業支援では当該企業が通常営業している段階から計画的な売却工作を進めることで相当価額での売却が可能となる。特に売却対象の設備・不動産が当該企業の営業に不可欠な事業資産である場合、廃業実行の時点での引渡しを目標とする計画的な売却工作を進めることによって当該資産を毀損させずに売却できることは廃業支援の大きな効用の一つである。また、経営者が当該設備・不動産を支援者に購入してもらい支援者から賃借して再スタートを図ることも可能である。

(b) 人　　材

人材についても、破綻の場合、人材は何の準備もすることなくいきなり職を失うことになるため、再活用は困難を伴う（事業再生支援では当該企業の再生または他の成長企業への事業譲渡による再活用が比較的容易であることと対照的である）。この点、廃業支援の場合、廃業を実行する以前から計画的に人材の再活用策を講じることも可能である。

具体的には、廃業支援の方策として従業員の再就職や起業という人材の再活用が考えられる。この場合、再就職先は事業譲渡（対象先は成長企業）と異なり成長企業のみならず「新設企業（企業家）」にまで間口を拡大することが可能であり、企業の廃業実行前の準備期間を活用することで再就職や当該従業員自身による起業も容易になる。また、経営者が新規事業で再スタートを図る場合、当該経営者が廃業会社の従業員を新規事業で再雇用することも考えられる。

(c) 技　術　力

事業再生支援では、経営が窮境に陥っている中小企業が保有する「技術力」について、当該企業の再生または他の成長企業への事業譲渡というプロセスを経て引き続き活用することができる。しかし、当該企業が破綻した場合、通常は企業の消滅とともにその技術力も消滅することになる。中小企業の技術力は当該企業が長年かけて培ってきたものであり、地域経済の活性化

という観点から再活用の方策を検討することは重要である。ただし、技術力の再活用は設備・不動産の「売却による再活用」や人材の「再就職や起業による再活用」ほど容易でないことが一般的である。そこで、金融機関主導の廃業支援を進めていく過程で技術力を再活用する方策を検討し、廃業前に策定した方策を実行に移すことができるか否かがカギになる。

　具体的には設備・不動産の処分、人材の再就職、起業とセットでの技術力の移転、経営者の再スタートによる技術力の維持が考えられるが、現実的には再活用は容易ではないため、技術力の再活用をいかに行うかは廃業支援の実効性を高めるうえで今後の課題であるといえる。

　(d)　商　　圏

　中小企業の「商圏」の再活用は「技術力」で述べたこととほぼ同様である。ただし、廃業支援においては商圏の処分が詐害行為取消権（民法424条）、詐害事業譲渡に基づく譲受人への履行請求（会社法23条の2、会社分割につき同法759条4項および764条4項）、破産管財人等による否認権（破産法160条、民事再生法127条等）の対象となる危険性が高いことに留意が必要である。したがって、商圏については、再活用に至るプロセス等において他の経営資源の再活用よりも高い透明性が求められる。

　(e)　経　営　者

　中小・零細企業においては、経営者の有するノウハウや人脈はもちろん経営者の事業に関する哲学が当該企業の経営資源の「中核」をなしていることが一般的であり、経営者そのものが一つの大きな経営資源であるといっても過言ではない。経営者の一身専属ともいえるこれらの要素はだれもが一朝一夕に身につけられるものではなく、経営者の長年にわたる経験や努力によって築き上げられたものである。このため、新たに登場する起業家がこれらの要素を身につけるまでに要する時間を考えれば、このような「経営者」という「経営資源」を有効活用することは地域経済にとって有益であると考えられる。

　一度事業に失敗した経営者に対し経営者保証GLを絡めた廃業支援によって再スタートの機会を与えることに批判的な見解もあるが、一度失敗したこ

とは貴重な経験としてさらなる有益な経営資源となりうるという見地から「経営者」という貴重な「経営資源」を有効に再活用する方策を検討していくことも今後の重要な課題であると考えられる。

b　動かない経営者への働きかけ

中小企業経営者にとって、廃業は事業再生よりも決断に至るハードルが高い。そこで、金融機関からの廃業への提案に対して動かない経営者に、どのように働きかければよいかについて解説する。

(a)　金融機関としてとるべき姿勢

廃業支援は融資先企業（実際には経営者）の同意が大前提である。融資先の同意を取り付けるためには銀行が次のような姿勢で説得を行うことが肝要である。

① 経営者と正面から向き合って折衝すること
② 経営者と目線を統一して支援を展開すること
③ 経営者に、事業継続の困難さについて気づきを与えること
④ 経営者の不安を可能な限り取り除くこと

通常は、経営者の同意を取り付けた段階で融資先に支援専門家（弁護士、公認会計士、税理士等）を選任してもらうことになる。ただし、状況によっては廃業の提案を行う前段階で支援専門家を選任してもらい、当該支援専門家を交えた席で経営者を説得することが有効なケースもある。その場合、中小企業の経営者は専門用語を解さないのが普通であるから、銀行が経営者と専門家との間に立って、意思疎通を円滑にする（あたかも通訳のような）役割を果たすことも重要である。

(b)　財産評定基準時以後の収入への期待

経営者を説得して廃業の決断をさせるために威力を発揮するのが経営者保証GLである。

経営者保証GLは弁済計画について、当該保証人が財産評定基準時において保有するすべての資産（GL7項(3)③に即して算定される残存資産を除く）を処分・換価して得られた金銭をもってすべての対象債権者に対してそれぞれの債権の額の割合に応じて弁済を行い、その余の保証債務について免除を

受けることを内容（GL 7 項(3)④ロ）としている。すなわち「財産評定基準時以後の収入を弁済原資としてはならない」としており、この点こそが保証人側からみた経営者保証GLの最大のメリットである。この点を経営者にうまく説明することで「保証債務の顕在化」という経営者の決断への最大の阻害要因を除去することができる。なお、「財産評定基準時」とは経営者保証GLに基づく「一時停止要請」等の効力が発生（対象債権者が受理）した時点のことをいう（GL 7 項(3)④イ）b）。

たとえば経営者に図表64（本章第 4 節 3 (2) a ）を示して経営者保証GLのメリットを説明することが考えられる。具体的には経営者保証GLを利用しない場合は図表64の「収入①」（一時停止等要請発効前の収入。以下同じ）および「収入②」（一時停止等要請発効後の収入。以下同じ）の全額を保証債務の弁済原資としなければならないこと、経営者保証GLを利用すれば「収入②」の全額を自由に使えるだけでなく「収入①」の一部を残存資産として残せる可能性があることを経営者の視覚に訴えるかたちで説明する。

次に、図表64の右側の「収入②」には親族からの援助や借入金も含まれるので再チャレンジのための資金調達が可能であること、残存資産として認められない財産にどうしても残したい物があれば、この収入で残したい財産の価格相当分の弁済を行うことにより「経営者本人の名義」でその財産を残すことができることも説明する。

そして、このメリットを享受するためには経営者保証GLに基づく保証債務整理の申出（一時停止等要請）が必要であり、制度上、経営者保証GLの申出は主債務者の債務整理手続の申立て（以下「破産等申立て」という）の後でなければならない、つまり、会社の破産等申立ての時期が遅くなればなるほど弁済原資となる「収入①」が増え自由に使える「収入②」が減るということを訴えかける。

ここまでの説明で大部分の経営者は動くのではないかと思われる。

(c)　その他の効果的な説得方法

さらに、住宅が住宅ローンの担保となっている場合、当該住宅は一般的には保証債務整理における処分資産の対象外であるため、住宅ローンを弁済し

つつ住宅を残すことが可能であることを説明する。また、従業員の処遇がネックであれば破産等申立てまでの間に再就職先を探させたり、経営者自身が経営者保証GLによって再スタートを切り従業員を再雇用したりすればよいこと等を説明することも有効である。

なお、金融機関主導の廃業支援は破産等申立ての時期をコントロールできるので「破産等申立ての費用が捻出できない」場合は、資金繰り上融資先企業が破産等申立ての費用相当の資金を確保できる時期に破産等申立てをさせることも可能である。

⑷ 関係当事者への支援ポイント

金融機関主導の廃業支援を成功させるためにはメイン行による関係当事者（支援対象先企業、経営者保証人、支援専門家、他金融機関）への支援も重要である（図表74参照）。

a　支援対象先企業に対する支援

(a)　資金の繰回しができるうちに整理に着手させる

廃業支援を行うための大前提は経営者保証GLの利用である。経営者保証GLを利用するためには主たる債務者の債務整理手続を法的整理手続または準則型私的整理手続で行わなければならず、これらの手続には相応の費用を要する。実務上経営破綻した融資先が自社の破産等申立ての費用を確保でき

図表74　関係当事者への支援ポイント

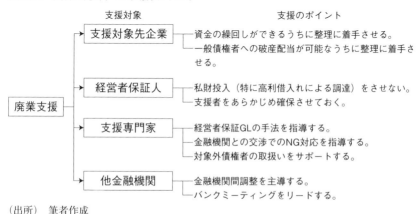

（出所）　筆者作成

第6節　廃業支援　497

ないため、主たる債務は「無秩序型」の廃業、保証人は破産手続申立てという事態に陥るケースが多い。このようなことにならないよう資金の繰回しができるうちに整理に着手させることが肝要である。

(b) 一般債権者への破産配当が可能なうちに整理に着手させる

主たる債務者の整理手続が「無配当」（破産廃止）であっても経営者保証GLの利用は可能である。しかし、この場合、保証人が残せる資産は原則として99万円までとなるので、廃業支援の大きな目的の一つである保証人の再スタートの実現を少しでも容易にするためには保証人の債務整理においてインセンティブ資産（本章第4節3(3)d(d)参照）を確保できるよう、融資先の債務整理において一般債権者への破産配当が可能（「回収見込額の増加額」を算定できる状態）なうちに整理に着手させる必要がある。また経営者の再スタートを考慮すれば融資先が取引先に与える損害を最小限にすることも重要である。

b 経営者保証人に対する支援

(a) 経営者保証人に私財（特に個人での高利借入れによる資金）投入をさせない

経営者保証GLに基づく債務整理においては「回収見込額の増加額」を上限として保証人に残存資産を認める建付けになっているが、いくら「回収見込額の増加額」を大きくしても保証人資産がなくなっていると残存資産のメリットを享受できないことになる。したがって、融資先企業の一時的な延命にしかならない経営者の私財投入によって経営者保証GLで残せるはずの個人資産を減らすという行動は厳に慎むよう指導する。

特に個人による高利借入れで得た資金を会社の運転資金に投入することはやめるようアドバイスすべきである。なぜなら、この場合の高利金融業者は対象債権者に該当しないため、金融機関の保証債務が免除されても高利金融業者への債務は残ることとなり、経営者にとって経営者保証GLを利用する意味がないことになるからである。

(b) 経営者保証人に対する支援者（親族等）を確保させておく

廃業支援の大きな目的の一つに「経営者の再スタート」がある。経営者が

再スタートを成功させるためにはある程度まとまった資金が必要であるから、再スタート資金として保証債務の弁済原資としなくてもよい財産評定基準時以後の収入や新得財産（親族からの借入れ等も含む。以下同じ）をあらかじめ手配しておくことが肝要である。

　また、経営者保証GLに基づく保証債務整理において残存資産として認められない財産や「回収見込額の増加額」を上回る価格の財産であっても財産評定基準時以後の収入（原則5年以内の分割弁済可）や新得財産で弁済することを条件に残存資産に含めることは可能であるから、どうしても残したい財産がある場合もあらかじめ支援者を確保しておくようアドバイスすることも重要である。

c　支援専門家に対する支援

(a)　経営者保証GLの手法を指導する

　経営者保証GLの保証債務単独整理型についていまだ理解が進んでいない弁護士も多く、受任通知で経営者保証GLを使用する旨の記載があったり、一時停止等要請がなされてもその後何年も音沙汰がなかったりする事案は珍しくないのが実態である。また、支援専門家が経営者保証GLの知識が欠けているために、金融機関に対する過剰な忖度により、本来残存資産とできるものを弁済原資に充てることもある。これは、経営者保証GLが「金融機関団体および産業界の自主ルール」であるため業界に属していない支援専門家が独自にノウハウを構築することが困難であること、「自主ルール」特有の性質として経営者保証GLの記述内容がわかりにくいことに起因しているものと考えられるので、まずメイン行が経営者保証GLを正しく理解し支援専門家にノウハウを伝授するという姿勢が重要である。

　なお、支援専門家にとって最も重要な任務である「財産目録作成」にあたっては支援専門家自身が保証人の財産開示について積極的に関与することを求めるべきである。また、財産の評価額の算定について後日債権者間の見解の相違が先鋭化することが多いため、廃業支援を主導する金融機関と支援専門家とが十分に議論を尽くしておくことも重要である。

第6節　廃業支援　499

(b) 金融機関との交渉でのNG対応を指導する

経営者保証GLの趣旨から、経営者保証GLに基づく保証債務整理において金融機関が相当程度の譲歩を求められるだけに、支援専門家が経営者保証GLを振りかざして支援専門家主導で手続を進めた場合、金融機関がかなりの抵抗感を覚えるのは疑いないものと考えられる。また、債権回収の局面においては金融機関と弁護士との価値観の違いが顕著に表れることが多いので、支援専門家に対して金融機関との交渉でのNG対応を指導しておくことが重要である。

(c) 対象外債権者の取扱い

経営者保証GLの対象債権者は、中小企業金融により中小企業等に対して金銭債権を有する金融機関等であって経営者との間で当該中小企業のために保証契約を締結している債権者に限定される。したがって、当該経営者が保証人となっている仕入先等や当該経営者が主債務者となっている債務の債権者（固有債権者）は経営者保証GLの対象債権者ではない。ただし、弁済計画の履行に重大な影響を及ぼすおそれのある債権者がある場合、当該債権者を対象債権者に含めることができることとされているため、対象外債権者を経営者保証GLに基づく整理手続に引き込む余地がある（本章第4節1(3)c参照）。

もっとも、経営者保証GLには法的拘束力がないため、当該債権者や本来の対象債権者の同意が得られない場合、対象債権者に含めるための方策はなく支援専門家の交渉力次第ということになる。このため、対象外債権者の扱いについてはメイン行が支援専門家をサポートする必要がある。

d 他金融機関への支援

(a) 金融機関間の調整はメイン行主体で行い保証人や支援専門家任せにしない

経営者保証GLに基づく債務整理計画には、従来の保証債務整理にはなかった「残存資産を認める」という考え方が導入されている。このため、経営者保証GLの趣旨や効果を十分に理解していない金融機関にとっては「多大な譲歩を迫られる」という感覚（錯覚）がある。このような要因で債務整理計

画に難色を示す債権者がいるような場合、支援専門家が必要以上に経営者保証GLが認める保証人の権利を振りかざして弁済計画の策定を取り仕切ろうとするとまとまる話もまとまらなくなる傾向があるので、金融機関間の調整はメイン行主体で行い、保証人や支援専門家任せにしないことが肝要である。

(b) バンクミーティングをリードする

全金融機関が債務整理手続に協力的なケースでは支援専門家がバンクミーティングをリードするのが円滑な進行に資するといえる。しかし、一部の金融機関が債務整理手続に非協力的であったり積極的に協力できない理由があったりする場合はメイン行がバンクミーティングをリードすることが望ましい。また、このような場合でも支援専門家がバンクミーティングをリードしなければならないケースでは、議事進行の過程でメイン行が的確に支援専門家の援護射撃を行う等の工夫が必要である。少なくとも事前に支援専門家と十分に協議してバンクミーティングの進め方や役割分担を決めて臨むべきである。

3 廃業支援の手続

(1) 廃業支援の手順

廃業支援に利用されるスキームは現在のところ「主たる債務は破産手続、保証債務は経営者保証GLに基づく特定調停手続」というパターンが圧倒的に多いので、ここでは主たる債務整理について「破産手続」を、保証債務整理について「特定調停手続」を利用することを前提として廃業支援の流れを概観する。なお、廃業支援の基本フローを図表75にまとめたが、図表75における「スキームの実行」の「支援対象先企業」の部分は「主たる債務者破産スキーム」よりも一手間かけた「主たる債務者特別清算スキーム」((6)b参照）としている。なお、「主たる債務者破産スキーム」は破産管財人に任せる部分が多いので、図表75の対象部分はもう少し単純である。

(2) 支援先選定

廃業支援を行うにあたり、まず、廃業支援先を選定する。

第6節 廃業支援 501

図表75 廃業支援の基本フロー図（特別清算スキーム）

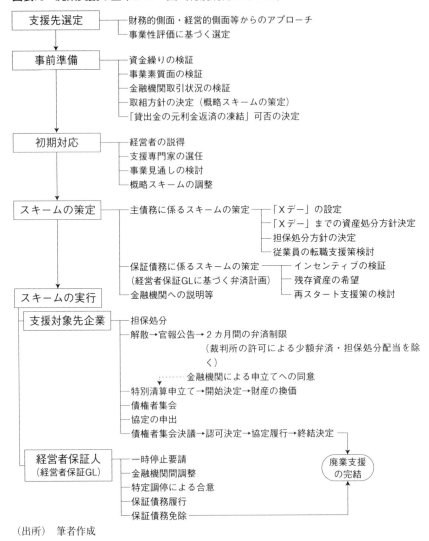

（出所）　筆者作成

a　廃業支援先選定の考え方

　廃業支援先の選定にあたっては本節2(1)で解説したとおり「財務的側面からのアプローチ」「経営的側面からのアプローチ」「その他の側面からのアプ

ローチ」により検討することになる。なかでも「資金繰りが厳しく近い将来資金ショートが予想される先」「公租公課の滞納が過大な先」のような先は放置すると手遅れとなり「倒産」に至る危険性が高いので早期に廃業支援先として選定する必要がある。また、本節2(1)では選定基準にあげていないが「経営者本人はもとより家族の同意も得られるか」「支援対象企業の取引先への影響はどの程度あるか」「破産等の申立費用は調達できるか」といった観点からの見極めも重要である。

　なお、本節2(1)で列挙した選定基準はあくまで参考指標にすぎないことに留意が必要である。実際の廃業支援先の選定にあたっては該当する複数の選定基準に基づく総合判断により支援先を決定する必要があり、その際あらゆる可能性の検討を怠ってはならない。

b 「事業性評価」に基づく廃業支援先の選定

(a) 「事業性評価」で培ったリレーションを活かした「廃業支援先」の選定

　金融庁が2016（平成28）年9月に公表した「金融仲介機能のベンチマーク」における「事業性評価」の目的は対象先に対して早期の経営改善支援を行うことであって、対象先が廃業支援先に選定されるような事態が生ずることを回避するのが原則である。しかし、廃業支援先の選定は融資先に危険な兆候が表れたことを端緒として唐突に行うのではなく、事業性評価に基づいて融資先の業況悪化が顕著となる前の段階から時間をかけて実施することが望ましい。このことは、融資先企業の経営が悪化する以前からの事業性評価で培ったリレーションを融資先企業の各ライフステージに応じて成熟させ、不幸にして当該融資先企業の経営が窮境に陥った場合に当該時点での事業性評価において他に提供できる適切なソリューションがないと判断されたときは当該融資先企業に対する廃業支援を検討するということである。

　特に債務超過が過大であるがなんらかの手段で資金繰りは維持できている融資先のうち事業性評価を行っていない先に対しては、有事が発生してからあわてて対応を検討しても廃業支援先に選定するのが遅れることになる。地域経済活性化への寄与という見地からは廃業支援先選定が遅れることにより結果的に金融仲介機能の実効性が低下することから、事業性評価に基づく廃

業支援先の早期選定が重要となる。

(b) 事業の根幹が経営者等の人脈や技術力にある先

事業が窮境に陥っている原因が過大債務であり事業継続に大規模な設備を必要とせず、事業の根幹が経営者等の人脈や技術力にある融資先は、「事業再生支援」により再起を図るよりも企業自体を廃業させて負債を整理し経営者に一から再スタートさせたほうが、経営資源の有効活用になるケースもある。

このような企業は、窮境の度合いが進み追い詰められると濫用的会社分割・詐害事業譲渡（本章第1節2参照）によって事業の実体を他の事業体に移転させ、債務のみを残す危険性もある。廃業支援は主たる債務の整理に法的整理手続を利用することが原則であるから、破産法等の「否認権」というフィルターを通すことで透明性の高い再スタートを実現することができる。そして、このような先を適切に「廃業支援先」に選定するためには当該企業の経営が悪化する以前からの「事業性評価」で培ったリレーションが不可欠である。

(3) 事前準備

廃業支援は支援対象企業だけではなく経営者や従業員の命運を左右するきわめて重大な「イベント」であるから、廃業支援を成功させるためには綿密な事前準備が必要となる。もっとも、事業再生支援と異なり金融機関以外の債権者にも影響が及ぶので、具体的な廃業スキームは支援専門家（支援対象企業が選任する弁護士）に立案させ、自行は主たる債務に係る廃業スキームの策定には深入りしすぎないことが肝要である。

したがって、廃業支援における事前準備は、自行が保有する情報を整理し、廃業による自行への影響を分析したり担保処分等において最も回収の極大化が図れる方策を検討したりすることによって当該廃業支援に対する自行の方針を固めることとなる。

以下、事前準備で必要とされる「資金繰りの検証」「事業素質面の検証」「金融機関取引状況の検証」について説明する。

504　第3章　債権回収を取り巻く諸論点

a 資金繰りの検証

まず、支援対象企業の資金繰りが逼迫している場合、このまま放置するとどの時点で資金ショートすることになるかについて検証する。

次に、担保提供していない資産の売却や経営者の私財投入、さらには金融債権者への元利金返済の凍結等によって最大限資金ショートの繰延べが可能なのはいつまでかについて検証する。

そして、これらの検証結果に基づき廃業実行（破産等申立て）のデッドラインを仮定する。

また、資金繰りの検証を通じて支援対象企業の取引先への悪影響を最小限とすることができる時期や方法についての仮説を立てておくことも必要である。

b 事業素質面の検証

廃業支援は事業の継続を前提としていないので事業素質面の検証は不要であるように思われがちである。

しかし、本節2(3)で述べたように廃業支援の大きな目的の一つに「経営資源の再活用」がある。支援対象企業を単に廃業させればよいということではなく、廃業支援によって再活用できる経営資源はどのようなものがあるか、どのようにすれば有効な再活用が可能かという点を検証するためには現在の事業素質面の検証が必要である。

事業素質面の検証は、まず、既存事業についてのビジネスモデルを明確化するところから始める。その際、対象企業が複数部門の事業を行っている場合は部門ごとに損益、従業員数、保有する設備や技術等を検証したうえで当該部門ごとのビジネスモデルを明確化していくことになる。この作業の実効性を高めるためには対象先企業の経営が悪化する以前からの「事業性評価」を通じていかにリレーションを培っていたかがカギになる。

c 金融機関取引状況の検証

(a) 自行の取引状況の検証

支援対象企業の自行との取引状況（保全バランスを含む）を検証し、廃業支援によって自行が受ける影響を適切に把握する。取引状況検証にあたって

は外形的な保全バランスだけではなく担保物の種類や当該担保物の事業継続への不可欠度合い、担保物の処分の難易度や自行の処分方針、さらには無税化スケジュールとの関係も含めた総合的な検証が必要である。

無税化スケジュールとは、不良債権のうち担保等でカバーされていない債権（非保全債権）に対応する「損金経理が認められない貸倒引当金（有税貸倒引当金）」を、債権回収による取崩しや法人税法施行令および法人税基本通達に定める無税要件の充足（回収不能額の疎明）による無税貸倒引当金への振替・無税直接償却などの税務上の損金経理によっていかに計画的に圧縮していくかという、不良債権処理の手法（対象企業に対する自行の不良債権処理方針）である（第1章第7節参照）。

(b) 他行取引状況の調査

廃業支援は一般的には破産等の法的整理手続を利用するので主たる債務の整理について金融機関の同意は不要である。しかし、廃業支援に不可欠な経営者保証GLに基づく保証債務整理手続は全金融機関の合意が必要であり、金融機関間調整の成否が廃業支援の成否を決するといっても過言ではない。このため、対象企業に対する自行の取引ポジションを把握するだけでなく他行が廃業支援によって受ける影響を把握するためにも、事前準備段階で他行取引状況を確認する必要がある。

また、他行が事業に必要不可欠な資産に担保設定している場合、当該他行の意向が廃業スキームに大きく影響を及ぼすことになるので、他行の担保設定状況も事前準備段階で押さえておく必要がある。

(c) 保証人の取入状況および当該保証人の現況・資力等の調査

廃業支援において経営者保証GLは保証債務単独整理型を想定している。ところが、保証人に残すことのできる「インセンティブ資産」の上限となる「インセンティブ」のうち「主たる債務者のインセンティブ（主たる債務者からの回収見込額の増加額）」は、全保証人で共有する（全保証人のインセンティブ資産の合計がインセンティブの範囲内に収まらなければならない）ことが必要である。したがって、自行の保証人と他行の保証人とが異なる場合であっても対象企業の全保証人を一体で整理しなければならない。このた

め、自行の保証人はもとより他行がどのような者を保証人としているかを十分把握しておかなければ、当該企業の経営者や他の取引金融機関を説得できないことになる。

　また、自行と他行との保証人が異なる場合、各保証人の弁済能力によって対象債権者ごとに経済合理性が異なる可能性がある。したがって、自行で取入れしていない保証人の現況や弁済能力等についてもこの段階でできる限り把握しておく必要がある。

d　自行の取組方針の決定

(a)　概略スキームの策定

　上記 a ～ c の検証結果に基づき廃業支援スキーム（概略スキーム）を策定し、自行内での方針を決定する。概略スキームは後日の経営者との話合いや支援専門家との協議で修正されることを前提としているので、この段階での廃業支援スキームは支援対象企業に廃業の打診を行える程度の内容でさしつかえない。

　また、この段階で、対象企業の廃業スキームとは別に経営者保証GLに基づく保証債務整理スキーム（概略スキーム）を策定することが必要である。

　なお、取組方針を検討するにあたり金融機関主導で融資先を廃業に追い込むことによる風評リスクが議論されることが考えられる。しかし、経営者保証GLを絡めた廃業支援スキームは経営者保証人を破産させず経営者保証GLにより再起の機会を与えるものであるから風評リスクが顕在化する危険性は低く、筆者の知る限り、これまで公表された事例においても風評リスクが顕在化した例はない。

(b)　資金繰り支援の検討

　廃業支援の場合、ニューマネーによる支援はできないので、資金繰り支援は「貸出金の元利金返済の凍結」というかたちで行う。したがって、この段階で自行が支援着手時点からの元利金返済の凍結に対応できるか否かについての方針決定を行っておくべきである。

(4)　初期対応

　廃業支援は最も強いインパクトを経営者に与えるソリューションである。

第6節　廃業支援　507

したがって、他のどのソリューションにも増して支援対象企業の経営者と正面から向き合って折衝し、経営者と目線を統一したうえで支援に着手することが肝要である。

なお、廃業支援の場合は主たる債務者の廃業スキームの実行に金融機関が直接かかわることはないので他のソリューション（特に事業再生支援）のような「1次提案⇒概略スキーム調整⇒正式スキーム策定」という作業はない。スキーム策定・実行を担当するのはあくまで支援専門家であり、銀行の役割は支援専門家へのアドバイス、経営資源再活用に向けた資産処分等のサポート、経営者保証GLに基づく保証債務整理手続に関する債権者間調整である。

したがって、支援対象先企業（主たる債務）に対する廃業支援は原則として「初期対応」で事実上終了し、以後は支援専門家をサポートすることと、通常の法的整理手続対応になる。

a　経営者の説得

(a)　「気づき」を与える

廃業支援の対象となる企業の経営者は、自社の現況を客観的に判断できていないか、仮に自社の窮境に対し危機感を強く抱いていたとしても現状打破はほぼ不可能と考え企業の延命に汲々としていることが多いと思われる。事業再生支援では、このような経営者に対し、事業継続の困難さについての「気づき」を与えることになるが、廃業支援の場合「いま「廃業」という思い切った手を打たなければ「倒産」という悲惨な結末を避けることができず、経営者個人の再起の途も断たれかねない」または「経営者個人が再起を図るためには現在の事業の継続を諦める以外にはない」という、もっと踏み込んだレベルの「気づき」を与えなければならない。

(b)　経営者の不安を取り除く

経営者に「気づき」を与えることができた場合、次に、経営者の不安を可能な限り取り除く必要がある。なお、廃業支援の場合の経営者の不安は事業再生支援よりもはるかに大きいことに十分留意した対応が求められる。

廃業支援では、廃業に伴う経営者や従業員の処遇等についての不安に対し

真摯に耳を傾けることが必要である。もっとも、廃業支援の場合であっても経営者の最大の不安要素となる保証債務の顕在化等についての不安は、経営者保証GLによる経営者保証人のメリット（本章第4節3(1)f）や経営資源の有効活用法を説明することでかなりの程度取り除けるのではないかと思われる。

(c)　支援専門家選任の要請

廃業支援の場合、できるだけ早い段階での支援専門家の選任が必要である。支援専門家は他のソリューションと異なり弁護士でなければならず、重ねて公認会計士や税理士、経営コンサルタントを選任することはほとんどない。

対象企業が自ら支援専門家を選任することができず自行が支援専門家を紹介する場合であっても、選任の条件（費用等）については対象企業と当該支援専門家との直接交渉をさせることが原則であるが、自行が当該支援専門家に事前相談し費用等を明らかにしていくという配慮が必要なケースもある。

なお、状況によっては、廃業の提案を行う前段階で支援専門家を選任してもらい、当該支援専門家を交えた席で経営者を説得することが有効なケースもある。

(d)　廃業支援の可否の見極め

ここまでの作業で、経営者が廃業の決断に踏み切れるか否か、決断した場合、その決意がどの程度固いかを判断し、廃業支援の可否を見極めることとなる。

b　事業見通しの検討

(a)　主たる債務の概略スキームに係る補完情報の聴取

経営者が廃業を決断した段階で、支援対象企業の事業継続見通し等について自行が概略スキーム策定時に把握しきれていない情報、具体的には次の事項を経営者からヒアリングし、概略スキームを修正する。

①　対象企業がこのまま事業を継続した場合、どの時点で資金ショートすることになるか。

②　担保提供していない資産の売却や経営者の私財投入等によって資金

第6節　廃業支援　509

ショートの繰延べは可能か、可能であればどの程度の期間の繰延べができるか。

③　②に加え、金融機関が元利金返済を凍結した場合、最大限資金ショートの繰延べが可能なのはいつまでか。

④　再活用できる経営資源はどのようなものがあるか、どのようにすれば有効な再活用が可能か。

(b)　**経営者保証人の資産状況、保証債務の整理に係る経営者の意向等を聴取**

経営者保証人に対し経営者保証GLに定められた残存資産に関するルールを説明するとともに経営者保証人の資産状況、当該資産のうちどうしても残存資産として認めることを希望する資産、その他保証債務の整理に対する意向等を聴取する。

この時点では本件廃業支援スキームによるインセンティブが不透明であるから、インセンティブ資産が認められるかどうかについては明言を避け、残存資産については自由財産相当額（99万円）および拡張自由財産（自動車、保険等で評価額20万円以下のもの）が残せること、財産評定基準時以降の収入が保証債務の弁済原資とならないこと、オーバーローンとなっている資産については担保権者の意向次第では残せる可能性があること等にとどめておく（過大な期待は抱かせないことが肝要である）。

c　支援専門家を交えた協議による概略スキームの調整

(a)　**概略スキームの説明**

支援専門家を交え、上記 b で確認した事項に基づき修正した概略スキームの調整を行う。

その場合、中小企業の経営者は専門用語を解さないのが普通であるから、自行が経営者と専門家との間に立って意思疎通を円滑にする（あたかも通訳のような）役割を果たすことも重要である。

(b)　**支援対象企業との目線を統一**

概略スキームについての経営者の考えや思いを確認し、概略スキームと折り合わない点があればその点につきどうすれば折り合うことができるかを正

面から向き合って折衝することで、自行の目線と経営者との目線を統一する。

(c) 「Ⅹデー」の設定

調整した概略スキームに基づき、支援対象企業の「Ⅹデー」（破産等申立ての日）を設定し、「Ⅹデー」までに行うべき事項（担保処分、雇用問題の処理等）をリストアップし、スケジュールを決定する。

(5) スキームの策定

a 主債務に係るスキームの策定

(a) 支援専門家の役割

廃業支援の場合、支援期間中の対象企業の行為は破産手続開始決定後に破産管財人から否認権を行使される危険性があるため、金融機関が積極的に関与すると過大なリスクを抱えることになりかねない。したがって、主たる債務に係る正式スキームの策定は支援専門家（通常、主たる債務者の破産手続の申立代理人となる）が全面的に行うこととする。

(b) 自行の役割

上記の理由でスキームの策定は支援専門家に一任するが、自行の利益（担保処分の方法・時期等）や「経営資源の再活用」による地域経済の活性化への貢献という見地からのアドバイスは積極的に（ただし、なるべく表面には出ないようにして）行うべきである。

b 保証債務に係るスキームの策定

保証債務に係る準則型私的整理手続として特定調停手続を利用する場合、日本弁護士連合会が2014（平成26）年12月12日に公表した「経営者保証に関するガイドラインに基づく保証債務整理の手法としての特定調停スキーム利用の手引き」に基づくスキーム（以下「日弁連特定調停スキーム」という）を利用する。

経営者保証GLでは主たる債務の整理申立て（破産申立て）以降に保証債務整理手続の申出（一般的には「一時停止等要請」というかたちで申出がなされる）が可能となり、申出の効力発生時の財産を基準に弁済計画を策定することとされている。このため、この段階では正式な保証債務整理スキーム

を策定することはできない。ただし、現時点での保証債務整理計画案を作成しておくことは必要である。

c 他金融機関への説明等

他行への説明等は基本的に支援専門家が各金融機関を個別に訪問して行うが、スキームに難色を示す金融機関がいる場合など、必要に応じてバンクミーティングを開催することもある。

(a) 支援専門家の役割

ア 主たる債務に係るスキームの説明等

まず、主たる債務の整理は破産手続を利用することを説明する。

次に、支援対象企業の「Xデー」の設定やスケジュール、担保処分の時期・方法について各金融機関に協議を申し入れるとともに「経営資源の再活用」のために金融機関の有するネットワークの活用を要請する。

廃業支援スキームを実行するうえで「借入金の元利金の返済凍結」が必要な場合、各金融機関にその旨説明し、協力を要請する。

上記要請等に異議を唱える金融機関がいたとしても、主たる債務者の破産手続による債務整理については準則型私的整理手続と異なり債権者の合意を要しないので、スキーム自体がブレイクすることはない。

ただし、経営者保証GLに基づく保証債務整理については全金融機関の同意が必要であるから、主たる債務者に係るスキームの説明や協力要請は真摯かつ誠実に行う必要がある。

イ 保証債務に係るスキームの説明等

まず、保証債務の整理は経営者保証GLに基づく日弁連特定調停スキームを利用することを説明する。

次に、現時点での保証債務整理計画案を提示し、残存資産の希望、資産処分の方針および弁済額・弁済条件について説明し、同意を求める。

(b) 自行の役割

金融機関への説明等は支援専門家が行うことが原則であるが、難色を示す金融機関がありそうな場合は事前に自行で他行に根回しをしておく、自行担当者が支援専門家に同行する、自行がバンクミーティングを主催する等、金

512 第3章 債権回収を取り巻く諸論点

融機関間調整を自行が主導する必要がある。

ア 主たる債務に係るスキームの説明等

主たる債務に係るスキームについて一番問題となるのは「借入金の元利金の返済凍結」であると思われる。この点、支援対象企業からの「Xデー」を設定した旨の報告やスケジュールの説明は「支払の停止」に該当する可能性が高く、金融機関が説明を受けてしまった後に支援対象企業から借入金の元利金の返済を受けると当該返済は後日破産管財人から否認される危険性がある（本旨弁済につき破産法162条1項1号イ、期限前弁済および担保供与につき同条2号）。また、この時点以降に支援対象先企業の預金口座に振り込まれた資金については相殺が禁止される危険性がある（同法71条1項3号）。したがって、「借入金の元利金の返済凍結」は廃業支援に必須の手続といえるが、主たる債務者が選任した支援専門家がこのことを主張するとまとまる話もまとまらなくなるので、この点だけは自行が事前または事後に各金融機関に根回ししておくことが必要である。

イ 保証債務に係るスキームの説明等

自行の役割として最も重要なことは、支援専門家が金融機関への説明等を行う前に上記(a)の段取りを支援専門家との間で入念に打合せしておくことである。その際「どのような説明の仕方が金融機関として受け入れやすいのか」「どのようなことをいうと金融機関の反感を買うか」という点（金融機関との交渉におけるNG項目）に関し、支援専門家に対して指導しておくことが肝要である（弁護士は金融機関の思考形態を理解できていないことが多く、建前論や独自の「正義感」を振りかざして金融機関の反感を買い、その結果スキーム自体がブレイクするケースが散見される）。

(6) スキームの実行

a 主たる債務に係るスキームの実行

(a) 支援専門家の役割

廃業支援においては「Xデー」までの間、支援対象企業と金融機関とが協働して支援専門家が策定した正式スキームに基づき、担保物件の高値処分、従業員の転職支援およびその他の経営資源再活用に向けた取組みを行う。支

援専門家は、これらの取組みが後日破産管財人から否認されないように法律
専門家としてバックアップする。具体的には上記取組みに係る個々の案件に
対するアドバイスを行い、破産法上疑義のある取組みについては支援専門家
が破産手続の管轄裁判所（申立予定裁判所）と相談（協議）のうえで実行す
ることとする。

　そして、「Xデー」が到来すると支援専門家は管轄裁判所に支援対象企業
に係る破産手続開始申立てを行う。

　支援対象企業に係る破産手続の開始決定がなされると裁判所から選任され
た破産管財人が以後の手続を進めるので、主たる債務に関する支援専門家の
任務は終了する。

(b) 自行の役割

　主たる債務者の破産手続による債務整理については債権者の同意を要しな
いのでスキームの策定は支援専門家に一任するが、廃業支援の大きな柱であ
る「経営資源の再活用」の実効性を高めるためには金融機関の有するネット
ワークの活用が必要である。

　また、担保物件の処分は廃業実行（破産申立て）前に行うことで廃業支援
に係る金融機関のメリットを最大限に享受することができるので、自行とし
ても主体的に取り組まなければならない。

　支援対象企業に係る破産手続開始決定後は、通常の倒産手続対応と基本的
には同じである（第2章第7節2(2)参照）。ただし、経営資源の再活用に寄
与するため自行のネットワークの活用により破産管財人による破産財団の換
価手続に協力することで、廃業支援の目的・趣旨を貫徹する。

b　主たる債務整理手続の工夫

　主たる債務者廃業事案において利用される主たる債務の整理手続は大部分
が破産手続である。この場合、弁護士費用のほかに数百万円程度の予納金が
必要となることが主たる債務者廃業事案で経営者保証GL利用を阻む致命的
な要因である。そのほかにも、破産手続は厳格な債権者平等原則のもとで手
続が進められることから金融機関以外の債権者にも影響が及び、経営者の再
起を妨げる要因となっている。このような状況を改善するためには、主たる

514　第3章　債権回収を取り巻く諸論点

債務者の整理手続として、「日弁連特定調停スキーム」「中小企業の事業再生等に関するガイドライン」「特別清算スキーム」等、新しい手法の活用が望まれる。準則型私的整理手続である前二者は原則として金融機関債務のみを対象債権とし、法的整理手続たる特別清算は債権者平等原則に支配されるものの一般商取引債権者に影響を及ぼす危険性の低減が可能である。

なお、ここでは、現在のところ筆者が実践し、一部の金融機関や支援専門家も取組みを開始している特別清算スキームを説明する。

「特別清算スキーム」は「主たる債務は協定型の特別清算手続、保証債務は日弁連特定調停スキーム」という組合せで構成されるスキームである（図表75参照）。第二会社方式で行う事業再生においては債務者が作成した再生計画案（事実上、Good会社に対する債権放棄）についてバンクミーティングで議決し、後日特別清算手続でBad会社に対する債権放棄を行うことになるが、債務者廃業事案ではGood会社という概念はないのでスキーム着手後いきなり主たる債務者資産の換価・処分に入り、資産換価および一般商取引債権者への弁済終了後、特別清算手続により金融債務を整理することが可能である。

なお、このスキームに着手した段階で対象債権者（金融機関）は主たる債務者の支払停止の事実を知ることになるので、その後に入金された預金は相殺が禁止され（会社法517条1項3）、相殺を前提としてのみ正当化される預金拘束もできない。この結果、支払停止の事実を知らない一般債権者に対する弁済が事実上優先されることになる。

特別清算手続の最大の利点は、一定の債権（原則として債権額の3分の2以上）を有する債権者が「申立同意書」（これを提出しても協定案に反対することはできる）を提出した場合など裁判所が破産手続への移行可能性が低いと判断すれば「協定型」では予納金が5万円程度ですむことである。「和解型」は予納金が9,458円とさらに低額であるが、廃業支援手法としては「多数決による強制的な債権カット」という舞台装置が不可欠であるため、「特別清算スキーム」で利用できるのは「協定型」に限定される。

また、特別清算手続（協定型）においては金融機関が公正な第三者たる裁

判所が議決を許可した協定案について賛否を行い、「出席議決権者の過半数かつ議決権額の３分の２以上の同意により、不同意の債権者も強制的に債権カットされる」という多数決原理が介在するので（同法554条１項１号・２号）、破産手続には及ばないものの透明性が高く対象債権者の恣意的な債権放棄でないことを容易に疎明できることから、金融機関にとって組織決定を得るためのハードルは私的整理より低い。ただし、このスキームは一般商取引債権に対する弁済を金融機関に対する弁済に優先させることとの関係上、銀行主導の廃業支援でなければ利用できないという弱点もある。

　なお、優先する滞納公租公課が多額で主債務者がこれを弁済できる見込みがない場合は、特別清算の申立てが却下される危険性がある（同法514条２号）。しかし、特別清算の申立てと同時に経営者保証GLに基づく一時停止等要請がなされていれば、特別清算の申立てが却下されても当該一時停止等要請は経営者保証GLの申出要件たる「特別清算手続の申立て」（GL７項(1)ロ）を充足しており、申立てが却下されても申立ての事実まで覆滅するわけではないので、経営者保証GLに基づく保証債務の整理手続の続行は可能である。この場合、主たる債務について法人税基本通達９－６－１(2)（特別清算協定認可決定確定による債権切捨て～形式基準）に基づく無税償却はできないが、特別清算申立ての却下事由は「私債権どころか税金すら払うことができない」というものであり、申立段階で特別清算開始原因（同法510条）の疎明がなされている（同法888条１項）ことから、主債務については法人税基本通達９－６－２（債務者の「弁済能力なし」の疎明～実質基準）による無税直接償却が容易である。したがって、対象債権者としては、特別清算の申立てがなされれば、それが却下されても、主たる債務の整理に関して税務上のメリットを享受することができる（無税直接償却については、第１章第７節２(2)参照）。

c　保証債務に係るスキームの実行

(a)　支援専門家の役割

　まず、支援専門家は支援対象企業に係る破産手続開始申立てを行った後（または同時）に対象債権者（金融機関）に対して保証債務に関する一時停

止等の要請を実施するとともに、経営者保証人の同日現在の「財産目録」を作成する。

次に、上記「財産目録」に基づく保証債務の「弁済計画」（残存資産の範囲、資産の処分方針、保証債務の弁済方法）および「調停条項案」を策定し、対象債権者との協議を実施する。

上記弁済計画および調停条項案について全対象債権者の内諾が得られた場合、管轄裁判所（日弁連特定調停スキームでは、原則として当該保証人の住所地を管轄する地方裁判所の本庁所在地の簡易裁判所）に特定調停手続（本章第4節3(4)a参照）を申立てする。

特定調停手続における「調停成立」または「調停にかわる決定（通称「17条決定」）」（本章第4節3(4)b(b)ア参照）が確定し保証債務の履行がなされると、経営者保証GLに基づく保証債務整理手続は終結する。

なお、経営者保証GLは支援専門家の役割を次のとおり規定している。

ア　保証債務に関する一時停止等の要請

経営者保証GLでは、保証人の対象債権者に対する一時停止要請等には保証人（一体整理型の場合は主たる債務者と保証人）と支援専門家との連名の書面が必要とされている。この段階で支援専門家が対象債権者への十分な情報開示を行うことが対象債権者との信頼関係を構築するために必須となる。

イ　保証人による表明保証の適正性確認

保証人はすべての対象債権者に対して自らの資力に関する情報を誠実に開示し、開示した情報の正確性について、表明保証しなければならない。そして、支援専門家には対象債権者からの求めに応じて当該表明保証の適正性についての確認を行い、対象債権者に報告することが求められている。

ウ　対象債権者の残存資産の範囲の決定の支援

ほとんどの場合、支援専門家は保証人の代理人を兼ねているため、支援専門家は保証人の立場で残存資産の範囲の決定に関与すると理解されがちであるが、支援専門家の本来の役割は専門家としての知見を活かし対象債権者と保証人とが「Win-Win」の関係となる保証債務整理案の策定をサポートすることである。このことは経営者保証GLが対象債権者に対し「保証人の手元

第6節　廃業支援　517

に残すことのできる残存資産の範囲」について「必要に応じて支援専門家とも連携しつつ」GL 7 項(3)③イ～ホに定める各要件を「総合的に勘案して決定する」ことを求めていること、Q&A 7 － 6 が支援専門家の役割を「「対象債権者」の残存資産の範囲の決定の支援」としていることからも明白である。

具体的には、支援専門家が保証人の残存資産の希望やその必要性について対象債権者に合理的説明を行うこと、対象債権者の「経済合理性」に関する判断材料を提供すること、対象債権者と保証人との利害調整を適切に行うこと等が考えられる。

エ　弁済計画の策定支援

財産評定および残存資産の範囲の決定後、支援専門家は核となる対象債権者（通常はメイン行）との協働作業により弁済計画案を作成する。

具体的な支援専門家による弁済計画の策定支援として、財産評定基準時の保証人資産のうち残存資産を除いた資産の処分方針（換価する場合は具体的な換価処分方針、公正な価額を弁済する場合は弁済額・弁済期間等の弁済条件）、担保権者との調整、対象外債権者で弁済計画の履行に重大な影響を及ぼすおそれのある債権者との調整（経営者保証GLに基づく保証債務整理手続への取込みの可否判断、当該対象外債権者との交渉等）等が考えられる。

(b)　自行の役割

最も重要な役割は上記(a)ア～エに定められた支援専門家の役割が適正に果たされているかについての監督と金融機関間調整の主導である。

〈新金融実務手引選書〉

債権回収の手引

2025年2月20日　第1刷発行

著　者　佐々木　宏　之
発行者　加　藤　一　浩

〒160-8519　東京都新宿区南元町19
発　行　所　一般社団法人 金融財政事情研究会
出 版 部　TEL 03(3355)2251　FAX 03(3357)7416
販売受付　TEL 03(3358)2891　FAX 03(3358)0037
URL https://www.kinzai.jp/

校正：株式会社友人社／印刷：三松堂株式会社

・本書の内容の一部あるいは全部を無断で複写・複製・転訳載すること、および
　磁気または光記録媒体、コンピュータネットワーク上等へ入力することは、法
　律で認められた場合を除き、著作者および出版社の権利の侵害となります。
・落丁・乱丁本はお取替えいたします。定価はカバーに表示してあります。

ISBN978-4-322-14476-5